DUMONT *Kunst-Reiseführer*

Zur schnellen Orientierung – die wichtigsten Orte und Sehenswürdigkeiten auf einen Blick:

(Auszug aus dem ausführlichen Ortsregister)

Berus	184 f.	Niedaltdorf	187
Bexbach	304 f.	Niederwürzbach	321 f.
Bischmisheim	118 f.	Nohfelden	252
Blieskastel	317 ff.	Nonnweiler	235
Böckweiler	323	Ottweiler	273 ff.
Borg	210 f.	Orscholz	206
Brebach	116 f.	Perl	209 ff.
Dillingen	240 ff.	Püttlingen	167 ff.
Dudweiler	126	Rehlingen-Siersburg	187 f.
Ensheim	120 f.	Reinheim	326 f.
Friedrichsthal	153 f.	Saarbrücken	69 ff.
Gräfinthal	331 f.	Saarlouis	175 ff.
Homburg	306 ff.	Schwarzenacker	310 f.
Illingen	245	St. Ingbert	313 ff.
Kirkel	305	St. Wendel	262 ff.
Kleinblittersdorf	121 f.	Sulzbach	126 f.
Köllerbach-Kölln	169 ff.	Tholey	256 ff.
Lebach	243 f.	Von der Heydt	157 f.
Medelsheim	324	Völklingen	159 ff.
Merzig	193 ff.	Wadern	233 f.
Mettlach	201 ff.	Wadgassen	183 f.
Münchweiler (Schloß)	216 f.	Wallerfangen	180 ff.
Nennig	207 f.	Weiskirchen	215
Neunkirchen	278 ff.	Wörschweiler	311 f.

In der vorderen Umschlagklappe: Übersichtskarte des Saarlandes

In der hinteren Umschlagklappe: Stadtplan von Saarbrücken

Fred Oberhauser

Das Saarland

Kunst und Kultur im Dreiländereck
zwischen Blies, Saar und Mosel

DUMONT

Umschlagvorderseite: Saarbrücken, Blick auf Altes Rathaus und Schloß
Umschlagklappe vorn: Stephanskirche in Böckweiler bei Blieskastel
Umschlagklappe hinten: Schloß Karlsberg von Homburg aus. Gemälde nach einem Aquarell von 1791
Umschlagrückseite: Burgruine Kirkel
Frontispiz Seite 2: Otto Weil: Schichtwechsel im Neunkircher Eisenwerk, Radierung von 1928
Vignette: Detail des Fußbodenmosaiks in Nennig

Über den Autor: Fred Oberhauser, geboren 1923 in St. Ingbert, studierte nach Krieg und Gefangenschaft in Saarbrücken und München Germanistik, Geschichte, Kunstgeschichte, Theater- und Zeitungswissenschaften. Von 1955 bis 1986 war er beim Saarländischen Rundfunk in den Ressorts Literatur und Regionale Kultur tätig, seit den 70er Jahren auch als Redakteur und Moderator des S 3-›Kulturspiegels‹. 1981 Gründung des St. Ingberter Literatur-Forums.

Fred Oberhauser veröffentlichte u. a.: ›Lieb Vaterland, magst ruhig sein‹ (1962); zusammen mit Rainer Petto ›Ein Saarländisches Lesebuch‹ (1980); zusammen mit Gabriele Oberhauser den ›Literarischen Führer durch Deutschland‹, ein ›Insel-Reiselexikon für die BRD und Berlin‹ (1983) sowie die Bildatlanten ›Saarland‹, ›Im Herzen Europas‹ und ›Luxemburg‹.

© DuMont Buchverlag, Köln
4. Auflage 1995
Alle Rechte vorbehalten
Satz, Druck und buchbinderische Verarbeitung: Boss-Druck, Kleve

Printed in Germany   ISBN 3-7701-1643-7

Inhalt

In eigener Sache – statt eines Vorwortes 10

Lange Vorgeschichten zu einer kurzen Geschichte: Historischer Exkurs 15

Kelten, Römer, Franken 15

Die vielgeteilte Region – »Franzosenzeit« und deutscher Vormärz 19

Das Jahrhundert der Industrie 21

Vom »Saargebiet« zum »Saarland« 25

Auf der Suche nach dem eigenen »Model« Kulturgeschichte fragmentarisch 30

Keltische Gräber und römische Villen: Vor- und Frühzeit 30

Vom Alten Turm zur Ludwigskirche: Mittelalter und Barock 31

Kultur auf dem Instanzenweg: das 19. Jahrhundert 34

»Brüder reicht die Hand zum Bunde«: Die Anfänge des Vereinswesens . . . 36

Der Ausstieg aus der provinziellen Enge wird geprobt 38

Zehn statt tausend Jahre: »Bollwerk deutscher Kultur« 41

Das allmähliche Überschreiten des saarländischen Standpunktes 42

Nicht nur altes Eisen: die Schwierigkeiten mit der Industriekultur 47

Aus dem Nebeneinander ein Miteinander 67

Residenz und City, die Kirche im Dorf und die Industrie vor der Tür 69

Saarbrücker Rundgänge 69

Alt-Saarbrücken oder Vom Fürstenschloß zum Bürgerschloß 71

Am Ende der Blickachsen: die Ludwigskirche 78

Erinnerungsarbeit an der Bellevue 82

Gleich um die Ecke am Markt: die Alt-St. Johanner Kirchen 88

Die City und die Wasserseite 92
Rund ums Rathaus 97
Rotenberg, Rotenbühl, Rodenhof 99
Die Stiftskirche und das letzte Stelldichein 104
Malstatt-Burbach 109

Tälerfahrt um die Landeshauptstadt 112
Vom Halberg nach Saargemünd 112
Abstecher nach Bischmisheim und Ensheim 118
Bis in den »letzten Winkel dreier Reiche« 121
GRENZGANG I 124

Das Sulzbachtal hinauf, das Fischbachtal hinunter 124
Auf Bergmannspfaden nach Von der Heydt 156

Völklingen, der Warndt und das Köllertal 158
Glashütten und Gruben: der »Gewahrte Wald« 164
St. Martin, die Gräfin und der Wilde Jäger 167
GRENZGANG II 174

Die heimliche Hauptstadt und »Auf der Grenze zuhaus« 175
Saarlouis und der Untere Saargau 175
Auf Distanz zur City: die Stadtteile 178
Schlösser und Gärten: Wallerfangen 180
Dörfer auf dem Muschelkalk: im Saargau 182
Rösselsprünge längs der Nied 187

Die Apfelkiste, der Wingert und des Landes schönste Stelle . . . 189
Merzig und das Dreiländereck 189
Im alten »Särkov« 191
Merziger Lokalaugenschein 193
Unterm Alten Turm: Mettlach 199

Alle Wege führen an die Mosel 205
Die »einzige weinbautreibende Gemeinde«: Perl 209
Steine an der Grenze oder »Welcher Apfel ist französisch?« 211

GRENZGANG III 213

»Fest wie eine Hochwaldeiche . . .« 214

Wadern und der Schwarzwälder Hochwald 214
Zwischen Schimmelkopf und Lückner 215
Die weiland Kleine Residenz: Wadern 216
Im Nonnweiler Dreieck 235

GRENZGANG IV 238

Quer durch des Landes Mitte 239

An Prims, Theel und Ill 239
Hütte und Hafen: Dillingen 240
Von Lebach nach Illingen 243

Hinkelsteine, Heidenschanzen und die Stätten der Heiligen . . . 246

Das St. Wendeler Land 246
Von der Nahequelle zum Weißelberg 251
Die Abtei am Schaumberg: Tholey 256
St. Wendels »Statt« 262
Abermals auf der Spur der Steine: die Skulpturenstraße 268
Im Ostertal 270

GRENZGANG V 272

Residenz und Revier 273

An der mittleren Blies 273
Unter der »Zibbelkabb«: Ottweiler 273
Am Ende der »Eisenzeit«: Neunkirchen 278

GRENZGANG VI 302

Der Reiz der Gegensätze und die Kunst der Ausgleichungen . . . 303

Die Saarpfalz 303

Bexbach und Kirkel 304
Spaziergänge im ›Kulturpark Homburg‹ 306
1100 Jahre St. Ingbert 313
Die Geschichte und das Idyll: Blieskastel 317
Gersheimer Spezialitäten 324
Und am Ende die ›Freundschaftsbrücke‹: im Mandelbachtal 329

GRENZGANG VII 333

Naturräumlicher Abriß
von Heinz Quasten 334

Die Flora der saarländischen Kalkgebiete
von Detlev Arens 348

Erläuterung der Fachbegriffe (Glossar) 354

Praktische Reiseinformationen 361

Anreise 362
Vorschläge für Kurzaufenthalte 362
Auskünfte 364
Kurzinformationen von A–Z 364

Literaturverzeichnis (Auswahl) 387
Abbildungsnachweis 391
Quellennachweis 392
Register 393

Vorschläge für Kurzaufenthalte befinden sich auf den Seiten 362–364.
Kunstgeschichtliche und andere Fachbegriffe, die im Text erscheinen, werden auf den Seiten 354–359 erläutert.

Für David, Nicolas und Dominik

In eigener Sache – statt eines Vorwortes

»Die Saarländer leben uns vor, wie man gleichzeitig ein guter Saarländer, ein guter Deutscher, ein guter Europäer und ein guter Nachbar sein kann.«

Bundespräsident Richard von Weizsäcker
bei seinem Antrittsbesuch in Saarbrücken im Herbst 1984

»Das Saarland ist keine geographische Landschaft, die eine gleiche natürliche Ausstattung besitzt, es bildet keinen historischen Raum, den eine gemeinsame Geschichte zusammenhält, und es fehlt ihm die Übereinstimmung von Landschaft und Raum ... Unter den deutschen Ländern bildet das Saarland das einzige Beispiel dafür, wie sich auf geographischen Grundlagen, die in andere Richtungen weisen, aus Zwergterritorien und Territorialsplittern ein eigener Raum zusammenschließt, der zunächst ein Wirtschaftsgebiet darstellt und der erst später auch ein staatliches Gebilde wird. Wegen seiner Grenzlage gerät dieser Staat dann in das Getriebe der großen Politik.«

Hans-Walter
Herrmann
Direktor des
Landesarchivs

»Uns erwartet hier kein selbständiger Kunstraum oder eine eigene Kunstlandschaft. Doch kann man auch nicht einfach sagen, daß das Land nur Teil einer größeren Kunstlandschaft gewesen sei. Verschiedene Kunstlandschaften berühren sich hier und haben eingewirkt: Rheinisches, Moselländisches, Lothringisches, Burgundisches. Landschaft und Menschen erwiesen sich als beharrend gegenüber diesen Einwirkungen, so daß das Land seine unverwechselbare Eigenheit erhielt.«

Martin Klewitz
Landeskonservator
i. R.

»Aus dem Blickwinkel des Archäologen wird die Künstlichkeit und Vergänglichkeit moderner politischer Grenzziehungen besonders deutlich. Antike Kulturräume und Stammesterritorien unterlaufen zwischen Blies, Saar und Mosel die neuzeitlichen Markierungen; und somit bezeugen die im Boden ablesbaren Spuren vor- und frühgeschichtlicher Entwicklung vielfältige kulturhistorische Gemeinsamkeiten. Für den Prähistoriker ist es deshalb nicht nur eine Herausforderung, sondern eine wissenschaftliche Verpflichtung, grenzüberschreitende Forschung zu betreiben. In diesem Sinne stellt auch der auf der saarländisch-lothringischen Grenze entstehende »Europäische Kulturpark Bliesbruck-Reinheim« ein Symbol gemeinsamer ›Geschichtsbewältigung‹ dar.«

Andrei Miron
Landesarchäologe

»Jede Zeit, das ist eine Binsenwahrheit, bringt ihre spezifischen Denkmäler hervor. Trotzdem hat es sehr lange gedauert, bis man erkannte, daß Denkmäler der Industriekultur ebenso zum kulturellen Erbe gehören wie Burgen, Schlösser, Kirchen und Bürgerhäuser. Erst mußte eine vorwiegend vom Bergbau und von der Eisenverhüttung geprägte Epoche ihrem Ende zugehen, bevor der Sinn für sie geschärft wurde: die unscheinbaren Arbeiterhäuser und Werkssiedlungen, die alten Dampfmaschinen, die stillgelegten Förderanlagen und Hütten. Manches ist unwiederbringlich verloren, anderes wurde in letzter Minute unter Denkmalschutz gestellt, vieles harrt immer noch einer ungewissen Zukunft. Die Denkmäler der Industriekultur sind keineswegs nur Marginalien, sondern wesentliche Materialisierungen saarländischer Geschichte und Kultur. Sie sind Ausdruck architektonischer und technischer Leistungen, ›Erinnerungsmale‹ mit hohem geschichtlichen Informationswert und Symbole regionaler Identität.«

Armin Schmitt
Kulturprojekt
»Schichtwechsel«
Völklingen

»Keine andere Region erlebte derart abrupte Wechsellagen in den letzten 200 Jahren. Ein Volk in ständiger Bewegung: zunächst als Zuwanderer in eine neue fremde Welt, dann in

11

die Schlachten von Spichern, Sedan und Verdun, 1918/19 vielfach als Ausgewiesene aus dem wieder französisch gewordenen Lothringen. Die meisten Vertreibungen bescherten die Nazis und ihr Krieg: die Emigration der Hitlergegner und der jüdischen Bevölkerung; die Massendeportationen unbotmäßiger Saarbergleute; die Verschleppung von Juden, Kommunisten, Sozialdemokraten, Bibelforschern in die Vernichtungslager; die beiden Evakuierungen aus der ›Roten Zone‹; schließlich die Remigration nach 1945 und die Rückkehr der Kriegsgefangenen. Diese Volksbewegungen ließen die Familien kaum zur Ruhe kommen. Immer war irgendjemand unterwegs; zu verständlich daher der Wunsch, ›dahemm‹ zu bleiben, Wurzeln zu schlagen, sich zu verorten: Hoffnung Heimat.«

Klaus-Michael Mallmann, Gerhard Paul, Ralph Schock in »Richtig daheim waren wir nie«

»Mit dem spürbaren Rückgang der deutschsprachigen Dialekte in Lothringen und im Elsaß droht die bisherige Staatsgrenze zwischen Deutschland und Frankreich nach Jahrhunderten erstmals in der Geschichte zur Sprach- und damit zur Kulturgrenze zu werden. Und dies ausgerechnet zu einem Zeitpunkt, da die Grenzen ihre kontrollierenden Wirkungen verlieren werden.«

Der Bevollmächtigte der Bundesrepublik Deutschland für die deutsch-französischen kulturellen Angelegenheiten, Ministerpräsident Oskar Lafontaine

»Die Grenzen feiern. Je weiter die Grenzen geöffnet werden – Fall der Berliner Mauer, Beginn des Gemeinsamen Marktes 1993 –, umso planetarischer wird die Kultur: die gleichen Fernsehserien, der gleiche Schnellimbiß, dieselbe Musik; und gleichzeitig erlebt man, daß innere Grenzen geschaffen werden: die Grenze zwischen dem Einheimischen und dem Fremden, zwischen der Vorstadt und dem Stadtzentrum, zwischen den Generationen. Bei dieser großen Verschiebung der Grenzen ist die ›Maison des Cultures Frontières‹, das ›Haus der Grenzkulturen‹, genau der Ort, an dem eine neue Grenz-Identität definiert werden könnte, wo die ›Stockfranzosen‹ und die ›Boches‹ von gestern zusammenarbeiten und eine gemeinsame, zugleich lokale und internationale, alltägliche und außergewöhnliche Zukunft entwerfen könnten. Konkret zeigen, daß Europa, jenseits der großen europäischen Polit-Manöver, in dieser Grenzregion bereits Alltag ist.«

Jean Hurstel
ehem. Leiter der
»Action Culturelle
du Bassin Houiller
Lorrain«

»Saarländer kommen in zwei Ausfertigungen vor: einer Standard- oder Normalversion und einer De-Luxe-Version. Der Saarländer der Standardversion ist katholisch, ordentlich und fleißig. Er ist in mindestens einem halben Dutzend Vereinen und besitzt ein Häuschen. Dieses Häuschen hat er selbst gebaut, wenigstens mit einem Anbau versehen. Sein Vater ist Bergmann oder hat ›auf der Hütt‹ gearbeitet. Die Grenzen des Saarlandes überschreitet der Normal-Saarländer nur, wenn es gar nicht mehr anders geht. Er ernährt sich von Lyoner, Dibbelabbes, Rostwurst, Schwenkbraten und Bier. Im Grunde seines Herzens ist er stockdeutsch, wenn nicht schlimmer ... Der De-Luxe-Saarländer hat in Saarbrücken studiert, er hat eine Juso- oder K-Gruppenvergangenheit – manchmal auch beides –, ist aus der Kirche aus- und in die Espede eingetreten. Sein Großvater war Bergmann oder was ähnliches, sein Vater ist Laborant bei Saarberg oder ›schafft‹ bei der Post. Der De-Luxe-Saarländer hört es gern, wenn man ihn einen Gourmet nennt. Er schätzt die französisch-mediterrane Küche und trinkt Riesling oder Roten. Gegenüber seinen deutschen Landsleuten streicht er gerne seine besondere Affinität zu Frankreich heraus ... Der Vollständigkeit halber muß jedoch gesagt werden, daß es – angeblich – noch eine dritte Version Saarländer gibt. Der Saarländer dieses Typs ist opportunistisch, konfliktscheu und harmoniesüchtig, er ist stark verwurzelt in seiner Familie, seinem Dorf, seiner Stadt und seinem Land. Er schwankt zwischen einem ausgeprägten Wir-Gefühl und Minderwertigkeitsängsten. Seine Fähigkeit, mit Kritik umzugehen, wie auch seine Fähigkeit, Selbstkritik zu üben, ist nicht sehr ausgeprägt.«

Dietmar Schmitz
Journalist

»Das Leben und das Lebenkönnen, das Leben und das Lebenlassen, das ist saarländische Lebensart. Der Saarländer lebt aus der guten Gelegenheit heraus, und er läßt die gute Gelegenheit gelten. Es ist diese lateinische opportunitas, die er beherzigt, der Saarländer ist Grenzgänger, und der Grenzgänger überlebt nicht durch die Verteidigung von absoluten Ansprüchen, sondern durch seine gesunde Opportunität; er rettet sich, indem er die gute Gelegenheit ergreift.«

Ludwig Harig
Schriftsteller

»Das unentwegte Bemühen der heutigen Saarländer, in einer endlosen Kette von Festen und Feiern das Schlaraffenland wenigstens zeitweise aus dem Traumbezirk in die Realität zu versetzen, markiert die unbewältigten oralen Defizite ihrer industriellen Geschichte.«

Peter Bierbrauer
Kulturbeauftragter der
Stadt Neunkirchen

»Natürlich ist das, was wir seit ein paar Jahren bei uns beobachten, zum Teil Ausfluß des allgemeinen Kulturbooms. Für das Saarland aber ist die Entwicklung einer kulturellen Identität eine Überlebensfrage. Die andern, deren Hilfe wir erwarten, müssen neugierig gemacht werden auf uns. Mittlerweile sind wir selber ziemlich neugierig auf uns geworden.«

Rainer Petto
Journalist

»Hann dumers nit, awwer krien, kennt sinn, daß mers däte!«

Antwort einer saarländischen Verkäuferin beim Nachfragen nach einem nicht vorhandenen Kaufobjekt, von dem Germanisten Wolfgang Haubrichs notiert. Ein saarländisches »Prinzip Hoffnung«

Lange Vorgeschichten zu einer kurzen Geschichte: Historischer Exkurs

Das Saarland ist jung. 1990 war das politische Gebilde, das bis 1935 noch als »Saargebiet« firmierte, gerade 70 Jahre alt. ›Avant la lettre‹ erweist sich die Geschichte des Raumes als so bunt und uneinheitlich wie seine Geographie. Keine großen Gesamtbilder, befand im 19. Jh. schon der Kulturhistoriker Wilhelm Heinrich Riehl, die Mannigfaltigkeit verlocke, und der Reiz der Übergänge. »Alles in allem ein schütterer Boden, der keine große Territorialgeschichte trägt« (Hans-Walter Herrmann).

☐ Kelten, Römer, Franken

Die Anfänge markiert ein Feuersteinfaustkeil aus der Altsteinzeit, nach vorsichtigen Schätzungen entstand er vor einer viertel Mio. Jahren. Bei Schanzarbeiten wurde er 1940 im Warndt bei Ludweiler entdeckt. Aus der Mittleren Steinzeit (8000–4000 v. Chr.) fanden sich auf dem Sonnenberg über St. Arnual Artefakte. Sammler und Jäger hatten hier unter den Felsüberhängen ihre Rastplätze. Nahebei lag das für die Bedürfnisse der Jagd speziell zurechtgeschlagene Werkzeug: kleine Steinspitzen, Schaber, Stichel und Bohrer. Trapezförmige Steinbeile, Äxte und Klingen lassen auf erste Ansiedlungen in der Jüngeren Steinzeit (4000–1800 v. Chr.) schließen. In den Muschelkalklandschaften, vor allem im Blies- und Saargau und an den Rändern des mittleren Saartals, verdichten sich die Fundstellen. Auch zwei Menhire, kultische Zeugen der Zeit, haben überdauert: der Gollenstein über Blieskastel (Farbabb. 20) und der Spellenstein in Rentrisch. In unseren Tagen wurde ihnen bei Walhausen im St. Wendeler Land ein dritter ›Hinkelstein‹ wieder zugesellt; er hatte bis dahin flach im Sumpf des ›Hinkelsborns‹ gelegen. Hügelgräber und Urnenfelder kennzeichnen die Kultur der Mittleren und Späten Bronzezeit (1600–1200/1250–750 v. Chr.). Die verschiedenen Totenrituale, die einen veränderten Jenseitsglauben signalisieren – hier der Körper in gestreckter Rückenlage unter einem Grabhügel, dort der Leichenbrand nach der Befreiung der ›Seele im Feuer‹ in einer Urne –, lösen sich keineswegs abrupt ab. Ganz wurde die Körperbestattung überdies nie aufgegeben. Das älteste ›Skelettmaterial‹, im Sommer 1991 im Bliesgau entdeckt, datiert aus dem 15. Jh. v. Chr.

Metallsammelfunde, ganze Depots von Waffen, Schmuck und Gerät, häufen sich in den Blauerzgebieten von Wallerfangen und Saarbrücken. Eine (befestigte) Höhensiedlung lag auf dem Großen Stiefel bei St. Ingbert. Sie weist noch in die Jungsteinzeit zurück und ist – merkwürdigerweise – ein äußerster Ausläufer der am Oberrhein beheimateten Michelsberger Kultur. Der

Berg blieb weiterhin beherrschend; er flankierte eines der wichtigsten Verkehrstäler des Landes, das westwärts bis zum Seine-Becken zielt und nach Osten zum Rhein führt. Das Tal war die Einfallschneise par excellence. In der Älteren Eisenzeit, zwischen 750 und 450 v. Chr., wanderten die Kelten ein. Im späten 5. Jh. hatten sie ihre endgültigen Siedlungsräume erreicht. Gewässernamen deuten auf keltische Provenienz: Saar, Blies, Wadrill, Prims, Nied und Rossel. Eine neue, die Hallstatt-Kultur, überlagerte jene der Urnenfelderzeit. Hochentwickelt war auch diese hierzulande, als Kultur einer Herrenschicht, die an den Rohstoffquellen saß und einen weitreichenden Handel betrieb. In der Latène-Zeit (500–50 v. Chr.) kam sie vollends zur Blüte. Zwei Stämme grenzten aneinander, der Warndt und der Saarkohlenwald trennte sie, die Grenze verlief quer durch das [heutige] Saarland. Im Norden – auf die Hunsrück-Eifel-Kultur ausgerichtet – saßen die Treverer; in der Trierer Talweite gab es eine erste bedeutende Siedlung. Die Mitte und den Süden hielten die Mediomatriker, sie gehörten noch zum westalpinen Hallstattkreis, ihre Hauptstadt war Metz. Ein Gespinst von Sagen – von »Heidenschanzen« über und »Goldenen Kutschen« unter der Erde – verdichtet sich an bestimmten Plätzen, es waren die Machtzentren. Handfeste Geschichte steckt dahinter.

Wallanlagen besetzten natürlich geschützte Berghöhen, die bekannteste ist der ›Hunnenring‹ auf dem Dolberg über Otzenhausen. Aufwendig angelegte und reich ausgestattete Fürstengräber lagen in ihrem Schatten: in Schwarzenbach etwa, südlich von Otzenhausen, oder, dem Mommerich bei Gronig zugeordnet, das Wagengrab im »Fuchshübel« bei Theley. Noch unberührt war das 1954 entdeckte (frühlatènezeitliche) Grab einer Fürstin an der unteren Blies bei Reinheim. Seine reiche ›Jenseitsmitgift‹ – Goldschmuck und Bronzegerät, Bernsteinzierat, Glas- und Ölschiefer – zeugt von einer hohen Lebenskultur.

Die große Zäsur kam erst im letzten vorchristlichen Jahrhundert mit den Römern. Mitte des Jahrhunderts eroberte Cäsar Gallien. Bis zum Schluß (52 v. Chr.) leisteten die Treverer Gegenwehr, der ›Hunnenring‹ war ihr Widerstandszentrum. Die Romanisierung brauchte ihre Zeit, die *Pax Romana* förderte sie. In einem Prozeß ständiger Durchdringung vereinigten sich Sieger und Besiegte. Der Raum, den wichtige Fernstraßen von Innergallien an den Rhein durchkreuzten, wurde in einem Raster von Querverbindungen weiter erschlossen und als Hinterland für das immer mächtiger werdende Trier ausgebaut, das schließlich zur Residenz des römischen Kaisers aufstieg. Im Süden kamen die Anschlüsse zum Metzer Raum hinzu. Ein Netz von Einzel- und Gruppensiedlungen – *villae* und *vici* – überzog selbst in siedlungsunwirtlichen Waldgebieten die Region. Die Gründung und Förderung von Städten – den *coloniae* oder *municipia* – brachte die gesellschaftliche Entwicklung weiter. Landbesitzer bauten sich prunkvolle Villen, besonders im Dreieck von Saar und Mosel, in Nennig beispielsweise oder Borg. Kaufmannsorte blühten auf: Saarbrücken, Pachten, Schwarzenacker.

Unter Kaiser Augustus erfolgte die administrative Neuordnung. Das Land wurde der Provinz Belgica angegliedert. Rom wirkte bis in die *urbs opulentissima* Trier ebenso wie in den letzten *vicus* an der Blies. Dennoch hielt sich die keltische Eigenart und blieb neben der römischen Kultur wirksam. Am Ende stand die komplette gallo-römische Provinz.

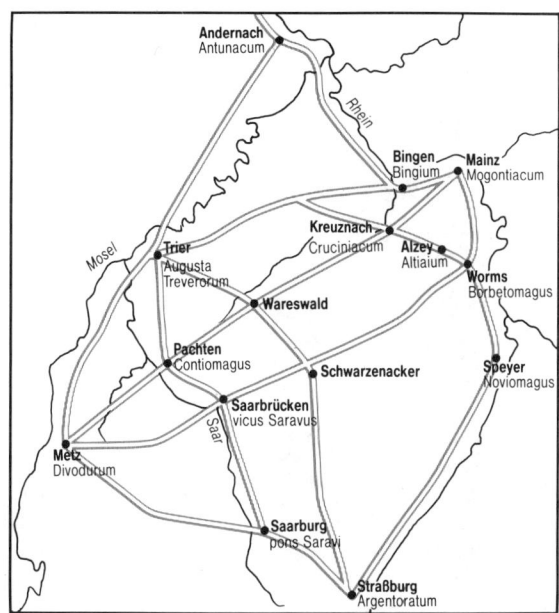

Römische Fernstraßen

Die Germanen störten den gallo-römischen Frieden. Ende des 3. Jh. bereits (275/276), nach-haltiger dann in der Mitte des 4., vollends im 5. Jh. An der Saar sicherte man die Handelsplätze (Pachten und Saarbrücken) durch Kastelle. Im Norden (so auf dem Spiemont) wurden in aller Eile die alten keltischen Fliehburgen wieder ausgebaut. Es half nichts, im heillosen 5. Jh. brach die Römerherrschaft zusammen.

Das Land an Saar und Blies gehörte nun zum fränkischen Reich, zu Austrasien im besonde-ren, dessen Hauptstadt nach Reims Metz wurde. Die neuen Herren besetzten zunächst nur die fruchtbaren alten Landstriche im Blies- und Saargau und in den Tälern, erst später beim Landes-ausbau im 7. und 8. Jh. auch die weniger wirtlichen Plätze. Die politische Untergliederung in Gaue orientierte sich dabei vorwiegend an den Verwaltungsgrenzen der Römerzeit. Die kelto-romanische Altbevölkerung, vor allem die unteren Schichten, paßte sich relativ schnell der fränkischen Kultur an und übernahm ihre Sprache. Ein kleiner Teil, die ›Hochwaldromania‹, hielt sich im Hunsrückvorland, zwischen Wadrill und Tholey, noch bis ins 9. Jh. »Im 6. Jahr-hundert (jedenfalls) wurde die Zugehörigkeit des Saarlandes zum deutschen Sprachraum als wichtigste und dauerhafteste Komponente der saarländischen Geschichte begründet« (H.-W. Herrmann).

Mit den Franken etablierte sich eine neue Macht, die Bischöfe verkörperten sie. In Trier und Metz hatten die christlichen Gemeinden die Wirrungen der Völkerwanderung überstanden. Ihre Oberhirten organisierten nun die Christianisierung und Missionierung des Umlandes.

Frühchristlicher Grabstein aus Faha bei Mettlach

(Die frommen Schreiber werden darüber rhapsodisch: »Nachdem die Merowinger die Asen verlassen, mußte ihr unausgesetztes Streben sein, auch ihre Untergebenen dem Christentum zuzuführen.«) Mit der geistlichen Integration ging die politische Ausrichtung parallel, auch hier bezogen auf die beiden Zentren. (Noch bis in die napoleonische Zeit verliefen die Grenzen der Bistümer von Metz und Trier vom Warndt bis St. Wendel quer durch das Saarland.) Früh wurden Klöster gegründet: Tholey wird schon 634 erwähnt, weiter im 7. Jh. dann auch St. Arnual und Mettlach sowie – in der Nachbarschaft – Hornbach und St. Nabor (Saint-Avold), und kurz vor 871 Neumünster (heute im Stadtgebiet von Ottweiler).

Den Merowingern folgten die Karolinger. Auf Austrasien, infolge von Teilungen im 9. Jh., Lotharingien. Ein Mittel-Land zwischen den beiden lebensfähigeren Nachbarn im Osten und Westen. Ein Durchgangsland eher und ein Zankapfel dazu. Nach 100 Jahren abermals geteilt, fiel es 925 endgültig dem ostfränkischen Reich zu, dem nachmaligen Heiligen Römischen Reich Deutscher Nation.

Der Raum zwischen Saar und Rhein blieb dennoch in einer Art Zwischenlage, der deutsch-französische Konflikt war geradezu vorprogrammiert. Die Folge im Mittelalter: Es bildete sich kein territorialer Schwerpunkt an der Saar. Die Region splitterte sich in einen Flickenteppich von kleineren Herrschaftsbereichen auf. Die größeren formierten sich in der Nachbarschaft, aus allen Himmelsrichtungen dazustoßend, hielten sie aber an Saar und Blies den ›Fuß in der Tür‹. Das heutige Landeswappen erinnert an sie: Kurtrier, Lothringen, Pfalz-Zweibrücken. Dazu schiedlich-friedlich Saarbrücken. Dessen Grafen – zunächst eine Dynastie aus Lothringen (Commercy), dann vom Mittelrhein (Nassau) – es immerhin geschafft hatten, politisch die Reichsunmittelbarkeit zu behaupten und wirtschaftlich das Kernstück eines eigenen Reviers zu halten. »Ysenschmitten und Kolengruben« gab es bereits im 15. Jh. Der Holzhandel hatte Tradition. In den folgenden Jahrhunderten kamen Glashütten, Papiermühlen und keramische Manufakturen hinzu.

☐ Die vielgeteilte Region – »Franzosenzeit« und deutscher Vormärz

Die Reformation wurde in der Grafschaft Saarbrücken 1575 durchgeführt. Lothringen und Trier betrieben die Gegenreformation. Im Dreißigjährigen Krieg verwüsteten Spanier, Schweden, Lothringer und Franzosen nacheinander das Land. (Jacques Callots Radiererfolge »Misères de la guerre« von 1632/33 prangert nicht nur das lothringische Elend an.) Im Westfälischen Frieden faßte Frankreich Fuß an der Saar. In den Réunionen annektierte es sich eine ganze ›Saarprovinz‹ dazu. Den größten Teil mußte es im Frieden von Rijswijk (1697) wieder zurückgeben. Aber Saarlouis, das der ›Sonnenkönig‹ in den achtziger Jahren als Festung aus dem Sumpf hatte stampfen lassen, sowie das linke Saarufer vom Warndt bis zur Saarschleife, nebst einem Brückenkopf auf dem rechten, blieb bis 1815 französisch. Als zudem Lothringen nach dem Tod von Stanislaus Leszczynski 1766 an Frankreich fiel, lag die große, die Reichsgrenze endgültig vor der Tür. Und bestimmte natürlich auch die Politik der Saarbrücker ›Grenzlandfürsten‹ Wilhelm Heinrich (1741–68) und Ludwig (1768–93) aus dem Hause Nassau. Man hatte sich mit dem übermächtigen französischen Nachbarn zu arrangieren. Der königliche Hof in Versailles lag näher als der kaiserliche in Wien. Für das Wirtschaftsgebiet Saar stellte Wilhelm Heinrich die entscheidenden Weichen. Er verstaatlichte den Bergbau: »Es soll von

Saarbrücker Schloßbrand. Ölgemälde von Johann Friedrich Dryander, 1793

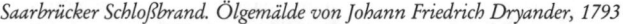

niemand in Zukunfft eine Stein-Kohlen-Grube eröffnet, noch viel weniger aber daraus Stein-Kohlen, bey 100 Reichsthaler Straff, verkauffet werden«, und ließ mit Hilfe von »ausgezogener Kohle« (Koks) Erz schmelzen. Die Ausbeutung der Kohlengruben durch den Staat hielt auch unter französischer Herrschaft an und wurde von Preußen und Bayern nach 1815/16 weitergeführt.

Die Französische Revolution setzte dem Ancien régime an Saar und Blies ein Ende. Die Landesverwaltung wurde 1798, orientiert an der allgemein französischen, neu organisiert. Gleich vier Departements, deren Hauptstädte alle ›außer Landes‹ lagen, hatten daran ihren Anteil. Die schon seit 1789 französischen Teile – siehe oben – gehörten von vornherein zum Mosel-Departement (Hauptstadt Metz). Die angrenzenden Reichsgebiete – Nassau-Saarbrücken, Pfalz-Zweibrücken (dessen Fürst sich als der zukünftige Erbe zweier großer Kurstaaten, Kurpfalz und Kurbayern, noch die verschwenderischste Residenz auf dem ›Karlsberg‹ bei Homburg hatte erbauen lassen), Blieskastel und Kurtrier – kamen im Westen zum Saar-Departement (Trier), östlich der Blies zum Departement Donnersberg (Mainz). Im Dreieck von Saar und Mosel wurden schließlich einige Orte dem Luxemburger Wälder-Departement zugeschlagen. Erst Napoleon vollendete für die linksrheinischen Gebiete durch die Zuerkennung aller staatsbürgerlichen Rechte die Revolution. Die große Heerstraße führte durch diese Gebiete, 1806 bis 11 ließ sie der Kaiser von Paris bis nach Mainz ausbauen. Sie ist auch heute noch die ›Kaiserstraße‹. 1813 rückten über sie, nun von Mainz nach Paris, die Soldaten der Befreiungskriege vor, und ihre Sänger skandierten: »Wo liegt Paris? – Paris? – dahier! Den Finger drauf! Das nehmen wir!«

Der Wiener Kongreß tanzte 1814 und schuf im darauffolgenden Jahr auch an Saar und Blies neue Verhältnisse. Der weitaus größte Teil des Landes im Westen und in der Mitte kam an Preußen, der östliche Teil an Bayern. Im Nordosten fiel das St. Wendeler Land Oldenburg und Sachsen-Coburg zu; der Herzog von Sachsen-Coburg-Gotha verkaufte 1834 seinen Teil, das Fürstentum Lichtenberg, an Preußen.

Der Landcommissär von Homburg Philipp Jakob Siebenpfeiffer

Im bayerischen ›Rheinkreis‹, der Pfalz, hing man mit besonderer »deutscher Treue« an den Institutionen der Franzosenzeit. Besonders die »Preßfreiheit« galt hier noch. Der neue Landcommissär von Homburg Philipp Jakob Siebenpfeiffer und der Jurist und Publizist Johann Georg August Wirth nutzten sie. Ab 1830 erschienen in Homburg und – als die Behörden die

Presse versiegelten – in Zweibrücken ihre liberalen Zeitschriften. Deren Motto wurde zum geflügelten Wort: »Unter Preßzwang geht Deutschland verloren. / Durch Freiheit der Presse wird's wiedergeboren«.

Aufschlußreich ist Wirths »reifliche Erwägung« Homburgs als Druckort; es lag besonders verkehrsgünstig an der Kaiserstraße: ›Die Tribüne‹ kann so »Nachrichten aus Frankreich, Spanien, Portugal, England früher nach Deutschland bringen, als alle übrigen deutschen Blätter und in der Regel 24 Stunden früher als die Pariser Journale«. Die Resonanz war groß. Über die rheinpreußische Grenze kam die »Deutsche Tribüne« als Konterbande nach Neunkirchen und ähnlich ins coburgische St. Wendel. Auch dort gärte es. Wie überall im Lande. Im Köllertal kursierte eine illegale Flugschrift »An Deutschlands Volk«, und in St. Wendel predigte Pfarrer Juch an Ostern 1832: »Erkennet selbst euere Würde als Mensch, euere Rechte als Bürger, und die Herrscher werden sie auch anerkennen müssen.«

Der Publizist Johann Georg August Wirth

Die »liberalen Homburger« brachten am 27. Mai 1832 rund 30 000 »Patrioten aus allen deutschen Stämmen« zum Hambacher Fest. Siebenpfeiffer schrieb dem Fest das Lied »Hinauf, Patrioten, zum Schloß, zum Schloß!«, und »Deutschlands Wiedergeburt« wurde als »heilige Sache des Vaterlandes« proklamiert. Mit handfesten politischen Ergebnissen – wir wissen es inzwischen – haperte es zwar nach den drei Hambacher Tagen, aber die Kundgebung machte Geschichte. Und ihre Lieder kolportierten lange noch die öffentliche (Gegen-)Meinung im Vormärz.

☐ Das Jahrhundert der Industrie

In Bewegung geriet die Region im Vormärz durch die Industrialisierung. Das immer noch agrarisch geprägte Land, in dem der Kleinbesitz überwog, formierte sich, ausgehend von dem Saarbrücker Raum und dem mittleren Saartal bis Dillingen, dem Sulzbach- und Fischbachtal, dem Neunkircher Revier und St. Ingbert, das an der Spitze der pfälzischen »Fabrikorte« stand, zum Wirtschaftsgebiet Saar. Im Bergbau vor allem war es das Gebiet von Preußens Gnaden. Preußen hatte beim 2. Pariser Friedensschluß vom November 1815 die volle Beute eingeheimst: 18 Gruben allein, dazu Eisenhütten, Hammerwerke, Glas- und Rußhütten, sowie – in Sulzbach und Dudweiler – chemische Fabriken. Der preußische Bergfiskus wurde so zum größten Unternehmer an der Saar. Und da er auf der Kohle saß, bestimmte er auch über das Wohl und Wehe der anderen Industrien mit.

Eisenbahngrube in Sulzbach, Graphik aus dem 19. Jh.

Die erste Phase der Industrialisierung setzte Anfang der zwanziger Jahre ein. Der Bergbau ging vom veralteten Stollenbau zum Schachtbau über. In der Privatgrube Hostenbach wurden – elf Jahre bevor man an der Ruhr damit begann – 1822 bis 25 die ersten Tiefbauschächte abgeteuft. 1828/29 kamen die ersten Dampfmaschinen zur Wasserhaltung und Förderung zum Einsatz. Dampfkraft löste auch die traditionelle Wasserkraft in der Eisenindustrie ab. Eine zweite technische Neuerung, das ›Puddelverfahren‹, erlaubte zudem die Stahlherstellung mit Kohle bzw. Koks statt der knappen und teuren Holzkohle und verkürzte die Produktionszeit von drei Wochen auf eineinhalb Tage. Die Hütten, im Gegensatz zu den staatlichen Gruben, meist im Besitz protestantisch-bürgerlicher Unternehmerfamilien, waren nicht mehr auf den Hochwald angewiesen; sie siedelten sich am Blieskniе und im Saartal an. Das Erz kam, nachdem die einheimischen Gruben unrentabel geworden waren, bevorzugt von der Lahn. In Neunkirchen, Dillingen und Brebach begannen die Stumms, die sich 1806 aus dem Hunsrück kommend in Neunkirchen eingekauft hatten, ihre Monopolstellung ökonomisch und damit auch politisch und kulturell auszubauen. (Ein halbes Jahrhundert später war ihr »Königreich« nicht nur an der Saar sprichwörtlich.) Neue Absatzmärkte eröffnete der 1834 gegründete Deutsche Zollverein.

Den größten Aufschwung brachte der Anschluß des Reviers an das internationale Eisenbahnnetz. 1852 wurde als letztes Teilstück des Schienenweges von Paris zum Oberrhein die staatliche ›Saarbrücker Eisenbahn‹ eröffnet. Sie führte mitten durch das Kohlenrevier und hatte in Bexbach Anschluß an die Pfalzbahn, in Forbach an die französische Ostbahn. Innerhalb eines Jahrzehnts folgten die Saartalbahn nach Trier-Luxemburg und die Nahebahn nach Bingerbrück, 1870 die Strecke nach Saargemünd und Straßburg. 1866 wurde der Saar-Kohlen-Kanal fertiggestellt, der Saarbrücken mit dem Rhein-Marne-Kanal und so mit dem verzweigten innerfranzösischen Kanalnetz verband. Er erfüllte nicht alle Erwartungen. (Dafür profitiert der ›sanfte‹ Wassertourismus heute davon.)

Entlang der neuen Schienenwege – und das war ja wohl ihr eigentliches Konzept – entstanden zwischen 1850 und 62 zehn neue Schachtanlagen, die »Eisenbahngruben«, u. a. in Heinitz,

Reden, Altenwald, Dudweiler und Von der Heydt. Im Raum Friedrichsthal kamen »Bahnglas-hütten« dazu. Auch die Eisenindustrie, die vom Schienenbedarf im Bahnbau profitierte, kon-zentrierte sich in der Nähe der Bahnen. Ganz ideal lag die 1856 von belgisch-luxemburgischem Kapital getragene Burbacher Hütte; sie lag an Bahn und Fluß zugleich. »Zwischen diesen höllen-artigen Feuergluten hin trägt die Eisenbahn, die an den Berghalden des Tales hart an der Grenze dahin läuft, ihre Passagiere«, schrieb 1858 in seinem Standardwerk »Die Pfalz und die Pfälzer« August Becker irritiert-fasziniert über das »schwarze Tal« zwischen (preußisch) Sulzbach und (bayerisch) St. Ingbert. Im »rauhen Kohlengebirge (in summa), das diesen Winkel Deutschlands, wo Bayerns und Preußens Ländergebiete an das mächtige Frankreich anstoßen, zu einem schwarzen Kalifornien macht.«

Den steigenden Bedarf an Arbeitskräften deckte das Revier vorwiegend aus der Nachbar-schaft. Aus den bäuerlichen Randgebieten, bis in den Hochwald, in den Hunsrück und in die Westpfalz, setzte eine regelrechte Völkerwanderung ein. Viele der Zuwanderer behielten ihren alten Wohnsitz bei und lebten die Woche über als Einlieger bei Familien oder in Schlafhäusern, von denen es 1910 noch 39 gab. 1875 machte die Zahl dieser Wochenendpendler mehr als ein Drittel der Gesamtbelegschaft der Gruben aus, 1910 noch knapp ein Fünftel. Die gleichen Zahlen gelten für die »Hartfüßer«, wie jene Bergleute hießen, die Tag für Tag über die Berg-mannspfade zehn und mehr Kilometer zur Schicht marschierten. Ab 1856 entstanden in der Nähe der Gruben erste Rodungssiedlungen, die Bergmannskolonien: Altenwald etwa, Bildstock, Elversberg – das 1873 als erste Kolonie zu einer selbständigen Gemeinde erhoben wurde –, Göttelborn, Heiligenwald oder Heinitz. Mietshauskolonien, wie Maybach von 1884 an, kamen Ende des Jahrhunderts dazu.

Kernstück des bergamtlichen Siedlungssystems war das Prämienhaus. Eine saarländische Besonderheit bildete sich heraus: der ›Bergmannsbauer‹, der Arbeiterbauer überhaupt, der mit der Familie nebenher eine kleine Landwirtschaft betrieb. »Kein anderer Begriff als diese Symbiose von (früh-)industrieller und agrarischer Arbeits- und Lebensweise vermochte die ›Wohlfahrtspolitik‹ des preußischen Bergfiskus so plakativ und ausdauernd zu rechtfertigen«, so der Sozialhistoriker Klaus-Michael Mallmann. Von da besehen, von oben, war die Welt im Revier denn auch in Ordnung. Bewegung von unten gab es erst nach dem Krieg 1870/71.

Die Zuwanderungen verschoben auch die Konfessionsverhältnisse – zugunsten der Katho-liken. Das städtische Kleinbürgertum, die durch »Hergeloffene« aus allen Teilen des Reichs angewachsene Beamtenschaft, die großen Unternehmerfamilien waren in der Mehrzahl tradi-tionell protestantisch. Die neue große, vorwiegend katholische Unterschicht der Arbeiter über-flügelte sie in der zweiten Hälfte des Jahrhunderts. (1910 gab es in dem ein halbes Jahrhundert zuvor noch mehrheitlich protestantischen Kreis Saarbrücken doppelt so viele Katholiken wie Protestanten.) Die katholische Kirche stand nach dem Siebziger Krieg auch Pate bei den ersten gewerkschaftlichen Organisationen der Arbeiterschaft, die lange als obrigkeitsfromm und sozialkonservativ galt. Ein zeitgenössischer Beobachter: »Eher hätte man des Himmels Einsturz erwartet als eine Auflehnung der hier in den staatlichen Gruben beschäftigten 25 000 Arbeiter. Sie waren ja so willig und gehorsam, so unterwürfig und zahm, wie man sie nur wünschen konnte.«

Im Mai 1889 kam es zum ersten Massenstreik. Der Hasborner Bergmann Nikolaus Warken, genannt »Eckstein«, führte die Streikenden an. Ende Juli schloß man sich zum ›Rechtsschutzverein für die bergmännische Bevölkerung des Oberbergamtes Bonn‹ zusammen. »Der Streik«, so Warken, »war der Schöpfer der Organisation.« Bis zum Frühjahr 1893 dauerte die Bewegung an, aber mehr und mehr schlugen die Streiks fehl. Im gleichen Jahr löste sich der Rechtsschutzverein auf.

Mit der Annexion Elsaß-Lothringens 1871 rückte das Saarrevier vom Rande in die Mitte eines neuen großen Wirtschaftsraums. Lothringische Minette (Eisenerz) kam an der Saar zur Verhüttung, Saarkohle ging nach Lothringen. Stumm (»Karl der Große«) und sein Antipode Röchling (»Karl der Kühne«), der 1881 die in Konkurs gegangene Völklinger Hütte erworben und zum Großbetrieb ausgebaut hatte, faßten Fuß im Diedenhofener Revier und bauten die Beziehungen zur Industrie im Südwesten Luxemburgs aus. Ein neuer Montanverbund zeichnete sich ab, der ein Jahrhundert später Wirklichkeit werden sollte: die ›Großregion Saar-Lor-Lux‹. 1913 kamen 8,6 Prozent der Kohle, 11,2 Prozent des Roheisens, 14,5 Prozent des Rohstahls und 24 Prozent des Tafelglases der gesamtdeutschen Produktion von der Saar.

Das anhaltende Wirtschaftswachstum ließ die Bevölkerungszahlen erneut ansteigen. Gegenüber 155 000 Einwohnern im Jahre 1815 hatte nun (1910) das »reiche Bergrevier«, wie es stolz im Lied hieß, das drittgrößte im Deutschen Reich nach dem Ruhrgebiet und Oberschlesien, 700 000 Einwohner. Am dichtesten war das Industriedreieck Neunkirchen-Brebach-Völklingen besiedelt. Die neue Großstadt aus den drei vereinigten Saarstädten in seiner Mitte bekam 1909

Die Schlacht von Spichern, auf dem Exerzierplatz bei der Bellevue

den Namen Saarbrücken. Der Name hatte seit der Schlacht von Spichern vor den Toren der Stadt (am 6. August 1870) die nationalen Weihen und war ringsum im Reich bekannt. »Glückauf fürs Vaterland!« wurde mit neudeutschem Pathos das 20. Jahrhundert begrüßt. Glückauf fürs Vaterland! war die wiederaufgenommene Schlußzeile des »zeitgemäßen Kohlenliedes« aus den 1860er Jahren, das nach der Melodie des Rheinliedes von Nikolaus Becker (1840 zum erstenmal in der Trierischen Zeitung publiziert) gesungen wurde. Wie dieses gegen französische Annexionsansprüche gerichtet (hier nur statt auf den Rhein auf die Saar als »petit Rhin«), begann es mit den Worten: »Sie sollen es nicht haben, / das reiche Bergrevier . . .«, und damit ansprechend auf »Die ewige Aufgabe der Saarlande, Bollwerk für die Sicherheit des deutschen Rheines zu sein«, wie es der Führer des ›Saardeutschen Heimatkulturverbandes‹ 1934 im Rückblick formulierte.

□ Vom »Saargebiet« zum »Saarland«

Im neuen Jahrhundert geriet die Region – noch wechseln ihre Namen, von »Saarbrücker Kohlensattel« bis zu »Saarbeckengebiet« (»Bassin de la Sarre«) – endgültig in das Getriebe der großen Politik. Die Folge: Erst nach zwei Weltkriegen und zwei politischen Sonderregimen danach und zwei Abstimmungen dazu, die sich im Vorfeld und im nachhinein oft selbst wie Kalte Kriege ausnahmen, war ein geschlossenes politisches Territorium formiert, das Saarland.

Im Versailler Vertrag, der am 10. Januar 1920 in Kraft trat, bekam das erste quasi-staatliche Gebilde, ein Kompromiß zwischen den Annexionsansprüchen Frankreichs und dem von dem amerikanischen Präsidenten Wilson propagierten Selbstbestimmungsrecht der Völker, den Namen »Saargebiet«/»Territoire de la Sarre«. Eine Regierungskommission des Völkerbundes übernahm die Verwaltung. Im einzelnen setzte sich das Gebiet aus den preußischen Kreisen Saarbrücken-Stadt, Saarbrücken-Land, Saarlouis und Ottweiler, aus Teilen der Kreise St. Wendel und Merzig, sowie aus dem bayerischen Bezirksamt St. Ingbert und den westlichen Teilen der ebenfalls bayerischen Bezirksämter Homburg und Zweibrücken zusammen. Auf 1900 Quadratkilometern zwischen Saar und Blies abgegrenzt, schloß es alle Kohlengruben ein, deren alleiniges Ausbeutungsrecht Frankreich zugesprochen wurde, die Industriewerke ebenso wie die Wohngebiete der Industriearbeiter, der Bergleute vornehmlich. Wolfgang Koeppen 1933 dazu: »Man ist in einem Zwischenreich mit deutscher Bevölkerung, doch außerdeutschen Gesetzen.«

»Heim ins Reich« galt bis 1933 einhellig als Devise fast aller Saarländer. Erst nach Hitlers Machtantritt spalteten sich die Lager: Die »Deutsche Front«, der u. a. NSDAP und Zentrum angehörten, traten – wegen oder trotz Hitler – für den Anschluß ein; die 1934 ins Leben gerufene antifaschistische ›Einheitsfront‹, in der neben Sozialdemokraten und Kommunisten auch Katholiken unter Johannes Hoffmann (»Joho«) standen, wollten den Status Quo beibehalten, bis zur Ablösung des NS-Regimes im Reich. Hanns Maria Lux' »Deutsch ist die Saar, / deutsch immerdar!« überdröhnte Bertolt Brechts ›Saarlied‹: »Das Deutschland, das wir wollen, muß / Ein andres Deutschland sein«. Am 13. Januar 1935 entschieden sich 90,76 Prozent der Saarländer für die Rückgliederung.

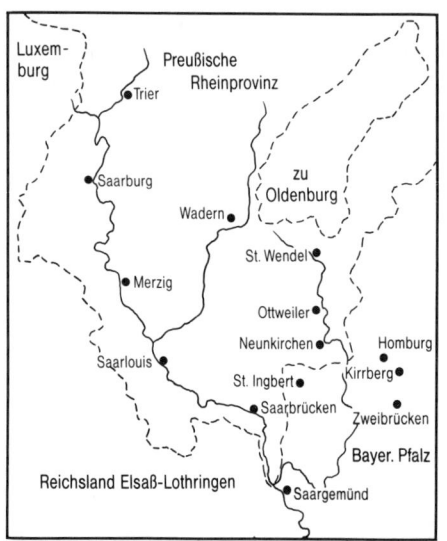

Vor dem 1. Weltkrieg   *Von 1919–1935*
Historische Entwicklung des Saarlandes

Aus dem ›Saargebiet‹ wurde das ›Saarland‹. Der pfälzische Gauleiter Joseph Bürckel verwaltete es als ›Reichskommissar für die Saarpfalz‹ (und in Saarbrücken hieß es: »Uff die Bääm, die Pälzer kumme!«). Bürckel sollte auch das im Zweiten Weltkrieg unter der Bezeichnung ›Lothringen‹ in der Nachbarschaft annektierte französische Mosel-Departement gleichschalten. Er nannte sich nun ›Reichsstatthalter in der Westmark‹ (und Saarbrücken avancierte zur Gauhauptstadt). Was schon eine merkwürdige Konstellation war, nachdem auf deutscher Seite in dieser »Mark« lange das einzige großmannssüchtige Bauprojekt die Anlage von 4000 Bunkern und 340 Minenfeldern (allein an der Saar) war, und (potenziert daneben in Lothringen) das französische Pendant stand: die Maginot-Linie. Wer's genauer wissen will: »Zehn statt tausend Jahre« heißt die Dauerausstellung des Historischen Museums Saar im Saarbrücker Schloß. Zeit und Ort werden hier noch einmal rekapituliert. Die speziellen Machtstrukturen im Lande, aufgezeigt etwa anhand der Beziehung der Schwerindustrie zum Nationalsozialismus, ebenso wie die Emigration von 1935 oder Widerstand und Verfolgung. Der Krieg schließlich, von den Evakuierungen Anfang September 1939 aus der ›Roten Zone‹ zwischen Grenze und Westwall bis zu den erbitterten Kämpfen am ›Orscholz-Riegel‹ im Winter 44/45.

Am 21. März 1945 schwiegen an der Saar die Waffen. Amerikanische Truppen hielten das Land besetzt. Französische Truppen lösten sie am 10. Juli ab. Erste Diagnosen: »Tatsächlich wird Frankreich von der Bevölkerung nicht geliebt«, so der Leiter der Gesundheitsabteilung der französischen Militärregierung, Dr. René Springer. Und Peter Scholl-Latour später in »Leben mit Frankreich«: »In jenen Tagen wurde in den Volksschulen zwischen Homburg und Dillingen

Luxem-
burg

• Trier

Rheinland-Pfalz

• Saarburg

Wadern •

St. Wendel •

• Merzig

Ottweiler •

Saarland

Neunkirchen •

Homburg

• Saarlouis

St. Ingbert •

Kirrberg •

• Saarbrücken

• Zweibrücken

Frankreich

• Saargemünd

Seit 1949

dische Verfassung in Kraft. In der Präambel war der wirtschaftliche Anschluß an Frankreich, der 1950 und 53 durch eine Reihe von Wirtschaftskonventionen weiter geregelt wurde, und die Trennung von Deutschland festgeschrieben. Am nächsten Tag bildete Johannes Hoffmann, der Gründer der Christlichen Volkspartei, die erste saarländische Regierung. Ein Koalitionskabinett von CVP und Sozialdemokratischer Partei Saar (SPS), die meisten Mitglieder hatten in Frankreich die Jahre der Emigration verbracht, teilweise sogar in der Résistance gekämpft.

Sieben Jahre blieben dem saarländischen Sonderweg vorbehalten. Im ›Großdeutschen Heimatbund‹ schloß sich die Opposition gegen diesen Weg zusammen. Sie hatte es nicht leicht, allzu oft wurde sie mit nicht gerade demokratischen Mitteln bekämpft. Zimperlich gingen beide Kontrahenten, die Ja- wie

das Lied vom Tannenbaum in französischer Übersetzung – ›Mon beau sapin, roi des forêts‹ – von den Kindern gekräht. Die Marseillaise gehörte natürlich auch zum Gesangsunterricht. Der Mutterwitz der Grenzbevölkerung hatte sich gegen diese forcierte und kurzfristige Französisierung mit Erfolg zur Wehr gesetzt. Dem pathetischen Appell der französischen Nationalhymne ›aux armes, citoyens!‹ hatten die Saarländer, wenn sie unter sich waren, durch die Blödelei ersetzt: ›O jeh, mir sinn franzesch …‹.« Im Herbst 1946 schloß Frankreich die Grenze des im Norden zunächst um 152 Gemeinden vergrößerten Territoriums – 61 davon kamen im Juni '47 wieder zurück – zum übrigen Deutschland. Ein Jahr später, am 20. November 1947, wurde die Währung auf den französischen Franken umgestellt. Am 17. Dezember des gleichen Jahres trat die neue saarlän-

Briefmarken von 1927 und vom 1.1.1957 (Zeitpunkt der Rückgliederung)

die Nein-Sager, sowieso nicht miteinander um. Die Ja-Sager argumentierten mit »Joho«, die Saar brauche nicht heimgeholt zu werden; sie sei bereits daheim, »und ihre Heimat heißt Europa«. Die Nein-Sager setzten dagegen: »Mit Deutschland nach Europa!« Am 23. Oktober 1955 entschieden sich 67,7 Prozent der Wähler gegen das zwischen Bonn und Paris ausgehandelte ›Saarstatut‹, das für das Land im Rahmen der Westeuropäischen Union bis zu einem Friedensvertrag einen europäischen Status vorsah. Nach zwanzig Jahren, die letztendlich aber auch nur Teil einer »40jährigen Sonderentwicklung und einer mehr als 150 Jahre währenden Auseinandersetzung zwischen Deutschland und Frankreich« waren, so der Historiker Gerhard Paul, kehrte die Saar zum zweiten Mal »heim«. (Auch für diese Zeit, genauer die Jahre von 1945 bis 1959, gibt es im Historischen Museum Saar einen Wegweiser: die Ausstellung »Von der ›Stunde 0‹ zum ›Tag X‹«.)

Protestplakat der 30er Jahre gegen die Abtrennung

Politische Plakate: Die CVP ruft zur Gemeinderatswahl 1949 auf und Appell der Saarregierung vor der Land-
tagswahl 1952

Der am 27. Oktober 1956 abgeschlossene ›Luxemburger Vertrag‹ machte – gegen wirtschaftliche Zugeständnisse an Frankreich (Kanalisierung der Mosel, Verpachtung von Warndtkohle
u. v. m.) – den Weg für die politische Eingliederung des Saarlandes in die Bundesrepublik frei.
Das 10. Bundesland blieb aber auch danach, wie es der Journalist Rolf Zundel 1980 noch formulierte, »ein vertracktes Gelände, das sich nicht ganz in die politischen Schablonen pressen läßt,
die sonst in der Bundesrepublik gelten.« Die nach bundesweitem Muster 1974 erfolgte Gebiets-
und Verwaltungsreform – fürs erste 5 statt 7 Kreise, 50 statt 345 Gemeinden – mußte sich
Korrekturen gefallen lassen. Struktur und Stärke der Parteien richteten sich erst allmählich
nach den Maßstäben »im Reich« aus. Das seit 1957 vereinigte christliche Lager (CDU plus die
›alte‹ CVP) brachte es erstmals 1970 unter Ministerpräsident Dr. Franz Josef Röder zur absoluten Mehrheit. Oskar Lafontaine schaffte diese 15 Jahre später für die SPD. Mit den Kohlen-
und Stahlkrisen hatten und haben beide ihre Not.

Der Prozeß der Umstrukturierung ist in vollem Gang. Im Land arbeiten bereits mehr Menschen in der Automobilindustrie als für Kohle und Stahl zusammen. Zu guter Letzt – am
3. Oktober 1990 – verlor auch das Wort von Altbundespräsident Karl Carstens, die Rückgliederung von 1955 sei »bis heute der einzige Vorgang deutscher Wiedervereinigung seit 1945«,
seine Gültigkeit.

Auf der Suche nach dem eigenen »Model«
Kulturgeschichte fragmentarisch

Die Tristesse eines Novembertages 1803; in der Kutsche auf der »verissenen
Chaussee« Madame de Staël mit Kind und Kegel: »Unterwegs mußten wir in
einer kleinen Stadt in einem Gasthof Halt machen ...«. Der Gasthof könnte,
folgt man ihrer Route auf der Karte der »Saargegend« von damals, in Homburg
gelegen haben. Und Madame weiter: »Uns empfing das Hämmern eines
Klaviers in einer verräucherten Stube, in der obendrein nasses Wollzeug über
einem eisernen Ofen zum Trocknen hing. Und so scheint es mir hier mit
allem zu sein.« Lag's am November? Oder hatte Madame Migräne? Der Verdacht
liegt jedenfalls nahe, daß ihr das deutsche Entrée nicht so ganz ins Konzept
paßte. Und sie deshalb schloß: »Deutschland kommt mir vor wie eine verräucherte
Stube, in der konzertiert wird.«
Ähnlich werden fast zwei Jahrhunderte später, wenn anachronistisch im »Reich«
vom »Saargebiet« die Rede ist, noch immer die (Vor-)Urteile von »avant la lettre«
wiederholt. Besonders bei der Kultur. Möglicherweise weil da, wie im
Politischen, die Wirkungszentren lange außer Landes lagen. In Trier und Metz
beispielsweise bereits in römischer Zeit. Später, den politischen Zeitläuften
angemessen, in Paris und Berlin. Wobei es sich jedoch keineswegs immer nur um
bloße Übernahmen handelte. Man »vergoß« diese auch schon einmal – wie der
Satiriker Johann Fischart, der Ende des 16. Jh. im grenznahen Forbach lebte, in
seiner »Eineteutschung« von Rabelais' »Gargantua« sagte – in einen eigenen
»Model« und bildete neue Zentren aus. Alles in allem, so der Journalist Rainer
Petto zum ersten ›Saarland-Tag‹ 1988: »Das Beste, was wir erreichen können,
ist, wenn auf die Frage nach unserer Eigenart eines Tages die Antwort lautet:
die kulturelle Offenheit des Saarlandes.«

☐ Keltische Gräber und römische Villen: Vor- und Frühzeit

Eigenständiges findet sich bis zur Bronzezeit nicht in der Region. Die Funde bestätigen nur das auch andernorts übliche Bild. Das ändert sich in der Eisenzeit. In der Hallstatt- und Latène-Periode durchzieht eine Kulturgrenze das Land: zwischen der Hunsrück-Eifel-Kultur im Norden und dem Hallstattkreis in der Mitte und im Süden. Hier wie dort – im historischen Exkurs war davon bereits die Rede – zeugen Höhenbefestigungen und Fürstengräber von regionalen Machtzentren der keltischen Oberschicht und ihren überregionalen Beziehungen. Das Fundgut, z. T. von außerordentlicher künstlerischer und technischer Qualität, stammt entsprechend auch nicht aus heimischer Produktion allein. Im Fürstinnengrab von Reinheim fand man reichlich ›Importware‹.

Keltische Eigenart verlor sich auch in der Römerzeit nicht. Die für Ostgallien typischen Jupiter-Giganten-Säulen standen überall im Land; 25 haben sich nachweisen lassen. Die keltische Pferdegöttin Epona wurde in Schwarzenacker ebenso verehrt wie der römische Handelsgott Merkur, der hier mit Eber, Bock und Hahn dargestellt wurde. Mit Apollo und der keltischen Sirona im Verein betete und badete man im Quellheiligtum am »Sudelfels« von Ihn. Die *Pax Romana* förderte auch die Künste der *Provincia.* Der Süden und Westen Ostgalliens vor allem hatten auf Grund ihrer verkehrsgünstigen Lage stärkeren Anteil an dem reichen Kulturstrom, der sich aus Südgallien über Metz und Trier volle vier Jahrhunderte bis an die Rhein-

Spätrömisches Epona-Relief aus Schwarzenacker

grenze ergoß. Die Villa am Moselufer in Nennig hatte die Ausmaße eines kaiserlichen Palastes, das Fußbodenmosaik des Festsaales ist das größte römische nördlich der Alpen (Farbabb. 11). *»Hic in pace quiescit ...«:* die zeitlich erste Spur des jungen Christentums findet sich auf dem Grabstein eines dreijährigen Knaben aus Pachten mit einem Christogramm zwischen zwei Tauben (um 400). In einer Goldscheibenfibel aus dem merowingerzeitlichen Gräberfeld von Wittersheim (frühes 7. Jh.) sind die farbigen Glaseinlagen ebenfalls zu einem Kreuz zusammengefügt. Das fränkische Kunsthandwerk arbeitete hier auch nach mediterranen Vorbildern.

☐ Vom Alten Turm zur Ludwigskirche: Mittelalter und Barock

Ins 7. Jh. datieren die ersten Klostergründungen. Die Tholeyer Klerikergemeinschaft, 634 beurkundet, hauste noch in den Resten einer römischen Badeanlage. In Mettlach errichtete der heilige Liutwin, der spätere Erzbischof von Trier, um 700 allein drei Kirchen: ein Dionysius-Oratorium zunächst, dann eine Peters- und eine Marienkirche. Anstelle der Marienkirche entstand in ottonischer Zeit Liutwins Grabkirche (994). Ein Zentralbau nach dem Leitbild der Aachener Pfalzkapelle, Karls des Großen Memorial, von eigenem hohem Rang. Der ›Alte Turm‹ (Farbabb. 9) bezeugt noch die (bereits) zweite Blüte des Klosters im 10. und 11. Jh. Die Klosterschule stand ein Jahrhundert lang in besonderem Ansehen. Die Verbindungen gingen weithin, so zu Gerbert von Aurillac, dem späteren Papst Silvester II., der das »Wunder seiner Zeit« war. Aus der ersten Hälfte des 13. Jh. hat sich als kostbarstes Kultgerät das Mettlacher Kreuzreliquiar erhalten.

Abseits der großen Geschichte kam es auch in romanischer Zeit im Land nur in Klöstern und Stiftskonventen zu bedeutenderen Bauten. Merkwürdig ist die Dreikonchenanlage (vermutlich aus dem 12. Jh.) der Hornbacher Prioratskirche in Böckweiler (s. Umschlaginnenklappe). Zu den Hauptwerken der Zeit gehört eine weitere Prioratskirche, die der Prämonstratenser-

abtei Wadgassen: St. Peter in Merzig (um 1200). In ihrer Ostanlage findet der ganze Formen-
reichtum der späten Romanik der Region zusammen. Rheinisches wirkt ein. Verwiesen wird
auch auf die Prämonstratenserkirche von Knechtsteden am Niederrhein sowie an Bauten,
besonders deren Bauskulptur, aus der lothringisch-trierischen Nachbarschaft.

Klosterkirchen prägen zunächst auch das Bild der Gotik. Als dreischiffige Basiliken mit
mächtigem eingezogenem Westturm wurden sie zwischen 1260 und 1310 in Tholey und,
zeitlich nur wenig später, in (Saarbrücken-)St. Arnual über Vorgängerbauten errichtet. Bau-
programm und Formensprache hielten sich an den Kanon der neuen Sakralarchitektur im französischen Kronland. Man baute nur weniger aufwendig, löste die Wände noch nicht ganz auf –
die Räume blieben so geschlossener – und reduzierte die Formen. Im ganzen blieb Tholey dabei
karger als St. Arnual, das am Querhaus festgehalten hatte.

Mit den politisch-sozialen Umwälzungen im Spätmittelalter gewinnen die Kirchen der
Gemeinden an Bedeutung. Der »Wendalinusdom« in St. Wendel, Mitte des 14. Jh. nach der Stadt-
werdung begonnen und im 15. Jh. mit der Langhaushalle vollendet, ist die schönste spätgotische
Pfarrkirche im Land (Farbabb. 7). Die Wallfahrt förderte den Bau entscheidend. Das dörfliche
Gegenstück steht im Köllertal oberhalb der Ruine der Wasserburg Bucherbach (1546): die
Pfarrkirche St. Martin in Kölln. Der Chor stammt ebenfalls aus der Mitte des 14., das Langhaus
aus der Mitte des 15. Jh. In beiden Kirchen wurden Gewölbemalereien entdeckt. Die Köllner
›Biblia pauperum‹ eröffnet dem Blick einen ganzen Kosmos.

Die Plastik der Zeit hat ihren Höhepunkt in den Tumbengräbern der Nassau-Saarbrücki-
schen Grablege in St. Arnual. Aus einer niederländisch beeinflußten Werkstatt stammt das Frei-
grab Johanns III. (gest. 1472) und seiner beiden Frauen; aus einem Metzer Atelier die Tumba
der »hochgebornen Frauwe« Elisabeth von Lothringen, Johanns Mutter (gest. 1456), deren
große Passion das Übersetzen war.

Das 17. Jh. brachte für das Land doppelt heillose Zeiten. Was im Dreißigjährigen Krieg verschont blieb, es war wenig genug, ging in den folgenden Feldzügen des ›Sonnenkönigs‹ in
Trümmer. Ganze Dörfer verödeten, ihre mittelalterlichen Burgen, wie Siersburg oder Kirkel,
wurden zerstört, mit ihnen in den Städten, wie in Saarbrücken oder Ottweiler, die Residenz-
schlösser der Renaissance. Der Wiederaufbau – von Bauernhof und Bürgerhaus bis zu den
neuen noch großzügigeren Schloßanlagen (eineinhalb Kilometer maß Schloß Karlsberg in der
Breite!) – brauchte Jahrzehnte, am Ende dauerte er bis ins letzte Drittel des 18. Jh. Und kaum
war man soweit, stand die Französische Revolution ins Haus.

Über 200 Kirchen und Kapellen kamen hinzu, die Verbundenheit von christlichem Glauben
und weltlicher Autorität war ungebrochen. Schlichte Säle genügten zunächst.

In zwei Bauwerken von überregionalem Rang kulminierte die Kunst des Ancien régime. Ihre
Schöpfer stammten aus Mitteldeutschland: Friedrich Joachim Stengel aus Anhalt, er starb 1787
in Saarbrücken; Christian Kretzschmar, gestorben 1768 in Merzig, aus Sachsen gebürtig. Stengel
krönte sein Saarbrücker Werk mit dem Bau der Ludwigskirche (Farbabb. 26) und machte aus
dem Ludwigsplatz eine deutsche ›Place Royale‹. Mit der Kirche in der Mitte, »ad laudem
Dei publicam«, und nicht wie in Frankreich mit dem Denkmal des Souveräns. Daneben kam

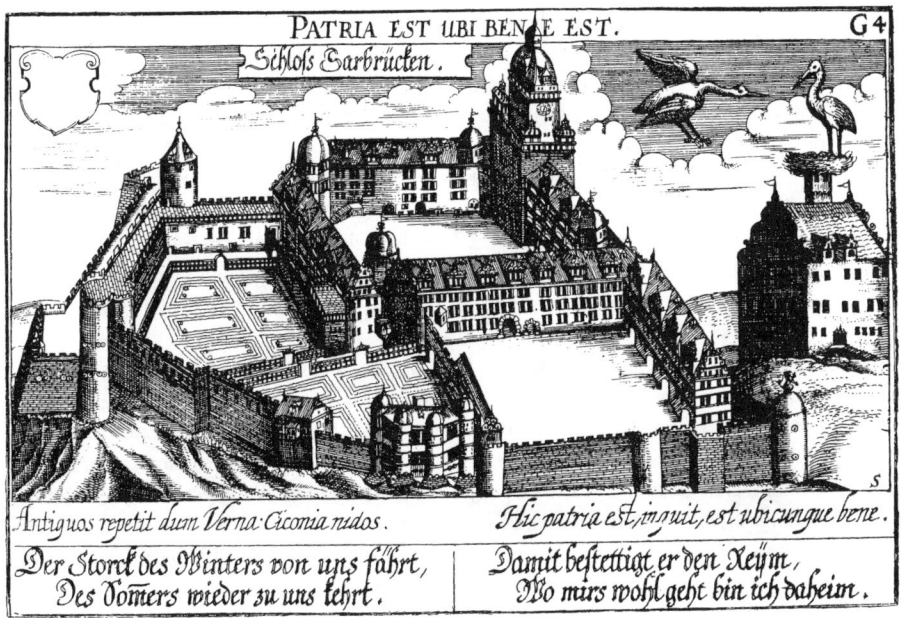

PATRIA EST UBI BENE EST. G 4

Schloß Saarbrücken.

Antiquos repetit dum Verna Ciconia nidos.

Der Storck des Winters von uns fährt,
Des Sommers wieder zu uns kehrt.

Hic patria est, inquit, est ubicunque bene.

Damit bestettigt er den Reym,
Wo mirs wohlgeht bin ich daheim.

Das Saarbrücker Schloß. Kupferstich, um 1623

Mettlach, ein drittes Mal seit dem Mittelalter, zu Ansehen. Kretzschmar baute dort, nicht ohne Reminiszenzen an den österreichischen Barock, die neue Abtei. Sie wurde zum imponierenden Mittelpunkt einer eigenen kleinen barocken Kunstlandschaft an der unteren Saar.

Eine Epoche der berühmten literarischen Gäste auch. Ein Musenhof war Saarbrücken allerdings nicht. Dafür fehlte es an keiner Art von Vergnügung, wie Reisende feststellten: Jagd und Fischfang voran, Schauspiele, Konzerte und Tanz. Die »Lectüre« rangierte am Schluß. Goethe ließ sich 1770 besonders »in das Interesse der Berggegenden« einweihen. Iffland schrieb noch 1790 ein Auftragsstück zur »nähern Vereinigung des Landes mit dem vorletzten Fürsten Ludwig«. Das Schlußtableau: der Fürst »Luassan« (= L. Nassau), Nymphen, die ein großes ›L‹ mit Blumen schmücken, und jubelnd der Chor: »Es lebe Vater Ludwig«. Knigge, in den achtziger Jahren bereits hier weilend, rühmte 1793 in seinen ›Briefen auf einer Reise aus Lothringen nach Niedersachsen geschrieben‹, die »teutsche Gradheit und Biederherzigkeit aller Classen«. Der regierende Fürst gehe ihnen »mit gutem Beyspiele« vor. Und er sei, obgleich selbst so lange in französischen Diensten, »dennoch der Gallomanie und Nachahmungssucht, wovon die Rheingegenden so sehr angesteckt sind, äußerst feind«.

Knigges Briefen verdanken wir die aufmerksamsten Beschreibungen, namentlich der in der Revolution untergegangenen Lustschlösser und Gärten auf dem Ludwigsberg und Halberg, die neben Kunst auch allerhand Künstlichkeiten boten. Der Neunkircher ›Jägersberg‹, miteingeschlossen (s. S. 280), »aussen gänzlich mit einer ungeheuern, daran festgenagelten Menge von Geweyhen der gejagten Hirschen« verkleidet. »Fast bis zu den beträchtlichen Eisenhütten« führten die Schloßterrassen den Berg hinunter. Die Inszenierung konnte auch hier perfekter nicht sein: »Die funkenwerfenden Essen«, befand schon Goethe, »spielten uns ihr lustiges Feuerwerk entgegen«.

Neunkirchen gehörte zu Ottweiler, Ottweiler zu Saarbrücken. Es war die kleine Residenz und kultureller Nebenschauplatz wie Merzig und Wadern im Norden oder Blieskastel, das die Grafen von der Leyen in einer kurzen Blütezeit spätbarock ausgestattet hatten, und Homburg im Südosten. Nach den Wirren der Revolution brauchten sie ein bürgerliches Jahrhundert Zeit, um es wieder zu städtischer Couleur zu bringen.

☐ Kultur auf dem Instanzenweg: das 19. Jahrhundert

Nach 1815 lag das Land »im letzten Winkel dreier Reiche«. Die großen Entscheidungen wurden wieder einmal außerhalb getroffen. Für den rheinpreußischen Teil jetzt in letzter Instanz in Berlin, für den rheinpfälzischen in München. Das wirkte sich auch auf die neue Baupraxis aus. In Bischmisheim errichtete in den zwanziger Jahren Johann Adam Knipper, dessen Vater noch Stengelschüler war, die neue evangelische Kirche, aber die Pläne kamen aus Berlin, vom Geheimen Oberbaurat Schinkel persönlich. Dieser klassizistische Zentralbau blieb das Jahrhundert hindurch der einzige Kirchenbau von Rang.

Nach der Jahrhundertmitte machte die industrielle Expansion und die damit verbundene Zuwanderung, besonders von Arbeitskräften aus dem katholischen Umland, zahlreiche neue Kirchen notwendig. Gebaut wurde bevorzugt (neo-)gotisch. (Noch 1912 erschien in der Erzdiözese Köln ein Erlaß, der Baugenehmigungen vom Stil abhängig machte: »Für unsere Gegend empfiehlt sich durchgängig am meisten der gotische Stil.«) Gute Beispiele finden sich von Bildstock bis Dudweiler im Sulzbachtal. In Herrensohr steuerte der Kaiser 1908 für die evangelische Kirche ein Gnadengeschenk von 12 000 Mark bei. Neogotisch auch die Josephskirche des Mainzer Dombaumeisters Ludwig Becker in St. Ingbert (1890–93). Einheimische Architekten kamen erst Ende des Jahrhunderts zum Zuge. Wilhelm Hector etwa für den katholischen Kirchenbau (1907–09, rheinisch-romanisch diesmal, St. Sebastian in Püttlingen), Heinrich Güth für den evangelischen (1895/97 Friedrichsthal, 1894/98 die Johanniskirche in Saarbrücken). Mehr und mehr erhoben sich wie Zeigefinger die Kirchturmspitzen über den neuen ›Industriedörfern‹ und deuteten an, nach wessen Façon man selig zu werden hatte. »Ich und mein Haus wollen dem Herrn dienen«, stand auf der ›Gedenktafel zur Erinnerung an die Gründung des Rechtsschutzvereins‹, einem Farbdruck mit einem neogotischen Altar, und »mit Gott für Kaiser und Reich«.

Im Stil der Florentiner Renaissance baute 1877–80 eine Berliner Architektengemeinschaft dem preußischen Staatsbergbau das Herrschaftssymbol: die Bergwerksdirektion in Saarbrücken. Im Revier vor der Tür prägten industrielle Großbauten und Abraum- und Schlackenhalden immer stärker das Landschaftsbild und die Silhouette einzelner Städte, wie Neunkirchen oder Völklingen, die lange einfach nur aus allen Nähten geplatzte Dörfer blieben.

Arbeits- und Wohnplätze rückten zusammen. Schon früh, von 1842 an, wurden neben den ›Schlafkasernen‹ vorm Grubentor in den Dörfern in der unmittelbaren Nachbarschaft die

Neogotische ›Gedenk-
tafel‹ zur Gründung
des Rechtsschutzvereins,
Graphik von 1890

ersten Prämienhäuser gebaut. Zunächst waren sie noch einfach und nicht allzu geräumig. Einlieger sollten trotzdem noch Platz in ihnen haben und – in externen Stallgebäuden oder im Keller zur Not – Kleinvieh. Die Ziege war die ›Bergmannskuh‹. Wo's nur anging, baute man die Grundnahrungsmittel an: »Kabbes« im Garten (»Wäär im Summer Kabbes baud, hadd im Winder Sauergraud«) und »Grumbeere« auf dem Feld (»Dibbelabbes«, das Mundartwörterbuch übersetzt »Kartoffelschmarren«, gilt noch heute als Nationalgericht).

Die ersten Prämienhauskolonien entstanden ab 1856 in Gemeinschaftsarbeit der Bergleute. Sie lagen im Abseits. »Wie Schwalbennester sieht man diese Ansiedlungen am Abhange eines entholzten, öden Berges liegen. Kein Baum, der ihnen Schatten gegen den Sonnenbrand gewährt, und nichts im Hause als schwarzer Kaffee, Brot und Kartoffeln. Von Milch, Butter, Käse, diesen notwendigen Attributen einer guten Kindererziehung, keine Rede … Dabei die große Entfernung von Kirche und Schule, und der Mangel an nutzbringender Beschäftigung für die Familienmitglieder des Bergmannes …«, heißt es in einem zeitgenössischen Bericht. Die Kolonien sind heute in der Regel mit den Dörfern und Städten verschmolzen. Wie auch die meisten Mietshaussiedlungen, die erst Ende des Jahrhunderts, nun auch im Verbund mit den Hüttenwerken, entstanden. Auch hier möglichst in die Nähe der Fabrikanlagen gerückt, die großzügiger gestalteten Beamtenhäuser und Direktorenvillen voran. Von ihrer Eigenart ist wenig geblieben.

Das Bürgertum, das von der Wirtschaftskonjunktur des Reviers am meisten profitierte, setzte sich mit dem neogotischen St. Johanner Rathaus (1897–1900) sein Denkmal. Mit allen historischen Reminiszenzen an die deutsche Renaissance dazu, der Hoch-Zeit bürgerlicher Machtentfaltung.

Weniger Konjunktur hatte die Kultur. Mit zwei Ausnahmen: für das Musikleben war es eine Belle Epoque und ebenso für die private und öffentliche Bautätigkeit. Der Jugendstil stand hoch im Kurs und prägte (wie in Saarbrücken-St. Johann und Völklingen) die privilegierten neuen Wohnviertel im Grünen. »Der Hurrapatriotismus avancierte zur dominierenden Gemütslage des einheimischen Bürgertums« (Klaus-Michael Mallmann). Die Vereine hatten ihren nicht geringen Anteil daran.

□ »Brüder, reicht die Hand zum Bunde«: Die Anfänge des Vereinswesens

Bewegung in die Vereinslandschaft war noch im Vormärz gekommen. »Beinahe überall setzen die Bürger dem in neuester Zeit so stark eingerissenen Kastengeist der Beamten zur Wahrung ihrer Selbständigkeit Vereine entgegen, die aus rein bürgerlichen Elementen bestehen«, konstatierte im April 1844 selbstbewußt der liberale Saarbrücker ›Saar-Anzeiger‹. Zwei, auch politisch nicht ganz unmotivierte Initiativen seien hervorgehoben: die Gründung des »Historisch-Antiquarischen Vereins für die Städte Saarbrücken und St. Johann sowie deren Umgebung« (1839), der als ›Historischer Verein für die Saargegend‹ heute noch existiert, und 1847 die des ersten Turnvereins in St. Johann.

In Blüte kam das Vereinswesen aber erst mit der Industrialisierung, der stetig wachsenden Besiedlung und der mit ihr zusammenhängenden ›Eigenheimbewegung‹. Die ersten Arbeitervereine bildeten sich, von der katholischen Kirche organisiert. In Ottweiler wurde 1855 die erste ›St. Barbara-Bruderschaft für Berg- und Hüttenarbeiter‹ ins Leben gerufen, 1859 der erste katholische Knappenverein. Fast alle Knappenvereine hatten ihre eigenen Kranken- und Sterbekassen. Ausschließlich zu ökonomischen Zwecken entstanden daneben in den sechziger Jahren zahlreiche Kredit- und Konsumvereine. »Der für die frühe saarländische ›Industriekultur‹ so typische Gegensatz zwischen eingesessenem protestantischem Bürgertum und zugezogener katholischer Arbeiterschaft wurde durch den Aufbau eines im Kulturkampf geradezu subkultu-

Titelillustration der Arbeiter-Turn-Zeitung, Ausgabe vom 1. März 1908

relle Formen annehmenden katholischen Vereinsnetzes weiter verfestigt« (Ludwig Linsmayer in »Industriekultur an der Saar«).

Mit dem wachsenden Bedürfnis nach Geselligkeit kam eine neue Welle von (Freizeit-)Vereinsgründungen. Sie erfaßte in den achtziger und neunziger Jahren das ganze Land. Neben die traditionellen bürgerlichen Kulturvereine, die Gesangs- und Musikkorporationen, Theater- und Karnevalsgesellschaften, die Sport- und Turnerbünde und, nach 1870 verstärkt, die Kriegervereine, traten nun die Bergkapellen und Knappenchöre. Hier wie dort, steht zu vermuten, oft mehr zur Förderung des Standesbewußtseins bestellt, als zur Pflege des allfälligen Liedgutes. In Riegelsberg gab es bis 1914 unter 23 Kulturvereinen allein 13 Gesangvereine. Und ›Saarberg‹ macht noch heute mit dem Saarknappenchor Staat, wie die längst grubenlose Stadt St. Ingbert mit der Bergkapelle. Bunt ist die weitere

Bund der Saarvereine und Geschäftsstelle „Saar-Verein"
(Denkschrift von Th. Vogel-Berlin)

Geschäftsstelle:
„Saar-Verein", Berlin SW 11, Königgrätzer Straße 94
Fernsprecher: Lützow 3249 — Drahtanschrift: Saarverein Berlin SW 11
Postscheckkonto: Nr. 66536 Berlin NW 7

Titel eines Vereinsblattes mit dem einstigen Saarbrücker Wahrzeichen, dem Winterbergdenkmal

Palette, besonders beliebt waren – wie wohl überall – die Obst- und Gartenbau-, Kaninchen- und Brieftaubenvereine und nicht zuletzt – nomina sunt omina – die für ›Frohsinn und Gemütlichkeit‹. In Sulzbach, wo man vor 1870 gerade vier Vereine registrierte und 1914 mehr als 150, konnte es durchaus geschehen, daß beim Tod eines Bergmannes bis zu 15 Vereine ihrem Mitglied den kanonisierten Nachruf boten. Das Fundament zum heute ›vereinsfreudigsten‹ Bundesland war gelegt.

Zu den Vereinen gehörten die Feste. Spätestens seit der Reichsgründung 1871 hatten auch sie Konjunktur. Der Hurrapatriotismus paarte sich mit dem Stolz auf die industriellen Errungenschaften. Eine eigene Festkultur entwickelte sich, sie verdeckte nur zu oft die sozialen und konfessionellen Gegensätze. Ob nun die Berg- und Hüttenfeste auf der einen, oder die bürgerlich-nationalen Kundgebungen, wie die Spicherer Gedenkfeiern alljährlich im August, auf der anderen Seite, die Devisen glichen sich an: »Brüder, reicht die Hand zum Bunde« gehörte zum Programm ebenso wie »Die Wacht am Rhein« oder »Deutschland, Deutschland über alles«. »Nun danket alle Gott« war, vor allem für die evangelischen Vereine, als Schlußgesang obligatorisch. Danach ging's zum gemütlichen Teil über. Nicht von ungefähr hieß das Bergfest bei den Bergleuten »Wambefeschd«.

Mit den gleichen patriotischen Parolen zog man auch durch das benachbarte Reichsland ins Feld. Der Krieg vollzog den großen Schnitt. Hans Herkommer konnte seinen Entwurf für die Saarbrücker Michaelskirche (1913) vorerst nicht mehr ausführen. Und die größte künstlerische Begabung, der St. Ingberter Maler Albert Weisgerber, Präsident der Neuen Münchner

Bergmannsfest in Ittersdorf bei Saarlouis

Secession, fiel im Mai 1915, gerade 37 Jahre alt, vor Ypern. »Man hätte sein Leben nicht nehmen dürfen«, schrieb der Freund und Maler Hans Purrmann, »weder bei der großen Not des Landes noch bei den Verzwicktheiten der Politik finde ich das Recht; man hat zu viel geopfert.«

□ Der Ausstieg aus der provinziellen Enge wird geprobt

Der Völkerbund »instruierte« 1920 die Regierungskommission für das »neue Saargebiet«, sie habe »keine anderen Aufgaben und Interessen als das Wohlergehen der Bevölkerung.« In ihrer ersten Proklamation versprach die Kommission der Bevölkerung denn auch, daß sie ihre örtlichen Vertretungen, Vereine, ihre Rechte und religiösen Freiheiten sowie Schule und Sprache behalten werde. Das hörte sich gut an. Doch Frankreich betrieb seine eigene Kulturpolitik, gegen die sich, unterstützt aus dem ›Reich‹, die saarländischen Kommunen, Parteien und Verbände wiederum mit einem eigenen Programm wandten. Aufrufe: »Deutscher Mann! Deutsche Frau! Du willst doch mit Deinen Kindern nicht geächtet und ausgestoßen sein aus der deutschen Volksgemeinschaft?« warnten nachdrücklich vor einem Besuch der französischen »Domanialschulen«. Es gab sie in 18 Städten und Gemeinden. 1923/24 eskalierte die Schulfrage zum ›Schulkampf‹ und blieb bis zum Ende der Völkerbundszeit ständiger Stein des Anstoßes. Die Rheinische Jahrtausendfeier von 1925 wurde – von der Regierungskommission abgelehnt, nach einem einheitlichen Plan von den kommunalen Festausschüssen jedoch organisiert – zur großen nationalen Manifestation, »... daß wir Saarländer aufs innigste verbunden sind mit unserem Rheinland und unserem großen deutschen Vaterland.« Besonders aktiv im Reich war der ›Bund der Saarvereine‹ zur »Erhaltung und Kräftigung des Deutschtums im Saargebiet«. Die Vereine der Arbeiterkulturbewegung, die Gesangs- und Sportvereine wie die ›Naturfreunde‹, blieben hier im Schatten der bürgerlichen Korporationen.

Saarbrücken, die Hauptstadt, profitierte von den gegenseitigen kulturpolitischen Offensiven im Land. Bereits 1921 wurde ein Konservator bestellt, 1930 richtete er am Ludwigsplatz das

Von Otto Weil entworfenes Plakat zur rheinischen Jahrtausendfeier, 1925

Museum für Vor- und Frühgeschichte ein. Als Vorläufer der heutigen ›Alten Sammlung‹ entstand 1924 das Heimatmuseum der Stadt. Eine Landesbildstelle wurde ins Leben gerufen, 1925 die wissenschaftlich-landeskundliche Abteilung der Stadtbücherei gegründet. Erstmals im deutschen Sprachraum übernahm 1927 ein Bücherbus die Literaturversorgung in den Grenzgebieten und Industrieorten.

Das private Theater in der Stengelstraße, das überwiegend mit Operetten reüssiert hatte, kam 1921 unter städtische Regie. Heinz Tietjen, der gleichzeitig die Trierer Bühnen leitete, brachte es künstlerisch auf den Weg. Die Musikszene, ohnehin reich ausgeprägt mit drei privaten Konservatorien allein, erfuhr hier durch Felix Lederer neue Impulse.

Die neuen Verhältnisse, bestimmt von der »Spannung zwischen Weltoffenheit, nationaler Abwehr fremder Einflüsse und einem erwachenden Selbstbewußtsein der Saarländer« (Karl August Schleiden), kamen den Künsten generell zugute. »Der Wandel der Zeit wollte gezeigt werden«, notierte Hans Herkommer, als er 1923/24 seinen Entwurf der Michaelskirche von 1913 modifizierte. Herkommer baute auch das Sudhochhaus der St. Ingberter Brauerei Becker, das mit dem bereits 1910/11 entstandenen Stahlbetonförderturm in Camphausen und dem Kraftwerk Fenne (1926) zu den wichtigsten Monumenten moderner Industriearchitektur im Saarland gehört. Davon später noch einmal (s. S. 47 f.). Als Mustersiedlungen galten zwei neue Werkskolonien: die der St. Ingberter Glashütte sowie der ›Madenfelderhof‹, der ›Mines Domaniales Françaises‹ bei der Grube Reden, der heute ein Muster des Verfalls bietet. Auch Sakralbauten demonstrierten die neuen technischen Möglichkeiten und Gestaltungsprinzipien: die Hildegardskirche des Pfälzers Albert Boßlet in St. Ingbert (1928/29) und die Dorfkirchen des österreichischen Architekten Clemens Holzmeister in Merchingen (1929/30) und Brotdorf (1931/32) bei Merzig.

Für die Ausbildung einer einheimischen Künstlerschaft wurde die 1924 gegründete ›Staatliche Kunst- und Kunstgewerbeschule des Saargebietes‹ von Bedeutung. Ihr Initiator war der aus einer Köllertaler Handwerkerfamilie stammende Maler Fritz Grewenig (1891-1975). Dazu stießen von der Dresdener Akademie als Lehrer Oskar Trepte für Malerei und Christoph Voll für Bildhauerei. »Pflege der Persönlichkeit und größtmögliche Freiheit der Individualität« bestimmte das Programm. Für ein Jahrzehnt war die Schule, auf die wirtschaftlichen und kulturellen Erfordernisse des Reviers zugeschnitten, das ›kleine Bauhaus‹ der Region. Parallel zu ihr entstand das ›Staatliche Museum für Neue Kunst‹, es versammelte die Malerei der Region und internationale Graphik. Der nicht als »entartet« später entfernte Teil verblieb als Grundstock der heutigen Modernen Galerie in Saarbrücken.

Junge Künstler schlossen sich 1922 mit Grewenig zu einem ›Bund bildender Künstler an der Saar‹ zusammen. Saarländer war der Maler Otto Weil (1884-1925). Andere hatte es, wie es der aus Karlsruhe stammende Kunstschriftsteller und Lyriker Karl Willy Straub (1880-1971) im Rückblick auf die Vor-Völkerbundzeit formulierte, »in die typische Grenzgarnison und Industriestadt Saarbrücken« verschlagen. Richard Wenzel (1889-1934) kam von der Dresdener Akademie, aus Düsseldorf bzw. München Hermann Keuth (1888-1974). Die erste Ausstellung des Bundes zeige, so 1922 die ›Saarbrücker Zeitung‹, daß »in unserer weltabgeschnittenen und abgesperrten Ecke, wo von einer eigentlichen Kunstpflege bis jetzt überhaupt keine Rede war, doch in aller Stille eine Kunst lebt, wo die modernen Probleme ausgefochten werden.« 1931 ließ sich der Westpfälzer Fritz Zolnhofer (1896–1965) in Saarbrücken nieder. Er hatte seine Kindheit im Kohlenrevier, in Schnappach, verbracht. Die Welt der Bergarbeiter, gänzlich unheroisch, eher mitleidend gesehen, bestimmte bis in den Krieg hinein sein Werk. Der Saarbrücker Edgar Jené (1904–1984) nahm 1922 in München bei seinem Landsmann Carl Johann Becker-Gundahl aus Ballweiler (1856–1925), einem der beliebtesten Lehrer der Akademie, das Studium auf. Zwei Jahre später ging er nach Paris und verschrieb sich im Frühjahr 1930 ganz dem Surrealismus: »Eine Art Merkur« für die spätere ›Wiener Schule des Phantastischen Realismus‹ nannte ihn nach dem Zweiten Weltkrieg der Maler Ernst Fuchs.

Die Literatur probte im ›Verein der Kunstfreunde an der Saar‹, zu dessen Gründern neben dem Badener Willy Straub der Saarbrücker Essayist und Literaturkritiker Arthur Friedrich Binz (1897–1937) gehörte, den Ausstieg aus der provinziellen Enge. Die beiden

Der Schriftsteller Arthur F. Binz. Skulptur von Christoph Voll, um 1924

wichtigsten Autoren der um 1900 Geborenen betraten noch im ›Saarkampf‹ die Szene. Kontrastfiguren beide und Grenzfälle par excellence dazu: der heimatverbundene und auf die Regio eingeschworene katholische Priester Johannes Kirschweng (1900–1951) und der Kommunist (auf Zeit) und Weltbürger (zeit seines Lebens) Gustav Regler (1898–1963). Signifikant sind die Titel ihrer 1934 kurz vor dem Referendum erschienenen Saarromane: Reglers »Im Kreuzfeuer«, Kirschwengs »Das wachsende Reich«. Peter Wust aus Rissenthal (1884–1940) wurde der ›Philosoph von Münster‹. »Ungewißheit und Wagnis« nannte er sein Hauptwerk (1937).

☐ Zehn statt tausend Jahre: »Bollwerk deutscher Kultur«

»Daheim im Reich« hatte es mit der Liberalität der Saargebiets-Zeit schnell ein Ende. Der politischen folgte bald die kulturelle Gleichschaltung. Bereits im Juli 1935 verbot der neue Reichskommissar Bürckel den konfessionellen Jugendverbänden, außer religiös-kirchlicher Betätigung, jegliche Aktionen. Ein Jahr später wurde die Bündische Jugend ganz aufgelöst und die Hitlerjugend zur Staatsjugend erklärt. Zu Beginn des neuen Schuljahres 1937 schließlich führte Bürckel im Gau Saarpfalz als erstem deutschen Gau die Gemeinschaftsschule ein; das Votum der Eltern erschlich er durch eine Unterschriftenaktion.

Werbeplakat zur Eröffnung des Gautheaters Saar-Pfalz am 9. 10. 1938

Fritz Grewenigs Saarbrücker Kunstschule fiel der Gleichschaltung 1936 zum Opfer. 1937 wurde das Museum der Schule für Neue Kunst mit dem Heimatmuseum der Stadt zu einem neuen ›Saarland-Museum‹ zusammengeschlossen. Die »entartete« Moderne hatte man davor entfernt. Im Haus der Arbeiterwohlfahrt (von 1930) in der Hohenzollernstraße, in dem nach der Enteignung das Große Rundfunkorchester untergebracht war, »verschwand« ein Sgrafitto von Käthe Kollwitz vom Sommer 1930 mit der »Gruppe der Mütter« (aus der ›Kriegsfolge‹ von 1923). Noch im Krieg tauchten andere Kunstwerke wieder auf. So erwarb der Bürgermeister von St. Ingbert 1942 bei der Zwangsversteigerung von sogenanntem »Juden-Gut« in Berlin 40 Gemälde sowie Zeichnungen, Graphiken und Skizzen von Albert Weisgerber. (In den fünfziger Jahren konnten die Werke dank des großzügigen Entgegenkommens der in London lebenden Witwe des Malers erneut angekauft werden und gingen endgültig in St. Ingberter Besitz über.)

Am 29. September 1935 strahlte der neugegründete ›Reichssender Saarbrücken‹ sein erstes Programm aus. Berlin gab die Weisungen. Der Sender hatte »den Gau Saar-Pfalz kulturpolitisch zu erschließen« und als Grenzsender »jenseits der Westgrenze Verständnis zu wecken für das, was das neue Deutschland will.« Drei Jahre später, am 9. Oktober 1938, wurde das neue Theater, das »Gautheater Saar-Pfalz«, eröffnet. Technisch war es auf dem neuesten Stand, aber es hatte – und hat noch immer – etwas von einem Hoftheater. Es wurde als »Geschenk des Führers« propagiert, ein Danaergeschenk, wie sich schon bald herausstellte. Das »Bollwerk deutscher Kultur in der westlichen Grenzmark« brannte beim ersten großen Luftangriff in der Nacht vom 29./30. Juli 1942 völlig aus. Zweimal mußte es dann – noch im Krieg und nach 1945 – wieder aufgebaut werden.

☐ Das allmähliche Überschreiten des saarländischen Standpunktes

Auch nach 1945 wurde dem Land kulturell ein Sonderweg verschrieben. Die politische Autonomie bedeutete keineswegs auch schon die kulturelle Eigenständigkeit. An die Zeit vor '35 konnte dabei nicht ohne weiteres angeknüpft werden, da bis dahin »viele kulturelle Bestrebungen auf das nationale Ziel der Rückkehr in den deutschen Staatsverband und damit gegen Frankreich gerichtet waren, das jetzt als Besatzungsmacht für die politische Umerziehung der Saarländer verantwortlich war« (K. A. Schleiden) und überdies mehr auf den Import französischer Kultur setzte. In begrenztem Umfang war lediglich an die Volksbildungsarbeit der Kirchen und der Arbeiterorganisationen anzuknüpfen.

Über 1,5 Millionen Kubikmeter Trümmerschutt übersäten die Saarbrücker Innenstadt. Eine französische »Equipe des Urbanistes de la Sarre« arbeitete – auch für andere saarländische Städte, wie der Architekt Edouard Menkès für Saarlouis – Wiederaufbau- und Neuordnungspläne aus. Das Saarbrücker Projekt des Corbusier-Schülers Georges Henri Pingusson scheiterte. Es hatte die Stadt als »Montanunionmetropole« in ein weiträumiges Straßennetz mit radikal durchgezogenen Schneisen projiziert. Mit hellen funktionellen Hochbauten an der Saar und eher einförmigen Wohnblöcken in den Bruchwiesen sowie einem eigenen »kulturellen Viertel« westlich der Alten Brücke. Zur Ausführung kam lediglich ein Hochhausprojekt im ›Regierungsviertel‹: die Mission diplomatique am Saarufer, das heutige Kultusministerium. Interessant in diesem Zusammenhang ist ein Hinweis des Frankfurter Architekten und Erforschers deutscher Synagogalarchitektur Salomon Korn auf die 1951 eingeweihte Saarbrücker Synagoge von Heinrich Sievers. Sie sei, so Korn, vermutlich das einzige Beispiel »einer deutlichen Verschränkung des jüdischen Sakralbaus mit formalen Elementen der Architektur des Nationalsozialismus«.

Die Saarlouiser Innenstadt wurde von 1948 bis 53 von der Architektengemeinschaft ›Bauhütte‹, zu der sich drei Saarlouiser, zwei Saarbrücker und ein Homburger Büro zusammenge-

Blick vom Saarbrücker Trillerweg auf die zerstörte Altstadt am Ende des 2. Weltkrieges

Das einzige vom Corbusier-Schüler G. H. Pingusson in Saarbrücken realisierte Hochhaus, heute Kultusministerium

schlossen hatten, einheitlich wieder aufgebaut. Neue Wohnstädte, frei und großzügig gestaltet, entstanden als Demonstrativ-Bauvorhaben des Bundes in den sechziger Jahren: die Wohnstadt Überherrn und als ›Stadt auf dem Berg‹ das Wohngebiet Eschberg über Saarbrücken.

Den Neuanfang im Bildungswesen markiert eine Verfügung aus dem Herbst 1945, überall, wo die Möglichkeit geboten sei, die konfessionellen Schulen »in der vor 1933 üblichen Form« wieder einzuführen. Zwei Jahre später wurden die Bekenntnisschulen in der Verfassung garantiert. Auf der gleichen politischen Linie lag die Förderung des Kirchenbaus. In den fünfziger und sechziger Jahren entstand im ganzen Land eine Reihe bemerkenswerter moderner Sakralbauten. So St. Albert (G. Böhm), Maria Königin (R. Schwarz), St. Mauritius (A. Dietz und B. Grothe) sowie die Christuskirche (R. Krüger) in Saarbrücken; die evangelischen Kirchen in Mettlach und Dillingen (G. Mönke und H. Wandel); St. Medard in Waldhölzbach (H. Schönecker) und die Fronleichnamskirche (H. Lück) in Homburg.

Aus einem von der französischen Militärregierung empfohlenen ›Zentraldepot für Archivalien‹ entwickelte sich 1948 das ›Landesarchiv Saarbrücken‹. 1952 wurde die ›Kommission für saarländische Landesgeschichte und Volksforschung‹, 1959 an der Universität das Institut für Landeskunde ins Leben gerufen. Die kulturelle (Eigen-)Entwicklung am nachhaltigsten förderten drei neue Hochschulen: die am französischen Nationalfeiertag 1946 eröffnete ›Schule für Kunst und Handwerk‹; die 1948 endgültig etablierte Universität des Saarlandes, auch hier kam der erste Anstoß, mit einem Medizinischen Institut im Januar '46 in Homburg, von französischer Seite; und die 1947 als ›Staatliches Konservatorium‹ nach der Konzeption des Pariser Konservatoriums eingerichtete Musikhochschule, deren prominentester Lehrer der Pianist Walter Gieseking war. Das Stadttheater hatte im März 1948 im Großen Haus den Spielbetrieb wieder aufgenommen, programmatisch »in diesen heiligen Hallen« mit der ›Zauberflöte‹. Ab 1949 ging das von der Regierung subventionierte Landestheater über Land auf Tournee und gab Gastspiele in den Nachbarregionen. Mit dem Rundfunk, ›Radio Saarbrücken‹ noch bis 1952, waren damit in Saarbrücken alle wichtigen kulturellen Institutionen versammelt. Nicht zu vergessen die Museen. Voran die Moderne Galerie, die Rudolf Bornschein von 1952 an zu einem Forum der Schönen (und kritischen) Künste vom letzten Drittel des 19. Jh. der klassischen Moderne bis zur Kunst der Gegenwart ausbaute. Im Zentrum der deutsche Impressionismus und Expressionismus, die großen Maler der Region: Max Slevogt und Albert Weisgerber, sowie Werke der französischen Malerei und Plastik des 19. und 20. Jh. Die Stadt wurde so mehr und mehr zum kulturellen Umschlagplatz des Landes und des Dreiländerecks zwischen Saar und Mosel. Der Rektor der Universität, der französische Germanist und Rilkeforscher Joseph François Angelloz, hatte das bereits in seiner Antrittsrede im November 1950 formuliert: »Schon im Jahre 1948 ... war der rein saarländische Standpunkt überschritten: das Saarland und seine Universität erhielten den Auftrag, eine geistige Brücke zwischen dem französischen und dem deutschen Volk zu sein.«

Der ›Brückenschlag‹ vollzog sich fürs erste allerdings auch nicht ohne die obligaten *Querelles sarroises* in Sachen Kultur. Das Referendum von 1955 vor allem weckte bei bestimmten Gruppierungen wieder die alten (abermals nur politisch und nicht von der Sache her motivierten) Kulturfeindlichkeiten. Die Moderne Galerie geriet ins Visier, und auch an der Kunstschule statuierte man nach und nach seine Exempel. Die nach dem Vorbild der französischen ›Arts et

Frans Masereel und Boris Kleint lehren im Garten der Schule für Kunst und Handwerk, Foto von 1946

Saarbrücker Festival
›Perspectives du Théâtre‹
mit dem Straßentheater
›Curial‹

Métiers‹ und ausdrücklich in der Nachfolge der 1936 aufgelösten Staatlichen Kunst- und Kunst-gewerbeschule Fritz Grewenigs gegründete Schule für Kunst und Handwerk wurde 1959 in eine ›Werkkunstschule‹ zurückverwandelt und ging 1971 als Fachbereich Design in der Fachhoch-schule auf. Im November 1989 wurde die neue Hochschule der Bildenden Künste Saar eröffnet. Für die Glaskunst fand sich in der ehemaligen Glashütte von Meisenthal im Bitscher Land der ideale Platz für ein gemeinsam mit der Ecole des Beaux Arts in Metz betriebenes ›Centre d'Art du Verre et du Cristal‹.

Preise sollten zusätzliches Renommée bringen. Sie brachten – siehe oben – auch ›Preislaufstö-rungen‹. Seit 1959 verleiht das Land den repräsentativen Kunstpreis abwechselnd für Musik, Literatur und Bildende Kunst. Erster Preisträger war der im Saarland heimisch gewordene ober-schlesische Komponist Heinrich Konietzny (1910–1983); für die Literatur wurde als erster Gustav Regler (1898–1963) ausgezeichnet, für die Bildende Kunst Fritz Zolnhofer (1896–1965).

Die Stiftung Saarländischer Kulturbesitz wurde 1980 ins Leben gerufen. Sie übernahm 1982 auch das Saarland-Museum. An die 50 Einzelsammlungen – vom Bexbacher Gruben- und Heimatmuseum bis zu den römischen Villen in Perl-Borg und -Nennig dokumentieren die Vielfalt des Überlieferten: Archäologie und Technik, Kunst und Handwerk, die große und die Alltagsgeschichte. Ihresgleichen suchen zwei internationale Steinbildhauer-Symposien: die ›Straße der Skulpturen‹ im St. Wendeler Land und die ›Steine an der Grenze‹ im Saargau. Tradition haben inzwischen auch drei Festivals: die ›Perspectives du Théâtre‹, das Festival des jungen französischen – inzwischen besser: französischsprachigen – Theaters; die ›Musik im 20. Jahrhundert‹ des Saarländischen Rundfunks sowie die Filmfestspiele mit dem ›Max Ophüls-Preis‹. 1990 wurden die ›Musikfestspiele Saar‹ mit einer Mendelssohn-Retrospektive ins Leben gerufen. Die weiteren Spiele waren Antonin Dvořák, Maurice Ravel und, 1995, der ›British Music‹ gewidmet.

☐ Nicht nur altes Eisen: die Schwierigkeiten mit der Industriekultur

Offenheit und Teilhabe als Prozesse kultureller Kommunikation sind auch weiterhin gefordert. Dabei hat man sich der eigenen kulturellen Identität aber erst noch zu vergewissern. Ihre von einer über hundertjährigen wirtschaftlich-industriellen Entwicklung bestimmte Eigenart rückte erst in den siebziger Jahren stärker ins Bewußtsein. Der, so Hermann Glaser bei einem Symposion in Völklingen, »vielfach vernetzte oder vernetzbare Begriff der Industriekultur« kam ins Spiel. Am Ende der ›Eisenzeit‹ bezeichnenderweise. In der weltweiten Wirtschaftskrise wandte sich die Aufmerksamkeit notgedrungen dem anstehenden Erbe der Industriekultur zu, ihren materiellen Zeugnissen im besonderen, vormals Nützlichem, das nun nutzlos geworden war. Ein vertracktes Erbe, wie sich schnell herausstellte. Drängender als anderswo, so brachten die Denkmalpfleger das Problem auf den Punkt, stelle sich im Saarland die Frage, wie eine vergangene Kultur dokumentiert und zugleich zukunftsträchtige neue Wirtschaftszweige aufgebaut werden könnten.

Viele wichtige Zeugnisse sind unwiederbringlich verloren, eilig beiseitegeräumt oder ganz verschütt' gegangen. Ob noch intakt oder als Relikt: was erhalten blieb, steht, in seiner kulturgeschichtlichen Bedeutung als materialisiertes historisches Gedächtnis nicht immer voll erkannt, Anlaß eher für politische Auseinandersetzungen, übers Land verstreut. Das meiste versammelt sich entlang der ›Saar-Industrie-Schiene‹ von Saarbrücken bis Dillingen, an der mittleren Blies rund um Neunkirchen oder in den Tälern des Saarkohlenwaldes. Zusammenhängende Routen lassen sich ausmachen. Zu den großtechnischen Anlagen vor allem, der Eisenverhüttung und Stahlerzeugung wie des Bergbaus. Bauwerke noch immer wie Botschaften: Hochöfen und Walzwerke, z. T. noch im Verbund, Stollenmundarchitekturen und Fördertürme, hier noch als filigrane Fachwerkgerüste, dort – wie über der 1990 als Förderstandort geschlossenen Grube Camphausen – massiv in Stahlbeton. Daneben die zweckentfremdeten Glasfabriken, wie in Friedrichsthal oder St. Ingbert. Einige wenige ältere Bahnhöfe, wie in Merzig oder Luisenthal, Verkehrsanlagen überhaupt und Anlagen für Energie- und Wasserversorgung: Brücken, Schleusen, Kesselhäuser und Wassertürme. In der vielerorts verlorengegangenen Einheit von Arbeits- und Wohnplatz schließlich die Werkssiedlungen. Mit ihren sozialen Einrichtungen, den ›Villenvierteln‹ für die Beamten und leitenden Angestellten und – wie beispielhaft in Brebach oder Mettlach – den ›Schlössern‹ der Unternehmer darüber. Verbreitet im ganzen Land, nicht nur wie zunächst bei den Gruben, stehen die Prämienhäuser der Bergleute. Manchmal muß man allerdings schon sehr genau hinsehen, um das Grundmuster noch zu erkennen. In einer Tour d'horizon sei auf die wichtigsten Objekte an der ›Industriestraße Saar‹ zwischen Völklingen und Neunkirchen verwiesen. (Für die der 1994 gegründete Verein ›Saarländisches Industriemuseum‹ plädiert, mit dem Ziel, ein dezentral organisiertes Freiluft-Museum für Industriekultur einzurichten.)

Zu den ältesten technischen Denkmälern zählt der 1964–66 freigelegte Emilianus-Stollen im Wallerfanger Ortsteil St. Barbara. Das kleine Kupfererzbergwerk aus dem 3. Jh. n. Chr. erfuhr im Spätmittelalter noch einmal einen Boom. Das »Wallerfanger Blau« wurde bis nach Genua und Venedig ausgeführt; Kaspar Scheidt rühmt es 1552 in seiner ›Fröhlichen Heimfahrt‹: »... über ein Wasser, heißt die Saar, / dabei ein Berg, der ist blaufar, / da man oft holt dem

Alabasterrelief mit der Darstellung eines Gruben-
herrn und seiner Familie, 1545

Dürer Farb / zu seinen Tafeln, eh er starb.« Eine Votivtafel aus Alabaster von 1545 im Heimatmuseum von Wallerfangen, auf der ein Grubenherr mit seiner Familie zur Gottesmutter betet, ist das bisher älteste Kunstwerk im Saarland, das Bezug zum Bergbau hat. Aus dem 18. Jh. stammen bescheidene Salinenbauten in Sulzbach und Bad Rilchingen im Winkel von Saar und Blies. Das älteste noch vorhandene Industriegebäude steht auf der ›Schmelz‹ in St. Ingbert, die ›Möllerhalle‹ (1750); sie ist noch an den traditionellen sakralen Architekturprogrammen orientiert. Die ›Alte Schmelz‹ in der unmittelbaren Nachbarschaft (um 1800) ist die älteste Werkssiedlung.

Den klassischen Fall einer frühen ›Umnutzung‹ bietet Kretzschmars barocke Abtei in Mettlach. Nach der Säkularisation gingen die Klostergebäude 1809 in den Besitz der Familie Boch über, die Mitte des 18. Jh. im nördlichen Lothringen, dann in Luxemburg mit der Fabrikation von Töpferwaren begonnen hatte und nun in der Abtei an der Saar ihre Produktionsstätte einrichtete. Mettlach entwickelte sich zu einem Weltzentrum der keramischen Industrie. Von den Sakralbauten der Abtei Wadgassen, in der von den vereinigten Familien Villeroy und Boch 1843 eine Cristallerie gegründet wurde, sind nur wenige Relikte noch erhalten.

Das Kontrastprogramm liefert anderthalb Jahrhunderte später die nun eigenständig entwickelte Industriearchitektur. Der neue Baustoff Beton markiert auch in der Formgebung den Umbruch zur Moderne. Die Stahlbetonkonstruktion des Sudhochhauses der Becker-Brauerei in St. Ingbert aus den zwanziger Jahren überragt die mit gelben und roten Ziegelsteinen aufgemauerten Fabrikgebäude hinter der großen Umfassungsmauer der ›Schmelz‹ aus der Zeit vor dem Ersten Weltkrieg.

In der Zeit des größten Bergbaubooms in den fünfziger Jahren des 19. Jh. lieferte der Krimkrieg den Namen für die neuen Fördertürme. Martialische Burgbauten, die umso aufwendiger gerieten, je tiefer die Schächte gingen. A la mode wurden sie – wie ein bizarrer Fels in der benachbarten ›Luxemburger Schweiz‹ beispielsweise auch – nach dem mächtigsten Fort der Festung Sewastopol benannt, für das der russische General Malakoff Pate gestanden hatte. Malakofftürme gab es u. a. in Heinitz und über den Skalley-Schächten der Grube Hirschbach

1 SAARBRÜCKEN-BISCHMISHEIM Evangelische Pfarrkirche ▷

2 SAARBRÜCKEN   Basilika St. Johann

3, 4 SAARBRÜCKEN Ludwigskirche, Skulpturen der Evangelisten Markus und Matthäus

5 SAARBRÜCKEN Schloßkirche, Grabdenkmal
    Ludwig Cratos

6 SAARBRÜCKEN Schloßkirche, Grabmal
    Wilhelm Heinrichs

7 SAARBRÜCKEN   Stiftskirche St. Arnual, Tumba der Elisabeth von Lothringen

9 SAARBRÜCKEN   Ludwigskirche, Blick in den westlichen Kreuzarm ▷

8 SAARBRÜCKEN   Stiftskirche St. Arnual, Tumba Graf Johanns III.

11
SAARBRÜCKEN
Blick vom Schloß
auf das alte Rathaus
und den Schloß-
platz. Im Hinter-
grund der Turm der
Ludwigskirche

◁ 10 SAARBRÜCKEN   Flohmarkt auf dem St. Johanner Markt
12 SAARBRÜCKEN   Bürgerpark Hafeninsel

13 SAARBRÜCKEN Bergwerksdirektion

14 SAARBRÜCKEN Mensa der Universität

15 SAARBRÜCKEN St. Johanner Marktbrunnen ▷

16 SAARBRÜCKEN Ludwigskirche, Medaillon mit dem Bildnis Wilhelm Heinrichs über der Nordfassade
18 PÜTTLINGEN-KÖLLERBACH Kanzel in der Köllner Martinskirche ▷
17 SAARBRÜCKEN Alte Brücke, Schloßmauer und Schloßkirche

19 VÖLKLINGEN Altes Rathaus, Detail vom Hauptportal

21 VÖLKLINGEN Altes Rathaus, Hauptportal ▷

20 VÖLKLINGEN Hochofenanlage der Alten Hütte

23 SAARBRÜCKEN-
VON DER HEYDT
Schlafhaus ›die Kirch‹

24 FRIEDRICHS-
THAL Mundloch
des Grühlingsstollens

22 SULZBACHTAL
Fördertürme der
Grube Jägersfreude

in Dudweiler. Nach und nach wurden sie durch stählerne Fördergerüste ersetzt, kein Turm blieb erhalten. (Im Ruhrgebiet, so in Herten haben demgegenüber noch einige ›überlebt‹.) Das älteste Seilscheibengerüst des Saarreviers steht in den Tagesanlagen der Grube Itzenplitz in Heiligenwald (Farbabb. 23), es stammt aus dem Jahre 1886. In einer Parkanlage hinter dem Ensdorfer Rathaus befindet sich das inzwischen restaurierte älteste Stollenmundloch; durch den Stollen (2350 Meter) wurde die Kohle von der Grube Schwalbach zur Saar transportiert. Auch der stillgelegte Stollen hatte noch seine Geschichte. Am Ende des Zweiten Weltkrieges sollte der Ensdorfer Eingang, obwohl sich ein paar tausend Zivilisten in dem Stollen aufhielten, beim Anrücken der Amerikaner gesprengt werden. »Der Begriff ›militärische Notwendigkeit‹ fiel furchtbar schwer in die Waage«, heißt es in Stephan Heyms Roman »Der bittere Lorbeer«, in dem die Episode berichtet wird. Es kam zu guter Letzt nicht zum Schlimmsten. Weitere Stollenmundarchitekturen, mit historischen Attributen zu Portalen hochstilisiert, entdeckt man in Luisenthal (Veltheim- und Albert-Stollen), in Friedrichsthal (Grühlingsstollen) und in Neunkirchen-Heinitz. Um 1900 entstanden die Tagesanlagen der Grube Velsen, die, als Förderstandort stillgelegt, heute zum Warndt-Bergwerk gehört. Das späthistoristische Zechenhaus (von 1908–11) steht dort dominierend den beiden Fördermaschinenhallen und dem Fördergerüst von Schacht Gustav II gegenüber. Die Grube Viktoria bei Püttlingen war einmal der Renommierbetrieb der Preußischen Bergverwaltung. Bevorzugt wurde sie ausländischen Gästen gezeigt.

In Von der Heydt erfährt man von der bergmännischen Arbeit nur noch wenig, um so mehr von den Wohn- und Schlafstätten der Belegschaft. Die Stollenmundlöcher sind alle vermauert, nur eines hat man seinerzeit attraktiv wieder nachgebaut: als Eingang zum Bierkeller hinter dem ›Casino‹-Flügel des Schlafhauses I (1871–76). Zu der 1981 endgültig geschlossenen Grube Maybach, heute Stadtteil von Friedrichsthal, gehörten einmal 18 Schächte. Von den Tagesanlagen blieben noch ›Albert‹, ›Marie‹ und ›Frieda‹, die Fördermaschinenhäuser von 1882, 89 und 1902. Die Kolonie steht seit 1981 unter Denkmalschutz. Das sozial- und siedlungsgeschichtlich bedeutende Ensemble, mit der Kirche ›im Dorf‹ und der ›Kaffeeküche‹ vorm früheren Werkstor, ist weitgehend noch intakt. »Sowohl im Sommer als auch im Winter ruht das Auge des von der Grühlingsstraße kommenden Wanderers mit Wohlgefallen auf diesem Idyll des Bergmannslebens«, rühmten schon 1926 die Heimatführer. Vier Jahre später – ein ›antik‹ gehaltenes Denkmal vor dem alten Zechenhaus erinnert daran – erschütterte eine schwere Schlagwetterexplosion das Idyll: 98 Bergleute kamen ums Leben. 180 waren es im März 1885 in Camphausen, 299 im Februar 1962 in Luisenthal. »Wie edel ist das Bergmannsleben / Und wie vergnügt ist unser Stand«, verhieß noch die Volksliedsammlung »Von der Mosel und Saar« 1896.

»Ysenschmitten« und »Schmelzen« gab es im Hochwald, »im Sinderdale« bei Neunkirchen und in Geislautern schon im späten Mittelalter. Das große Hüttensterben des 19. Jh. im Hochwald überlebte nur die 1722 gegründete Mariahütte bei Nonnweiler. In Dillingen erhielt 1685

Demontage der alten Hüttenanlagen in Neun-kirchen, 1985

der Marquis de Lénoncourt von Ludwig XIV. eine Konzession. Das Werk bestand aus Schmelz-öfen, Gießereien und einem Hammerwerk. Technikgeschichtliche Relikte sind in den weitläu-figen hochmodernen Anlagen rar. Die Blieskasteler Grafen von der Leyen gründeten 1733 die ›Schmelz‹ (in St. Ingbert), Wilhelm Heinrich von Nassau-Saarbrücken 1756 die Halberger Hütte in Brebach. Hundert Jahre später gingen in Burbach die ersten drei Hochöfen der ›Saarbrücker Eisenhüttengesellschaft‹, der ein belgisch-luxemburgisches Konsortium vorstand, in Betrieb. 1978 wurde die Roheisenerzeugung eingestellt und große Teile der einmal größten Saarbrücker Produktionsstätte abgerissen. In den alten Stahlskeletthallen wird noch auf einer neuen vier-adrigen Straße Draht produziert. Der Rest ist Brache. Und da heißt es zuerst einmal die Alt-lasten zu beseitigen, bevor man mit neuen Nutzungskonzepten auf den Plan treten kann. Ein Gewerbepark ist vorgesehen.

In Neunkirchen ging die ›Eisenzeit‹ 1982 zu Ende; '83 begann man mit der totalen Umstruk-turierung der Stadt. Die Hütte wurde geschleift, der Stadtkern verschoben, der alte Verbund von Wohn- und Arbeitsplatz, der über Jahrhunderte das Leben hier geprägt hatte, auseinander-gerissen. Wie ein Keil ist ein Einkaufszentrum zwischen sie getrieben. Was von der Hütte blieb, disparat genug, hat man über einen 4,5 Kilometer langen »Hüttenweg« in Beziehung zu bringen versucht. Als Provisorium für das noch zu errichtende ›Saarländische Industriemuseum, Teil Neunkirchen‹, das die »sozio-ökonomische Verflechtung« von Montanindustrie und Stadt demonstrieren soll. Von den rund 20 Objekten am Weg sind gerade ein Drittel als technische Denkmäler interessant. Wie die beiden Hochöfen, von denen jedoch nur einer restauriert ist,

mehr als ›Kunststück‹ zudem. Seine Funktionszusammenhänge sind nicht mehr zu erkennen. Der Rest dokumentiert Sozial- und Alltagsgeschichte. Ein »Neunkircher Grubenweg« soll nun ergänzend hinzukommen.

In Völklingen hat man (bis zum Frühjahr '92 jedenfalls) an der Hüttenhinterlassenschaft festgehalten. Die bizarre Silhouette des 1986 stillgelegten Hochofenensembles – sechs Hochöfen allein, 18 Winderhitzer samt Gasgebläsehalle, Sinteranlage und Kokerei – steht noch über der Stadt und soll, wenn man nach dem Schulterschluß von Stadtverwaltung, Kultusminister und Denkmalschützer den optimistischen Verlautbarungen Glauben schenken kann, als Denkmal erhalten bleiben. Hier stehe nun einmal, so die Industriearchäologen, das letzte »alte« Hüttenensemble im Bereich der EU, an dem sich authentisch Technik- und Arbeitsprozeß der Stahlerzeugung darstellen ließe. Was das im Detail dann wieder heißt, daran scheiden sich die Geister. Die »Saarbrücker Hefte« formulierten es in einer »Steelopolis«-Dokumentation in Schlagworten: »Ruine, Relikt, Reliquie, Kunstwerk, Kulisse, Kultstätte, Museum, Musentempel, Monument, Schandfleck oder Schauplatz eines Neubeginns?« So oder so: Ende 1994 wurde das »alte Schätzchen« in die »Liste des Kultur- und Naturerbes der Menschheit« der Unesco aufgenommen.

Eine Metall-Skulpturen-Straße gehörte wohl auch ins Konzept. Aber der hat sich Dillingen verschrieben, von wo aus Völklingen mit dem (in Spezialwagen glühend gehaltenen) Rohcisen versorgt wird. In der Dillinger Saaraue stehen, nicht unumstritten, die ersten Objekte von international namhaften Künstlern.

Als Denkmäler der Industriekultur sollte man nicht zuletzt auch einige Sakralbauten beachten. Das setzt mit den schlichten evangelischen Bethäusern ein, wie sie in Heiligenwald (1868), der Grube Itzenplitz direkt gegenüber, oder in Schwalbach stehen, wo der Verlesesaal zum Betsaal umfunktioniert wurde (1872), und reicht bis zu der aufwendigen neobarocken Versöhnungskirche in Völklingen (1926–28), die im Innern in einer ›Apotheose‹ der Unternehmerfamilie Röchling gipfelt. Aus der gleichen Zeit stammt die katholische Hildegardskirche in St. Ingbert in der Nähe des alten Grubengeländes. Das ›Sprießwerk‹ eines Bergstollens ist eindrucksvoll in ihr eingebracht. Sie ist das beste Beispiel einer Bergarbeiterkirche im Land.

☐ Aus dem Nebeneinander ein Miteinander

»Der Saarländer ist empirisch gestützt, er steht im Mittelpunkt der sinnlichen Erfahrung«, sagt Ludwig Harig, und ein Schulkind in »Saarländische Freude«: »Weihnachten ist ein schönes Fest, derf awwer an Fasenacht nit tippe.« Das besagt mehr als das Verdikt, nur in Bayern gäbe es noch so viele Feiertage. Es zeigt auch die zweite saarländische Freude an, die an Geselligkeit und Spiel. Über dem Bundesdurchschnitt – wir haben von den Gründen erfahren (s. S. 36 ff.) – liegt die Zahl der Heimat- und Kulturvereine. Und Feste werden gefeiert, die – du liebe Zeit – unter der Hand zu den schönsten Volksschauspielen geraten. Dabei ist noch einmal zu bedenken: »Die häufige Betonung von Lebensfreude und Genußfähigkeit als Charakteristika saarländischer Lebensart... läßt sich leicht als utopisches Wunsch- und Gegenbild einer Kultur entziffern, die tatsächlich von Mangel, Sparsamkeit, strenger Ordnung und mühevoller Arbeit geprägt war und teilweise auch noch ist«, so Peter Bierbrauer, heute Kulturbeauftragter der Stadt Neunkirchen. Großgeschrieben wird immer noch die Gastfreundschaft. Das macht – wie ein gewisser Zug ins Opportunistische auch – die Grenze. »Guter Nachbar an der Wand«, sagt man sich, »ist besser als Bruder über Land.« 48 kommunale Partnerschaften gibt es allein mit Frankreich, viele darunter mit Gemeinden in Lothringen. Ein symbolischer Friedensvertrag zwischen den Bürgermeistern von Saarbrücken und Spichern, ausgetauscht am Zollhaus über der ›Goldenen Bremm‹, stand im Mittelpunkt einer ungewöhnlichen Aktion am 8. Mai 1985. Die Stadtgalerie Saarbrücken, das St. Ingberter Literaturforum und die ›Action culturelle du Bassin Houiller Lorrain‹ in Freyming-Merlebach eröffneten zugleich einen gemeinsamen historischen (Lehr-) Pfad: »Erinnerungsarbeit an der Grenze«. Inzwischen gibt es ein ganzes Netz von solchen (auch grenzüberschreitenden) Kulturwanderwegen. Der größte verläuft durch den ›Europäischen Kulturpark Bliesbruck-Reinheim‹ an der unteren Blies. Er gilt, von den Archäologen beiderseits der Grenze initiiert, dem gemeinsamen anderthalb Jahrtausende alten vor- und frühgeschichtlichen Erbe.

»Sicherlich ist die Nachbarschaft vier verschiedener administrativer Systeme störend für die Wirtschaft. Kulturell gesehen können die Unterschiede in der Organisation und in der Mentalität jedoch bereichernd wirken«, heißt es in einer Pilotstudie zu einem Saar-Lor-Lux-Atlas. Die ›Charte de Coopération‹ der Universitäten und Fachhochschulen der Regio von 1985 gibt da das gute Beispiel. Und daß das deutsche Büro des Deutsch-Französischen Kulturrates in Saarbrücken eingerichtet wurde, sollte auch als ein Zeichen dafür gesehen werden, daß der Kulturaustausch hier sich nicht in der bloßen Pflichtübung erschöpfen kann. Er ist (über)lebensnotwendig. »Aus dem Nebeneinander ein Miteinander«. ›Similitudes et Différences‹ nannte sich die erste Ausstellung Junger Kunst aus Lothringen, Luxemburg und dem Saarland 1991.

Seit 1992 hat Europa im Saarland zudem Verfassungsrang. Artikel 60 bestimmt: »Das Saarland fördert die europäische Einigung und tritt für die Beteiligung eigenständiger Regionen an der Willensbildung der Europäischen Gemeinschaften und des vereinten Europa ein. Es arbeitet mit anderen europäischen Regionen zusammen und unterstützt grenzüberschreitende Beziehungen zwischen benachbarten Gebietskörperschaften und Einrichtungen.«

Residenz und City, die Kirche im Dorf und die Industrie vor der Tür

Saarbrücker Rundgänge

Europäisch gesehen stimmen die Maße, für den Westen jedenfalls: Bonn ist 228 Kilometer, Frankfurt a.M. 202, Mannheim 125, Straßburg 117, Metz 67, Trier 84 und Luxemburg 110 Kilometer von Saarbrücken entfernt. Paris, 400 Kilometer, liegt deutlich näher als Berlin, 745, immerhin.

1770 befand Goethe, aus dem »Lothringischen Gebürg« kommend, »da die Saar im lieblichen Tale unten vorbei fließt«, diese kleine Residenz als »einen lichten Punkt in einem so felsig waldigen Lande«. Hundert Jahre später notierte Fontane über die »Doppelstadt (St. Johann und Saarbrücken)«, es fehle ihr »das Pittoreske der alten und die gefällige Eleganz der neuen Städte«. Das Beste seien die Brücken und das Bahnhofsgebäude. Abermals nach 100 Jahren hält man sich beim Entrée in die Groß- und Landeshauptstadt Saarbrücken am besten an das »Beste« nach Fontane, die Brücken zum Beispiel.

Eine Saarbrücke stand auch am Anfang – aber am Fuß des Halbergs, wo die Römerstraße von Metz nach Worms den Fluß überquerte. Am rechten Ufer siedelten dort bereits in vorchristlicher Zeit Händler und Handwerker. Ihr *vicus* ging samt Kastell, durch dessen Mitte die Straße verlief, in der Völkerwanderung unter. Um 600 gründete am linken Ufer der Metzer Bischof Arnualdus ein Stift, in dessen Kirche er beigesetzt wurde. Der Warenumschlag verlagerte sich flußabwärts nach dem Fischerdorf St. Johann. Die *Burg Sarabrucca*, 999 erstmals erwähnt, lag gegenüber. 1321 erhielten Saarbrücken und St. Johann Stadtrechte. Ende des 14. Jh. fiel die Grafschaft an das Haus Nassau. Der Dreißigjährige Krieg, das ganze 17. Jh. überhaupt, brachte Zerstörung und Verödung.

Erst im 18. Jh. erfolgte ein neuer Aufschwung. Fürst Wilhelm Heinrich, »groß als Baumeister im Land«, erweiterte planmäßig seine Residenz und gründete das moderne Industrierevier rund um Saarbrücken. In Friedrich Joachim Stengel hatte er den kongenialen Verwirklicher seiner Ideen. Aber in der Französischen Revolution ging nicht nur das (neue) Schloß in Flammen auf. Am Ende war man preußische Provinz.

Die Industrialisierung im 19. Jh. schaffte erneut Wandel. 1909 schlossen sich *Alt-Saarbrücken*, *St. Johann* und *Burbach-Malstatt* zur Großstadt Saarbrücken zusammen. Deren weitere Geschichte ist nun die des Landes, dessen Hauptstadt sie wurde: Abtrennung, Rückgliederung, Zerstörung, Abtrennung, Rückgliederung, Wiederaufbau.

Schloß und Stadt Saarbrücken Ende des 17. Jh. Nach einem Stich, um 1880

1974 wurde die Großstadt noch einmal vergrößert, zwölf Umlandgemeinden, von Alten-kessel bis Scheidt, wurden ihr eingegliedert. Das ›Achsen-Zentren-Modell‹ galt nun als Maxime der Stadtplanung. Nebenzentren entstanden in den einzelnen Stadtteilen, so in Malstatt, Bur-bach und Dudweiler. Zehn Jahre später war ›City-Erweiterung-West‹ das neue Schlagwort. Die alte Innenstadt wurde wieder aufgewertet. Zur ›Shoppingerlebniswelt‹ allein? Für die neunziger Jahre hat man sich die ›Ökologische Stadterneuerung‹ einfallen lassen. Der ›Bürgerpark‹ ist ein Anfang.

Und noch einmal die ›Mittellage‹. Was deren regionale Dimension anbelangt, so heißt es bei Ludwig Harig, dem Kunstpreisträger der Landeshauptstadt: »Die Pfälzer sind die Engel aus dem Paradies, die Hochwälder sind die Schinderhannesse, aber die Saarbrücker glätten die Gegensätze, sie führen die Wölfe zu den Lämmern.« Die Maxime verlockt zum Lokal-augenschein.

☐ Alt-Saarbrücken oder Vom Fürstenschloß zum Bürgerschloß

Kommt man von Mannheim, geht die Autobahn, am Ende sogar doppelstöckig, auf Stelzen. Oben nach Metz, unten in die City. »Kreuzungsfrei« lautet der Slogan. Wer in die City will, kommt wieder an Brücken, nun aber unter und an diesen – über den Fluß – vorbei. ›Saarbrücken‹ bedeutet zunächst wirklich nur Saar-Brücken. Die erste dieser Brücken ist die ›*Daarler Brücke*‹. ›Daarle‹ ist St. Arnual. St. Arnual wurde 1896 mit Alt-Saarbrücken, und Alt-Saarbrücken, wie schon erwähnt, 1909 mit St. Johann und Malstatt-Burbach zu der Großstadt ›Saarbrücken‹ vereinigt (Stadtplan in der hinteren Umschlagklappe). Aber in ›Daarle‹ kommt man noch immer aufs Dorf, wie in Burbach in die Hüttenstadt. Auch diese Spannung macht Saarbrücken aus. (Nach Burbach, heißt es zudem, komme man auf einem Kuriosum, einem »linken Nebenfluß der Saar mit 13 Buchstaben«; aufgelöst: auf der zu (Un)Zeiten (un)programmgemäß überschwemmten Stadtautobahn.) Die Stadtautobahn trennt eher die Stadtteile, als daß sie sie verbindet. Es gibt Pläne, sie vom Landtag bis zur Wilhelm-Heinrich-Brücke zu überbauen, um die zwei Saarbrücker Seiten wieder mehr in Kontakt zu bringen.

Die älteste Brücke ist die **Alte Brücke**. Sie wurde auf Veranlassung von Kaiser Karl V. 1546–48 gebaut, 1677 und 1813 von den Franzosen, 1945 von den Deutschen gesprengt und immer wiederhergestellt. 1963 beim Bau der Stadtautobahn, als die Saar nach Norden verlegt und die Schloßmauer nach Süden versetzt wurde, kappte man das Alt-Saarbrücker Brückenende. Seitdem ist sie nur noch für Fußgänger gut. Sollte die kanalisierte Saar, die bis dato an Burbach heranreicht, bis zum Osthafen weitergeführt werden, müßte die Alte Brücke überhaupt fallen. Es wäre ein großer Verlust für die von Politikern und Planern so fix und fertig beschworene ›menschliche Stadt‹. Auf dem inzwischen zweimal abgeschroteten Schloßfelsen über der Brücke breitet sich die Alt-Saarbrücker historische Kulisse aus: Schloßmauer, Schloßkirche, Schloßterrasse, Schloß – und was sonst noch um den Schloßplatz steht. Das Kreiskulturhaus (aus den fünfziger Jahren) an der Stelle der 1944 zerstörten Orangerie lagert mehr schlecht als recht dazwischen. Da hilft auch der Phönix an seiner Stirnseite nichts (s. Abb. 17).

Im Mittelalter stand am Fuße des ›Saarbrockens‹, von dem nach dem keltischen Wort ›briga‹ für Fels der Name Saarbrücken auch hergeleitet sein könnte, eine (1261 gegründete) Kapelle. Sie gehörte zum Stift St. Arnual und war dem hl. Nikolaus geweiht. Ende des 15. Jh. wurde sie durch einen Neubau ersetzt, die heutige **Schloßkirche** (Abb. 17). Diese diente seit 1549 als Stadtpfarrkirche. Am Neujahrstag 1575 wurde sie evangelisch und kurz nach 1700 an Stelle der Stiftskirche gräfliche Grablege. Heute nutzt nur noch die Musikhochschule den Bau als Proberaum für die Orgelklasse. Wie die Brücke hatte auch die Kirche am Brückenkopf ihre Schicksale. Die schwersten Schäden erlitt sie beim Stadtbrand 1677 im Reichskrieg gegen Frankreich und im Zweiten Weltkrieg. 1683–86 bei der »Reparation des noch vorhandenen ziemlichen Steinhaufens und Gemäuers« erhielt das vorher kreuzrippengewölbte Langhaus eine flache Balkendecke, außerdem zog man eine Empore ein. Der Wiederaufbau 1956–58 konnte sich nur an die Außenmauern und den Turm halten. Die schöne welsche Haube mit achtseitiger offener Laterne von 1743 aus Stengels ›Turmspiel‹ wurde provisorisch durch ein pyramidenförmiges Notdach ersetzt. Es bestätigt die alte Weisheit, daß Provisorien am längsten währen.

Der Bau ist asymmetrisch. Die Lage am Hang bedingte die besondere Anordnung der zwei ungleich langen Schiffe. Das Hauptschiff schließt im Osten mit einem fünfseitigen Chor. An das dritte und vierte Joch des Schiffes ist auf der Talseite die Sakristei angebaut. Über dem westlichen Joch des Seitenschiffes steht an der Bergseite der Turm. Auf einem der Strebepfeiler am Chor kauert auf der Wasserschlagplatte ein Löwe, die einzige mittelalterliche Skulptur, die es am Bau noch gibt. Die Wiedereinrichtung im Innern erfolgte ›zeitgemäß‹. Die gliedernden Wanddienste wurden abgeschlagen, neue Emporen eingebaut. Erhalten blieben die spätgotischen Sterngewölbe in den Annexen der Nordseite. Georg Meistermann schuf die 26 *Glasfenster,* pastos grau, violett und moosgrün, malvenfarben filtern sie das Licht.

Wiederhergestellt wurden auch, allerdings nicht immer originalgetreu, drei der vier Grabdenkmäler des gräflichen Hauses: barocke Inszenierungen, »Memoriae et honori« (einmal verschlimmbessert in »munori«) der »celsissimi et illustrissimae«. An der Nordwand triumphiert auf Pierard de Corails Denkmal für den 1677 im Elsaß gefallenen und in der Thomaskirche zu Straßburg beigesetzten Gustav Adolf und seine Frau Eleonore Clara von Hohenlohe († 1709) Viktoria über Chronos. »VIRTUS POST FUNERA VIVIT«: Gelassen lagert der Graf in Harnisch und Allongeperücke, den rechten Arm auf einen Helm gestützt, die Gräfin im Witwenschleier kniet betend vor ihm. Von Corail auch das Denkmal für Ludwig Crato († 1713) und Philippine Henriette von Hohenlohe († 1751), das großflächig an der Nordwand angebaut ist (Abb. 5). Theatralisch stehen beide in einer Säulen-Ädikula vor einem Vorhang: Der Graf posiert – Spielbein, Standbein – in Rüstung und Mantel, die Rechte mit dem Marschallstab auf einen Pfeiler gestützt, auf Distanz hält sich hoheitsvoll daneben die Gräfin. Eloquentia (die Beredsamkeit) und Abundantia (mit dem Füllhorn des Überflusses) sind ihnen außerhalb der Szene zugeordnet. Bescheidener nimmt sich dagegen das Grabmal Wilhelm Heinrichs und der ›Serenissima‹ Sophie Christine Charlotte Friederike Erdmuthe von Erbach aus; es stammt vom Hofbildhauer Johann Philipp Mihm und befindet sich wieder im Chor. Vier Löwen tragen den Sarkophag, auf dem eine Flammenurne mit dem Bildnis des Fürsten steht; Justitia (mit dem Schwert) und Veritas (mit dem Spiegel) weisen huldigend auf die Urne (Abb. 6).

Unterhalb der Treppe zur *Schloßterrasse* glotzt der steinerne Kopf eines barocken Wasserspeiers von der Alten Brücke aus der Schloßmauer. Der Volksmund hat aus ihm den »geizigen Bäcker« gemacht, der bei einer Hungersnot die armen Leute von der Tür wies. Darüber, auf der oberen (oder besser dem Rest der oberen) Terrasse des barocken Schloßgartens, der auf drei Seiten das Schloß umgab, eröffnet sich der Saarbrücker Dreisternblick: über das Saartal von St. Arnual bis Burbach, die City (vulgo St. Johann) in der Mitte und im Hintergrund die Hügel, die als ›Berge‹ firmieren, so jedenfalls sieht sie ein richtiger Saarbrücker: Halberg also, Eschberg, Kaninchenberg, Schwarzenberg, Homburg, Ludwigsberg und der Saarkohlenwald am Horizont.

Der Blick hat seine Geschichte, vornehmlich der vom Burgplatz hier auf den Handelsplatz drüben. Urkundlich – rekapitulieren wir noch einmal – wird auf dem Felsen, der vom Triller (früher ›Schutzberg‹ genannt) ins Saartal vorragte, 999 zum erstenmal ein »Castell Sarabrucca« erwähnt. ›Veste‹ heißt es zehn Jahre später; wie diese ausgesehen hat, wissen wir nicht. 1168 ließ Kaiser Barbarossa die Burg, auf der jetzt seit Ende des 11. Jh. die Grafen von Saarbrücken hausten, zerstören. Man hat Grund zur Annahme, daß die ›Zerstörung‹ nur symbolisch erfolgte, durch das Herausbrechen einiger Steine. Drei Jahre später jedenfalls ist die Burg schon wieder aufgebaut. 1277 ist von einer ganzen Anlage die Rede, von einem »Castell« (Burg) und einer »Bourg« (Vorburg), zu der auch mehrere Burgmannenhäuser gehörten. Vor allem aber gab es das Hauptstück, den »Kaventsmann« hätte Johann Michael Moscheroschs »Philander« später gesagt. Bei den Instandsetzungsarbeiten im Sommer 1988 stieß man mitten im Stengelschen Schloßhof auf der Stadtseite auf solides staufisches Buckelquaderwerk; es waren die unteren Schichten des ›Dicken Turms‹, des Bergfrieds. Er muß das Tal weithin beherrscht haben. Der Zugang führte durch einen Stollen, den man von der Burgsiedlung im ›Tal‹ her durch den Felsen getrieben hatte; Reste sind im Schloßgarten freigelegt. Ein tiefer Halsgraben sicherte den später angelegten Zugang von der Gegen-, der (neuen) Stadtseite her im Nordwesten.

Mitte des 15. Jh. befestigte Graf Johann III., der ›Senf‹, wie er wegen seines reiz- und streitbaren Wesens auch hieß, die Burg erneut. Johann IV. tat es ihm im 16. Jh. nach, und auch dessen Nachfolger waren dem ›Bauwurm‹ verfallen. Zwischen 1563 und 1617 entstand so aus Um- und Neubauten renommierter Architekten (wie Christmann Stromeier, der schon in Homburg, Schloß Philippsborn und in Neunkirchen tätig war und 1575 als kurpfälzischer Baumeister bestallt wurde, oder Heinrich Kemptner aus dem lothringischen Vic) die neue Residenz im Zeitgeschmack, das Renaissanceschloß: »mit zweyen unterschiedlichen Höfen«, die Flügel dreigeschossig mit Zwerchhäusern auf den Satteldächern, der alte Bergfried als Schutz für den Haupteingang einbezogen und (von Jost Hoer) kunstreich als Uhrenturm überbaut, zwei Gärten schließlich noch innerhalb des Berings auf der Ostseite. Ein halbes Jahrhundert hielt die Herrlichkeit. 1677 gab es erneut Zerstörungen (an Turm und Kapelle vor allem) – müßig die Schuldfrage: Die Franzosen zündeten die Stadt an, die Kaiserlichen beschossen dafür das Schloß. Ende des Jahrhunderts gab man sich alle Mühe, die Schäden wieder zu beseitigen: Der südliche Schloßflügel wurde à la mode, nun bereits barock, erneuert; Josef C. Motte dit la Bonté aus Saarlouis lieferte die Pläne. Der Turm bekam 1698 eine welsche Haube, auf den geschleiften Bastionen wurde bis hinunter in die Flußaue, in Terrassen absteigend, ein Lustgarten angelegt, mit einer halbrunden Pergola als Blickpunkt. »Es wurde sozusagen entmilitarisiert«, bemerkt Alfons Kolling dazu treffend; 39 Jahre noch standen das Schloß und seine Umbauten.

Friedrich Joachim Stengel, der Architekt des Hauses Nassau, kam 1735 zum erstenmal nach Saarbrücken, das seit 1723 nicht mehr Residenz war, und begutachtete das Schloß. Sein Befund: der Nordflügel »in gäntzln. verfall des Dachs und gantzen eingebäudes«, der Südflügel zwar noch in gutem Zustand, aber »mit gar schlechter commoditaet (»schlechter Grundrißdisposition«, interpretiert Dieter Heinz) von einem ohn erfahrenen Architect erbauet«. So plädierte Stengel für Abbruch »biß auf den Grund« und kam nach drei Jahren wieder, um diesen in die Wege zu leiten. Ohne Proteste – wer da bauet an der Straßen, muß die Leute reden lassen – ging das jedoch nicht. Stengel sah sich sogar gezwungen, am Bauplatz eine Tafel aufzuhängen, mit der Inschrift (nach D. Heinz): »Wer über seinen Horizont hier raisonirt / Nicht weniger ohnausgemachte Arbeit criticirt, / Der wird mit Recht vor einen Narren declarirt / N.B. und zwahr vor der gantzen vernünftigen Welt.«

Im März 1739 begannen dann die Bauarbeiten. Nach fast einem Jahrzehnt (1748) war die Dreiflügelanlage im wesentlichen fertiggestellt. Kosten: 249 833 Gulden für den Bau an und für sich sowie 125 000 Gulden für die Innenausstattung. (Karl Lohmeyer: die Summe »ohne Anrech-

Schloß Saarbrücken. Gemälde eines unbekannten Künstlers, 1765

nung des Holzes aus den fürstlichen Waldungen und der Fronden«, »mit allen Anlagen ...
müssen wir die Kosten auf rund 600 000 Gulden setzen«.)

Hufeisenförmig öffnete sich das **Schloß** zur Stadt. Nord- und Südflügel und das sie verbindende Corps de logis im Osten hatten jeweils zwei Geschosse und ein Mezzanin-Geschoß. Die Ecken betonten vier durch Mansarddächer bekrönte Pavillons. Eine mit Vasen und Figuren besetzte Balustrade umzog das Dach. Der Mittelpavillon des Osttrakts, der im Erdgeschoß das von Säulen und Karyatiden getragene Vestibül mit Durchgang zum Garten und die große Treppe enthielt, endete in einem überhöhten Belvedere. Über zwei Stockwerke erstreckte sich hier – über Simon Feylners Speisesaal ›à la porcellaine‹ – der prunkvolle Ball- und Theatersaal. In ihm kulminierte das ganze Werk.

Vor der Balustrade des Ehrenhofes zog sich quer über den Schloßplatz ein schmiedeeisernes Pfeilergitter mit zwei Wachhäuschen in der Front. Auf der Gegenseite, der Rückseite des Schlosses – und hier können wir wieder Goethes Beschreibung folgen –, war der Abhang »nicht allein terrassenweise abgearbeitet, um bequem in das Tal zu gelangen, sondern man hat sich auch unten einen länglich viereckten Gartenplatz, durch Verdrängung des Flusses an der einen und durch Abschroten des Felsens an der anderen Seite, verschafft, worauf denn dieser ganze Raum erst mit Erde ausgefüllt und bepflanzt worden. Die Zeit dieser Unternehmung fiel in die Epoche, da man bei Gartenanlagen den Architekten zu Rate zog, wie man gegenwärtig das Auge des Landschaftsmalers zu Hilfe nimmt«. (Der Hofgärtner Ludwig Koellner hatte unter der Oberaufsicht Stengels 1761–64 die untere ›Gartenlust‹ zunächst französisch-geometrisch, ab 1768 dann aber auch englisch – »mit dem Auge des Landschaftsmalers« – angelegt.) Was Wunder, daß der weitgereiste Knigge ein paar Jahre später »das hiesige Schloß zu den schönsten Fürsten-Wohnungen in Teutschland« zählte. Städtebaulich entsprachen dabei der »herrlichen Aussicht in die umliegende schöne Gegend« bis zu den abseits gelegenen Lustschlössern auch die Blickachsen zur Stadt hin, vornehmlich zum Ludwigsplatz mit dem Turm der Ludwigskirche als Fixpunkt.

Im Mai 1793, als die Truppen der Revolution über Saarbrücken hereinfluteten, verließ der Fürst seine Residenz. Im Oktober ging der zur Saar hin gelegene Nordflügel des Schlosses in Flammen auf. Daß die Franzosen ihn in Brand gesteckt hätten, galt lange für ausgemacht. In Wahrheit kanonierten ihn aber auch die preußischen Truppen von der anderen Saarseite her. 1809 kam die Ruine unter den Hammer und wurde in sieben Parzellen an Privatleute weiterveräußert. Den Wiederaufbau leiteten Johann Adam Knipper Vater (der noch Stengelscher Werkmeister war und 1811 starb) und Sohn. Sie trugen die Balustrade und das Mezzanin-Geschoß ab und bauten die beiden Untergeschosse dreigeschossig zu einer Art Reihenhausanlage aus. Der mittlere Pavillon wurde 1872 niedergelegt und durch einen Neubau von Hugo Dihm »in französischer Renaissance« ersetzt.

Von 1908 bis 1920 kaufte der Landkreis Saarbrücken das Schloß zurück und richtete seine Verwaltung hier ein. »Heim im Reich« flachte man – auf Plätze für repräsentative Auftritte bedacht – 1938 den nach Stengel leicht ansteigenden Platz ab und bestückte ihn mit einer überdimensionalen Freitreppe für Freilichtspiele. Im Zweiten Weltkrieg hauste die Gestapo im ›Knipperflügel‹. (Erhalten hatte sich eine Gefängniszelle im Keller mit Inschriften von Gefan-

Saarbrücken und St. Johann vom Turm der Ludwigskirche gesehen, um 1858

genen an den Wänden, hauptsächlich in kyrillischer Schrift. Sie gehört heute zu der ständigen Ausstellung ›Zehn statt tausend Jahre‹ im Historischen Museum Saar.) Der Flügel brannte 1944 abermals aus. 1969 wurde er wegen Baufälligkeit gesperrt ... Und der ›Kampf ums Schloß‹ begann.

Der ›Kampf‹ – stadtbekannt und landesüblich – wurde über die kunsthistorisch-denkmalpflegerische Kontroverse hinaus – Rekonstruktion des Barockensembles nach den Stengelschen Originalplänen oder Restaurierung des Knipperbaus und Ergänzung des historisch Gewachsenen mit modernen Mitteln – zum Politikum par excellence. Am Ende obsiegte das ›Bürger‹- über das ›Fürstenschloß‹. (»Denn die Fürsten«, schloß der Schriftsteller Ludwig Harig listig bei der Einweihung im April 1989, »die Fürsten, das sind ja wir!«)

Preisträger des Wettbewerbs war der Kölner Architekt Gottfried Böhm. Noch mit seinem Vater Dominikus hatte er die Kirche St. Albert (s. S. 101) auf dem Rodenhof gebaut; von ihm stammt auch das Parkhaus an der Talstraße und das ›Böhmsche Dorf‹, das er auf das Parkhaus setzte. Böhms Lösung für das Schloß: Er restaurierte die historisch gewachsenen Flügel sorgfältig von Grund auf und stülpte über den *Dihmschen Mittelbau*, den er zweistöckig erhielt und ihm nur das Dach nahm, ein neues gläsernes Gehäus. Stählerne Stützen, die bis auf das Mansarddach hochgeführt sind und dort mit dem Dach abknicken, ›rüsten‹ den durchsichtig gewordenen Pavillon ›ein‹, der wie im Barock – besonders eindrucksvoll bei nächtlicher Beleuchtung! (Farbabb. 28) – wieder Dreh- und Angelpunkt des Ensembles ist und auch stärker wieder in die alte Stengel-städtische Blickachse rückt und über die Gartenseite hinaus ins Saartal wirkt. Der Anstrich, bleigrau gegenüber den lichtgrau-weißen Fassaden der Flügel, verstärkt diesen Effekt noch.

Am besten nähert man sich vom tiefsten Punkt des nun wieder ansteigenden Schloßplatzes, der – weil ihn die Freitreppe aus den dreißiger Jahren nicht mehr unterbricht – auch offener geworden ist. Nur ein *Brunnenhaus* steht da, mit einer verwitterten Petrus-Statue aus dem Depot der Ludwigskirche, als »eine sehr abstrahierte Erinnerung« an die barocken Wachhäuschen sieht es Böhm. Näherzu werden die barocken Elemente des Südflügels und die klassizistischen am Nordflügel deutlich.

Wieder steht man dann zwei Figuren von der Ludwigskirche gegenüber: beim Eintritt in das lichte dreigeschossige Foyer des Pavillons. Die Figuren stehen vor der Sandsteinfassade des Dihmschen Kernbaus und verkörpern ›Glaube‹ und ›Hoffnung‹. Was beinahe schon wieder ein Programm ist. Über breite Treppenhäuser erreicht man den Festsaal im oberen Geschoß. Er ist Böhms Meisterstück ... als Maler, der im Deckenbild die Architektur illusionistisch noch einmal bündelt und über Balken und Brücken in immer neue Tiefenschichten führt. Die Farben sind aufgesprüht, aus den Lasuren erscheinen zwischen Schwarz und Weiß graublaue Tönungen, Ockergelb, Braunrosa und Sandsteinrot. Eine Schlange, mit einer Rose im Maul, windet sich im gemalten Gebälk, und irgendwo versteckt hocken auch drei Böhmsche Tauben.

Der Blick hinaus führt die barocken Sichtachsen entlang. Nach Osten ins Saartal, wo sich auf dem Gelände des ehemaligen unteren Gartens jetzt die Ministerien und Gerichte reihen. Der **Landtag** steht, unterhalb des Schloßfelsens, voran. Er war einmal Zivilkasino und wurde 1865/66 nach Plänen des Kölner Architekten Julius C. Raschdorff in spätklassizistischen Formen, mit Säulenportikus und Dreiecksgiebel auf der Schauseite zur Saar hin, erbaut. Nach Westen geht der Blick über den inneren Ehren- und den äußeren Vorhof die Schloßstraße hinunter bis zur Ludwigskirche. Ganz unverstellt ist er allerdings nicht mehr. Das merkwürdigste Denkmal des Schloßplatzes verbirgt sich (buchstäblich!) im dunkel gepflasterten Mittelstreifen der Auffahrt zum »Platz des Unsichtbaren Mahnmals«: Jochen Gerz', auch im Zusammenhang mit den bekritzelten Wänden in der Gestapo-Zelle im Historischen Museum stehendes Projekt »Mahnmal gegen Rassismus«. In 2146 der insgesamt 8000 Pflastersteine des Streifens sind die Ortsnamen aller jüdischen Friedhöfe, die bis 1933 auf deutschem Boden standen, eingemeißelt, die Steine jedoch mit der beschrifteten Seite zur Erde gelegt. »Man sieht nichts«, schreibt die Kunstkritikerin Ursula Gießler, »und doch ist alles anders ... Ohne Aufsehen zu erregen, still und leise, versammelt der Ort die nie erloschene Wirklichkeit ...«

Um den Schloßplatz, ›Am Schloßberg‹ und in der Talstraße blieben noch einige Stengel-Bauten erhalten. Das **Alte Rathaus** (s. Umschlag vorne), 1748–50 errichtet, im Zweiten Weltkrieg ausgebrannt und wieder aufgebaut, setzte den bürgerlichen Kontrapunkt zum Schloß: ein markanter dreigeschossiger Pavillon in der durchlaufenden Architektur des Platzes mit Mittelrisalit, Freitreppe und Segmentgiebel, und einem Uhrentürmchen auf dem Mansarddach. Über dem dreht sich jetzt der Saarbrücker Löwe im Wind und hält die St. Johanner Rose hoch. Der Anbau zur Linken entstand aber noch nach Stengels Konzept. Das **Erbprinzpalais** an der Südseite entwickelte Stengel 1760–66 aus drei älteren Häusern. Vor das mittlere setzte er asymmetrisch einen dreiachsigen Giebelrisalit mit vorgeschweiftem Portal und Mansarddach. Wilhelm Heinrichs Sohn Ludwig residierte zunächst hier, später der neue Erbprinz Heinrich mit seiner (um sieben Jahre älteren) Frau. Es war öffentliches Geheimnis, daß sie das nur offiziell taten. Den Rest besorgte die Revolution. Das Palais wurde konfisziert. Ab 1816 hatte das Königlich-preußische Bergamt hier (bis 1880) seinen Sitz. Gegenüber, an Stelle der fürstlichen Lingerie und Remise, wo (nach D. Heinz) auch das Kleine Schauspiel untergebracht war, steht das neobarocke **Kreisständehaus** von 1909; heute befindet sich hier das *Museum für Vor- und Frühgeschichte*. Das **Kreiskulturhaus** (1954) daneben nimmt den Platz der 1786/87 von Balthasar Wilhelm Stengel erbauten und im Zweiten Weltkrieg zerstörten Orangerie ein, die genauer zu beschreiben Knigge abermals nicht umhin konnte. Sein begeistertes Fazit: in diesem Gebäude habe »man mitten im Winter die Täuschung, an einem schönen Sommertage in einem kleinen englischen Garten spazieren zu gehn«.

☐ Am Ende der Blickachsen: die Ludwigskirche

Die Schloßstraße hieß früher einmal Vordergasse. Hier war das Zentrum der Saarbrücker Altstadt. 1944 ging es in Trümmer. Der (nach der französischen Partnerstadt benannte) *Nanteser Platz* ist auf deutsch entworfen, als »multifunktionale, bürgergerechte Freifläche«, und schickt sich an, ein französischer Platz zu werden, mit Platanen und Bahnen für die Boulespieler. Zur Saar hinunter schlagen Propstei- und Altneugasse einen kleinen Bogen. Wo die Altneugasse auf die Kirchgasse trifft, ist ein kleiner Platz entstanden. Ein Stück der alten Stadtmauer steht noch da und Stengels wiederaufgebautes **Palais Bode** von 1749, dessen barockes Treppenhaus um 1910 ins Kreisständehaus kam. Auch einen *Brunnen* gibt es noch. Man hat ihn jüngst hierhin versetzt, nachdem man für das gute Stück aus der Zeit vor dem Ersten bis nach dem Zweiten Weltkrieg lange keine rechte Verwendung hatte. Ist er doch einer nationalen Kultfigur des 19. und halben 20. Jh. gewidmet, man merkt's am feierlich vorangestellten doppelten Genitiv der Inschrift: »Dem Andenken Preussens edler Königin Luise.« Die Markthallenstraße führt zu keiner Markthalle mehr. Was der Krieg am Neumarkt verschonte, fiel dem Wiederaufbau nach dem Krieg (hier hauptsächlich der Stadtautobahn und dem Verkehrskreisel an der Wilhelm-Heinrich-Brücke) zum Opfer.

Am Ende der Wilhelm-Heinrich-Straße steht Stengels erster Sakralbau in der neugeschaffenen Barockresidenz, die **Friedenskirche**. Stengel baute sie 1743–51 für die kleine reformierte Gemeinde, deren prominentestes Mitglied Wilhelm Heinrichs Mutter war, als Breitsaal. Neben Stiftungen des Fürsten dienten Kollekten aus England und Holland zur Finanzierung. Erst 1763 wurde der Turm vollendet, die Dachgrate waren (1961–66 entsprechend rekonstruiert) vergoldet. Die Nutzung der Kirche ist merkwürdig genug. In der Französischen Revolution funktionierte man sie zum ›Tempel der Tugend‹ um. Von 1820–92 diente sie – mit eingezogener Decke und dem Turm als Karzer – als Schulhaus für das alte evangelische Ludwigsgymnasium. 1892 richtete sich die altkatholische Gemeinde den Bau wieder als Gotteshaus ein, längsgerichtet aber nun, mit dem Haupteingang Richtung Ludwigsplatz. Nach dem Zweiten Weltkrieg endlich zog die russisch-orthodoxe Gemeinde mit in die äußerlich barock wiederhergestellte, im Innern modern ausgestaltete Kirche ein. Seitdem steht dem Altar eine Ikonostase gegenüber.

Man tritt zwar das Alt-Saarbrücker Lob mit Füßen, aber wenigstens ist Goethe (nach 25 Jahren) jetzt hier wieder auf den Punkt gebracht. Die Tafel mit dem Zitat aus dem 10. Buch von ›Dichtung und Wahrheit‹ ist in die oberste Stufe der Freitreppe zum *Ludwigsplatz* eingelassen,

wo das 1749–52 errichtete ›Gymnasienhauß‹
stand, das bereits 1768 in der Mitte durchbrochen wurde, um die **Ludwigskirche** (Farbabb. 26, Abb. S. 76) in Blickachse zur evangelischen Kirche in St. Johann anzuschließen.
Deren schöne Haube heute allerdings wie ein
Dachreiter auf dem Querriegel des Finanz-
ministeriums aufsitzt, der sich brutal vor die
Achse schiebt. Das Zitat endet:»Mitten auf
einem schönen, mit ansehnlichen Gebäuden umgebenen Platze steht die lutherische
Kirche, in einem kleinen, aber dem Ganzen
entsprechenden Maßstabe.« Zu bedenken ist
dabei, daß Goethe 1770 das ganze Ensemble
noch keineswegs vollendet gesehen hatte. Erst
»am Ludwigstage« 1775 wurde die »Neue
Evangelisch Lutherische Kirche« feierlich
geweiht. Im Festzuge, »als die Hauptperson
und welche zuvorderst ging«, Stengel – ein

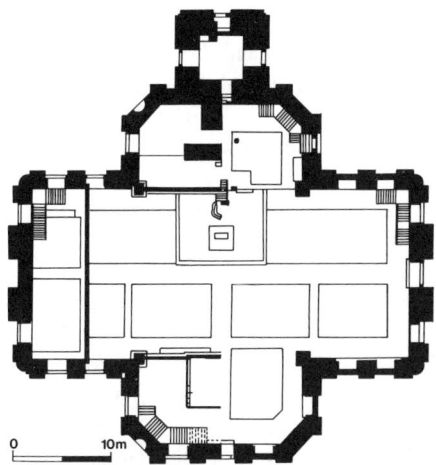

Saarbrücken, Grundriß der Ludwigskirche

»vergulteter Zirkel« wurde ihm vorangetragen. Er feierte die Krönung seines Lebenswerkes.
Die Kirche war, wie es in dem alten Einweihungsbericht heißt, sein »Meisterstück«. In allen
Stücken einheitlich bis zum letzten Detail von ihm entworfen, gehört sie zu den bedeutendsten
protestantischen Zentralbaukirchen des Barock in Deutschland. Zusammen mit der mehrfach
zerstörten und wiederhergestellten Michaeliskirche in Hamburg sowie der 1945 vernichteten
Dresdner Frauenkirche, für deren Wiederaufbau, der ›Steinernen Glocke‹ über der Stadt, sich
im Februar 1990 eine Bürgerinitiative gegründet hat.

Noch unter Wilhelm Heinrich hatte Stengel 1761–64 für die Bebauung der Bruchwiese in der
neugegründeten Vorstadt drei Konzeptionen entwickelt. Der Fürst wollte eine Art ›Place
Royal‹, wie sie in der französischen Nachbarschaft (Nancy beispielsweise) entstanden waren.
Statt des Denkmals des Souveräns sollte jedoch – der Kunsthistoriker Robert H. Schubart
erbrachte dafür überzeugende Argumente – in die Mitte des Platzes eine Kirche gestellt werden.
Bestimmt zudem nicht nur als Hof-, sondern auch als Pfarrkirche. 1762 wurde zu diesem
»Templum evangelicum ... ad laudem Dei publicam« der Grundstein gelegt; 1763 begann man
mit den Peripheriebauten des Platzes, 1769 standen neun von ihnen; 1775 endlich, zehn Jahre
nach der in Aussicht genommenen Fertigstellung, nun unter Fürst Ludwig, war der Bau vollendet. »Erhalte dieses Haus bis zu den spätesten Zeiten«, hieß es im Schlußgebet, »damit durch
viele Jahrhunderte unsre Nachkömmlinge, wann sie dasselbe sehen und besuchen, den Namen
Wilhelms und Ludwigs segnen.« 1944 brannte die Kirche bis auf die Umfassungsmauern und
den Turm völlig aus, ebenso wurde die Randbebauung fast vollständig zerstört. Im Juli 1947
feierte man das Richtfest für den Wiederaufbau. Um die Innenraumgestaltung – hier nach
Stengel, da in »modernem Sinne« – kam es zu einem jahrzehntelangen Streit. Es ging – wie

später beim Schloß – ziemlich hoch her, doch behielt am Ende – nicht wie beim Schloß – Stengel die Oberhand. Die Rekonstruktion ist zwar noch immer nicht abgeschlossen, doch hat sie viel von dem alten Glanz wieder eingebracht. Und mit der Kirche kam auch der Platz zu seiner Renaissance – vielleicht nur nicht immer »zum öffentlichen Lobe Gottes« allein, wie es an seiner Hauptschauseite geschrieben steht.

Von wo auch man den Platz betritt, man sollte den Bau in seiner Mitte zuerst einmal umschreiten. Sinnfällig wird man so der Kreuzform der Kirche inne. Die Grundgestalt, ein modifiziertes griechisches Kreuz, ergibt sich durch die Erweiterung der querrechteckig als Breitsaal nach Norden und Süden angelegten ›Gemeindekirche‹ durch die kürzeren Kreuzarme der ›Hofkirche‹ im Osten und Westen. Im Vierungsquadrat haben sie ihre gemeinsame Mitte, hier verschmelzen sie auch zur Einheit. Die Vierung ist kuppelartig überwölbt und von einem Pavillondach bekrönt, seine Spitze faßt alle Linien zusammen. Darüber steht in der Achse, an den Westarm organisch angeschlossen, der viergeschossige Turm. Erst im obersten Geschoß geht er aus dem Quadrat ins Oktogon über und schließt flach ab.

Ionische Pilaster mit Blütengirlanden im Kapitell umziehen rhythmisch den ganzen Bau. An der nördlichen und südlichen Seitenfront kommen doppelte Halbsäulen dazu. Die Pilaster rahmen die hohen Fensterbahnen, die sich originell in der Vertikale aufbauen. Mit liegenden Ovalen zuunterst, die seit der Renovierung in den achtziger Jahren des vorigen Jahrhunderts vermauert waren und jetzt wieder geöffnet sind; darüber die Hochfenster und, im Ornament mit diesen verbunden, als stehende Ovale die Oberlichter, die neben den Portalen, abermals variiert, als Vierpässe erscheinen. ›Rosenblattfenster‹ nannte sie Stengel.

In den Nischen der seitlich abgeschrägten Kreuzarme im Osten und Westen stehen die Kronzeugen lutherischer Verkündigung, die vier Evangelisten (s. Abb. 3 und 4). »Ad laudem Dei publicam« auch der ›katholisch‹ anmutende Statuenapparat über ihnen auf der Dachbalustrade, die die Kreuzform des Grundrisses noch einmal umreißt: die Apostel über der ›Hofkirche‹, die vier großen Propheten sowie Moses und Aaron, Abraham und David und die christlichen Tugenden über dem ›Gemeindesaal‹. (Zehn von den ursprünglich 28 Figuren von Franziskus Binck, von denen 14 bereits um 1910 kopiert worden waren, sind zur Zeit ersetzt.)

Hauptschauseite ist die ›Hofkirchen‹-Fassade im Osten. Das Portal steht in der Hauptachse und schließt rundbogig. Aus dem Schlußstein wächst eine Kartusche, aus der Kartusche ein Ovalfenster. Auf der Balustrade darüber ist zwischen Flammenvasen in einem prunkvollen Arrangement das große fürstliche Wappen aufgebaut. Wie eine Krone schließt die Turmbalustrade den Prospekt. Inschriften – auf der Kartusche für den Vater (Wilhelm), der den »Templum evangelicum« begonnen, im Portaltympanon für den Sohn (Ludwig), der ihn, »Nachfolger der väterlichen Tugend«, vollendet hat – rühmen die »Wirkstätte des Glaubens, der Hoffnung, der Liebe«. Und keine Rede von den Zuwendungen der Untertanen, die so gering nun auch nicht waren.

Die Stirnfronten des Quertraktes sind nach dem gleichen Grundmuster wie die Hauptfassade gestaltet. Stengel bildete sie sogar noch aufwendiger aus, plastischer vor allem durch die gedoppelten Halbsäulen beiderseits der Portalachsen und die wie Scharniere abgerundeten Ecken. In einem Geflecht von Bezügen wird darüber hinaus das ikonologische Programm weiterent-

wickelt. Auf der Kartusche über dem Nordportal ist die Geschichte von den drei Män-
nern im Feuerofen aus dem Buch Daniel, der
in figura darüber steht, dargestellt. Die Gie-
belbekrönung zeigt das Medaillon Wilhelm
Heinrichs, ›Glaube‹ und ›Liebe‹ sind ihm atta-
chiert (Abb. 16). Das Pendant auf der Gegenseite übersetzt in der Kartusche getreu Hese-
kiels Vision von der »Herrlichkeit des Herrn
über den Cherubim«: der Herr »gleichwie ein
Mensch« im Strahlenfächer, auf Wolken thronend; darunter das Rad, »anzusehen wie vier
Räder« und mit »Felgen voller Augen um
und um«; die Köpfe der Cherubim – wie die
Evangelistensymbole Adler, Stier, Löwe und
Mensch – daneben. Das Monogramm Wilhelm Heinrichs in der Bekrönung fehlt noch.

Der *Innenraum* war völlig zerstört. Er ist
noch immer nicht ganz wiederhergestellt. Es
fehlen unter den inzwischen wieder eingebauten Nord- und Südemporen noch die vier
Karyatiden. Aber der Raum hat die alte Clarté

Saarbrücken, Ludwigskirche, Emporen-Karyatide

wieder (Abb. 9), »strahlend, festlich und von schwebender Harmonie«. Weiß dominiert, sorgfältig sind Farbakzente gesetzt, in Elfenbein und Rosé vor allem im Vierungsbereich, Gold
einzig im Gewölbescheitel. Hohe tiefe Fensternischen gliedern die Wände, zwischen ihnen
stehen von zart profilierten Leisten gerahmte Felder. Auf hohen Postamenten markieren Drei-
viertelsäulen die Vierung. Wie ›Eckpfeiler‹ betonen sie die geometrische Mitte des Raumes und
überhöhen ihn zugleich, scheinbar das Kranzgesims tragend, über dem sich die Kuppel wölbt,
in den Baldachin-Himmel. An den Gelenkstellen verdichtet sich auch der Stuck. Farbig zart
abgetönt flackern Kartuschen und Rocaillewerk hoch zu der »gultenen, stralenten Sonne«
um das gleichseitige Dreieck mit dem Auge Gottes im Zenit.

Zwölf figürliche Gebälkstützen – zehn davon von dem genialen, am Hof in Mannheim
tätigen Italiener Carlo Luca Pozzi – trugen die Emporen in den Kreuzarmen. Acht sind mit
den Emporen im Ost- und Westarm wieder rekonstruiert. Vier symbolisieren die weltliche und
geistliche Gewalt, der Fürstenstuhl jedoch auf der Ostempore, den sie stützen, ist nicht mehr
eingebracht. (Die unter den Emporen allseitig eingebauten gläsernen Geschlechterstühle, die
von den Querovalen in der Sockelzone ihr Licht erhielten, wurden im letzten Viertel des ver-
gangenen Jahrhunderts bereits beseitigt. Karl Lohmeyer bemängelte dies schon 1911.) Die
Prinzipalstücke des ›geistlichen Regiments‹: Altar, Kanzel und Orgel, stehen dem Fürstenstuhl
gegenüber. Ihre ›Inszenierung‹ an der Nahstelle von Vierung und westlichem Kreuzarm – um
es noch einmal auf den Begriff zu bringen: wo sich ›Hof‹- und ›Gemeindekirche‹ durchdringen –

hat man schon immer bewundert. Der Altar, ein Sarkophag, steht, nur wenig von der Mitte des Raumes und damit dem Schnittpunkt aller Achsen des Ensembles abgerückt, axial vor und unter der Kanzel. Zwei Karyatiden mit dem Kelch (= ›Sakrament‹) und der Bibel (= ›Predigt‹) flankieren die Kanzel und stützen mit den beiden der ›musica sacra‹ die Empore, auf der sich der Orgelprospekt auffaltet. J. A. Schmoll gen. Eisenwerth: »Er ersetzt(e) gleichsam den hohen Altar katholischer Kirchen als Schauwand über der Mensa und der Kanzel.«

Zurück noch einmal auf den Platz, dessen Gestaltung nach allen Regeln der Stengelschen Invention nur noch fragmentarisch gelang. (Von acht geplanten Eckhäusern wurden nur drei gebaut. Dazu kamen, die Kirche flankierend, vier bzw. fünf Palais hinzu.) Der Kirche fehlt zudem seit 1911 der grauweiße Anstrich. Die angrenzenden Häuser haben ihn wenigstens wieder. Das »erste Haus am Platze« (chronologisch 1763–66) war das **Haus von Madame de Freital** an der Nordseite. Wilhelm Heinrich bezahlte es, Madame war seine Mätresse. Sein Bild hatte sie (seit 1767) über sich, auf dem Medaillon über der Nordfassade der Kirche. Ein Promenadegarten befand sich daneben. Er gab die zweite große Blickachse, die als Kulminationspunkt das **Haus Doeben** (1764/67), heute ›Herberge zur Heimat‹, auf der Südseite hatte, frei zum Lustschloß auf dem Ludwigsberg. Am Platz des Gartens steht heute die **Staatskanzlei.** Wenn man so will, schaut der Fürst jetzt dem Ministerpräsidenten auf die Finger.

Im Westen macht sich das *ehemalige Armen-, Zucht-, Waisen- und Arbeitshaus* lang, euphemistisch damals auch das ›Hospital‹ genannt, und riegelt das Platzgeviert ab. Nach dem Zweiten Weltkrieg beherbergte der Bau die 1946 ins Leben gerufene ›Staatliche Schule für Kunst und Handwerk‹. Frans Masereel lehrte u. a. hier, Boris Kleint, der als Itten-Schüler noch der Bauhauslehre verbunden war, seit 1948 auch Otto Steinert, der drei Jahre später in der Schule die inzwischen bereits legendäre Ausstellung ›subjektive fotografie‹ veranstaltete. Nach der Rückgliederung des Saarlandes 1955 machte man mit der Staatlichen Kunstschule wieder weniger Staat. Erst 1989 kam es zu einem neuen Ansatz. Die ›**Hochschule der Bildenden Künste Saar**‹ wurde gegründet – und ihr Haus noch einmal gründlich aufpoliert, nach Stengels alten Plänen.

Ein letzter Abstecher noch – über die Stengelstraße, an der neogotischen **Jakobskirche** (1885/86) vorbei, die die erste katholische Kirche auf Alt-Saarbrücker Seite nach der Reformation war, die Keplerstraße hinunter – zum Saarufer. Das ›schmale Handtuch‹ dort, heute **Kultusministerium,** ist einer der wenigen Großbauten, der von Pingussons Neuordnungsplan nach dem Zweiten Weltkrieg übrigblieb. Er sollte Sitz der Französischen Botschaft im autonomen Saarland werden. Der Meister selbst entwarf ihn, nicht zu übersehen, daß ein Schüler Le Corbusiers hier (1953/54) am Werk war. Dem ›schmalen Handtuch‹ folgte 1956 nahebei – an der *Malstatter Brücke* – August Webers **Haus der Gesundheit;** es bekam bald auch seinen Spitznamen: der ›blaue Affe‹.

☐ Erinnerungsarbeit an der Bellevue

Talstraße, Vorstadtstraße, Deutschherrnstraße . . . Die Treppen links der Saar sind hoch und die Straßen steil – wahre ›Himmelsleitern‹, wie denn eine auch heißt –, die zu den Hügeln darüber führen. ›Berge‹ sagen die Saarbrücker auch hier: Reppersberg also und Nußberg, Triller (der alte ›Schutzberg‹) und Bellevue.

An der Lohmeyerstraße auf dem Nußberg steht der neobarocke **Nußberger Hof** (1906). Karl Lohmeyer (1878–1957), der Altmeister der saarländischen Kunstgeschichtsforschung und von 1912 an Direktor des Kurpfälzischen Museums in Heidelberg, entwarf ihn mitsamt einem barock ausgestatteten Terrassengarten für seinen Vater. Der war Kaufmann und Sammler und wies den Sohn, wie der bekannte, »früher auf die Schönheiten des Saarbrücker Barocks hin in einer Zeit, als niemand davon etwas wissen wollte, ja als man es in dieser Stadt noch ganz verachtete«. – Zur gleichen Zeit entstand am Trillerweg das Haus eines anderen Saarbrücker Kaufmanns, Gustav Obenauer. Die Gegensätze könnten nicht größer sein. Denn hier war einer der Vorkämpfer einer neuen Baukunst am Werk, Peter Behrens (1868–1940). Seine **Villa Obenauer** ist konsequent kubisch konzipiert. Er entwarf auch die gesamte Ausstattung, von der nur noch Reste erhalten sind.

Am Hang zur Bellevue, an einem Felsen links der Metzer Straße, erinnert eine Tafel an F. J. Stengels Grabstätte. Rechts lag im Mittelalter vor der Marktpforte der ›Hagen‹. Gleich dreimal erscheint er heute noch als Straßenname, man kommt sich ein bißchen noch wie auf dem Dorf vor. Den ›Hagen‹ schenkte Graf Simon III. den ›Deutschherren‹, mit denen – und mit dem sonderbarsten aller Kreuzfahrer: dem Bruder Franz, dem Armen von Assisi – er 1218/19 »vor Damiette im Lande Ägypten« gelegen war. Der Ritterorden gründete 1230 hier eine Niederlassung, das Ordensgut erstreckte sich über den ganzen Hang, ein halbes Dutzend Namen markiert noch die alte Herrschaft. Malerisch liegt die **Deutschherrenkapelle** im Grünen, sie ist Saarbrückens ältestes Bauwerk. Auch Wohn- und Wirtschaftsgebäude umschloß die burgartig befestigte Kommende, die zur Ballei Lothringen gehörte.

An der Kapelle wurde lange gebaut. 1248, nimmt man an, war sie vollendet, aber erst 1268 wurde sie geweiht. An ein schlichtes, fast quadratisches Schiff mit flacher Decke und einfachen Lanzettfenstern, die teils noch aus der Erbauungszeit stammen, fügt sich der leicht eingezogene

Ansicht der Deutschherrenkapelle um 1770

einjochige Chor. Er schließt fünfseitig ab. Säulchen mit Blattkapitellen tragen die Rippengewölbe. Strebepfeiler zwischen zweibahnigen Maßwerkfenstern stützen ihn draußen. Der Haupteingang liegt auf der Südseite, das Portal auf der Nordseite führte zum Friedhof. Der Turm, südlich an das Chorhaupt gerückt, wurde 1868 neu errichtet, historistisch als Wehrturm mit Eckorten und Zinnenkranz, wehrhafter als er vielleicht jemals war. Im Jahrhundert davor hatte man sich bei einer Renovierung (um 1774), wie alte Ansichten zeigen, lieber an die ›friedlicheren‹ Zwiebelhauben wie auf den anderen Saarbrücker Türmen gehalten. Chor und Schiff kontrastieren. Der Chor ist aufwendiger ausgestattet. Hier wurde die Messe gelesen. Das einfachere Schiff, das sich mit einer breiten spitzbogigen Arkade zum Chor öffnet, diente als Krankensaal. Die Kranken hatten – der frommen Ordnung eines Hôtel-Dieu wie in Tonnerre oder Beaune in Burgund angemessen – den Altar immer vor Augen.

Das **Deutscherrenhaus**, heute Kinderheim der Stadt Saarbrücken, verrät wenig mehr von seiner einstigen Bestimmung. Im Hof gibt es, vergittert, noch den alten Brunnen, unter der (heutigen) Küche ein in den Fels getriebenes Verlies, zwei Portale, datiert 1557 und 1561, und eine in die Wand – wohl von einem Tor hierher – versetzte Maske, den Zungenblecker. Eine Tafel erinnert an die wechselvolle Geschichte des Hauses, das ab 1836 Waisenhaus war. Die Grenze bestimmte sie, das liest sich dann so: »Hier verblieb es in ungestörter Entwicklung, bis der nahe Frontverlauf des Zweiten Weltkrieges eine erste Evakuierung nach Thüringen von Ende August 1939 bis Juli 1940 erforderlich machte. Schwere Bombennächte und Artilleriebeschuß gefährdeten im Jahre 1944 wiederum das Leben der Kinder, so daß eine erneute Verlegung notwendig war. Nach Beseitigung der schweren Kriegsschäden wurde das Haus 1945 wieder bezogen ...«.

Lokalaugenschein in der Nachbarschaft: In Pfählerstraße und Bruchschneidersdell verdient eine Häusergruppe von 1906 der **Pfählerstiftung,** einer »Wohlthätigkeitsanstalt für arme altersschwache, arbeitsunfähige Leute ohne Unterschied der Konfession«, Interesse. Vier Zweifamilienhäuser und ein Dreifamilienhaus, die den Werkswohnungen des Preußischen Bergfiskus aus der Zeit vor dem Ersten Weltkrieg ähneln, sind beispielgebend restauriert.

Der *Alte Friedhof* daneben lockt zur sentimentalen Retraite ins Grüne. Die Gräber – es sind nicht mehr allzu viele – wachsen zu. Gepflegt werden noch die der Saarbrücker Heimatforscher Albert Ruppersberg (1854–1940) und Fritz Kloevekorn (1885–1964). »Man kann nicht in der Gegenwart erfolgreich für die Zukunft wirken«, schrieb Kloevekorn 1933, »wenn man die Gegenwart nicht aus der Vergangenheit begriffen hat.«

Fünf Minuten bergauf kommt man an der Moltkestraße zur katholischen **Pfarrkirche St. Mauritius.** Sie wurde 1955/56 von Albert Dietz und Bernhard Grothe gebaut: ein Betonzelt unter einem offenen Glockenturm, das im Innern im blauvioletten Licht liegt. Boris Kleint schuf die Betonglasfenster. Heilige, Holzskulpturen des 13. und 14. Jh., stehen dazwischen, eine Barbara auch, die Schutzpatronin der Bergleute.

Auf der Höhe holt uns noch einmal die (jüngere) Geschichte ein. Am **Lulustein** ließ am 2. August 1870 Napoleon III., »der vive l'empereur«, wie's in einem Spottlied der Zeit heißt, seinen und »der Eugenia Sohn« Louis höchstpersönlich einen Hinterlader auf die »Stadt Saarbruck« losbrennen. Er traf eine Säule in der Empfangshalle des Bahnhofs, und ›Loulou‹ bekam

Historische Photographie des Soldatenfriedhofes ›Ehrental‹

nach dem Krieg sein Denkmalchen – von Saarbrücker Bürgern, und gleich zweimal, nachdem das erste ein ›Opfer der Reliquiensucht‹ geworden war. Nur wenige Meter entfernt erinnert eine **Holzstele** an die 16 Saarbrücker Obersekundaner, die – gerade so alt wie der napoleonische Prinz, zwischen 15 und 17 – am 11. Mai 1944 hier als Flakhelfer bei einem amerikanischen Bombenangriff ums Leben kamen. Ein Stück weiter macht die *Bellevue* ihrem Namen vollends Ehre: Weit geht der Blick über die Grenze nach Lothringen.

Der Weg führt hinunter zur alten ›Galgendell‹. Im letzten Jahrhundert wurde hier einer der ersten Soldatenfriedhöfe als Erinnerungsstätte an die Opfer des Deutsch-Französischen Krieges 70/71 angelegt. ›Ehrental‹ heißt der Platz seitdem. 1960 entstand dort im Deutschmühltal in und über dem Westwall der *Deutsch-Französische Garten.* Jetzt treffen sich (der deutsche) Michel und (die französische) Marianne in der Gulliver-Mini-Welt und vor Europas größter Wasserorgel und halten, singt der Saarbrücker Liedermacher Jürgen Albers, »statt Heerschau: Gartenschau«.

Es geht auf die Grenze zu. Der Zoll zeigt sich neumodisch und hat einen altmodischen Namen, der sich alljährlich zur Zeit der Ginsterblüte erneuert: *Goldene Bremm/Brême d'Or.* Der ›Saarland-Rundwanderweg‹ führt mitten durch den Zollbahnhof. Das *Rasthaus* von Walter Schrempf 1968/69 ist architektonisch allein schon wegen seines außergewöhnlichen Formenreichtums, der so gar nicht typisch für derlei Bauten ist, interessant. Die Front bestimmt ein als große Betonplastik gestalteter Treppenturm. Er führt zum Restaurant, das noch einmal Kunst

An der Deutsch-Französischen Grenze: die alte Goldene Bremm

im Bau aufweist: eine Raumplastik und großflächige Graphiktafeln von Lothar Meßner sowie eine Keramikwand von Brigitte Schuller.

Unterhalb des Zollbahnhofs steht im Dreieck von Zubringer und Metzer Straße, die hier in die berühmte N 3 nach Paris übergeht, das *Mahnmal* für die Opfer des KZ Neue Bremm, ein vom Atelier Pingusson entworfener Obelisk. Von dem Anfang 1943 eingerichteten Lager ist nur der Löschteich geblieben, ein stilisierter Stacheldraht umzäunt ihn. Eine Eisenbahnschwelle mit einer Texttafel markiert den Ausgangspunkt eines alternativen Geschichtspfades, ›Erinnerungsarbeit an der Grenze‹, Spurensuche nach ›Souvenir et avenir de la frontière‹. Am 8. Mai 1985 wurde dieser »Parcours de la Paix« von Saarländern und Lothringern zum erstenmal gemeinsam begangen. Hinter der Autobahn liegt die zweite Station: der *Jüdische Friedhof.* Weiter geht es die Straße nach Spichern hoch. In der Kehre beim kleinen Zollhaus steht die dritte Schwelle, bei einem Bunker der Maginotlinie die vierte, die fünfte und letzte vor dem Spicherer Kreuz. Eine sechste Gedenkstele wurde im Oktober 1994 für Willi Graf an der Hohen Wacht errichtet.

Die ›vielgenannte Höhe‹ wird nur noch zu friedlichen Zwecken ›gestürmt‹. Das Schlachtfeld vom 6. August 1870 ist zum frequentiertesten Ausflugsort und das ›Gasthaus Woll‹ sprichwörtlich geworden. Es befindet sich meistens »fest in deutscher Hand«. Ein Schild markiert den Grenzübergang des internationalen ›Saarwanderweges‹: 130 Kilometer bis zum Donon, wo die Saar entspringt, 122 Kilometer bis Konz, wo sie in die Mosel mündet. Voilà – auf gut saarländisch liegt man auch hier in der Mitte.

Saarbrück, den 5. May 1792.

Saarbrück, diesseit der Saar, und St. Johann, jenseit des Flusses, sind durch eine neue, schöne Brücke verbunden und machen Eine Stadt von ziemlichem Umfange aus. Die Häuser, besonders in dem diesseitigen Theile, sind durchaus massiv, manche darunter in gutem, reinem Geschmacke gebauet und die Gassen, deren einige breit sind und gerade laufen, haben ein freundliches Ansehn. Unter den Einwohnern scheint Wohlstand zu herrschen; ... Was mich noch freuet, ist, daß, ungeachtet der Nachbarschaft von Frankreich, sich hier unter den Bürgern aller Classen so viel teutsche Gradheit und Biederherzigkeit erhalten haben. Hierinn geht ihnen der regierende Fürst mit gutem Beyspiele vor ...

aus: Adolf Freiherr von Knigge, Briefe, auf einer Reise aus Lothringen nach Niedersachsen geschrieben, 1793

Holztor des Hauses Nr. 22 am St. Johanner Markt aus dem späten 18. Jh.

☐ Gleich um die Ecke am Markt: die Alt-St. Johanner Kirchen

Alt-Saarbrücken ist Regierungsviertel geblieben. *St. Johann* wuchs vom Markt, der sein Einzugsgebiet auf dem rechten Ufer der Saar und damit im größeren Teil der Grafschaft hatte, zum Wirtschaftszentrum (Abb. 15). Seine Einwohner, stellte Knigge 1792 fest, stünden »in Ansehung der Höflichkeit ein wenig mit den Sachsenhäusern in Frankfurt am Main in gleichem Rufe«, in »Saarbrück« hingegen habe er die Leute »immer sehr gesittet und gegen Fremde zuvorkommend und gastfrei gefunden«. Der Sachsenhäuser Vergleich ist längst als unbillig zu Protest gegangen. Gesittung und Gastfreiheit gelten jetzt auch hier »hibb-« wie »dribbdebach«, und nur »Alldahiesige« (nicht »Dahiesige«, geschweige denn »Hergeloffene«) merken manchmal noch Nuancen.

Das historische Stadtzentrum von St. Johann ist der *Markt*. Seine ältesten Bauten – wie die Häuser Nr. 8 und 49 mit ihren Spätgotik- und Renaissancefenstern – reichen noch ins 16. Jh. zurück. Der älteste Gasthof ist der ›**Stiefel‹**, er wurde 1718 unter Verwendung älterer Teile gebaut (Abb. 11). Die Bruchs brauten hier ihr Bier. Im Hof kann man sich über den Betrieb noch kundig machen. »Haltet die Saar, Genossen / Genossen, haltet die Saar« hieß es 1934 im ›Stiefel‹. Im Lokal traf sich die ›Einheitsfront‹, voran die Schriftsteller Erich Weinert, Gustav Regler, Theodor Balk, Georg K. Glaser.

Die Stengelzeit brachte für fast alle Häuser am Markt wenigstens eine neue Fassade. Für den Einheitsanstrich galten die Grundfarben der Residenz drüben, weiß und silbergrau. Eine repräsentative Häuserzeile (Nr. 18–28) ist an der Nordostseite noch erhalten. Besonders schön – und mit seinen reichen Schnitzereien auch bestes Handwerk – ist das Holztor von Nr. 22 (um 1790). Der **Marktbrunnen** wurde zum Wahrzeichen (Abb. 15). Seinen Obelisk krönt über einer Vase die Rose von St. Johann. Der Brunnen entstand 1759/60 nach einem Entwurf von Ignatius Bischof. Johann Philipp Mihm, der um die Ecke schon an der katholischen Kirche tätig war, schuf die Bildhauerarbeiten, Sontag Böckelmann das schmiedeeiserne Gitter. Das Wahrzeichen hatte seine Schicksale. Als aus dem Marktplatz immer mehr eine Durchgangsstraße wurde, stand der Brunnen im Wege. So versetzte man ihn. Jetzt steht er wieder in der richtigen alten Sichtachse zur Saarstraße hin. Die Fußgängerzone erst machte es möglich. Anläßlich ihrer Einweihung am 1. Mai 1979 bekam die Stadt sogar einen Preis. Die ›Preistafel‹ hängt an Haus Nr. 24. Weiland Gasthaus ›Zum Bären‹, dann Hotel ›Guépratte‹, dann ›Kaiserhof‹, Markthalle zum Beginn des 20. Jh. (Architekt Gustav Schmoll gen. Eisenwerth) und 1908 Saarmuseum, 1924 Heimatmuseum der Stadt Saarbrücken, 1937 Saarland-Museum. Nomina sunt omina.

Das ›*Alte Haus*‹, wie die alten Saarbrücker immer noch sagen, ist heute ein sehr junges Haus. Die **Stadtgalerie** will Forum für junge und ›zensurfreier Raum‹ für kritische Künstler sein und bietet die internationale Avantgarde auf. Aktionskunst steht auf dem Programm, Performance und Video- und Rauminstallationen. Ein Kulturcafé gibt es auch, für Kabarett wie für Jazz, vor allem aber als ›Streitplatz‹ eben für die Künste. Der Innenhof, ein stiller Platz wieder, ist nach dem Maler Richard Wenzel (1889–1934) benannt, der aus Leipzig kam und in Saarbrücken populär wurde.

Vor dem Obertor, das längst abgerissen ist, baute in der neuen Vorstadt ab 1792 Stengels Sohn Balthasar Wilhelm (1748–1824). Das spätbarocke **Gasthaus Horch** an der Kreuzung von

*»Black Market«, Performance von interna-
tionalen Künstlern im Innenhof der Saarbrücker Stadtgalerie im Mai 1990*

Mainzer und Bleichstraße, ein Doppelwohnhaus ursprünglich mit (vorspringendem) Mittelrisalit und Dreiecksgiebel, hat noch den alten Ausspannhof, den eine Holzgalerie umschließt.

Gleich um die Ecke stehen die Alt-St. Johanner Kirchen, jede an ›ihrer‹ Straße: zur Saar hin
die evangelische, zum Nauwieser Viertel die katholische. Bei der **evangelischen Pfarrkirche**
haben sich noch Relikte des mittelalterlichen Berings aus der Zeit nach der Verleihung des Stadt-
rechtsbriefs (1321) erhalten. Wie ein Versatzstück ist ein Rest der 1810 abgerissenen Bastion
herausgestellt.

Der Turm der Kirche wurde wichtig für eine der Stengelschen Stadterweiterungen. Noch vor
Stengels Saarbrücker Zeit, von 1725–27, war der Bau nach Plänen von Jost Bager aus Idstein
unter Mitarbeit des Bildhauers Pierard de Corail entstanden; die Steinhauer- und Maurerarbei-
ten hatte man »dem Werkmeister Dominique Garose Italienern und wohnhafft zu Ottweyler«
übertragen. Der große Rechtecksaal schloß im Osten dreiseitig, eine Empore umzog hufeisenförmig das Innere, der Turm mit der welschen Haube war im Westen einbezogen. Stengel übernahm ihn als Ausgangspunkt der Sichtachse zur Ludwigskirche via Wilhelm-Heinrich-Straße
und brachte zudem einige der neuen (oder erneuerten) Türme über dem Alt-Saarbrücker Ufer
unter die (nur leicht veränderte) gleiche Haube. ›Wasserkessel‹ nannte sie Victor Hugo 1865
abschätzig. Über den Dächern jedenfalls hatten die Schwesterstädte die schönsten Beziehungen,
Sichtbeziehungen zumindest. Im Zweiten Weltkrieg riß eine Luftmine das Zwiebeldach auf,
der Saal brannte aus und stürzte im Winter 1945/46 ein. Er wurde beim Wiederaufbau Anfang
der fünfziger Jahre vollends abgerissen, den Turm behielt man bei. Der Außenbau entstand
leidlich in der alten Form. Das Innere wurde zweigeschossig umgestaltet: unten der Gemeindesaal, oben der Kirchenraum.

St. Johanner Idyll vor dem 2. Weltkrieg

Vor der katholischen **Pfarrkirche St. Johann** (Abb. 2), die seit 1975 eine Basilika minor ist, liegt ein steinernes Buch (des Bildhauer-Ehepaars Anna Maria und Wolfgang Kubach-Wilmsen) aus dem Jahr 1979. Es sitzt sich gut auf dem Buch, wenn man so will auch zur nachdenklichen Betrachtung des »kleinen älteren Bruders der großen evangelischen Ludwigskirche«, wie das Dieter Heinz formuliert hat. Denn St. Johann, des ›Erzprotestanten‹ Stengel einzige katholische Kirche, ist auf ihre Weise auch eine ›Ludwigskirche‹. Das hat seinen Grund bereits in der Reformation, als die alte gotische Johanniskapelle, die diagonal zur heutigen barocken Kirche stand, nur noch dem evangelischen Gottesdienst vorbehalten blieb. Die katholische Sache förderte erst wieder Ludwig XIV., der im Zuge seiner Réunionen auch die Grafschaft Saarbrücken besetzte. Er ließ in der Türkenstraße eine gräfliche Zehntscheuer mit Beschlag belegen und als Notkirche einrichten. Kirchenpatron war der des alten Gotteshauses, Johannes der Täufer. Es wurde ihm jedoch ein Altarpatron hinzugesellt, auf Wunsch, wie es hieß, von Bischof Aubusson von Metz und im Einvernehmen mit den Pfarrangehörigen: Ludwig IX., Frankreichs frommer König und eifriger Kreuzfahrer, der Heilige. Was Wunder, daß nicht nur böse Zungen da befanden, Ludwigs Erhebung zur Ehre des St. Johanner Altares geschähe eigentlich nur stellvertretend für seinen nicht ganz so tugendhaften Namensvetter und Nachfolger. Der ›Sonnenkönig‹ jedenfalls wohnte am 7. Juli 1683 höchstpersönlich mit Familie und großem Gefolge in der Notkirche der Messe bei. Zwei Jahre später bekamen die St. Johanner Katholiken die (zwischen 1606 und 15 erneuerte) alte Kirche zum alleinigen Gebrauch wieder.

Sie blieb auch weiterhin unter dem besonderen Schutz der ›majestés très chrétiennes‹. So steuerte für den Mitte des 18. Jh. fälligen Neubau Ludwig XV. 20 000 Livres bei. Weitere Gelder erbrachten Spenden und Kollekten – zu beachten: auch auf Verwendung des evangelischen Landesfürsten – aus fast dem ganzen katholischen Europa; vom Papst wie von der Königin von Polen, die zugleich Herzogin von Lothringen war, von der *Congregatio de propaganda fide* und den römischen Pfarreien wie von den deutschen geistlichen Kurfürsten und den Deutschordenskommenden Beckingen und Mergentheim. Wilhelm Heinrich stellte schließlich auch das Bauholz aus den fürstlichen Waldungen zur Verfügung, die ›fronbaren Untertanen‹ schafften es herbei. Im Juli 1754 wurde feierlichst der Grundstein gelegt, im Januar 1758

›St. Johann‹ durch den Abt von Wadgassen geweiht. Das Altarpatrozinium ›S. Ludovici‹ blieb erhalten. Stengels Entwurf hält sich zunächst an den landesüblichen längsgerichteten rechteckigen Saalbau. Aber er behandelt alle vier Seiten mit fast dem gleichen Aufwand. Der Bau bekommt so – und das ist wie eine direkte Vorstufe zur Ludwigskirche – vier Fassaden. Rhythmisch gliedern hohe Fenster mit reichverzierten Schlußsteinen und Pilaster mit ionischen Kapitellen die sechsachsigen Seitenfronten.

Die Südwestseite, zur Türkenstraße hin, gibt den Hauptprospekt. Der (erst 1763 vollendete) Turm ist in die Fassade einbezogen. Er baut sich, die doppelte Pilasterstellung der Portalzone übernehmend, mit der er durch Viertelkreisgiebel verbunden bleibt, verjüngt über einem Umgang im zweiten Geschoß auf. Der vom ersten Entwurf abweichende Helm – mit gedrückter Zwiebel nun, Laterne und eingezogener Haube – erweist sich als besonders wirkungsvolle Variante im ›Turmspiel‹ der Doppelstädte.

Johann Philipp Mihm fertigte das Portal mit den Vasen; die Figuren von Glaube und Hoffnung auf den Ecken über dem Untergeschoß, die inzwischen durch Kopien ersetzt sind, wohl der ›Bildthauer Graner‹, der 1764 auch an der Kanzel arbeitete. Die Reliefs über den Seiteneingängen zeigen alttestamentarische (auf den Kanon der hl. Messe bezogene) Motive: das Opfer des Melchisedech, Abraham und Isaak, Jakobs Traum von der Himmelsleiter. In Mihms Tympanon-Relief sind Synagoge und Ecclesia konfrontiert; die in dieser Form seltene Komposition erinnert an Verkündigungen. Heilsgeschichtlich ist hier, an einem Dreh- und Angelpunkt vom Alten zum Neuen Bund, auch das Programm der modernen Bronzetüren von Ernst Alt, die 1986 angebracht wurden, vorformuliert. Jetzt stehen sich in expressiv inszenierten Bildfolgen Johannes und Christus gegenüber, der Vorläufer und der Erlöser.

Der *Innenraum* wurde bereits in der Französischen Revolution »rein ausgeleert« und auch später, der Stengelschen Intention zuwider, eher kahl gehalten. Die »Wiederherstellung der alten Raumharmonie« gehörte deshalb zu den Hauptzielen der Renovierung in den siebziger Jahren. Die neue freie Farbgestaltung, die sich an den originalen Arbeitsverträgen orientieren konnte, brachte vor allem die Hauptstücke der Stengelschen Architektur wieder deutlicher heraus. Allein 18 Farbschichten hoben die Restauratoren ab, der Grundton am Ende war weiß. Dementsprechend wurde der neu aufgebrachte Stuck – wie die Kartuschen in den Hohlkehlen oder die Profile auf den Wandfeldern – auch weiß getönt; die Flächen sind mit einem zarten Meeresgrün überzogen, die Spiegel gelblich

Rokoko-Eckkartusche in der St. Johanner Pfarrkirche

gedämpft. Im goldenen Strahlenkranz der Decke des Schiffs ersetzt der Pelikan, das Symbol der sich opfernden Liebe, das (barocke) Auge Gottes. In den Deckenspiegel des Chors ist das Lamm der Geheimen Offenbarung eingesetzt.

Von der alten Ausstattung verblieben die Kanzel mit den Granerschen Figuren in den Muschelnischen (von 1764) und die vier Beichtstühle, die 1789 mit der Empore in die Kirche kamen. Die beiden Seitenaltäre stellen maßgerechte Kopien der Guldner-Altäre (von 1768) von St. Nikolaus in Saargemünd dar. Ihre Figuren von Wunnibald Wagner sind die ursprünglichen St. Johanner: Maria mit dem Kind, Johannes und Joseph auf dem Muttergottes-Altar; Ludwig, Wendalinus und Hubertus gegenüber. Im Chor, dessen Einschnürung man erst im Innern gewahr wird, wurden die Loggien durch Fenster geschlossen. Über dem Hochaltar (von 1934) verblieb vor der Stirnwand die monumentale Täufergruppe des Trierers Arnold Hensler. Vorbild für die neue Orgel war mit geringen Abweichungen der Prospekt der Ludwigskirche.

Draußen erinnert an der linken Wand eine erneuerte Grabplatte an den letzten Scharfrichter von St. Johann (1772). Er wurde außerhalb der geweihten Erde beigesetzt.

☐ Die City und die Wasserseite

Zur Saar hin am Tbilisser Platz protzt mit seiner Säulenfront in festlichem Ocker das **Staatstheater** (Farbabb. 27). Der ›Musentempel‹ sieht wirklich so aus. Doch dafür können die Saarbrücker nichts, er wurde ihnen von Hitler geschenkt. Architekt war der Berliner Paul Baumgarten. Am 9. Oktober 1938 wurde »Deutschlands neuestes und modernstes Theater« und »Bollwerk deutscher Kultur in der westlichen Grenzmark«, so der Reichspropagandaminister, als ›Gautheater Saarpfalz‹ eröffnet. Mit dem ›Fliegenden Holländer‹. Die erste Stufe einer umfassenden Renovierung wurde Ende der achtziger Jahre abgeschlossen. Gottfried Böhm, der auch hier tätig war, modernisierte besonders den Innenbereich; so ganz glücklich war niemand damit. Draußen veränderte Böhm wenig, er hob Baumgartens Bau nur stärker wieder im Stadtbild hervor. Am Ende – »Komm doch mal rüber« – steht das futuristische Panorama eines ›Kultur-Rundlaufes‹, im Schloßkapitel war davon schon einmal die Rede (s. S. 71). Durch die Überbauung der Autobahn zu einer Art Saarterrasse und eine Fußgängerbrücke als Galerie soll die ›Kulturinsel‹ hier mit dem Schloß drüben wieder enger in Kontakt gebracht werden.

Hinter dem Staatstheater liegt, bereits ins Grüne gerückt, die **Musikhochschule** (aus den sechziger Jahren), deren Erweiterungsbau von Karl Hanus (1988) schön im Widerspiel von strengen blockhaften zu leichten gläsernen Elementen gehalten ist. Zwischen 1965 und 76 wurden daneben nach Plänen des St. Ingberter Architekten Hanns Schönecker die Pavillons der **Modernen Galerie** errichtet. Bewußt ist auf Repräsentation verzichtet. In der lockeren Zuordnung der einzelnen Trakte erfüllt die Galerie auf eine ganz einfache Weise ihre Funktion, leicht zugänglich und überschaubar zu sein und eine vielseitige Gruppierung der Werke in günstigem Licht zu ermöglichen. Jenseits der Straße (Ecke Karl- und Bismarckstr.) findet sich die **Alte Sammlung,** die im wesentlichen auf die Region bezogen ist und der im November 1991 die **Landesgalerie** angegliedert wurde. Die Palette reicht hier von den Anfängen des Jahrhunderts, mit Albert Weisgerber, bis zu den »aktuellen Tendenzen« der siebziger, achtziger und beginnenden neunziger Jahre. Das (neue) Künstlerhaus ist ebenfalls hier beheimatet.

»... jeter un coup d'oeil« heißt es auf Leo Kornbrusts ›Saarbrücker Schriftsäule‹ von 1989 vor der Modernen Galerie. Drinnen – ob nun vor Bellings ›Kopf in Messing‹ oder Beckmanns ›Messingstadt‹ – wird eine Augenlust daraus. Das Angebot der ständigen Ausstellung – mit einer Malerei- und Skulpturen-Sammlung des 20. Jh. im Zentrum und Frankreich besonders im Blick – ist erstaunlich breit. Schwerpunkte liegen bei den deutschen Impressionisten, bei ›Brücke‹ und ›Blauer Reiter‹, der Ecole de Paris und dem deutschen Informel. Viel verdankt das Museum seinem ehemaligen Direktor Rudolf Bornschein, der faktisch aus dem Nichts nach dem Zweiten Weltkrieg die Galerie aufbaute. Der Nachlaß Alexander Archipenkos beispielsweise kam dank der freundschaftlichen Beziehungen zwischen Künstler und Museumsmann nach Saarbrücken. Die 107 Gipsmodelle und hinzuerworbenen Bronzen sind schon eine außerordentliche Kollektion. Maillols ›Venus‹ weist wieder ins Grüne, überm Saarufer ist ein *Skulpturengarten* entstanden.

Rudolf Bellings ›Kopf in Messing‹ von 1925 in der Modernen Galerie Saarbrücken

Flußaufwärts, Am Staden und im ›Dichterviertel‹ des Ostviertels, kann man noch *Jugendstilbauten* entdecken, fragt sich nur wie lange noch; ein helles und lichtes Reihenhaus zum Beispiel in der Uhlandstraße mit floral bunt ornamentierten Erkern.

Unten am Fluß geht es weiter, die Staden-Promenade ist verlängert. Am *Heizkraftwerk Römerbrücke* (von 1985) säumen Platanen einen ›Kunstpfad‹, von dem aus man das ›Kunstwerk Kraftwerk‹ besser in Augenschein nehmen kann. Fünf Künstler umgeben mit ihren Objekten den Industriebau, der selbst, so das Frankfurter Architektenteam Jourdan/Müller, nicht »irgendein beliebiger Container«, sondern mit seinem neuen gläsernen Kopfgebäude »ein Stück erkennbarer Architektur« sein will. Da ›kippt‹ der Engländer Edward Allington ein klassisches Tempelchen vom Dach des Kühlwerks; nachts wirft es einen Lichtkegel auf die Saar. Nachts kommt auch die abstrakte Stadtlandschaft aus farbigen Leuchtstoffröhren von Thomas Schütte aus Düsseldorf erst richtig zur Geltung. Einen veritablen Schneemann hat das Schweizer Künstlerteam Fischli/Weiss vor den Eingang gestellt; er schmilzt erst – und das ist hübsch paradox –, wenn die Heizung ausfällt. Auf einer Landzunge dem Werk gegenüber setzte die Düsseldorferin Katharina Fritsch schließlich eine kleine graue Mühle, gegossen aus Beton, das Mühlrad aus Holz. Spielerisch dreht sich das Rad auf dem Trockenen und bietet – »so ein Idyll halt« – das nostalgisch verbrämte Gegenbild.

›Lichtspiele‹ am Heizkraftwerk Römerbrücke

Zurück zum Markt. Zwischen »Stiefel« und »Sankt J.«, sagen die Eingeweihten, gäbe es jetzt das neue ›Altstadtgefühl‹. Was das auch immer heißen mag, der Markt demonstriert Saarbrücker Möglichkeiten. »An schönen Abenden (zum Beispiel) wird der Markt zur Piazza, wird zur guten Stube, da ist Heiterkeit und Süden unter den mild leuchtenden Lampen. Jetzt haben wir das französische und das spanische, das italienische endlich auch bei uns. Eigentlich bräuchte man jetzt nicht mehr zu verreisen«, sagt der in Saarbrücken lebende Schriftsteller Manfred Römbell. Und da klingt die Klage wegen der allzu flotten ›Vermarktung des Marktes‹ schon auch ein wenig mit. Bleibt aber doch der Markt der schönen Möglichkeiten: Ob pittoresk an Flohmarkttagen oder brav bei der Stadtmusik, »erin in die gudd Schdubb« beim Altstadtfest oder in der ›Woche des jungen französischen Theaters‹, wo die Bretter, die hier wirklich, weil alle Welt mitspielen will, noch die Welt bedeuten.

Vorm Untertor lag die ›Untere Vorstadt‹. 1852 wurde an ihrem Ende der Bahnhof Saarbrücken-St. Johann errichtet. »Ein wirklicher Schloßbau«, befand 1870 Fontane, »der traurigste aller Bahnhöfe« 1929 Joseph Roth. Die Vorstadt jedenfalls zog sich dorthin in die Länge und avancierte zur ›Bahnhofstraße‹. »Die Stadt«, so nochmals Roth, »sieht aus wie eine Fortsetzung des Bahnhofs oder wie ein Zugang zu ihm.« Das gilt noch immer. Für den neuen (Haupt-)*Bahn-*

hof (**Hbf.**) aus den sechziger und siebziger Jahren, mit dem sechsstöckigen Querriegel seines Empfangsgebäudes in Blau, ebenso wie für ›seine‹ Straße.‹ Die nun als ›City‹ Urständ feiert. Mit Berliner Promenade und Kaiserstraße, an der die Banken und Buchhandlungen liegen, ein »dreigliedriges System von kommunizierenden Röhren«, fand ein gewitzter ›Stadtläufer‹. An der Berliner Promenade kann man gelassen im Freien über der Saar sitzen. In der Bahnhof- und der Kaiserstraße flaniert, schiebt und drängelt man sich. Unter den Arkaden der ›Einkaufsparadiese‹. Die Arkaden sind ein letzter Rest von Pingussons Plan und verstellen gnädig auch schon einmal den kritischen Blick nach oben, der sonst reichlich Baulücken offenbarte, und auf Fassaden, die nur noch die Zwitter von Moden sind.

Um so eindringlicher nimmt am Ende der Bahnhofstraße die ehemalige Königlich Preußische **Bergwerksdirektion,** heute Sitz von ›Saarberg‹ (Abb. 13) den Blick gefangen. Die Berliner Architekten Martin Philipp Gropius und Heino Schmieden bauten sie 1877–80 im Winkel von Trierer- und Reichsstraße nach einem Entwurf Schinkels für das Berliner Rathaus von 1819 im Stil der Florentiner Renaissance. Zwei dreigeschossige Flügel mit Mittel- und Eckpavillons kommen in einem gemeinsamen Eingangspavillon zusammen, der aufwendig mit Freitreppe, Arkadenhalle, Balkon und offener Loggia ausgestattet ist, vor der die Figuren von Hüttenarbeiter und Bergmann stehen. Das Skulpturenprogramm unterstreicht die Hierarchien; die oberen Ränge besetzen die Mitte, die rangniederen rücken zur Seite. Am Mittelrisalit des Nordwestflügels posieren Bergwerksdirektor und Obersteiger im Zentrum und links und rechts die Bergarbeiter. Auf den Porträtmedaillons in den Fensterzwickeln darunter begleiten die heimischen Bergräte (Böcking und Sello) die Repräsentanten des preußischen Staates. Kanonisch bleiben denn auch die Wappen des Reiches, Preußens und der beiden Städte, St. Johann und Saarbrücken, der Hauptschauseite vorbehalten. Die Namen der Gruben- und Schachtanlagen, die zur Erbauungszeit zur Direktion gehörten, tragen die steinernen Schilde daneben. Im Innern bemerkenswert sind im Vestibül der reichgefliste Boden und der gußeiserne Treppenaufgang. Die Glasfenster im Treppenhaus von Ferdinand Selgrad aus Spiesen erinnern an das Grubenunglück von Luisenthal 1962.

An der Trierer Straße unmittelbar gegenüber befindet sich in der **Bergschule** das *Geologische Museum der Saarbergwerke.* Anfang der siebziger Jahre übrigens sollte die Direktion einem Kaufhausneubau Platz machen. Man dachte jedoch noch rechtzeitig um. Die ›City-Erweiterung-West‹ findet nun oberhalb, dem Hauptbahnhof gegenüber, statt. Dort wird ein *Shopping-Center* mit einer 40 Meter hohen gläsernen Kuppelhalle als Gegenstück zum Schloß in Alt-Saarbrücken aufgeboten. Da bleiben sich die »Sang-Gehanner« treu. Ein »womöglich rentables Geschäft« gehört laut dem St. Johanner Original, ›Pfiffer-Jakob‹, nun einmal zu ihren drei idealen Lebenszwecken.

Zur St. Johanner Wasserseite, an ihr Westend, ist es nicht mehr weit. 1989 wurde dort auf dem Gelände des Alten Kohlehafens der *Bürgerpark Hafeninsel* – oder genauer: seine ›Erstausstattung‹ – der Öffentlichkeit übergeben. Das Konzept stammt von dem Landschaftsarchitekten Peter Latz (Jahrgang 1939). Den herkömmlichen klassischen Park oder die landesübliche Gartenschau sah es nicht vor.

Zunächst einmal ließ man sich auf die vorhandenen Strukturen ein. Relikte der ›Kohle- und Stahlzeit‹ der Hafeninsel wurden aufgenommen: Teile der Kohleschütten, Mauerfundamente, Pflasterflächen, Schienenstücke. Diese wurden mit neuen Elementen verknüpft: einem Teich unter der Westspange mit einem ›antiken‹ Wassertor (Abb. 12), einem Kastanienhain als kleines Amphitheater und einem großen Rondell, in einen Schuttberg eingepaßt, als Ruhegarten. Jüngste Akquisition: die in der Schmiede von Saarstahl Völklingen gefertigte mehrteilige Stahlskulptur des Franzosen Michel Gérard »Wanderung eines Caspar David«. Natürlich dazu die ›Begrünung‹, nicht daneben, durchdringend vielmehr und überallhin wachsend: Gesteinsgärten mit wilder Schuttflora, Heckengänge und Buschinseln, Baumalleen – Bäume überhaupt, 800 sollen am Ende ihre grünen Dächer breiten. Eine große Collage alles in allem, die ihre Zeit braucht, bis sie sich zum ›Park‹, wenn's denn ein solcher überhaupt sein soll, ausgewachsen hat. Peter Latz: »Der ganze Park baut auf Geometrien auf, auf einer Folge von Gittern oder Rastern, die Stadt bedeuten, uminterpretiert in Gärten.« Inzwischen bildet der Bürgerpark schon einmal ein Gegenstück zur Staden-Promenade mit ihrer Verlängerung zum ›Kulturpfad‹ am Heizkraftwerk Römerbrücke im St. Johanner Ostend. Schön wär's, gelangte man demnächst längs der Saar nur noch auf grünen Wegen von Burbach bis zu den ›Daarler Wiesen‹.

In der Nachbarschaft des Parks findet sich eine technische Rarität. Das Nadelwehr der **Malstatter Schleuse.** Mit 2,75 Meter langen Holzstangen, den ›Nadeln‹, wird hier der Wasserstau reguliert. Der Fortbestand des Wehrs ist allerdings gefährdet, die neukanalisierte Saar wird die alte Staustufe ›überstauen‹. Ein Teil des Nadelwehrs soll dann auf dem (trockenen) Schleusen-

Blick auf Saarbrücken mit dem alten Saarkran. Graphik von 1770

platz aufgebaut werden, »für die Nachwelt«. Für diese liegt in der Nähe auch ›Anna Leonie‹ vor Anker, das letzte Treidelschiff auf der Saar, Baujahr 1926.

Die **Kongreßhalle** ist wie das Theater ein ›Abstimmungsgeschenk‹, in diesem Fall ein verspätetes. Erst zehn Jahre nach dem Referendum vom Herbst 1955 kam es auf seinen Platz an der Hafenstraße. Mit einem Kunst-im-Bau-Hof rückt der Doppeltrakt des Arbeitsamtes seit neuestem ins Blickfeld. – Seit dem Herbst 1990 steht an der *Wilhelm-Heinrich-Brücke* wieder ein **Saarkran**. Er ist Stengels Kran von 1769 originalgetreu nachgebildet – und funktioniert sogar.

☐ Rund ums Rathaus

Der Schneise der Betzenstraße entlang geht es hinunter zum Rathaus. Es liegt bereits in der St. Johanner Neustadt. Obwohl St. Johann nach 1870 sehr schnell angewachsen war, begnügte man sich noch mit dem alten Schulhaus an der evangelischen Pfarrkirche als Rathaus. Erst 1897 bis 1900 entstand in den Gärten im Norden vor der Stadt das neue repräsentative Verwaltungszentrum, das von 1909 an auch für die Großstadt zuständig wurde. Den entsprechend repräsentativen Platz sollte es dazu bekommen, mit – so die Stadtverordnetenversammlung – angemessen »würdigen Bauten in der Umgebung des Platzes«.

Heinrich Güths neogotische evangelische **Johanniskirche** stand schon seit 1898. Im Juli 1900 wurde Ecke Dudweiler-/Stephanstraße das neobarocke **Postamt** des Stadtbaumeisters Wilhelm Franz seiner Bestimmung übergeben. Eine offene Rippenkrone mit Laterne, die gleichzeitig als Abspanngerüst für Telefon- und Telegrafenleitungen diente, krönte den wie ein Scharnier gerundeten turmartigen Eckrisalit zwischen den beiden Flügeln. Der im Herbst 1989 vollendete Neubau – abgestimmt mit der Denkmalpflege – brachte die wilhelminische Fassade und deren besonderen Blickfang, eben die Kuppel über der original erhaltenen Stahlkonstruktion des Tambours, wieder zur Geltung. Von Franz Mörscher, Neunkirchen, stammt die neue ›Kunst im Bau‹: die Wellendecke und die Wand- und Fußbodenmosaiken in der Schalterhalle.

Nach der Jahrhundertwende errichtete der Bauleiter beim Rathausbau Adolf Noll, die Gebäudegruppe an der Nordwestseite des heutigen Rathausplatzes. Gotisierende Elemente (Maßwerk) prägen noch ihren Jugendstil. Die Schließung des Areals zu einer räumlichen Einheit brachte die ›würdige‹ Randbebauung allerdings nicht. Breite Straßendurchbrüche rissen das Forum wieder auseinander und separierten letztlich das Rathaus.

Der Architekt des **Rathauses,** Georg Hauberrisser, war als Spezialist für solche Bauten ausgewiesen. Die Rathäuser von München (so gut wie jeder zweite Reisende hat in Saarbrücken da sein Aha-Erlebnis) und Wiesbaden stammen von ihm. Er baute gotisch und in den Formen der deutschen Renaissance. Die Gotik, spätestens seit der Wiederaufnahme der Arbeiten am Kölner Dom 1840 nationale Kunst, war für ihn auch der »charakteristische Stil für ein deutsches Rathaus« als Denkmal bürgerlicher Machtentfaltung. Die Hauptfront zum Rathausplatz zitiert denn auch alle einschlägigen Architekturmotive. Den überragenden ›Beffroi‹, asymmetrisch nach links versetzt, zu dem eine große Treppe hochführt, wie den von Lauben flankierten östlich anschließenden Giebeltrakt, in dem der Festsaal liegt, mit hohen Maßwerkfenstern und Fialenstaffeln. Im westlichen schlichteren Teil markiert genau in der Mitte ein Erker das Amtszimmer des Bürgermeisters. Zwerchhäuser stehen darüber vor der Dachtraufe. Ein polygonaler

*Der Stadtrat tagt –
im alten Festsaal des
Saarbrücker Rathauses,
um 1908*

Turmerker hält übereck den Anschluß an den schräg gestellten kurzen Westflügel. In den zwanziger Jahren entstand diesem gegenüber, an der Kaltenbachstraße, ein neuer Trakt, nun mit expressionistischen Formen. Eine letzte Erweiterung erfolgte 1935–37 an der Gerberstraße.

Der 1989 renovierte *Festsaal* rekapituliert in monumentalen Wandbildern (1903, von Wilhelm August Wrage aus Berlin) mit dem neudeutschen Pathos im Zeitgeschmack die Geschichte St. Johanns von der »sagenhaften Gründung« im 7. Jh. an. Am Ende breitet oberhalb des Balkons der Reichsadler mächtig seine Schwingen über die Stadt, das Rathaus, die Johanniskirche und die Post. Die Schwingen tragen Wappen, neben denen der beiden Städte die der Reichslande (Ober- und Unterelsaß und Lothringen), von Nassau-Saarbrücken und dem Rheinland. Gegenüber – St. Johann und kein Ende – steht im Ostfenster, umgeben von den Wappen des Handels, des Bergbaus, der Industrie und der Schiffahrt und den Zunftzeichen der Handwerker, St. Johann noch einmal als allegorische Frauengestalt mit der Mauerkrone der Stadtfreiheit. Schiller liefert die bürgerstolze moralische Sentenz: »Arbeit ist des Bürgers Zierde, Segen ist der Mühe Preis.« Gut ständisch geht es auch an den Fenstern zum Platz hin zu. Sie sind par ordre dem Wehr-, Nähr- und Lehrstand gewidmet. Die Fahnen dazwischen sind neu, es sind die der Saarbrücker Partnerstädte von heute: Nantes, Tbilissi (Tiflis) und Cottbus.

Bürgersinn auch draußen. »DIE ZEIT EILT« steht über der Turmuhr. Unter ihr halten Landsknechte das Stadtwappen. Unter dem Erker des Bürgermeisterzimmers im Westtrakt verkörpern Konsolköpfe die Freiheit (mit der Jakobinermütze), Welthandel und Religion und – »die Zeit eilt« – den Tod (mit dem mittelalterlichen Klapphut). Über dem Hauptportal ist statt des Grafen Johann I., unter dem St. Johann die Stadtrechte erhielt, auf der Turmecke der symbolträchtigere St. Georg im Kampf mit dem Drachen postiert. Kaufmann und Gerber, der eine mit dem Geldsäckel, der andere mit dem Lammfell, stehen an der Seite darunter. Vor dem Festsaal schaut der Bergmann zu Boden, der Hüttenmann nach links, der Bauer über dem Portal auf sein Schwein und nur der Brauer daneben mit der Kanne geradeaus.

Vermutlich schaut er ins *Nauwieser Viertel,* das auch ›Chinesenviertel‹ genannt wird; die ›Chinakämpfer‹ von 1900 aus den Saarbrücker Regimentern hatten sich hier niedergelassen. Die ›Nauwies‹ selbst ist nichts anderes als die Neuwies, und ihre Hauptstraße zieht sich wie ein Bach durch das Viertel, das rechtwinklig um einen alten Triftpfad angelegt wurde. Hier jedenfalls sitzen – alternativ oder mehr nach der Konvention und trinkfest allemal – des Brauers beste Kunden, Bohème und Avantgarde, die kleinen Handwerker, im Hinterhof noch die Werkstatt, und die Leute vom ›Kultur- und Werkhof‹ und diskutieren Identitätskrisen und Sanierungs-projekte, denen sie nicht trauen, oder die letzte Inszenierung in der **Alten Feuerwache** am Landwehrplatz, die zu einem Theater umfunktioniert wurde. Die Feuerwache macht ihrem Namen Unehre. Sie zündelt.

Die Försterstraße führt zum Rotenberg hoch. Um 1910 rannte sie auf seinem Weg zur Schule der kleine Max Oppenheimer immer runter. Der Platz zwischen Stadtarchiv und Stadtbücherei ist jetzt nach ihm benannt, d. h. nach dem Namen, unter dem er als Filmregisseur – »einen Träumer in Realitäten« nannte ihn Friedrich Luft – berühmt wurde: Max Ophüls. 1980 kreierte die Stadt den ›Max-Ophüls-Preis‹ für Jungfilmer.

☐ Rotenberg, Rotenbühl, Rodenhof

Vom *Rotenberg* aus setzt die **Michaelskirche** unübersehbar ihre Zeichen. Spiegelgleich stehen auf dem mächtigen, hochrechteckigen Block der Fassadenwand die Glockentürme, wie Trapez-kapitelle sind ihre Helme geformt. Der junge Hans Herkommer hatte 1913 unter 173 Bewer-bern den Zuschlag zum Bau erhalten. Aber erst zehn Jahre später konnte er nach dem Ersten Weltkrieg mit all seinen Umbrüchen mit dem Bau beginnen. »Der Wandel der Zeit«, bekannte er, »wollte im Verklingen und inneren Ausbau gezeigt werden ... So war formale Dissonanz unvermeidlich.« Das Innere überrascht denn auch, vor allem im hochgelegenen Altarraum, durch seine eigenwilligen Formen und Farben. »Da die Kirche St. Michael geweiht ist«, so noch einmal der Architekt, »geht das Engelswort« durch die ganze Kirche.

St. Michael steht auf dem Gelände des alten *St. Johanner Friedhofs* von 1846. Als *Echelmeyer-park* ist dessen östliche Hälfte noch erhalten, und in diesem die von dem St. Johanner Kommu-nalbaumeister Hild 1844–46 errichtete **Friedhofshalle.** Ihr Mittelbau präsentiert sich klassi-zistisch als dorischer Portikus mit Säulen, Fries und Dreiecksgiebel. Schinkel läßt grüßen.

Der Rotenberg setzt sich im *Rotenbühl* fort. Am Rotenbühler Weg liegt die evangelische **Christuskirche** von Rudolf Krüger (1955–59), an die sich wie in einer Klosteranlage das Ge-meindezentrum anschließt. Die Kirche ist ein achteckiger Zentralbau aus großen, wechselnd ge-schlossenen und bleiverglasten Wänden, die von einem Zeltdach überspannt werden. Reizvoll dabei das Zusammenspiel der Verstrebungen der von Harry Mac Lean (Heidelberg) gestalteten Glasfenster mit dem Rankenwerk der Bäume und Sträucher in der parkartigen Außenanlage.

Es gibt noch einen zweiten (jüngeren) Alten St. Johanner Friedhof. Auf dem Weg dahin steht an der Martin-Luther-Straße die ›**Wartburg**‹. Als evangelisches Gemeindezentrum wurde sie 1928 erbaut. Nach dem Zweiten Weltkrieg war sie für anderthalb Jahrzehnte Funkhaus von Radio Saarbrücken und (ab 1956) des Saarländischen Rundfunks. Eine Tafel an dem inzwischen leider total veränderten Bau erinnert nicht ohne hohen Ton an den historischen Augenblick der Wartburg im Januar 1935: »... Der schwedische Präsident der Abstimmungskommission Rodhe verkündete hier in der Morgenfrühe des 15. Januar 1935 das überwältigende Ergebnis, auf Grund dessen das Saargebiet ungeteilt zum deutschen Vaterland zurückkehrte.« Die Straße also hinauf kommt man hinter der Eisenbahnbrücke zum *Alten Friedhof* am Bruchhübel. Wie der Alte Alt-Saarbrücker Friedhof ist er – obwohl noch nicht ganz ›entwidmet‹, wie es amtsdeutsch heißt – bereits Park und historische Stätte dazu. Die jüngere Saarbrücker Stadtgeschichte manifestiert sich an diesem Ort. Hier haben die Gefallenen von 1870/71 ›ewiges Ruherecht‹, und 42 ausländische Zwangsarbeiter aus den letzten Jahren des Zweiten Weltkriegs, Kriegsgefangene und Deportierte aus der Sowjetunion vor allem, haben es endlich hier auch. An den Hauptwegen stehen die aufwendigen neogotischen und neobarocken Grabarchitekturen vom Ende des 19. und die Jugendstilmale vom Beginn des 20. Jh. Dekorativ ranken sich über die Grabsteine der Bruch, Kern und Schmoll genannt ›Eysenwerth‹ im Relief die Rosen. Eine einfache Stele erinnert ein halbes Jahrhundert später an die ›Weiße Rose‹. Sie steht auf Willi Grafs Grab, der sich 1942 der Widerstandsgruppe um die Geschwister Scholl anschloß. In Saarbrücken sorgte er für Druck und Verbreitung der Flugblätter der ›Weißen Rose‹. Am 12. Oktober 1943 wurde er in München hingerichtet.

Nicht allzuweit liegt, immer noch auf dem Rotenbühl, am Südwesthang des Schwarzenbergs (am Kohlweg) die katholische **Pfarrkirche Maria Königin**. »Die schwarze Gemeinde des roten Buckels«, erzählt Jürgen Albers in der Anthologie ›Saarbrücker Augenblicke‹ (1984), habe zuerst über den »unverputzten Sandstein-Bunker mit dem Krüppelturm« geschimpft. Die Form der Kirche (1956–59) – eine große, vierfach geschwungene Krone aus rotem Sandstein, Beton und Glas – ist in der Tat ungewöhnlich. Als »Landeskrone für den ganzen Talraum« begriff sie ihr Erbauer Rudolf Schwarz. Zwei Ellipsen bilden den Grundriß, sie kreuzen sich in einer Art Vierung, in der der Altar steht. Von diesem Schnittpunkt strahlen drei gleichgroße Konchen

Pfarrkirche St. Maria Königin im Saarbrücker Stadtteil Rotenbühl

aus, eine vierte ist nach Westen erweitert. Über eine zweigeschossige Kryptenanlage steigt man in den Hauptkirchenraum hinauf. Der Weg führt aus dem Dunkel ins Helle, noch einmal Rudolf Schwarz: »Der Bau wird Kelch für das Licht.« Das Licht fällt durch große Glasflächen ein, die als Parabeln geformt sind und von unten nach oben weit ausschwingen. Wilhelm Buschulte aus Unna gestaltete 1963/64 die Fenster. Marianische Symbole aus der Lauretanischen Litanei leuchten an verschiedenen Stellen als ›Morgenstern‹, ›Geistliche Rose‹, ›Arche des Bundes‹ oder ›Elfenbeinerner Turm‹ goldgelb, blau und rot auf den in Grau, Moosgrün und Opalweiß gehaltenen großen Flächen. Die Zeichen der ›Königin‹ stehen abstrahiert in den Querhäusern, im südlichen für die Königin der Apostel und Märtyrer, im nördlichen für die des Rosenkranzes und der Engel.

Die Parabelform erscheint noch einmal an den Schallöffnungen des gedrungen im Nordosten stehenden stumpfen Turms. Der Turm steht zwar abgerückt, ist aber in allem auf die Kirche bezogen. Die ist jetzt zu groß für die wenigen Gläubigen, die noch regelmäßig kommen, und eine Pilgerstätte für Architekturtouristen ist Maria Königin auch nicht. Der Münchener Kunsthistoriker Hugo Schnell: »Stünde diese Kirche in Frankreich, würde sie von vielen Deutschen besucht werden.« Wie recht er hat.

Zwei Jahre vor Maria Königin war auf dem Rodenhof, der vom Rotenbühl aus gesehen zwei Täler weiter westlich liegt, der wohl bedeutendste Kirchenbau nach 1945 im Saarland entstanden, die katholische **Pfarrkirche St. Albert** (1952–54). Die ersten Pläne lieferte noch Dominikus Böhm. Er empfahl aber bald seinen Sohn Gottfried, mit dem er in dieser Zeit Liebfrauen in Püttlingen umgestaltete, als Architekten. Eindeutig zeigt St. Albert dann auch die Handschrift des Juniors.

Die Vorstellung vom ›Zelt Gottes unter den Menschen‹, bereits im Alten Testament im Buch Mose in der Anleitung für die Errichtung der ›Stiftshütte‹ vorgebildet, bestimmt den Entwurf. Das Gotteshaus ist nun nicht mehr längsgerichtet, sondern über einem ovalen Grundriß entwickelt. Gleich den »Säulen um den Hof (der Stiftshütte) her« stützen draußen abgeknickte Stahlbetonträger wie gotische Strebepfeiler und -bögen den aus Ziegeln aufgemauerten Zentralbau mit dem gläsernen Lichttambour über dem Altarraum. Der Altar steht dort – lange vor den Liturgiebestimmungen des II. Vatikanischen Konzils – frei in der Mitte. Die Bänke der Gemeinde sind – ». . . daß ich unter ihnen wohne« – kreisförmig um den Altar angeordnet. Eine Krypta als Werktagskirche liegt, ebenfalls zentral, unter dem Raum.

Erst 1985 bekam der Tambour die gewünschte Verglasung. Hubert Schaffmeister aus Köln schuf den ›Lebenskranz‹ des gläsernen Rundhorizonts. Im Scheitelpunkt, beim Eintritt durch den Mittelgang gleich zu erblicken, leuchtet über Altar und Tabernakel das apokalyptische Lamm. Es steht auf dem Thron und öffnet das Buch mit den sieben Siegeln. Das ›Wasser des Lebens‹ strömt von ihm aus. Dem Lamm gegenüber – dies als Beispiel für die weiteren Figurationen des ›Lebenskranzes‹ – zeigen drei Rosetten Christen aus unserer Zeit: Papst Paul VI. und den Patriarchen von Konstantinopel Athenagoras; Mutter Theresa; Abbé Franz Stock, der sich im Zweiten Weltkrieg in Paris als deutscher Seelsorger der zum Tod Verurteilten annahm und sich ganz in den Dienst der Versöhnung zwischen beiden Völkern stellte; Martin Luther King schließlich und Friedrich von Spee, Jesuit, Hexenanwalt und ›Trutznachtigall‹, der sich im

Dreißigjährigen Krieg in Trier bei der Pflege pestkranker Soldaten ansteckte und im August 1635 starb.

Der Glockenturm, mehr ein transparentes Gerüst, steht abgerückt. Zwischen seinen Trägern geborgen ist die Taufkapelle. Ein gläserner Zwischengang verbindet diese wieder mit dem Kirchenraum. Der Gang erinnert an die mittelalterlichen ›Paradiese‹.

Bevor wir den Rodenhof verlassen, noch eine Rodenhof-Reminiszenz. Sie erklärt zumindest ein paar Straßenschilder und vor allem den Namen des Fußballstadions, das heutzutage – wie der ›Betzenberg‹ in Kaiserslautern oder ›Auf Schalke‹ in Gelsenkirchen – den Ruhm des Rodenhofs ausmacht. Das Stadion heißt ›**Ludwigspark**‹, und das Gasthaus *›Zum historischen Rodenhof‹* oberhalb ist der letzte Rest des *›Neuen Rothenhofes‹* von 1770, der als Gutshof und Ausflugslokal zur originellsten Lustschloßanlage der Residenz gehörte: »Das fürstlich nassau-saarbrückische Lustschloß Ludwigsberg mit seinen frühesten Gartenanlagen im anglochinesischen Stil in Deutschland, dem romantischen Schönthal und dem Dianenhain« übertitelte Karl Lohmeyer barock seine ebenso gründliche wie begeisterte Beschreibung. Der Ludwigsberg war ein ›Zauberberg‹ (kein Thomas Mannscher, versteht sich).

Fürst Ludwig veranlaßte im Jahre 1769 den Bau der Anlage. Die erste Riege der Künstler wurde aufgeboten: der alte Stengel, sein Sohn Balthasar Wilhelm; als Gärtner die Brüder Koellner, der jüngere besonders, Johann Friedrich Christian (1733–1809), mit seinen neuartigen englischen Konzepten; und 1789 noch der berühmte Neugestalter des Schwetzinger Parks Friedrich Ludwig von Sckell (1750–1823). »Es ist schwer, die Natur zu treffen, aber noch schwerer ist ihre schöne Seite zu finden, mit der sie doch in Gärten erscheinen muß«, faßte Sckell (später) seine Intentionen zusammen und schlug die Umwandlung des ›englisch-chinesischen‹ Terrains in einen großen Englischen Garten vor, in dem Park und freie Landschaft verschmolzen.

Architekturstücke der Ludwigsberger Anlage (in Auswahl). Aquarelle von J. F. Dryander, 1778

Triebfeder des Ganzen blieb der Fürst. Was Wunder – die Doppelinitialen (hier L für Ludwig, dort C für Catarina) bezeugten es überall –, das Ganze war ein einziges ›Liebeslenz-Denkmal‹ für seine zweite »Frauen Gemahlin Liebden«, das »Gänsegretel«, das er zur Freifrau von Ludwigsberg erhob und Herrin im »reizenden Dörfchen Schönthal«. In Schönthal gab es noch ein Dörfchen im Dörfchen, auf dem Naturtheater: die Liebenden spielten ›Die Liebe auf dem Lande‹. A la mode bot der Ludwigsberg, von der ›Affenkaserne‹ bis zur ›Rousseauinsel‹, so ziemlich alles an preziösen Architekturstücken und arrangierten Idyllen. Dabei, notierte Knigge, »scheinen die Spaziergänge von der Natur selbst eingerichtet zu sein und selten wird man die ängstliche Hand der Kunst gewahr«. Er zählt dennoch ein paar besondere Anlagen auf, das »niedliche Lustschloß«, voran, »von woher man die Stadt übersieht«, ein »schönes massives Orangerie-Haus«, aber auch allerlei »Spielwerk«. Ein Holzstoß, in dem »ein Paar hübsche Zimmer« für den Hofmarschall eingerichtet sind, ein Heuwagen, der einen »Speisesaal« birgt, und als merkwürdigste Inszenierung: »Eine Einsiedler-Capelle ist von einem Gottes-Acker umgeben; auf demselben liegen alte bemooste Leichensteine mit Inschriften, und diese Inschriften enthalten Anspielungen auf kleine charakteristische Züge von Personen des Hofes (als wären sie gestorben und lägen hier begraben) mit viel Witz entworfen …«. Das Spiel von der Vergänglichkeit gehörte zu dem von der Liebe.

Nicht zuletzt: Auf dem Ludwigsberg galt die gleiche Devise wie drüben auf dem Halberg: »Je veux que mon plaisir soit le plaisir des autres.« Die Gärten waren auch hier »dem Vergnügen des ganzen Publikums geweihet«. In der fürstlichen Nachbarschaft, so auf dem Homburger Karlsberg, galt das keineswegs. Trotzdem ging in der Französischen Revolution – »Guerre aux châteaux, paix aux chaumières« – auch der Ludwigsberg in Trümmer, am 7. Oktober 1793. Eine Zeitlang bildete man sich Ludwig noch als Geist in den Trümmern ein. Dann vergaß sich auch das. Aus den Trümmersteinen wurden um 1804 in der Nähe acht Wohnhäuser gebaut. Der Rest ist versunken. »Beliebter Spaziergang und Erholungspunkt für die Umwohner« blieb der Berg jedoch, mit Schützenhaus und Waldrestaurant, mit Rollschuhsaal und Musikmuschel, und der ›Ludwigspark‹ dient dem »Vergnügen des ganzen Publikums« noch immer. Nur ist das Vergnügen – siehe oben – etwas handfester geworden. Der 1. FC Saarbrücken spielt jetzt hier, die ›Molschder (Malstatter) Buwe‹: Der Rodenhof gehört bereits zu Malstatt.

Im St. Johanner Stadtwald liegt die **Universität**. Böse Zungen behaupten, erst seit Dudweiler eingemeindet sei, wisse man wenigstens in einem Saarbrücker Stadtteil, daß es den Campus im Wald gibt. Dabei hat der längst internationalen Rang, im Bereich der Informatik und Materialforschung etwa, und das ›Deutsche Forschungszentrum für Künstliche Intelligenz‹ ist hier angesiedelt. Seit Oktober 1985 verbindet eine ›Charte de Coopération‹ elf Universitäten und Fachhochschulen im Saar-Lor-Lux-Dreieck, die – als Modell einer europäischen Universität mit verschiedenen Standorten – grenzüberschreitend auf friedlichen Wettbewerb angelegt ist.

Ein Gang über den Campus – vom Bibliotheksturm aus den fünfziger Jahren bis zum Forum des Instituts für Neue Materialien von 1989 – ist wie eine Lehrwanderung durch 40 Jahre Architekturgeschichte. Nimmt man die Kasernen von 1938 noch dazu, in denen im Wintersemester 1948/49 der Lehrbetrieb begann, kommt man auf ein halbes Jahrhundert.

Das markanteste Beispiel steht fast am Rande: die *Mensa* (von 1970), Architektur (Walter Schrempf) und Bildende Kunst (der Bildhauer Otto Herbert Hajek) kommen hier eindrucksvoll zusammen. Die durch Farbwege verbundenen Bau- und Raumplastiken Hajeks sind so in Schrempfs Betonskelettbau (Abb. 14) integriert, daß sie wie Architekturteile erscheinen. Das Gebäude als Ganzes bedeutet jedoch mehr als nur die Summe dieser Teile. In aller Vielfalt eine Einheit steht es wie eine große Plastik an der Straße. Vor dem Campustor reckt sich seit Sommer 1992 sperrig ›Torque‹ empor, eine 17 m hohe Stahlskulptur aus sechs, wie in einer langgezogenen Spirale gegeneinander gestellten Platten, von Richard Serra.

☐ Die Stiftskirche und das letzte Stelldichein

St. Arnual ist etwas ins Abseits gerückt. Seine Lage – zwischen Wackenberg und Halberg am Eintritt der Saar ins Saarbrücker Becken – hatte es einmal ausgezeichnet. Den Sporn des Sonnenberges besetzte eine keltische Befestigung. Im Tal lief die römische Fern- und Handelsstraße von Metz nach Worms und Mainz vorbei und kreuzte sich mit der von Straßburg nach Trier. Die erste Brücke führte hier über die Saar. Über zwei römerzeitlichen Anlagen (3.-4. Jh.) steht auch die *Stiftskirche*. Im frühen und hohen Mittelalter gingen ihr zudem noch fünf Bauten bzw. eingreifende Erweiterungen voraus, der älteste womöglich der Gründungsbau vom Anfang des 7. Jh., dessen Rechteckchor von allen späteren Anlagen immer wieder ummantelt wurde. Wie ein Wahrzeichen stand der Turm mit der welschen Haube lange über dem Ort und dem Fluß. Bis Anfang der sechziger Jahre die Autobahn – allzu nah – heranrückte. Und den Blick – schon von weiter her – mehr auf den modernen Turm von St. Pius links auf dem Wackenberg und auf den Schornstein des Fernheizwerkes rechts über der Saar richtete.

Von den Anfängen des Stifts galt lange das Raabesche »Halb Mär, halb mehr«. Bekannt – und nach den jüngsten Untersuchungen (H.-W. Herrmann, E. Nolte) erhärtet – ist aus der frühesten Zeit nur, daß um das Jahr 602 der Merowingerkönig Theudebert II. den Königshof Merkingen, eine ›curtis regia‹, dem Bischof Arnual von Metz (601–609) schenkte. Arnual soll hier eine Kirche gebaut und bei dieser eine Klerikergemeinschaft angesiedelt haben. In der Kirche sei er auch begraben. Am Grabe wuchs bald der Kult, aus Merkingen wurde St. Arnual, 1046 taucht der Name erstmals in einer Urkunde Königs Heinrich III. auf. Das Grab ging mit der Zeit buchstäblich ›verschütt‹. Im letzten Drittel des 13. Jh. begann man mit dem Bau einer neuen Kirche.

Zunächst riß man die Ostpartie der älteren, einer spätromanischen Pfeilerbasilika, ab und errichtete an ihrer Stelle, nun in den neuen (von Frankreich her in Trier bereits erprobten) gotischen Formen, Chor und Querhaus. Um 1290 waren diese vollendet. Weitergebaut wurde aber erst 1315, es fehlte an Geld. Diesmal wurde im Westen der Turm aufgeführt, an der Nordwestecke der Vorhalle gibt eine Bauinschrift das genaue Datum an: 27. Mai 1315. Mit dem Turm und dem Querhaus als Widerlager ließ sich dann das Langhaus bauen, es war gegen 1330 fertig. Die drei Phasen kann man noch heute an den Baufugen, zwischen Quer- und Langhaus und Langhaus und Turm, an den versetzten Kaffgesimsen ablesen. 1569 wurde das Stift säkularisiert, seit 1575 ist es evangelisch. Die Kirche blieb als Architekturgeschichtspunkt von besonderem Interesse: Sie ist »einer der bedeutenden Mittlerbauten französischer Gotik nach Osten, nach Deutschland« (Martin Klewitz).

Daß es mit ihrer Statik nicht zum besten stand, wußte schon F. J. Stengel, der sich 1766/67 zu umfassenden Restaurierungsarbeiten genötigt sah. Die Zeit tat auch weiterhin ihr Werk, in der Gegenwart setzte besonders die Absenkung des Grundwassers dem Bau zu. 1979 mußte der Chor baupolizeilich geschlossen werden. Nach provisorischen Sicherungsmaßnahmen begann 1982 die statische Sanierung der Fundamente. Die von Mauerwerk und Dachstuhl folgte; keiner ist so kühn zu sagen, es sei die letzte gewesen.

Die Archäologen suchten dazwischen (erfolgreich) nach Vorgängerbauten der gotischen Anlage und (vergeblich) nach Arnuals Grab. Sie entdeckten dabei, daß St. Arnual ›avant la lettre‹ in der Saarbrücker Siedlungsgeschichte eine erheblich größere Rolle gespielt hat, als man bisher annahm. Alle Geheimnisse aber gab die Stiftskirche auch nicht preis. Seit 1994 ist sie jedenfalls, bewundernswert restauriert, wieder zugänglich.

Die »Daarler Kirb« vor der Stiftskirche in den 50er Jahren

Die Kirche im Dorf lassen: in ›Daarle‹ ist das noch so. Der Blick vom St. Arnualer *Markt* ist unverstellt geblieben. Ein paar der alten Bauernhäuser (südwestdeutsche Einhäuser z. T. aus dem 18. Jh.) stehen sogar noch da. Die **Stiftskirche** beschließt den Prospekt. Viergeschossig reckt sich hinter der Vorhalle der Turm hoch, ein Treppentürmchen springt dreiseitig an seiner Nordwestecke vor. Die Vorhalle trug ursprünglich statt des Dreieckgiebels mit dem dreiteiligen Fenster einen Söller, den eine Maßwerksbrüstung umgab. Er diente zum Ausstellen der Reliquien an besonderen Festtagen. Der Heilige hatte Zulauf. Die barocke Turmbekrönung veranlaßte 1746 F. J. Stengel. Die welsche Haube mit der achtseitigen offenen Laterne und dem Spitzhelm brachte eine neue Variante in das ›Turmspiel‹ über Alt-Saarbrücken und St. Johann.

In der Tiefe der *Vorhalle* verschattet das Hauptportal. Es war die besondere Zierde der Kirche. Man erahnt die Qualität noch an den verwitterten Fragmenten am Türsturz und den Laibungskonsolen. Marianische und christologische Motive korrespondieren. Über der Verkündigung links in der Laibung ist auf dem Türsturz die Flucht nach Ägypten dargestellt. Rechts entsprechen der Auferstehung auf dem Sturz darunter die Frauen am Grabe und Christus als Gärtner mit – noli me tangere – Maria Magdalena. Dazwischen stehen, der Flucht zugeordnet, Johannes der Täufer, der wahrscheinlich der alte Patron der Kirche war, und Petrus und zur Auferstehung hin Arnualdus (vermutlich) und Paulus. Merkwürdig auch die ›großen Leuchten‹, hier allerdings nicht wie meist im Zusammenhang einer Kreuzigung: en face der Sonnenmann, das Haupt im Strahlenkranz, die Mondfrau mit der Sichel gegenüber im Profil.

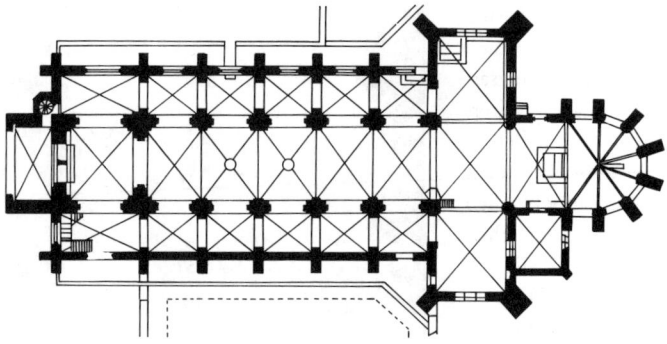

*St. Arnual, Grundriß
der Stiftskirche*

Langhaus, Querhaus und Chor halten sich an die einfachen und kraftvollen Formen des Turms. Die Seitenschiffe sind bis zu seiner Stirn vorgezogen. Das erinnert, wie auch die Anordnung der Strebepfeiler, an Tholey (s. S. 256 ff.). Abgetreppt besetzen sie nur die Seitenschiffwände, die Schwibbögen liegen unter den Pultdächern verborgen. Dreiteilig stehen darüber die Maßwerkfenster. Die Strebepfeiler am Querhaus (hier übereck gestellt) und am Chor sind

St. Arnual, Gewölbekonsole in der Stiftskirche

höher gezogen. Sie enden mit ihren steilen Wasserschlägen knapp unter dem Kranzgesims. Die schlanken zweiteiligen Chorfenster schließen mit zwei Spitzbögen, die dreiteiligen Stirnfenster des Querhauses mit Sechs- und Dreipässen nach Trierer Art, wie zum Beispiel in Liebfrauen. Der *Kreuzgang* an der Südseite – er stammt aus dem ersten Drittel des 14. Jh. – ist verfallen. Nur die Umfassungsmauern stehen noch grün überwuchert. Sonst wäre das ein Platz für romantische Retraites, hier rauscht die Autobahn allzu nahe durch die ›Daarler‹ Wiesen.

Im *Innern*, unterm quadratischen Turmjoch stehend, fällt die strengere Trennung der Schiffe zunächst auf. Das Mittelschiff ist nur zweigeschossig aufgebaut und ›zeigt‹ mehr Wand. Abermals erinnert die Anordnung an Tholey: Über den spitzbogigen Arkaden sind die Drillingsfenster des Obergadens in ihrem unteren Teil als Blenden bis zum Gurtgesims herabgezogen. Aus den Dienstbündeln zwischen ihnen verzweigen sich unmittelbar, ohne Kapitell und Kämpfer, die Birnstabrippen und Gurte der fünf Kreuzrippengewölbe. In den Seitenschiffen ruhen die Gewölbe auf Konsolen, die Masken und Blattwerk tragen. Die Schlußsteine präsentieren Wappenschilde, Ringe und Rosen und allerlei Getier, wie Rabe und Hirsch, und – damit der gottgefällige Anlaß nicht ganz außer acht gerät – Heilig-Geist-Taube und Gotteslamm. Mächtige Rundpfeiler markieren das Vierungsquadrat. Ihre östlichen Kapitelle sind mit Blattwerk geschmückt. Auf den Dienstkapitellen im Chor kehrt das Motiv wieder.

Die im Zweiten Weltkrieg zerstörten Fenster im Chorhaupt gestaltete Anfang der fünfziger Jahre György Lehoczky neu. Fromm werden in der Art der Biblia pauperum Geschichten aus Altem und Neuem Testament erzählt und die Apostelgeschichte zitiert, von der Erschaffung der Welt bis zum Jüngsten Gericht. Johannes auf Patmos entdeckt man auf einem der letzten der 48 Medaillons, die bei aller realistischen kleinteiligen Malerei zugleich etwas von den dunkel blühenden Visionen der Apokalypse haben. Weitere Fenster, großflächiger und heller nun – ›Kyrie‹ und ›Agnus Dei‹, ›Gloria‹ und ›Sanctus‹ – kamen 1954–57 im Süd- und Nordarm des Querhauses hinzu, sowie eine Allegorie der ›Musica sacra‹ über der Orgel.

Altar, Taufstein und Kanzel bilden in der Vierung ein Dreieck. Der spätgotische *Taufstein* (um 1475) gehört zu den schönsten Ausstattungsstücken. Blendmaßwerk besetzt das achtseitige Becken; Reliefs zeigen die Halbfigur eines Ecce homo und vier Engel mit den Leidenswerkzeugen. Zweieinhalb Jahrhunderte älter ist im südlichen Querhaus das *Bildepitaph des Kanonikers Teodericus*, das zu den frühesten Stücken seiner Art im deutschen Kunstraum zählt. Es stammt noch aus dem Vorgängerbau. Teodericus starb – so die Inschrift – 1222. Den Rahmen der Schriftplatte aus Jaumont-Kalksandstein bildet ein Ornamentstreifen, in dessen Zierat Pflanzen und Getier eingekerbt sind. Die Mitte wurde nachträglich mit einer Kreuzigungsgruppe reliefiert; ein Schriftband in Omega-Form schlingt sich um die Gruppe; der Stifter kniet betend daneben. Über dem Kreuzbalken erscheinen wie am Portal – hier natürlich älter und im kanonischen Kontext – Sonne und Mond, und unter dem Kreuz – abweichend von den übrigen Symbolen der Schädelstätte – ein Sterngebilde.

Bleibt St. Arnuals eigentlicher Ruhm: die Kirche birgt etwa 50 Grabmäler. Eine gewaltige Schaubühne des Todes, ob als Tumba, Wandgrabmal oder Epitaph. Während dreier Jahrhunderte, vom 15. bis zum 17., genauer von 1456 bis 1681, war sie *Nassau-Saarbrückische Grablege*, reicht – zwischen Stiftsherren und Hofdamen – aber auch noch darüber hinaus, ins 13., und sogar bis ins 18. Jh.

»Hie liget« im Chor als erste – feierlich und ausdrucksvoll unter dem dichten Gebände der Haube, in der Faltenlandschaft ihres Gewandes – auf einer Tumba aus ihrer lothringischen Heimat die 1456 gestorbene »hochgeborne Frauwe Elisabeth von Lothringe(n) ...« (Abb. 7). Und die Schrift stelzt weiter auf der Kante der Deckplatte, Blumen schlingen sich hindurch, Tiere tummeln sich daneben, Gerät ist eingestreut. Eine der Masken an den Ecken des Schriftbandes, eine Eule, deutet womöglich die Passion der klugen Gräfin, die nach dem Tod ihres Gatten, Philipp I., zunächst allein, dann im Verein mit ihren Söhnen regierte, für die schöne Wissenschaft des Übersetzens an. Sie war ja die erste französisch-deutsche Übersetzerin und damit Wegbereiterin des deutschen Prosaromans. »Lieblich zu lesen«, heißt es, seien die (aus den ›chansons de geste‹ der französischen Karlssage übertragenen) Geschichten ihrer Ritter und

Frauen gewesen. Deren späte Abbilder vermeint man manchmal auf den anderen Denkmälern noch zu sehen. Auf der Tumba ihres Sohnes im nördlichen Querhaus, Johanns III. († 1472), und seiner beiden Frauen, Johanna von Loen († 1469) und Elisabeth von Württemberg († 1505), der schönsten vielleicht, der bemerkenswertesten jedenfalls der ganzen Grablege (Abb. 8). Sie ist burgundisch-niederländischer Provenienz und stammt aus der gleichen Werkstatt wie der Taufstein. Engel halten Wappenschild und Helm über dem Grafen, Leuchterengel knien zu Häuptern der Frauen. Hunde zu deren Füßen verkörpern die Treue, der Löwe zu Füßen des Grafen die Macht. Die Tumba stand früher ebenfalls im Chor, hinter der Elisabeths. Man mag sich sein Teil dazu denken. Aber Johann, der eine Prachthandschrift mit den Werken seiner Mutter in Auftrag gegeben hat, liegt »nach künigklichem Gebrauch« in der gleichen (letzten) Positur da, wie sie das Schlußtableau für Elisabeths beliebtesten ›Roman-Helden‹ vorsieht: Huge Scheppel, gleich mächtig in allen Händeln des Krieges wie des Herzens.

Später, auf den Wanddenkmälern der Renaissance, wird das nicht mehr übertroffen. Da geben sich nur noch die Dickschädel und Hausmütterchen ein Stelldichein, die Brustharnische und die Halskrausen und die rastlosen Hände, die, zwar zum Beten gefaltet, doch lieber Feldherrnstab und Degenknauf packen ... und nur im Tod im Schoße ruhen. Ein bißchen verkrampft das alles, aber die letzte Pose zwingt dazu. Im anderen Jahrhundert kommt der Tod mit gedämpft barockem Pathos bereits. Pierard de Corail inszeniert ihn auf dem Grabmal der 1712 gestorbenen Katharina Luise Kleinholt à la mode, als trauernde, halb schon klassizistische Schönheit. Dekorative Tränen, dekoratives Dekolleté, mit einem Schaubild im großen Medaillon auf der kleinen Schaubühne dieses Todes. »Je veux«, ließe sich Fürst Ludwigs menschen-

Illustration aus »Huge Scheppel«, dem spätmittelalterlichen Prosaroman der Elisabeth von Nassau-Saarbrücken

freundliche Devise von Schloß Halberg (s. S. 114) in Moll variieren, ›je veux que ma tristesse soit la tristesse des autres‹.

Wieder in Richtung City, über dem Winkel von Saargemünder und Feldmannstraße, an denen einige originell komponierte *Jugendstilbauten* zu entdecken sind (Saargemünder Straße 69 zum Beispiel oder Feldmannstraße 36/38), stand einmal weithin sichtbar auf dem Plateau eines der Saarbrücker Wahrzeichen: das *Winterbergdenkmal*. Es wurde 1874 errichtet – ein helmbekrönter Turm über einem ›Königsstuhl‹ nach dem Vorbild von Rhens, mit »prächtiger Aussicht zugleich auf die beiden Städte und das Schlachtfeld« – und sollte die Erinnerung an Spichern wachhalten. »Deutschlands Helden 1870–71« stand auf der Lothringen zugewandten Seite, auf der Seite nach den Städten reckte sich der deutsche Reichsadler. Was Wunder, daß das Saarbrücker Wahrzeichen zu einer ›Wallfahrtsstätte der Nation‹ avancierte. 1939 bei Kriegsausbruch wurde es gesprengt. Die Trümmer bewegen noch heute nicht wenige Saarbrücker Gemüter.

☐ Malstatt-Burbach

Der Aufstieg war seit Mitte des 19. Jh. unaufhaltsam. Die günstige Lage in der Nähe reicher Kohlegruben, eines schiffbaren Flusses und zugleich wichtiger Eisenbahnen ›bescherte‹ Burbach 1856 die Hütte und Malstatt in den sechziger Jahren den Hafen. 1875 wurde die Landgemeinde durch Allerhöchste Kabinettsorder zur Stadt erhoben. 1909 brachte diese Stadt der neuen Großstadt Saarbrücken das meiste Land, die meisten Einwohner und die meisten Steuern als ›Mitgift‹ ein. Alte ›Molschder‹ und Burbacher sagen aber noch immer, wenn sie »dehemm« auf dem Markt zum Beispiel einkaufen wollen: »Ich gehn ins Dorf.«

Ob Malstatt-Burbach ›schön‹ ist: die Frage hat sich so eigentlich nie gestellt. Die *Malstatter* Einfahrt jedenfalls ist nicht unbedingt eine Augenweide. (Man kann sie aber auch freundlicher sehen und sagen, sie verlaufe zwischen Ludwigspark und Bürgerpark.) Die Bahn schlägt um das ›Unterdorf‹ eine Schleife. In der Schleife liegt der **Markt**. Nach dem Zweiten Weltkrieg lag er vier Jahrzehnte brach. Jetzt ist er wieder bebaut (Entwurf Helmut Kreutzer), mit Gast- und Wohnhäusern, Büros und Läden, rechtwinklig rundum und bis zu sieben Geschosse hoch. So wird der Platz zum Innenhof. Ein Laubengang mit verglasten Faltdächern umgibt ihn im Geviert. Wer da auf der richtigen Seite sitzt oder flaniert, hat die uralte ›Malstatt‹ (von mittelhochdeutsch ›mahel‹ oder ›mâl‹) über sich. Die neogotische **evangelische Kirche** auf der Terrasse (1869/70, nach dem Zweiten Weltkrieg wesentlich verändert) markiert den Platz, wo sich einmal die fränkische Gerichtsstätte befand.

Zwischen Malstatt und Burbach liegt die **Burbacher Hütte**. (Oder das, was von ihr nach der Stillegung der Roheisenerzeugung 1978 übriggeblieben ist und der ›Revitalisierung‹ harrt.) Beachtung verdienen einige technische Denkmäler. So die *Stahlskeletthallen* an der Saar (gegenüber dem Messegelände), in denen auch heute noch Draht produziert wird, u. a. auf einer 1973 installierten vierbahnigen Drahtstraße; die ehemalige *Elektrische Zentrale 2* (um 1900); im Empfangsbereich das ›Alte Casino‹ und einige Magazine und Verwaltungsbauten sowie eine Direktorenvilla, das ›Schlößchen‹. Die Arbeiterhäuser aus der Gründungszeit der Hütte wurden im Zweiten Weltkrieg zerstört. Erhalten sind Häuser und Straßenzüge aus der Zeit, ab 1904 nördlich des Ortskerns zwischen der Langfuhrstraße und dem Waldfriedhof, in der Oberen Grüneichstraße etwa. Da passen zwar die neuen Normfenster und billigen Aluminiumtüren nicht mehr ins Bild, aber die Gärten sind wenigstens noch die alten.

Der *Burbacher Güterbahnhof* war vor dem Ersten Weltkrieg einmal der bedeutendste in der Rheinprovinz. Das große *Eisenbahnausbesserungswerk* kam 1904–06 am nördlich gelegenen Pfaffenkopfhang hinzu. Heute werden dort nur noch Waggons repariert. Das Ensemble blieb weitgehend erhalten. Die langgestreckten Reparaturhallen vor allem, die Schmiede, die leicht an den seitlich angesetzten Kaminen auszumachen ist, sowie, architektonisch aufwendiger, Verwaltungsbau und Magazin.

Mit dem Werk entstand ab 1906 die *Werkssiedlung* direkt vor dem Tor. Die Einheit von Wohn- und Arbeitsplatz war wichtig. Die Siedlung sicherte den Arbeiterstamm. Zwei Direktorenvillen voran, stehen noch heute 23 Arbeiter- und Angestelltenwohnhäuser, die meisten als Häuservierecke oder in Doppelreihen angelegt, einträchtig am Pfaffenkopf. Leidlich ländlich sogar noch mit ihren Gärten. Die Spielschule ist leider abgerissen; das Gartenstadtmodell ist noch erkennbar. – Am Güterbahnhof vorbei kommt man wieder ›ins Dorf‹. Dort türmt sich grau und rot auf dem Markt das neue *Bürgerhaus* (1981) auf.

Die neueste technische Sehenswürdigkeit steht an der Provinzialstraße in **Altenkessel**. Ein ›*Dammschloß*‹ am Ende eines Hochwasserdamms schützt hier seit 1989 die Straße vor Überflutungen. Der Architekt Miroslav Volf hat das ›Schloß‹ an der Stadtgrenze von Saarbrücken und Völklingen als Stadttor gestaltet. Man muß seinen Witz und seine Phantasie loben. Denn das Tor aus Beton und Stahl wirkt gar nicht so wehrhaft, es sieht mit seinen rautengemusterten Türmen eher wie ein buntes ›Wildwest-Fort‹ auf einem Abenteuerspielplatz aus.

Auf dem anderen Ufer in **Gersweiler** baute 1784 Johann Jacob Lautemann (1737–1803), der ein Jahr zuvor Baudirektor in Saarbrücken geworden war, die *evangelische Pfarrkirche*. Er stellte

Der Gersweiler Wasserturm. Zeichnung von Hans Zender

sie, der Situation angepaßt, als Breitsaal an die Hauptstraße. Ein schmaler Mittelrisalit mit Frei-treppe und Portal, über dessen Dreiecksgiebel ein viereckiger Dachreiter so aufsitzt, daß das Ganze wie ein Turm erscheint, betont die Querkirchenanlage noch. Im Innern wird man leider enttäuscht. Der Breitsaal wurde bei Umbauten 1933 und 63 umorientiert. Der charakteristische Kanzelaltar bildet nicht mehr die Mitte.

Die Hauptstadt zu guter Letzt noch einmal aus der Vogelperspektive. Der renovierte Gers-weiler *Wasserturm* (1914–16), Am Hasenbühl, macht's möglich. Ein guter Einfall war es auch, die Saarbrücker Stadtschreiber als Türmer auf Zeit dort hinaufzubringen. Da sitzen sie nun, zum Sehen erkoren und Schreiben bestellt, aus Cottbus, Nantes oder Tbilissi (Tiflis), schauen über das Saarland und sind – mit dem Blick zugleich auf Lothringen – über der Grenze zuhaus.

Tälerfahrt um die Landeshauptstadt

Vom Halberg nach Saargemünd

Unsere Tälerfahrt beginnt auf dem Berg, abermals können wir Knigge zitieren: »auf dem Hallberge, einer etwas beträchtlichen Anhöhe, ungefähr drey Viertelstunden weit von der Stadt entlegen . . .« Von dem *vicus saravus* im antiken Straßenkreuz Metz – Worms und Straßburg – Trier an seinem Fuß aus dem ersten nachchristlichen Jahrhundert und dem später am Flußübergang angelegten, aber nie vollendeten und im 4. Jh. zerstörten Kastell in Saarbrücken geben Straßennamen Kunde: ›Römerstadt‹, ›Am Römerkastell‹, ›An der Römerbrücke‹. Beim Bau des Gasbehälters an der ›Römerstadt‹ wurde 1956 ein mannshoher Stollen mit elf Einstiegsschächten im Fels freigelegt; zwei Schächte sind erhalten. Die Funde (Sigillata-Geschirr, Schmuck, Münzen und Kleinwerkzeug) verwahrt das Museum für Vor- und Frühgeschichte. Wer sonst fündig werden will, wird vor Ort nur ein paar Keller- und Fundamentreste noch in einem kleinen Park entdecken können und einen Brunnen. Da ist nur die Recherche delikat: Der Brunnen befindet sich im Keller des »Palais d'Amour« an der Brebacher Landstraße.

Eindrucksvoller hat sich am Westhang des *Halberges* in Buntsandstein eine Höhle erhalten, volkstümlich heißt sie noch immer die ›**Heidenkapelle**‹. Es handelt sich um eine spätrömische Kultstätte, ein *Mithräum*, aus dem 3. Jh. Kaufleute aus dem *vicus* drunten dürften sie eingerichtet haben, der Mithras-Kult wurde in der römischen Provinz vornehmlich an Handelsplätzen ausgeübt. Eine 1988 an der Höhlenrückwand eingefügte Sandsteinplatte verweist auf den Kern der aus Persien kommenden Mithras-Religion: Der felsgeborene Mithras tötet den Urstier und vollzieht damit einen Schöpfungsakt. Aus dem Blut und Fleisch des Tieres läutern sich die heilbringenden Kräfte der Erde. Der Kultraum selbst war dreischiffig und hatte ein Tonnengewölbe, Säulen (die rekonstruiert wurden) stützten es ab. Ein überdachter Vorraum schirmte die Höhle von der Außenwelt ab. Von der Ausstattung sind nur wenige Spuren übriggeblieben; immerhin hat man rituelles Gerät, so zwei Öllämpchen und vier Tonteller mit Ausgußtüllen, gefunden. Im letzten Drittel des 4. Jh. zerstörten die ersten ›Saarbrücker‹ Christen das Mithras-Heiligtum. Die Konkurrenz des persischen Lichtgottes, der bis 341 noch als ›*Sol invictus*‹, als Reichsgott, verehrt wurde, war ihnen nicht geheuer.

Das Mittelalter hat für die Heidenkapelle zunächst nur Legenden parat. Danach sollen an der Wende vom 6. zum 7. Jh. Metzer Bischöfe – Arnold II. und sein Sohn Arnulph oder Arnual – das heidnische Heiligtum »in kluger Anknüpfung« in eine christliche Einsiedelei umgewandelt

Die ›Heidenkapelle‹ am Westhang des Halberges im Aufriß

und von hier aus das Land an der Saar missioniert haben. Dem Halberg gegenüber sei so die den zwölf Aposteln geweihte Kirche St. Arnual entstanden und später am rechten Saarufer die Kapelle St. Johann. Besser steht es mit den Belegen für die Wiederbenutzung der Felsengrotte im späten Mittelalter. Als Wallfahrtsstätte bekam sie um 1450 großen (und länger anhaltenden) Zulauf. Die Devotionalien stellte man vor Ort her und verkaufte sie an Pilger. So fand sich beispielsweise eine Tonmatrize für eine Abendmahlplakette; die Arnualer Zwölf Apostel sind auf ihr am Tisch um Christus versammelt.

Im 18. Jh. wurde die Heidenkapelle zu einer Art Eremitage im Geschmack der Zeit mit zierlichen Galerien und Wasserspielen umgestaltet; vornehmlich die äußeren Felswände wurden verändert und erhielten flache Nischen für allerlei Skulpturenwerk. Das ›Lokal für gesellige Unterhaltung‹ paßte nun ideal in den Lustgarten von ›Monplaisir‹. Bereits Graf Ludwig Crato hatte sich 1709–11 von Joseph C. Motte dit la Bonté, der schon den Umbau des Saarbrücker Schlosses geleitet hatte, einen Pavillon nach dem Vorbild des Versailler ›Trianon de porcellaine‹ auf den Berg setzen lassen. Friedrich Joachim Stengel baute diesen zu einem Palais aus. Für den gleichzeitig angelegten Barockgarten führte man Wasser vom Eschberg heran. Ende 1755 kaufte Fürst Wilhelm Heinrich der Gemeinde Ensheim das Kolbenholz ab, um den Tiergarten zu erweitern. An der Südwestseite des Berges pflanzte man 1762 sogar Wein an, wie Knigge vermutete, wahrscheinlich »mehr um im Herbst dem Hofe ein angenehmes Fest zu geben, das eine Weinlese vorstellt, wie in der ernstlichen Absicht, hier trinkbaren Wein zu ziehn.« Unter Fürst Ludwig machte 1772/73 der Hofgärtner Johann Friedrich Christian Koellner aus dem Barockgarten einen Englischen Park. Der bekam 1788/89 von Balthasar Wilhelm Stengel noch eine Fasanerie und ein Finkenhäuschen dazu.

Ab 1774 wählte die regierende Fürstin Wilhelmine Sophie Eleonore Monplaisir als Zuflucht. Und hier – Bonjour, tristesse – sang sie:

> »Ihr stillen Lüfte, hört mein Klagen,
> denn was auf meinem Herzen liegt,
> ich darf's ja keinem Menschen sagen,
> doch lebe ich stets mißvergnügt.
> Und dies vermehret meine Pein,
> weil ich muß stumm und stille sein.«

Bildnisse der Freifrau Ida und des Freiherrn Carl Ferdinand von Stumm-Halberg

Das ›Gänsegretel‹ aus dem Dorf am Fuß des Halbergs hatte ihr bei ihrem Gemahl den Rang abgelaufen. Am 17. Juli 1780 starb Wilhelmine. Ihrem Sohn zuliebe, Erbprinz Heinrich, ließ der Vater, Fürst Ludwig, den Park, der auch für die Bürger offen stand, weiter pflegen. Heinrich ist in ihm auch begraben. Fast 200 Jahre nach seinem frühen Tod wurde er am 27. November 1976 auf dem Halberg beigesetzt. Auf seinem Grab erhebt sich unter Fichten eine schlanke Sandstein-Pyramide mit der testamentarisch festgelegten Inschrift: »Hier ruht die Asche des Fürsten Heinrich zu Nassau, dessen einziger Wunsch war, das Wohl seiner Untertanen befördern zu können.«

Die Französische Revolution setzte der Halberger Herrlichkeit ein Ende. Am 18. November 1793 ging Monplaisir in Flammen auf. Noch einmal Knigge: »Der menschenfreundliche Fürst hat über ein Camin im Speisesaale eine Inschrift setzen lassen ... Je veux que mon plaisir soit le plaisir des autres.« 1858 notierte dazu der Pfälzer Volkskundler August Becker als halbe Sage bereits, die Franzosen hätten, als sie den ›fürstlichen Prunk‹ zerstörten, bloß den Speisesaal verschont; Grund: »Je veux que mon plaisir ...«, diesmal nur republikanisch interpretiert. Der Park verwilderte, blieb aber offen, und Monplaisir diente als Ruinenstück nun dem biedermeierlichen Pläsier der Alt-Saarbrücker und »Sang-Gehanner«. Bis ›König Stumm‹ kam und gegen deren Widerstand 1877 für 700 000 Reichsmark das 80 Morgen umfassende Areal erwarb. Er brauchte für seine Residenz den adäquaten Platz.

Carl Ferdinand Stumm (1836–1901), Hüttenherr in Neunkirchen (wo er in der Tat der ›König‹ war), in Brebach, Dillingen und Ückingen (im lothringischen Erzrevier), als Politiker ein Freikonservativer und unbestritten der führende Kopf der Saarwirtschaft, wurde im Drei-kaiserjahr 1888 in den erblichen Freiherrnstand erhoben – 20 Jahre vorher hatte er noch abge-lehnt – und nannte sich von 1891 an von Stumm-Halberg. Zwei Sätze umreißen sein vielbe-schrieenes ›System der milden und der strengen Hand‹: »Das, was ich erstrebe, ist das persön-liche Verhältnis zwischen Arbeitgeber und Arbeitnehmer.« Und: »Ein erfolgreiches Unterneh-men muß soldatisch, nicht parlamentarisch verwaltet werden.« Der Hannoveraner Architekt Edwin Oppler (1831–80), für Repräsentationsbauten in historisierenden, vielfach neogotischen Formen besonders ausgewiesen – Synagogen und Kirchen, Villen en gros, Schloßanlagen, Heil-stätten und Hotels –, baute Stumm von 1877–80 das erwünschte ›Schloß‹. 1892 war sogar Kaiser Wilhelm II. zu Gast.

Die Zufahrt ist noch heute die gleiche wie im 18. Jh. zu Monplaisir. Am Ende liegen rechter Hand in Landhausarchitektur das Gärtner- und ein Beamtenwohnhaus. Genau in der Achse schließt ein Torbau die Auffahrt ab: der Turm mit der Durchfahrt in der Mitte, symmetrisch zur Seite die schmalen Durchgänge für Fußgänger und die beiden Wohntrakte mit den Treppen-türmen. Der Torbau verdeckt zunächst den **Schloßbau;** denn der – 60 Meter lang und bis zu 17 Meter breit aus gelbem Kalkstein vom Jeumont bei Metz – steht nun nicht mehr in der Achse, sondern – Monplaisir gegenüber um 45 Grad gedreht – parallel zum Fahrweg.

Zwei Bauteile sind auf der Hofseite zu einem abwechslungsreichen Ensemble formiert: der aufwendige zweigeschossige Hauptbau im Nordwesten und ein schlichterer eingeschossiger Anbau im Südosten, beide noch einmal mit einem Attikageschoß versehen. Ein bis in Firsthöhe vorgezogener spitzgiebeliger Risalit betont die Mitte des Haupttraktes und damit des gesamten

Schloß Halberg von der Gartenseite am Ende des 19. Jh.

Ensembles. Eine zweiachsige Vorhalle mit Altan ist ihm vorgelagert. Treppentürme, polygonal mal aus dem Viereck, mal aus dem Kreis nach oben entwickelt, besetzen die Flanken. Auch in der Front des Seitentraktes springt ein Risalit vor, auch er ist bis zum First hochgeführt.

Alles in allem bleibt die Handschrift des ›Gotikers‹ Oppler deutlich. Renaissance-Elemente – wie die durchgängigen Horizontalen oder die Geschoßtrennung durch Gesimse und Lukarne – gab es vermehrt auf der Gartenseite. Diese jedoch, mit der hohen Turmpyramide, den Eckürmchen, Spitzgiebeln und Gauben, ist nach dem Zweiten Weltkrieg nicht mehr wiederhergestellt worden. Möglicherweise war sie dem französischen Militärgouverneur Gilbert Grandval, der im Schloß seinen Sitz hatte, zu ›deutsch‹. Auch von Opplers Innenarchitektur blieb nichts erhalten.

Heute residiert der *Saarländische Rundfunk* auf dem Halberg. Zu dem alten Stummschen Baubestand – den Bedienstetenwohnungen (im Beamtenwohnhaus das ZDF-Landesstudio), dem Torbau und dem nach dem Zweiten Weltkrieg doch stark veränderten Schloß, in dem die Intendanz des SR untergebracht ist – kamen von 1959–69 zahlreiche Neubauten. Sie gruppieren sich im wesentlichen um einen leicht ansteigenden Gartenhof. Die Metamorphose vom Mythen- zum Medienberg ist dort perfekt. Der 80 Meter hohe Sendemast (und die Wasserspiele darunter) signalisieren ›Monplaisir‹ wieder für alle, auf vier (Radio-)Wellen und zwei (Fernseh-)Kanälen. Und da – nach einer der wichtigsten heimischen Maxime – wer richtig ›schafft‹, auch gut essen soll, gibt es das ›Schloß Halberg‹ auch als Restaurant. Es befindet sich in Teilen sogar da, wo der Stummsche Speisesaal mit seiner vielgerühmten Kaminwand war. Drunten fast vergessen liegt im Wald am alten Verbindungsweg vom Schloß zur Hütte der *Friedhof der Familie Stumm.*

Am Fuße des Halbergs breitet sich **Brebach** aus. Es führt die Gießkelle im Wappen. Ohne die Halberger Hütte ist Brebach nicht denkbar. Noch heute beherrscht sie den Ort, und ihre Anlagen bedecken einen großen Teil des Brebacher Banns. Fürst Wilhelm Heinrich ließ 1756 die *Obere Mühle* in ein *Schmelz- und Hammerwerk* umbauen. 1809 übernahm dieses eine Gesellschaft unter Führung der Gebrüder Stumm, von 1860 an waren die Stumms Alleininhaber. Ihr Hammer befindet sich neben der Gießkelle im Wappen. Nach dem Ersten Weltkrieg erwarb die ›Société Anonyme des Hauts-Fourneaux‹ aus dem lothringischen Pont-à-Mousson 60 Prozent der Anteile, die sie auch nach der Rückgliederung des Saarlandes 1935 behielt. Seit 1972 gehört die Hütte – sie ist auf den Guß von Röhren und Fahrzeugteilen spezialisiert – ganz zu Pont-à-Mousson.

In Brebach wird noch immer deutlich, was Neunkirchen (s. S. 278 ff.) einmal ausgemacht hat: die unmittelbare Verzahnung von Arbeits- und Wohnplatz. Das ›System Stumm‹ ist noch ablesbar, das »persönliche Arbeitsverhältnis« bestimmte die Anlage. Um das eigentliche Werk – die Hochöfen, Maschinenhäuser und Gießereien, die zum großen Teil nach dem Zweiten Weltkrieg wieder aufgebaut wurden – liegen eng beieinander die Wohnbereiche dreier sozialer Gruppen: das Schloß der Hüttenherren (auf dem Halberg), das Viertel der leitenden Angestellten und die Kolonien der Arbeiter.

Wo aus der (Saarbrücker) Brebacher Landstraße die (Brebacher) Saarbrücker Straße wird, steht die erste Stummsche Stiftung: das 1894 als Krankenhaus errichtete *Auguste-Viktoria-Haus.*

Die Stummstraße führt ins ›Villenviertel‹. Das Ensemble dort für die leitenden Angestellten – sieben aufwendiger gestaltete, gut erhaltene Doppelhäuser und zwei Villen, nah sowohl am Wald als auch beim Werk – entstand von 1908–11 sowie 1912/13 und, nun sachlicher in den Formen, 1921–24. Die Straße hinunter, zwischen Halberg und Hütte ins Abseits gedrängt, kommt man zur neoromanischen *Stummkapelle;* über dem eigens für die Familie angelegten Nordportal befindet sich noch das Stummsche Wappen (1881/82). Ab 1887 war die Kapelle Pfarrkirche der evangelischen Gemeinde. Heute dient sie, verschandelt und heruntergekommen, als Lager und Stall.

Über dem Scheidter Bach beim Kolbenholz wurden noch in fürstlicher Zeit die ersten Arbeiterhäuser errichtet. Die ältesten Häuser am ›Alten Werk‹ stammen aus dem Jahre 1871, sie sind einstöckig. Im gleichen Jahrzehnt kamen zweistöckige Mehrfamilienhäuser hinzu. Die Zeile gegenüber entstand 1909, eine im Stil ähnliche, an der Scheidter Straße unterhalb, zwei Jahre

Brebach, Arbeiterkolonie ›Altes Werk‹ in einer Aufnahme des 19. Jh.

später. Die hölzernen Veranden vor den Türen und die abwechslungsreichen Dachaufbauten fallen hier auf. Zu jedem Haus gehörten Wirtschaftsgebäude und kleine Nutzgärten. Für die Wochenendpendler baute man 1913 ein neues Schlafhaus; es ist heute Arbeiterwohnheim und Betriebsrestaurant. – In einem kleinen Park am Ende der Siedlung liegt auf Distanz ›Böckings Schlößchen‹ (1880). Die Gebrüder Böcking, Schwäger der Stumms, waren mit ihren Facharbeitern Ende der 60er Jahre aus dem Hunsrück nach Brebach gekommen. Unter der Leitung von Rudolph Böcking (1843–1918) entwickelte sich das Werk zum modernen Großunternehmen. Der Ort wuchs mit der Hütte, ab 1895 kamen auch Bübingen und Güdingen zum Amt Brebach. In der Saargemünder Straße in Güdingen entstand ab 1909 die *Elisabeth-Kolonie.* »Die Kolonie«, schrieb der ›Bergmannsfreund‹, »ist auch als eine Wohlfahrtseinrichtung für besonders kinderreiche Familien gedacht, die sonst schwer eine geeignete Wohnung finden und die der Hütte dankbar sein werden, daß ihnen hier für nur geringes Entgelt schöne und gesunde Wohnungen geboten werden.«

☐ Abstecher nach Bischmisheim und Ensheim

Den Geisberg hoch kommt man nach **Bischmisheim**. Die *evangelische Kirche* ist hier sehenswert, als einer der hierzulande so raren klassizistischen Sakralbauten (Abb. 1). Johann Adam Knipper errichtete sie 1822–24 nach Entwürfen von Karl Friedrich Schinkel, der in dieser Zeit an einigen für seinen Drang nach neuen Ausdrucksweisen charakteristischen Großprojekten in Berlin arbeitete. Da bei allen diesen Unternehmungen »Sparsamkeit zur Pflicht gemacht ward«, wie Schinkel im Falle der Friedrichswerderschen Kirche (heute Schinkelmuseum) notierte, kam es ihm verstärkt darauf an, »bei der Einfachheit des Gebäudes der Architektur ein eigentümliches Interesse zu geben«. In diesem Sinne ist auch der Bischmisheimer Entwurf als achteckiger Zentralbau mit umlaufender Empore beispielhaft ›eigentümlich‹. Darüber hinaus kam er der maximalen Raumausnutzung – geringere Grundfläche bei gleichbleibender Sitzplatzzahl – zugute, die von der Berliner Oberbaudeputation aus Ersparnisgründen gefordert worden war. 9380 Taler kostete der Bau, 1200 davon stiftete der preußische König. Ein Geschenk an die Gemeinde, die mit der ›Berliner Lösung‹ aber keineswegs glücklich war.

Die Kirche ist zweigeschossig in Sandsteinquadern aufgeführt. Jede Oktogonseite hat in den beiden Geschossen zwei Fensterachsen. Die Fenster schließen rundbogig, Sprossen gliedern sie kleinteilig auf. An der Eingangsseite im Westen sind, korrespondierend mit der Fensteranordnung, im Erdgeschoß zwei Portale eingesetzt. Das flache geschieferte Zeltdach trägt eine achteckige Laterne, die eine spitze, ebenfalls geschieferte Pyramide krönt. Erst 1928 gelang es, das Dach mit einer neuen Konstruktion – Stahl statt Holz und die alte Gipsdecke nun in Stahlbeton – endgültig abzudichten. Im vollends klassizistischen Innern läuft die Empore auf allen Seiten um. Sie ruht auf acht korinthischen Säulen, acht gleiche Säulen tragen darüber die Decke. Dem Eingang gegenüber sind Altar, Kanzel und Orgel (die fünfte inzwischen) ›evangelisch‹ übereinander angeordnet. 1987/88 wurde der Raum vollständig renoviert. Presbyterium und Konservatoramt machten eine ›Hommage à Schinkel‹ daraus.

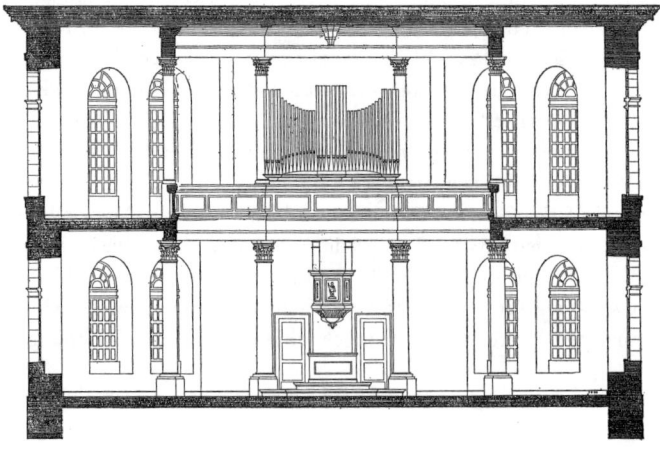

Bischmisheim, Aufriß-zeichnung der ›Schinkel-Kirche‹ (Maßaufnahme von H. Hartmann)

Bis Ende des 19. Jh. war die *Innenausmalung* karg, die Wände blieben unverputzt und ungestrichen. 1896 wurden sie geweißt, die Säulen bäuerlich ›marmoriert‹. 1920 erhielten Empore und Kanzel eine weiß-goldene Bemalung. 1928 verfiel man auf Stahlblau, 1951 auf Elfenbein-Hellgrau. 1964 wurde die Palette um Resedagrün und Altweiß erweitert. Der Entwurf für die letzte Renovierung stammt von dem Berliner Kunstmaler Manfred Blessmann. Er orientiert sich an Schinkels eigenhändig kolorierten Plan für die Nazareth-Kirche in Berlin-Wedding. Er reproduziert aber Schinkel nicht einfach, sondern versucht eine Symbiose mit unserem heutigen liturgischen Anspruch und farblichen Empfinden. Dabei erhalten die einzelnen Architekturelemente wie deren verschiedenartige Materialien, ohne die organische Einbindung außer acht zu lassen, ihre eigene farbliche Note. So sind die Mauern jetzt zartgelb mit Sandstein-

Katharina Reichsgräfin von Ottweiler, ›das Gänse-gretel‹ von Fechingen. Federzeichnung von Anton Koehl, 1782

quaderungen aufgemalt, die Säulen ebenso illusionistisch kanneliert. Rostrot tragen über ihnen die Kapitelle die Architrave, über denen in der gleichen Rottönung Ornamentbänder mit weißen Lotosblüten und Akanthusstäben verlaufen. Mooreichengrau sind die Holzbrüstungen der Empore darüber gehalten, ebenso die Bänke, der Altar und die Kanzel.

Über dem Altarkreuz steht golden im mittleren Feld des Kanzelkorbes Christus auf der Wolke. So hat alles hier sein deutliches Eigengewicht und den klaren (liturgischen) Bezug zueinander. Vor allem ist die Harmonie des Baus, im Sinne des Schinkelschen Klassizismus, wiedergewonnen worden. Aus faszinierender Kälte wurde festliche Wärme.

In **Fechingen,** das 777 als ›Fechingas‹ zum erstenmal in einer Urkunde erscheint, steht die *evangelische Kirche* am halben Hang über dem Dorf. Sie hat Vorgängerbauten bis vor 900 und gehört mit Kölln (Köllerbach) (s. S. 169 ff.) und Bliesransbach (s. S. 123) zu den bisher einzigen bekannten Dorfkirchen des Saarlandes, die bis ins erste Jahrtausend zurückreichen. Der romanische Turm an der Nordwestecke der heutigen Kirche ist, so alt er auch aussieht, jünger; er dürfte um 1300 entstanden sein. Der (nachträglich eingesetzte) Türsturz über dem Portal mit den charakteristischen Flechtbändern und Kerbschnitten stammt aus dem 12. Jh. Den Neubau des Schiffes von 1712, der schlicht und zweckmäßig wie eine Scheune war, erweiterte Johann Jacob Lautemann 1779 zu einer Saalkirche; Altar und Kanzel standen im Osten übereinander. Seit 1966/67 ist der Innenraum neu orientiert und nun als Betsaal eingerichtet.

Das Dorf hat eine goldene Krone im Wappen. Es verdankt sie Katharina Margaretha Kest, die, wie es in der Wappenbegründung heißt, »als schlichtes Bauernmädchen zur ersten Frau des

Fürst Ludwig von Nassau-Saarbrücken. Radierung von Anton Koehl, um 1785

Landes emporstieg«. (Wir haben bereits auf dem Halberg von ihr gehört.) Sieben Kinder hatte das ›Gänsegretel‹ mit dem Landesherrn, er war – was Wunder – auch der Herr seines Herzens.

In Richtung **Eschringen** wird das Tal zusehends wieder ländlich. Für die *Laurentiuskapelle* (Abb. 25) in der Dorfmitte muß man sich den Schlüssel holen. Der Metzer Bischof Laurentius (1271–77) stiftete vermutlich die kleine Kirche; nach der Einführung der Reformation wurde sie für die lutherische Gemeinde (1626–84) vergrößert, Ende des Jahrhunderts durch die französische Verwaltung wieder den Katholiken zugesprochen und nach und nach wieder ›katholisch‹ ausgestaltet; 1716 erhielt sie ihre heutige Gestalt; die letzte Restaurierung datiert von 1981–83. Bemerkenswert im Innern sind die beiden barokken Säulenaltäre (1706) und die barocken Heiligenfiguren (18. Jh.): eine Maria Immaculata und Petrus auf dem Hauptaltar sowie eine schlichtere Muttergottes mit Kind auf der Mondsichel. In der Muschelnische des Hauptaltars steht der Patron, Laurentius mit dem Rost, die Lindenholzstatue stammt aus dem 13., eher 14. Jh. Sie hat ihre merkwürdige Überlieferung, die erzählt: In den Glaubenswirren habe man die Statue in den Brunnen bei der Eschringer Mühle geworfen, und als sie dort wiederentdeckt wurde, sei mit dem Wasser des Brunnens die alte Müllerin von einem Augenleiden geheilt worden. Weshalb denn der Brunnen fortan der ›Lorenzborn‹ hieß, und der (wieder in der Kapelle aufgestellte) ›Lorenz‹ als Helfer besonders bei Augenleiden angerufen wurde. Am 10. August kommen noch immer die Wallfahrer.

Ensheim liegt auf dem Berg. Die Wadgasser Prämonstratenser wirkten über ein halbes Jahrtausend hier und brachten den (1121 urkundlich erstmals erwähnten) Ort zur Blüte. Aus ihrer Kirche ging das heutige Gebäude hervor. Die Propstei war eine Art Sommerresidenz der Äbte.

Mehrmals wurde die katholische *Pfarrkirche St. Peter* umgebaut. Das Westjoch kam 1834 dazu, die größte Erweiterung erfolgte 1907–11, neobarock nun; Querhaus, Chor und Turm entstanden. Zugleich wurde die alte Flachdecke in eine Stichbogentonne umgewandelt und das Chorinventar – drei Altäre, die Wandvertäfelung mit eingebautem Beichtstuhl (Mitte 18. Jh.), sowie die jüngere Kanzel – neu formiert. Reizvoll hier die ›Zusammenstellung‹ von Engel und Putten um den Tabernakel und die Heiligen ›aus der Nachbarschaft‹: der lothringische Nikolaus und der Wendalinus von der oberen Blies (beide 18. Jh.). Auf der Nordseite der Kirche blieb ein Portal von 1755 mit aufgebrochenem Segmentgiebel und Figurennische erhalten. St. Peter, der Kirchenpatron, eine Sandsteinfigur von 1834, steht in der Nische. – Die *ehemalige Propstei,* vom Anfang des 18. Jh., erfuhr nach der Säkularisation die zeitüblichen Metamorphosen, als Fabrik (für die weltweit bekannten Adtschen Papiermachédosen) und Herrenhaus. Der Haupttrakt des Westflügels wurde im 19. Jh. um ein Geschoß erhöht und dient, nach Beschädigung im Zweiten Weltkrieg wieder restauriert, als Verwaltungsgebäude. An die alte Bestimmung des Platzes erinnert eine kleine Kapelle nebenan am Marktweg (1822).

Die Hauptstraße führt zum **Saarbrücker Flugplatz** hoch. Der lag früher in den St. Arnualer Saarwiesen. Als im Frühsommer 1933 der Zeppelin kam, standen die Ensheimer Kinder da, wo heute der Flugplatz ist, schwenkten die Fähnchen und schrien Hurra, und die Väter sagten, das sei eine historische Stunde. Der Flugplatz will die Welt – via Ensheim – näher an Saarbrücken bringen. Aber die Welt will nicht so recht. Dennoch, muß man zugeben, steht der Landeshauptstadt der Flugplatz – »unser Airport« sagt man nicht ohne Stolz – zu. Weshalb die Landeshauptstadt das ›eigentlich bayerische‹ Ensheim 1974 denn auch eingemeindet hat.

☐ **Bis in den »letzten Winkel dreier Reiche«**

Zurück noch einmal ins Saartal. **Güdingen** liegt heute im Dreieck von Fluß und Autobahn. Der Turm der *evangelischen Pfarrkirche* stammt aus der Zeit um 1350, das oberste Geschoß und der achtseitige Pyramidenhelm wurden im 18. Jh. aufgesetzt. Johann Jacob Lautemann entwarf 1778 den einfachen Saalbau mit dreiseitigem Schluß. Ähnlich steht im erhöhten und mit einer Mauer umfriedeten Kirchhof auch in **Bübingen** noch die *evangelische Pfarrkirche.* Der als Chor dienende Turm ist älter als der Güdinger, er weist ins 12. Jh., im 15. wurde er um eine Glockenstube erhöht. Das rechteckige Schiff von 1700 hat in der Westwand noch das alte dreifach abgestufte gotische Portal (14. Jh.). Gegenüber im Chor ist eine Sakramentsnische mit einem schönen schmiedeeisernen Gitter erhalten. Die Steinkanzel schuf 1727 Johannes Demuth.

An der **Kuchlinger Kapelle** zwischen Kleinblittersdorf und Auersmacher erinnert eine Gedenktafel zum 1200jährigen Bestehen der Gemeinde an die drei Orte ›Blithario villa‹, ›Auricas Machera‹ und ›Cocalingas‹, die 777 Abt Fulrad von St. Denis seiner Abtei testamentarisch vermachte. ›*Cocalingas*‹ (Kuchlingen) ist im 15. Jh. untergegangen. Wo das Dorf lag, steht heute die Kapelle. 1797 wurde sie neu aufgebaut. Wendalinus und Agatha sind ihre Patrone. Die Namen stehen in dem Maßwerkgiebel der spätgotischen Sakramentsnische, den man über dem Portal noch einmal eingesetzt hat. Das Dreifaltigkeitskreuz an der alten Friedhofsmauer stammt von 1791.

Zahlreiche weitere Kreuze finden sich in und um **Auersmacher** (›Auricas Machera‹), das in seinem Kern Dorf geblieben ist und die Kirche im Dorf gelassen hat. In der *Pfarrkirche Mariä Heimsuchung* (von 1844, mit späteren Veränderungen) stehen noch einige barocke Heiligenfiguren des 18. Jh.: Nikolaus, Michael, Josef, Sebastian und Agatha.

Am ›Rebenberg‹ kann man nach **Kleinblittersdorf** zurückwandern, Fulrads ›Blithario villa‹, das für die beiden Blittersdorf hüben und drüben der Saar gilt. Hier an den Südhängen hatten die alten Saarbrücker Familien ihre Sommervillen – *Villegiaturen* sagte man à la française – und

Dreifaltigkeitskreuz von 1791 vor der Kuchlinger Kapelle

den Weinberg dabei. Die Rotweinlage hatte ihren regionalen Ruf. Gäbe es sie noch, könnte man den ›Blittersdorfer Roten‹ heute wie weiland in den ›Rebenhöfen‹ sogar in der alten Kirche (von 1759/60) verkosten. Der ›Dom‹ wurde nach dem Bau der neoromanischen *Agathakirche* (1907/08 nach Plänen von Wilhelm Hector aus Saarbrücken) profaniert. Peter Hentz (1753–1828), der ›Stangenpeter‹, Mechaniker von Beruf und Steinmetz, Bildhauer und Holzschnitzer dazu, errichtete 1805/06 das spätbarocke (im Zweiten Weltkrieg beschädigte) *Arme-Seelen-Kreuz*. 1930 bekam es seinen Platz vor der Pfarrkirche, ursprünglich stand es an der Wintringer Straße.

Der **Wintringer Hof** liegt hinterm *Auberg*. Seine dem hl. Wolfgang geweihte Kapelle ist der Chor und ein Querhausjoch einer größeren Kirche aus der zweiten Hälfte des 15. Jh. Ein »feines Architekturstück« nennt sie Walter Zimmermann. Eine weitere Wintringer Merkwürdigkeit entdeckt man auf den oberen Wasserschlägen der acht Strebepfeiler: figürliche Plastiken, wie sie ähnlich – und von der gleichen Steinmetzhütte wohl gefertigt – am Chor der Saarbrücker Schloßkirche zu beobachten sind. Die Wintringer Skulpturen sind nicht mehr besonders gut erhalten. Man erkennt dennoch die menschlichen Abbilder, eine Frau beispielsweise mit fließendem Haar (Magdalena vielleicht) sowie Getier und ›Kroppzeug‹ der Fabel.

Blittersdorfer Mutterkirche war bis 1758 *St. Innozenz* im lothringischen Großblittersdorf **(Grosbliederstroff)**, die Pfarrei gehört seit dem 13. Jh. dem Kloster Wadgassen. Der Ausflug über die Saar lohnt sich, er macht nicht viel mehr als eine Brückenlänge aus. Die Kirche von 1748/49, ein stuckierter (im 19. Jh. restaurierter) Saal, wurde von Mitgliedern der Bildhauerfamilie Guldner, die in Wadgasser Diensten standen, barock ausgestaltet. Die Altäre mit den vielen Heiligenfiguren kommen aus ihrer Werkstatt, die Kanzel, die Beichtstühle und ein großer Kruzifixus. Auf dem Hauptaltar assistieren dem Patron der Kirche die Heiligen der Prämonstratenser: Augustinus und Norbert, der Gründer des Ordens.

Die Saar hinauf liegt auf der Grosbliederstroffer Seite **Welferding**. Die Herrschaft Blieskastel reichte einmal bis hierher. Als der Ort 1781 durch Tauschvertrag an Frankreich kam, blieb **Rilchingen** auf der Kleinblittersdorfer Seite der Saar bei Blieskastel. Gräfin Marianne von der Leyen brauchte die Salzquellen für ihr Ländchen. 1790 legte sie eine Saline an, machte Schulden und baute sich, an ihr Alter denkend, bei der Saline ein ›Sanssouci‹, das ›Salzschlößchen Anna-halle‹. Dessen Annehmlichkeiten sollte ein Park noch ergänzen. Kein Geringerer als Friedrich Ludwig Sckell, der spätere bayerische Hofgartenintendant, fertigte den in »Schwetzingen am 16. Jenner 1792« unterzeichneten Plan. Der bezog – nach der neuen ›englischen Mode‹ – den Fluß in den Park ein und ließ zwischen den Baumgruppen »Oefnungen nach dem Thurm, Schloß von Saargemunde« frei. Ein Druidenhain wurde als »passende verzierung« angelegt und als »ländlich nützliche Cultur« eine Ferme, mit »durch kleine Häge abgetheilten Feldern«. Ein Jahr später besetzten die Truppen der Revolution Rilchingen. Schloß und Park wurden ver-wüstet und verschwanden mit der Zeit. Zwei *Quellentürme* blieben: der ältere ›Mariannenturm‹ und der jüngere ›Augusta-Viktoriaquell‹. 200 Jahre nach der Leyenschen Saline, hofft man im Kleinblittersdorfer Rathaus, wird Rilchingen Sole-Thermalbad sein.

Die Straße hält sich entlang der Grenze an der Saar und folgt hinter der Mündung der Blies. Bei der *Bliesgersweilermühle* im Scheitel des letzten großen Bliesbogens stießen im 19. Jh. zwischen den »gar freundlichen bayerischen Dörfern Bliesmengen und Bliesbolgen, jenseits des Flusses das große französische Dorf Bliesschweigen« und dem »bedeutenden preußischen Dorf Bliesransbach im Hintergrund«, die »letzten Winkel dreier Reiche« zusammen. Heute scheiden sich hier die Bistümer Trier, Speyer und Metz. Die *ehemalige Pfarrkirche* in der Dorfmitte von **Bliesransbach** steht auf historischem Boden. 1969 stellte man bei Grabungen Vorgängerbauten fest, bis ins 9./10. Jh. zurück. Das heutige Pfarr- und Jugendheim ist ein Umbau von 1779 nach Plänen von Johann Jacob Lautemann. Die Empore in dem einfachen Rechtecksaal blieb erhal-ten. Figuren der alten Ausstattung, von Lukas u. a. und den Pestheiligen Sebastian und Rochus (alle 18. Jh.), befinden sich in der neuen *Pfarrkirche St. Lukas*. – Vor dem Dorf liegt im Bühlbach-tal bei einer Quelle die *Wendalinuskapelle*. Sie wurde 1736 erbaut und 1862 erneuert; der Hirten-heilige (eher 18. als 17. Jh.) erscheint als barocker Schäfer, mit einem Lamm zur Rechten, den linken Fuß auf die Krone, die er ausschlug, gesetzt. Der Platz ist die wenig verstellte Idylle geblieben.

Ein paar Meter nur hinter dem Chor führt ein Feldweg den Berg hoch hinüber zum *Ritthof.* Überrascht liest man das Wegschild: Alfred-Döblin-Weg. Das hat seine literaturtopographi-schen Gründe: Eine frühe expressionistische Erzählung von Döblin handelt hier, »Das Gespenst vom Ritthof«. Er schrieb sie im Ersten Weltkrieg in Saargemünd, wo er als Militärarzt statio-niert war, gern im Ritterhof einkehrend, damals noch Weingut und Ausflugslokal, und auch nach Saarbrücken hinüberwandernd »durch das wundervolle Saartal, durch die herrlichen Wälder und Berglandschaften«.

GRENZGANG I

Der Saar entlang kamen aus dem Lothringischen die Dichter. Angemessen entgegen kommt man ihnen heute auf dem Leinpfad, am besten auf dem ›Drahtesel‹. Goethe fand das Tal »lieblich«, Döblin »wundervoll«, heute ist das Tal Ansichtssache. An der Mündung der Blies in die Saar liegt **Saargemünd** (Sarreguemines). Die 1778 gegründete *Fayencerie* hat die Stadt berühmt gemacht. Die erste Manufaktur lohnt die Visite allemal. Seit 1972 beherbergt sie das *Musée Régional*. Ein alter Brennofen, der wie ein Zuckerhut aussieht, dient als Wahrzeichen. Hinter der Stadt läuft ab Schleuse 27 der Saar-Kohlen-Kanal neben dem Fluß her. Wer hier schippern will, nimmt sich Zeit. An den Schleusen ist die Idylle allerdings nur mehr halb. Die Schleusenmeister sitzen jetzt nicht mehr in ihren Häuschen, sondern tuckern mit dem Auto am Kanal entlang und bedienen die Schleusen ihres Sektors ›fliegend‹. Die schönste Dorfkirche des Tals steht im Hang über **Zetting**. Schon ihre Silhouette ist merkwürdig. Vom romanischen Vorläufer (12. Jh.) blieb der Rundturm im Westen, an das niedrige Langhaus (gegen 1400) schließt sich der hohe gotische Chor an (1434). Im Chor ist aller Glanz in den sieben farbverglasten Maßwerkfenstern (1435–50) versammelt. Sie erzählen – von der Erschaffung der Welt bis zur Auferstehung – die buntesten biblischen Geschichten. Am Bocksbrunnen von Sarre-Union scheiden sich die Geister. Wir sind im *Krummen Elsaß,* das die Geschichte – wie die Natur die Zaberner Steige – zwischen Lothringen und das Elsaß gesetzt hat. Wer segeln will, fährt die Saar oder den Kanal entlang zu den *Lothringer Weihern.* Wer wandern will, in das Waldland um La Petite-Pierre (s. Grenzgang VII). Als **Fénétrange** noch Finstingen hieß, führte im Dreißigjährigen Krieg über der Saar vom »Oberen Thor bis zu dem undern« einmal »die vornembste strasse der Welt, sie wird genant Heuchelstras«. Was Wunder, mitten im »Wogengedräng des untergehenden Vaterlandes« erschien sie dem Barockdichter Johann Michael Moscherosch als das einzig »wahrhafftige Gesicht«. Die größere, glühende blühende, Vision am Ende: Chagalls größtes Farbfenster in der *ehem. Franziskanerkirche* mitten in **Sarrebourg,** »La Paix«. Aus einem Fond von tiefem Blau lodert ein riesiger Blumenstrauß auf als Symbol des Friedens.

Das Sulzbachtal hinauf, das Fischbachtal hinunter

Sulzbachtal und Fischbachtal sind die Steinkohlentäler. Frühe Erinnerung: das Geräusch der genagelten Schuhe drunten auf der Straße, wenn die ›Hartfüßer‹ zur Grube gingen. Immer kam hier eine Schicht zu Ende und begann eine neue. Der Schichtwechsel teilte den Tag durch drei. Zehn Gruben gab es hier im **Saarkohlenwald,** von Jägersfreude bis Maybach, zu dem zeitweise 18 Schächte gehörten. Sulzbach war die ›Stadt der Kohle‹. Nur ein Bergwerk, Göttelborn, ist geblieben, nachdem im Herbst 1990 Camphausen als Förderplatz stillgelegt wurde. Bereits im 14. Jh. wurde in Dudweiler im Tagebau Kohle gegraben. (Die früheste urkundliche Erwähnung stammt allerdings aus dem Jahre 1429.) Aber erst Mitte des 18. Jh. erlangte der Abbau durch den

Übergang der Grubenfelder in fürstliche Regie wirtschaftliche Bedeutung. Am *Brennenden Berg* zwischen Dudweiler und Sulzbach, wo in einer Klamm seit mehr als 200 Jahren ein Kohleflöz schwelt, erinnert eine Tafel an Goethes Aufenthalt Ende Juni 1770: »Hier wurde ich nun eigentlich in das Interesse der Berggegenden eingeweiht, und die Lust zu ökonomischen und technischen Betrachtungen, welche mich einen großen Teil meines Lebens beschäftigt haben, zuerst erregt«, schreibt er im Zehnten Buch von »Dichtung und Wahrheit«.

Zahlreiche Zeugnisse der bergmännischen Wohn- und Arbeitswelt liegen am Wege. Wenige nur noch aus der Zeit, als der Bergbau durch die ›Saarbrücker Eisenbahn‹, die Anfang der fünfziger Jahre des 19. Jh. von Bexbach mitten durch das Grubengebiet im Saarkohlenwald nach Forbach geführt wurde, einen kaum geahnten Aufschwung erfuhr. Vier ›Eisenbahngruben‹ allein entstanden auf kurzer Strecke: Altenwald, Sulzbach, Dudweiler und Von der Heydt.

Das **Sulzbachtal** ist eine einzige Ortsstraße, übergangslos wachsen die Orte ineinander. Wir beginnen am Anfang des Tals in **Jägersfreude** (Abb. 22). 1809, in der »Franzosenzeit«, wurden am Bach die ersten Stollen angeschlagen. Die preußische Grubenverwaltung führte um 1850 die Pferdeförderung unter Tage ein und erreichte eine Steigerung des Abbaus um das Siebenfache. Am Zechenweg steht noch ein Schlafhaus (aus späterer Zeit). Schlafschuppen – für die ›Ranzenmänner‹, ›Hartfüßer‹ oder ›Saargänger‹ aus dem Hochwald und der Pfalz, die die Woche über in unmittelbarer Nähe der Grube übernachteten und nur am Wochenende nach Hause kamen – gab es schon früh, um 1840 organisierte sie der Preußische Bergfiskus, in den Speichern der Zechenhäuser zumeist. Die Zustände waren schäbig. Erst nach dem Deutsch-Französischen Krieg entstanden reguläre Häuser, in Von der Heydt steht noch ein Prototyp. Jeder Einlieger zahlte monatlich eine Miete von zwei Mark. Bett, Bettwäsche und ein Schrank wurden zur Verfügung gestellt. In punkto Verpflegung war man Selbstversorger, in einigen Häusern gab es zudem Konsumläden und Menagen. Alles hatte seine (rigide) Ordnung. Für die sorgte schon der Schlafhausmeister, der in der Regel ein ehemaliger Unteroffizier oder ein

Typisches Schlafhaus für Bergleute,
die von weit her zur Arbeit kamen

Unter der Woche mußten die Bergleute sich selbst versorgen

pensionierter Gendarm war. Die Vorurteile waren trotzdem zur Hand: Eine bürgerliche Nachbarschaft sah die »Schlafkasernen« nur allzu bald als »Hort des Zerfalls von Sitte und Moral«. Um 1910 gab es im Saarrevier noch 39 dieser ›Horte‹ mit rund 5000 Einliegern.

In **Dudweiler** steht ein Rest Alt-Dudweiler noch auf dem ›Büchel‹, viel ist nicht mehr wegzusanieren. In der Stadtmitte ragt der Chorturm (Mitte 14. Jh.) der *ehem. Pfarrkirche* auf. Den beiden Pfarrhäusern der *evangelischen Christuskirche* (von 1881) gegenüber liegt in der Saarbrücker Straße der Nassauer Hof. Daß der von Stengel stammt (1761/62), ist ihm mit dem besten Willen nicht mehr anzusehen. Er war vom fürstlichen Jagdschloß und von der Residenz der obersten preußischen Bergbaubehörde bis zum Hotel mit Biergarten, Kino und Einkaufscenter schier alles. Immerhin, Lisbeth Dill (1877–1962) wurde hier geboren. Sie ist immer noch die meistgelesene saarländische Autorin ›von Welt‹ – man muß nur die Höhe des Stapels ihrer Romane (auch zum Thema »Wir von der Saar«) in Anschlag bringen. Eine neue Stadtmitte, von Gottfried Böhm in den achtziger Jahren als fischförmige Anlage in Blockbebauung entworfen, mit einem erhöht thronenden zylinderförmigen Bürgerhaus im ›Kopf des Fisches‹, blieb leider Torso. Für *Sankt Barbara* auf dem Pfaffenkopf schuf der Maître Verrier Gabriel Loire aus Chartres die den Kirchenraum faszinierend ausleuchtenden Glasbetonfenster (1957).

Die Grube (die 1920 von den Franzosen in ›Grube Hirschbach‹ umbenannt wurde) hatte 1873 mit 23 000 Beschäftigten die stärkste Belegschaft im ganzen Revier. Am *Gegenortschacht,* am Westhang des Brennenden Berges, steht das älteste Gebäude aus der Zeit des Preußischen Bergfiskus, ein einstöckiges Zweifamilienfachwerkhaus (von 1864).

Mitte des 19. Jh. vervierfachte sich in **Sulzbach** innerhalb kürzester Zeit die Einwohnerzahl. Die Eisenbahngruben Mellin (1853) und Altenwald (1851) brachten den Zulauf. In der oberen Mühlenstraße am Friedhof gibt es noch einige gute *Melliner Doppelhäuser* für Arbeiter (1903), ihre Fachwerkgiebel, in denen Holzwerk und Putzflächen schön zusammenspielen, fallen ins Auge. Als Lager wird das Neue Schlafhaus der ›Mines Domaniales‹ (von 1920) am Mellinweg über der Bahn genutzt.

Im *Neuweiler Tal* versteckt sich unter dem Autobahnzubringer die alte (1936 geschlossene) *Appoltsche Blaufabrik.* »In rätselhaften Prozessen entband sich (hier) aus Alaun und Blutlaugensalzen die blaue Farbe: Waschblau, Modeblau, Preußischblau«, heißt es in dem zweiten autobiographischen Roman von Ludwig Harig, der 1927 in Sulzbach geboren wurde, »Weh dem, der aus der Reihe tanzt« (1990). Und eine zweite Welt tut sich hinter der in Lokalaugenschein genommenen ersten auf: »Preußischblau, was für eine Farbe! Preußischblau war Blüchers Mantel bei Belle-Alliance, war Prinz Friedrich Karls Umhang auf den Düppeler Schanzen, waren die Uniformen des 2. Grenadierregiments zu Fuß in der Schlacht von St. Privat. Und Preußischblau war die Farbe des Bachs, dessen Wasser aus dickem Rohr hervorquoll und sich in gemauertem Graben an der evangelischen Kirche vorbei in den Sulzbach ergoß ...«

Die neogotische *evangelische Kirche* von 1852/54 wurde 1897/98 von dem Saarbrücker (damals noch St. Johanner) Architekten Heinrich Güth umgebaut. Sie überrascht im Innern. Man erwartet einen Gewölbebau und entdeckt eine flache Holzdecke und eine hölzerne Empore, die auf der West- und Südseite umläuft: solides Kunsthandwerk, einschließlich der Kanzel und der Bänke, und phantasievoll zugleich. Etwas weiter erinnern das *Haus der Salzknechte* (16. Jh.) über dem Salzbrunnenschacht und das *Salzherrenhaus* (um 1730), die in den letzten Jahren saniert und restauriert und als Kulturzentrum eingerichtet wurden, an die ehemalige Saline, die mehr schlecht als recht von 1562–1736 in Betrieb war.

Grußpostkarte aus dem Bergarbeiterort Schnappach bei Sulzbach, um 1895

Überm Bach – noch einmal Ludwig Harig – auf »Liebergallshaus«, dem Hauptschauplatz seiner Sulzbacher Kindheit, hat sich das Schlachthaus in ein »geschleiftes viktorianisches Kastell« verwandelt und die Berghalde in einen »Birkenhain wie aus der Theaterkulisse«. »Wenn ich mich beim Spielen auf dem Schlackenberg in die ausgebläuten Spalten der Halde verkroch und den betäubenden Schwefelwasserstoffduft einatmete, der dem Gestein entströmte, fiel mir das Märchen vom blauen Eispalast der Schneekönigin ein, und wenn ich am Abend in der Küche saß, aus dem Märchenbuch aufschaute und das Quaken der Kröten vom Schlammweiher herübertönte, dachte ich an das blauschwarze Gewässer des Schloßteichs, aus dem Feuersalamander und gepanzerte Molche kriechen, deren Brustharnische erzfarben in der Sonne glänzen . . .« Doch »nichts blieb so, wie es war. Opa sagte: ›Jetzt ist auch bei uns der Hitler am Ruder‹, und wir bekamen ein neues Lesebuch . . . So kam zum Blauen das Braune hinzu.«

»Seng, Schnappach!« ist in Sulzbach sprichwörtlich. Vor dem Bergmannsdorf stießen einmal Bayern und Preußen zusammen. Im Ruhbachtal – »das schwarze Tal« schrieb 1858 noch August Becker, »das schmutzigste und kotigste, das man treffen kann, aber auch eines der gewerbsamsten« – entstand 1784 die erste der drei Sulzbacher Glashütten. Sie wurde nach der Blieskasteler Gräfin Marianne von der Leyen benannt, ab 1815 lag sie auf bayerischem Gebiet. Ihre Farbglasfenster machten die ›Mariannenthaler Hütte‹ bekannt. Die **Grube Altenwald** war neben Maybach der wichtigste Kohlelieferant für die Koksproduktion; Röchling in Völklingen erwarb 1874 die Altenwalder Kokerei. An der alten Eisenbahnschachtanlage im ›Tränenviertel‹ sind noch ein paar Industriebauten (wie das *ehem. Zechenhaus*) erhalten. Die südlich anschließende Arbeiterkolonie (1873/74–1903/04) ist vor lauter Um- und Anbauten kaum noch wiederzuerkennen, sie hat ihren baulichen Eigenwert verloren. Den Turm der *evangelischen Kirche* an der Sulzbachtalstraße haben Bergschäden aus dem Lot gebracht. Die Kirche, ein schlichter neoromanischer Ziegelbau, wurde 1891–93 als Betsaal aufgeführt, Chor und Turm kamen bis 1897 dazu.

Das ›*Alte Schulhaus*‹ in **Elversberg** war einmal Schlafhaus der Grube Heinitz (um 1850). Der Ort entstand als in sich geschlossene Prämienhauskolonie. Das ›Prämienhaus‹ war die neue siedlungspolitische Variante des Bergfiskus. Man wollte die Bergleute seßhaft machen, und ihr (Eigen-)Heim sollte möglichst nahe bei der Grube stehen. Der Direktor des Saarbrücker Bergamtes Leopold Sello (1785–1875) gilt als der Vater des Systems. Danach erhielt jeder aktive verheiratete (und natürlich gut beleumundete) Bergmann eine Prämie des Bergfiskus und ein auf zehn Jahre befristetes Darlehen aus der Knappschaftskasse (die Raten wurden vom Lohn einbehalten). Prämie und Darlehen machten ein Drittel der Gesamtkosten aus und brachten mit weiteren Auflagen die Prämierten in allerhand Abhängigkeiten. Ihre soziale wie politische Disziplinierung konnte den Grubenherren nicht unerwünscht sein. Fast 8000 Prämienhäuser wurden bis 1918 gebaut.

Beispiele der zwei wichtigsten Formen finden sich zur Genüge an unserem Weg, man braucht in **Spiesen** und Elversberg nur in die Seitenstraßen zu schauen. Der frühe Haustyp hat die Küche an der (schmucklosen) Straßenseite mit direktem Zugang durch die Haustür, die seitlich versetzt neben ein, zwei oder drei Fenstern steht. Meist ist der Keller hochgebaut, der Stall für die ›Bergmannskuh‹, die Geiß, befand sich in ihm. Der späte Typ (um 1900), in der Regel fünf-

2 Die Saarschleife im Herbst
◁ 1 PERL-NENNIG Schloß Berg
3 NOHFELDEN-BOSEN Bostalsee

4 St. Wendeler Land mit dem Schaumberg

6 METTLACH-ORSCHOLZ   »Des Landes schönste Stelle« von der Cloef aus gesehen ▷

5 ENSDORF   Kraftwerk

7 MERZIG St. Peter

9 METTLACH Alter Turm ▷

8 HOMBURG-WÖRSCHWEILER Reste der Westfassade der ehem. Klosterkirche

11   PERL-NENNIG   Römisches Fußbodenmosaik

◁ 10   THOLEY   Blick vom Schaumberg auf die Benediktinerabtei

12   ST. WENDEL   Wendelsdom, Blick in den Chor ▷

13 WADERN Schloß Dagstuhl

14 ÜBERHERRN-BERUS Orannakapelle

15 DILLINGEN Altes Schloß

16 SAARLOUIS Kasematten

17 BLIESKASTEL Schloßkirche, Orangerie und Kleines Schlößchen ▷

18, 19   ST. WENDEL   Skulpturenfeld: Stein von Herbert George

20   BLIESKASTEL   Gollenstein, keltischer Menhir ▷

Treppenstein von Leo Kornbrust am Übergang zur Skulpturenstraße

21   QUIERSCHIED-FISCHBACH   Arbeiterdoppelhaus

22   ST. INGBERT   Glasmachersiedlung

23 SCHIFFWEILER-HEILIGENWALD Fördergerüst der Grube Itzenplitz
24 VÖLKLINGEN Turbine in der Gasgebläsehalle der stillgelegten Hütte ▷

26 SAARBRÜCKEN   Ludwigsplatz und Ludwigskirche
25 OTTWEILER   Alter Turm und Rathausplatz
27 SAARBRÜCKEN   Staatstheater am Saarufer

Quierschieder Glashütte. Lithographie, 1779

achsig, mit Mittelflur nun, hat die Küche mit der Speichertreppe an der Rückseite, zwei Stuben gehen zur Straße. Die Fassade wird mehr und mehr bürgerlichen Wohnbauten angepaßt. Klinkersteine in Ocker und Rot oder glasierte Fliesen in Weiß und kräftigen Farben ersetzen den Putz. Das kam dem Haus gleich zweimal zugute: Es wurde ansehnlicher und hielt sich pflegeleicht.

In **Friedrichsthal** ging es mit dem Bergbau bergauf, als es mit den Glashütten bergab ging. Graf Friedrich Ludwig von Nassau-Saarbrücken hatte 1723 eine Hütte gegründet, das Dorf bei der Hütte bekam seinen Namen. 1747 begann in der »Owweren Hitt« der eigentliche Betrieb. Mit Kohle zur Beheizung der Glasschmelzen statt Holz. Das brachte wichtige Vorteile, wie 100 Jahre später auch die Bahn. An der neuen Saarbrücker Linie entstanden ab 1853 elf ›Eisenbahnhütten‹. Die Glashüttengrube, in der man im Tage- und Stollenbau die Kohle für den Eigenbedarf gewann, hatte bereits 1817 der preußische Staat übernommen. 1856 wurde 150 Meter westlich vom 1852 fertiggestellten alten Bildstock-Tunnel der Grühlingsstollen angehauen, der letzte, bevor man auch in Friedrichsthal in die Tiefe ging. 1857 wurde der erste Tiefbauschacht abgeteuft, ›Helene I‹. 30 Schächte waren vor dem Ersten Weltkrieg im Stadtgebiet in Betrieb. 1932 legten die Franzosen Helene still.

Am Ortseingang zwischen Bahn und Saarbrücker Straße sind vier Fabrikgebäude der *Reppertschen Glashütte* aus der Zeit um 1870 erhalten. Säureballons von 60 bis 70 Liter Fassung waren

Repperts Spezialität. Mundgeblasen. Die ›Einträger‹, die den glühenden Glasklumpen an einem Eisenrohr dem Meister auf dem Gerüst zu bringen hatten, aber auch die Helfer, die die noch glühenden Flaschen in die Kühlöfen schleppten, waren nicht selten Schulkinder. »Die älteren Glasmacher«, berichtet der Friedrichsthaler Chronist Wilhelm Schaetzing, »erzählten mir, daß jeden Tag ein Aufseher der Hütten an die Schultür gepocht und zu dem öffnenden Lehrer (gesprochen hat): ›Fink, gemm merr mohl 10 Buwe zum Indrahn!‹ Und der Herr Schullehrer mußte dem Wunsche der Hüttenherren und armen Eltern nachkommen.« Die Glasmacher – auch das setzten die Fabrikanten voraus – hatten möglichst nahe an der Hütte zu wohnen, um sofort bereit zu sein, wenn die Glasmasse voll verflüssigt war, »bräsig« schrie man über die Straße. Im Rechteck Saarbrücker-, Feld-, Hohenzollern- und Breite Straße stehen in einigen Zeilen noch ihre Häuser (die frühesten von 1839), die man ihrer Reihenhausarchitektur wegen auch ›D-Züge‹ nannte, kaum eines allerdings noch in seiner ursprünglichen Gestalt.

Betstunden und Gottesdienste wurden im 18. Jh. noch in der Hütte gehalten, später in der Schule, 1862 gab es eine erste evangelische Kirche. Die mußte 1895 wegen Bauschäden abgerissen werden. Die *neue Kirche* baute 95–97 an anderer Stelle Heinrich Güth, den wir bereits von Sulzbach her kennen. Auch hier überraschen im Innern die Holzeinbauten. Eine große hölzerne Halbtonne überwölbt den Raum, Emporen füllen die Querhausarme. – 1868 bekam Friedrichsthal seine eigene Berginspektion. Das *Inspektionsgebäude an der Helenenanlage* ist für Sozialwohnungen eingerichtet. Nahebei liegt, zinnenbewehrt wie ein romanisches Burgtor, das restaurierte *Mundloch des Grühlingsstollens* (Abb. 24).

Stelldichein vor dem Bildstock-Tunnel nach seiner Vollendung, 1852

154

Bildstock, wohin es nun hochgeht, ist heute ein Stadtteil (aber sagen Sie das mal einem Bildstocker!?) von Friedrichsthal. Das ›Bildstöckel‹, das dem Dorf den Namen gab, steht, in einer jüngeren Fassung von 1932, noch am Hoferkopf. Der *Hoferkopf* (399 m) setzt den Schlußpunkt hinter das Sulzbachtal, er ist die Wasserscheide zwischen Saar und Blies. In der ›Sandkaul‹ an seinem Hang, die rot und gelb leuchtet, holten sich die Friedrichsthaler Glasmacher, bis zum Bau der Eisenbahn, den Sand.

Wieder drunten im Ort muß man sich zur Hofstraße erst durchfragen. Dort steht, eher bescheiden angesichts seiner Bedeutung, der 1891/92 errichtete ›Rechtsschutzsaal‹, das erste Gewerkschaftshaus an der Saar. Für das massive Gebäude mit einem Saal für rund 1000 Personen – Entwurf Heinrich Güth, zum dritten Mal begegnen wir ihm hier – brachten Geld und Baumaterial (»eine Mark und zwei Backsteine«) die Mitglieder des im Anschluß an den Bergarbeiterstreik vom Mai 1889 gegründeten »Rechtsschutzvereins für die bergmännische Bevölkerung des Oberbergamtsbezirks Bonn«. Ein Gedenkstein erinnert an den Gründer des Vereins und Erbauer des Saals, Nikolaus Warken (1851–1920) aus Hasborn bei Tholey. »Eckstein« nannten ihn seine Kameraden, und Eckstein war wie im Kartenspiel Trumpf. Zumindest bis zum Zusammenbrechen des größten und längsten Bergarbeiterstreiks an der Saar, vom 29. Dezember 1892 bis 18. Januar 93. (Rund 83 Prozent der Belegschaft, 25 326 Bergleute, waren am 2. Januar im Ausstand.) Im Dezember 1893 wurde der Rechtsschutzsaal an den Neunkircher Brauereibesitzer Schmidt verkauft, der verkaufte ihn nach einem Jahr weiter, der neue Besitzer: die Königlich-Preußische Bergwerksdirektion! Am 27. August 1896 löste sich der Rechtsschutzverein auf. Der ›Eckstein‹ zog 1893 wieder nach Hasborn, hauste dort als kleiner Bauer und hausierte nebenbei mit Fotografien und Bilderrahmen. Für die Bildstocker wurde der Rechtsschutzsaal die »Spielschull« und die »Nähstubb«. Zehn Jahre später entstand im Fischbacher Wald die ›Insel‹ und 1921 die ›Wallachei‹. Heute sind diese Wohnsiedlungen (52 Doppelhäuser für Arbeiter, fünf für Beamte) mit Bildstock verschmolzen. Die Anlage als ›Kolonie‹ erkennt man noch, im Detail jedoch liegt vieles im argen.

Hinter dem Rest Wald, der beim Bau der Autobahn übrigblieb, liegt **Maybach.** »Uff de Maibach« sagte man, die Grube war sprichwörtlich. Am 25. Oktober 1930 kamen bei einer Schlagwetterexplosion 98 Bergleute ums Leben. Abgeteuft wurde der erste Schacht 1873: »Der Hauer Peter Marquardt hat die drei ersten Schippen voll Erde – in den drei höchsten Namen – zurückgeworfen.« Ihren Namen erhielt die Grube 1882 nach dem preußischen Minister Maybach. Auch bei der Benennung der Schächte blieb man in der Familie. Als selbständiger Förderstandort wurde Maybach 1964 stillgelegt und an Reden angeschlossen.

Von den alten Tagesanlagen sind die drei Fördermaschinenhäuser von ›Albert‹ (1882), ›Marie‹ (1889) und ›Frieda‹ (1902) noch erhalten. (Albert mit der ältesten Dampffördermaschine des Saarreviers von 1909/10). Der Betonförderturm von Frieda wurde 1986 gesprengt. Oberhalb lagert langgestreckt das *ehemalige Verwaltungsgebäude,* im Giebel des Mittelrisalits verblieb das Medaillon mit dem Porträt Maybachs. Vor dem Gebäude steht das *Denkmal* für die Toten von 1930.

Die **Werkssiedlung Maybach** – als Ensemble weitgehend noch intakt und beispielhaft für die dritte Alternative des bergamtlichen Siedlungssystems, die Mietshauskolonie – entstand zum

Mehransichtiger Aufriß eines Beamtenhauses der ›Mines Domaniales Françaises‹ für zwei Familien

größten Teil von 1884 bis zum Ersten Weltkrieg in der Regie des preußischen Bergfiskus. Die Mines Domaniales Françaises vervollständigten sie in den zwanziger Jahren. Vier Schlafhäuser (von 1909 und 1911/12) gab es außerdem am Rande der Siedlung. Es waren kleinere Gebäude (mit ›nur‹ 60 Schlafstellen) im Pavillonverbund statt der üblichen Kasernen (mit 250 und mehr Einliegern). Eines der Häuser mit einem Waschhaus blieb erhalten. 1981 wurde die gesamte Kolonie unter Denkmalschutz gestellt. Abermals spiegelt der Wohnplatz die Hierarchie des Arbeitsplatzes. Die Beamten, die Steiger und Ingenieure hatten auch in Maybach den Vorrang. Ihre Wohnungen – 24 anderthalbstöckige *Doppelhäuser* mit einem zweistöckigen Mittelrisalit und einem separaten Wirtschaftsgebäude – liegen der Grube am nächsten. Deutlich in der Straßenzeile abgetrennt stehen dann – nach der Schule (1905, heute ›Alt Maybach‹) und der Kirche (1927) – die elf einfachen Arbeiterdoppelhäuser. Sie sind anderthalbstöckig, ein Raum im Keller diente als Stall. Etwas aufwendiger wurde das Dreifamilienhaus Ecke Barbara-, Hauerstraße gestaltet. Dem Werkstor gegenüber entstand 1897 eine Kaffeeküche, sie war nach dem neuen Konzept als wichtige »Einrichtung zum Besten der Arbeiter auf den Bergwerken Preußens« längst fällig. Eigentlich war sie mehr eine Wirtschaft, in der es nach der Vorschrift »ein billiges Frühstück in guter Beschaffenheit« gab. Ein Konsumladen war angeschlossen.

☐ Auf Bergmannspfaden nach Von der Heydt

Die Grube am Südhang der **Göttelborner Höhe** war keine ›Ministergrube‹. Sie wurde 1886 nach dem Ort benannt, den, der Überlieferung nach, Heimkehrer aus Napoleons Rußlandfeldzug gegründet haben sollen. Direkt bei der Schachtanlage entstand zwischen 1888 und 1912 die preußische Beamtenkolonie, 1921 kamen in der Fichtenstraße sechs Doppelhäuser der französischen Verwaltung dazu. Die *Kolonie* ist noch heute, von einigen Modernisierungsmaßnahmen abgesehen, wegen ihrer Geschlossenheit und der Vielfalt der Häusertypen vorbildlich. Der alte *Wasserturm* auf der Höhe, gegenüber dem 208 Meter hohen Sendemast des Saarländischen Rundfunks, stammt noch aus der Zeit vor dem Ersten Weltkrieg.

Quierschied rückt bereits ins Fischbachtal, das Tal zieht sich bis Saarbrücken. »In der Reih« stehen – so ordentlich wie auf einer Zeichnung der Glashütte von 1779 – die *Glasmacherhäuser.* Die alten eingeschossigen an der Straße, auf der Talseite die zweigeschossigen. Jenseits der Bahn in **Brefeld,** das noch zu Sulzbach gehört, ist der ehemalige Pferdestall (1898/99) der 1942 stillgelegten Grube zu einer *(katholischen) Kirche* umgestaltet worden. Neben der Bahn läuft ein historischer Bergmannspfad nach **Fischbach-Camphausen.**

Camphausen hat seine Schicksale. 1871 wurden hier im ›Heidenstock‹ im Fischbacher Wald die ersten beiden Schächte angehauen; 1885 fielen 180 Bergleute einer Schlagwetter- und Kohlestaubexplosion zum Opfer; 1910/11 erhielt der Doppelschacht Camphausen IV den ersten *Stahlbetonförderturm* der Welt. Er ist 40 Meter hoch und hat vier Hauptstockwerke, das oberste kragt nach den Seiten stark vor, die Maschinenräume befinden sich in ihm. Am 12. November 1990 fand die letzte Seilfahrt zur Kohleförderung statt. Die hochwertigen Kokskohlevorräte werden nun von Göttelborn aus gewonnen. Die große Beamtenkolonie südlich der Tagesanlagen im Wald mit den drei *Direktorenvillen* (1890–1910) entsprach der wirtschaftlichen Reputation der Grube. Das kleinere Pendant für die Arbeiter liegt im Zentrum von **Fischbach.** Es ist – mit dem charakteristischen Fachwerk der *Doppelhäuser* (Farbabb. 21) in den Giebeln der Seitenrisalite und den Tür- und Fenstereinfassungen aus Sandstein – fast ohne Fehl und Tadel (nur die Fenster sind neu) und gehört zu den schönsten Ensembles im Saarrevier.

Hinter Fischbach taucht das Tal wieder in den Wald. Weiher begleiten den Bach. Seitentäler stoßen dazu: Netzbach, Steinbach und Burbach kommen den Köllertaler Wald herunter. Wie Inseln liegen im Wald die Forsthäuser und Schächte.

Nach **Von der Heydt** sollte man wenigstens das letzte Wegstück laufen, und sich dann Zeit für einen Rundgang à la recherche du temps perdu lassen. Denn Von der Heydt war lange (und ist es vielleicht auch heute noch) das ›vergessene Dorf‹. Die Grube, nach »Seiner Excellenz des Handelsministers von der Heydt« benannt, wurde 1850 im Burbachtal gegründet. Wenig später bekam sie einen Gleisanschluß zur Saarbrücker Bahn, der 1855 bis 1861 ausgebaute Burbachstollen verband sie dann auch unter Tage mit dem Fischbachtal. In der Weltwirtschaftskrise wurden 1932 die Steinbach- und Amelungschächte stillgelegt, 1965 die ganze Schachtanlage. Geblieben in der Talsenke ist wenig, das alte Magazin und ein Maschinenhaus (beide 1885/86), den Rest deckt allmählich wieder der Wald. Vom alten Bahnhof (von 1870) schaut man in eine leicht verrottete Idylle.

Besser steht es mit der *Werkssiedlung* am Talhang. Im 19. Jh. galt sie als Musterkolonie, was man im 20. von ihr beließ, steht unter Denkmalschutz. Große Bedeutung hatten vor allem die Schlafhäuser. In der ersten Zeit waren mehr als 25 Prozent der Bergarbeiter jünger als 20 Jahre, nur knapp die Hälfte war verheiratet, 630 Einlieger waren unterzubringen, jeweils acht Betten standen in den Sälen. Erhalten sind die im Zentrum übereinander plazierten *Schlafhäuser I* (1872–76) und *II* (1886), dieses allerdings nur noch mit seinem rechten Flügel. Das ältere Gebäude – langgestreckt hinter einem Vorplatz, zweigeschossig, repräsentativ die Fassade mit Mittelrisalit und Dreiecksgiebel – wird auch das ›Casino‹ genannt, weil neben den Schlafräumen für rund 250 Bergleute auch ein ›Beamtencasino‹ in ihm untergebracht war, Arbeiter hatten dort keinen Zutritt. Das jüngere Haus – mit einem gedrungenen neoromanischen Turm über einem flachen, dreieckig abschließenden Vorbau – heißt die ›Kirch‹ (Abb. 23). 1923 richteten französische Bergbeamte in dem Flügel eine Kapelle ein. Ein Kuriosum steht hinter dem ›Casino‹, ein *Stollenmundloch* wie eine kleine Burg, aber es führt in keine Grube, es war der Eingang zum Bierkeller. Ansonsten gab es nur Beamtenwohnungen in Von der Heydt. Sie entstanden zwi-

Fritz Zolnhofer, ›Berg-mannskuh‹. Ölgemälde von 1935

schen 1870 und 1890: vom Zwei-, Vier- und Sechsfamilienhaus für die untere und mittlere Laufbahn bis zum Einfamilienhaus für die höheren Chargen und die Direktorenvilla als Unikat für die ›kleinen Herrgötter‹. Die alten hierarchischen Strukturen jedenfalls – man muß nur hinschauen – zeichnen sich auch im Von der Heydter Restprogramm noch ab: Über wie unter Tage war Ordnung das ganze Leben.

Völklingen, der Warndt und das Köllertal

Saarabwärts geht es nach Europa, nicht nur der Straßenbezeichnung nach. Saar-Lor-Lux, längst mehr als nur ein Montanverbund, macht's möglich. Die ›Saar-Industrie-Schiene‹, von Saarbrücken bis Dillingen, bestätigt fürs erste nur das alte Klischee: Schornsteine, Werkhallen, Fördertürme, Hochöfen, das Tal von der Industrie besetzt, verändert, aufgefressen. Aber so ganz stimmt das auch nicht mehr. Das wird jetzt alles eine Nummer kleiner verkauft, nicht mehr so dramatisch unter dem rostroten Rauch. Der Stahl wird auf kleiner Flamme gekocht. Die Krisen haben das Klischee korrigiert.

Wer sich einen Überblick verschaffen will, steige den **Hohberg** hoch. Dort hat er vor sich – Kohle rechts, Stahl links, die Krise immer wieder einmal in der Mitte –, was die Lesebücher früher gern als »das großartige Industriegemälde« von Völklingen priesen. (Und darüber leicht die ›Erzengel‹ vergaßen, die genau so ins Bild gehörten, aber nicht so »großartig« waren, jene Frauen also, die die Erzschiffe entluden und das Gestein in Körben auf den Köpfen zu den

Kipploren trugen.) Die Doppelhalde der Hütte am linken Rand wird im Volksmund ›Hermann und Dorothea‹ genannt. Weniger Goethes wegen, eher nach einem Röchling, auf die man sich noch immer beruft, auch wenn sie mit ihrer »Hidd« gar nichts mehr zu tun haben. Nach langwierigen Versuchen gelang es, Hermann und Dorothea, die inzwischen ein ›Kind‹ bekommen haben, mit Robinien zu bepflanzen. Ein Zeichen der Hoffnung.

Im **Kraftwerk Fenne** zur Rechten ist der Block I bereits Denkmal. Erhalten von den 1926 errichteten Eisenbetonbauten – den wichtigsten aus den zwanziger Jahren neben dem Camphausener Förderturm (s. S. 157) und dem ›Beckerturm‹ (Sudhochhaus) in St. Ingbert – sind das Turbinen- und das Kesselhaus. Beide werden noch anderweitig genutzt. Gegenüber auf der rechten Saarseite liegt in einer Grünanlage das historische *Mundloch* des Veltheim- und Albertstollens der **Grube Luisenthal** (inzwischen zum Verbundbergwerk West gehörig); der Veltheimstollen wurde 1836 angehauen. Eine *Barbara-Statue* vor dem Bergwerk erinnert an das schwerste Grubenunglück im Saarbergbau (1962), dem 299 Bergleute zum Opfer fielen.

Drei grüne Türme markieren die Silhouette der Innenstadt von **Völklingen,** sie stammen aus dem ersten Drittel unseres Jahrhunderts. »Vom Königshof zur Hüttenstadt« resümiert man in den Rathäusern (die Stadt hat deren zwei) die Geschichte der Gemeinde. Im Namen steckt der einer Person: des Franken Fulco. Zwei Kaiserurkunden geben bereits vor dem Jahre 1000 Zeugnis von der Bedeutung von Fulcos Platz: 822 eine Ludwigs des Frommen für »Fulcolingas« und 999 eine von Otto III. für »Fulkelinga«. 1542 galt »Fulcklingen« als das größte und reichste Dorf in der Grafschaft Saarbrücken. Schon 1572 war in Geislautern eine Eisenhütte in Betrieb. Völklingen selbst erlebte seinen ersten Boom 300 Jahre später. Seit 1881 waren die Röchlings am Werk. Unter ihrer Regie – von Carl (1827–1910) und Sohn Hermann (1872–1955) – entwickelte sich die Hütte zu einem der größten Eisen- und Stahlwerke in Deutschland. Ein Teil der Erze kam über die ›Erzbahn‹ von den lothringischen Minette-Feldern. Der Völklinger Edelstahl

Frauen beim Entladen der Erzschiffe, weswegen sie ›Erzengel‹ genannt wurden, um 1910

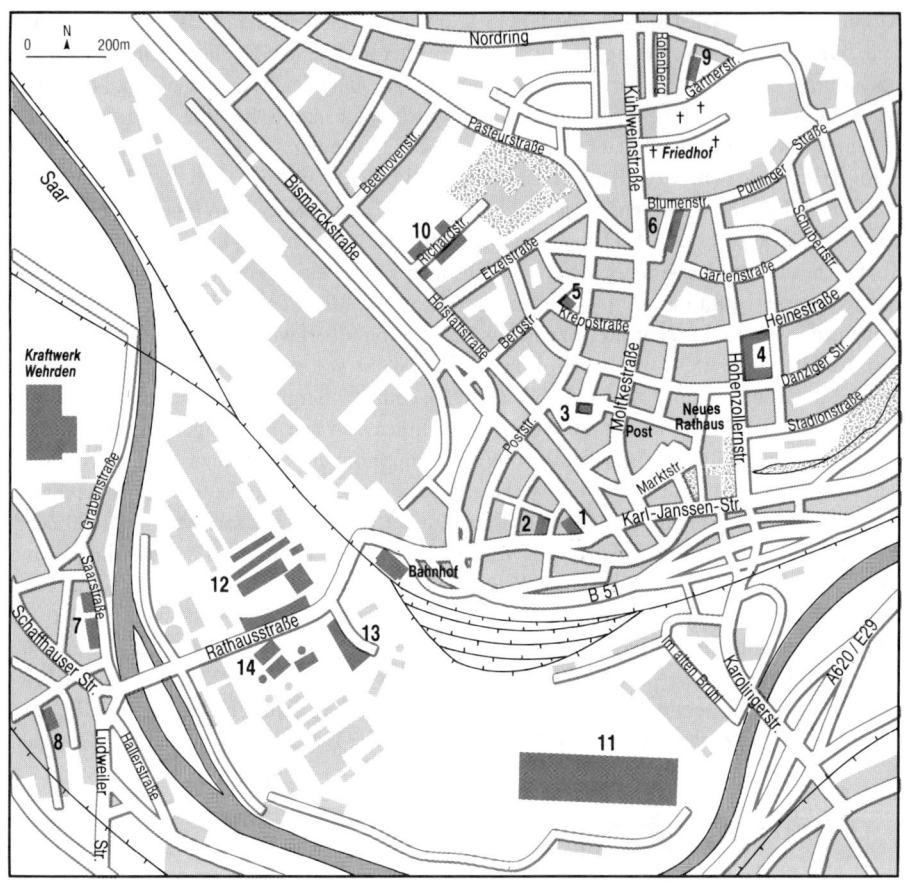

*Völklingen   1 Altes Rathaus   2 St. Eligius   3 Ev. Versöhnungskirche   4 Realgymnasium   5 Mühlgewann-
schule   6 Kolonie III   7 Reihenhäuser für Hüttenmeister   8 St. Josef   9 Arbeitersiedlung ›Auf dem Rotenberg‹   10 Villenviertel   11 Blasstahlwerk   12 Alte Hochofenanlage   13 Gasgebläsehalle   14 Pumpenhaus
und Wasserturm*

hatte Weltruf. In den siebziger Jahren zogen sich die Röchlings zurück. Stadt wurde Völklingen
1937. Mit der Gebietsreform von 1974 bekam es einen großen Teil des Warndt dazu (u. a. Ludweiler und Lauterbach), mehr als die Hälfte seines Gebiets bedeckt heute Wald. Die Stadt vom
Bund als Modellfall für eine Stadtsanierung ausgezeichnet, ist zusehends ansehnlicher geworden.

Das **Alte Rathaus,** Ecke Rathaus- und Bismarckstraße, vorzüglich restauriert, entstand unter
Beibehaltung eines Teils des klassizistischen Vorgängerbaus (1874–76) nach Plänen des Gemein-
debaumeisters Eichner 1905–08. Barocke Reminiszenzen und Jugendstilelemente (Abb. 19
und 21) finden in einer eigenwilligen Spielart zusammen. Überall wird eine eigene Handschrift

deutlich. Zwei Flügel verbindet ein quadratischer Turm; dem Turm ist ein dreigeschossiger Erker vorgeblendet, ein phantasievoller Schweifknickhelm krönt ihn. Im Innern blieben der *Ratssaal* und das *Trauzimmer* weitestgehend erhalten. Im ganz jugendstilhaften Hochzeitsfenster wird Nietzsche zitiert: »Über Dich sollst Du hinausbauen, dazu helfe Dir der Garten der Ehe«.

St. Eligius, dem »Bischof mit Hammer und Amboß und Hüttenarbeiter-Patron«, ist die benachbarte katholische Pfarrkirche geweiht (1912/13). Der Entwurf – aufwendiger Neobarock, mit einem mächtigen querrechteckigen Turm vor dem dreischiffigen Langhaus mit breitem Querhaus – stammt von dem Mainzer Dombaumeister Ludwig Becker.

Und Barock ein drittes Mal. Abermals historistisch, in einer rheinisch-fränkischen Variante nun, und – wie es für den von der Familie Röchling geförderten Wettbewerb ausgeschrieben war – orientiert an der Saarbrücker Ludwigskirche: die nach Plänen von Franz Kuhn 1926–28 errichtete evangelische **Versöhnungskirche.** Zu der von Kuhn ebenfalls vorgeschlagenen großen städtebaulichen Lösung, die sich auf das gesamte Ensemble des Ludwigsplatzes bezog, kam es allerdings nicht. Der Bau verdient – auch wegen seiner programmatischen Ausstattung – alle Beachtung. Zur Moltkestraße hin erhebt sich, flankiert von einer monumentalen doppelläufigen Freitreppe, der Turm. Er mißt von der Straße aus bis zu Helm und Kreuz 66 Meter. Hinter ihm lagert unter einem hoch aufragenden Walmdach der Kubus des Zentralraums (ein Quersaal), dem zur Poststraße hin ein Vorbau (für Traukapelle und Sakristei) angegliedert ist. Im *Dreiecksgiebel* thront dort (im Relief) umgeben von Engelsköpfen, schützend über dem Erdball, die Dreifaltigkeit; Bibel und Kelch deuten auf Predigt und Abendmahl. In vier Nischen stehen darunter (in Bronze) personifiziert Barmherzigkeit (Krankenschwester) und Arbeit (Eisengießer) links, Treue (ein Soldat, zu dessen Füßen ein Verwundeter kauert) und Liebe (Mutter und Kind) rechts. Die ›Treue‹ trägt den (bei Röchling im Ersten Weltkrieg entwickelten und zu 90 Prozent hergestellten) Stahlhelm und hält eine Handgranate. Die Figuren wurden von Viktor Funk geschaffen und – abermals eine Stiftung der Familie Röchling – 1935 in der Hütte gegossen.

Der Innenraum überrascht durch seine großzügige einheitliche Gestaltung. Der querrechteckige Saal wird durch eine umlaufende Empore zu einer Ellipse verformt. Keine Pfeiler stören die Sicht auf die Altarinsel in der Mitte der Langseite. Davor steht der Taufstein, über dem *Altar* (dessen Bibel ein Ge-

Völklingen, das Rathaus in einer aquarellierten Zeichnung, um 1900

schenk des damaligen Reichspräsidenten von Hindenburg ist) sind Kanzel und Orgel aufgebaut. Eine ausladende Kuppel (aus rund 3500 Bimsbeton-Kassetten) überwölbt den Raum. Ihr elliptischer Mittelspiegel ist dem *Deckengemälde* von Waldemar Kolmsperger vorbehalten. Das Gemälde (von 1937) soll »die Siegeskraft des Kreuzes und des Evangeliums« darstellen. Das Kreuz steht denn auch in der Mitte des Bildes, Christus auf Wolken thronend, umfaßt es. Unter ihm sind in einer barock bewegten Dreieckskomposition zwischen Industrie und Landwirtschaft, hier dramatisch, da als Genre in Szene gesetzt, Persönlichkeiten der Kirchengemeinde und der Familie Röchling versammelt. Grundsätzlich war dazu von Kommerzienrat Dr. Hermann Röchling, dem Stifter (um zu vermeiden, daß er abgebildet werde), angeordnet worden, keine lebenden Personen darzustellen. Nur im Falle der Familie wurde das berücksichtigt; sieben Röchlings sind hierarchisch unter den Gründungsvätern des Werks, Carl und Theodor, gruppiert. Über den rauchenden Schloten der Industrieanlage zu ihrer Linken steigt, mächtig die Schwingen breitend, ein Adler empor, er hat seine Ketten abgestreift, ein Engel geleitet ihn zum Licht. Die (zwei Jahre vor der Fertigstellung des Gemäldes erfolgte) Rückgliederung des Saargebietes an Deutschland steckt hinter der Allegorie. Die Apotheose ist perfekt. Nach einer Befragung in der Gemeinde erhielt 1968 die Kirche ihren heutigen Namen: Versöhnungskirche.

Ein kleiner Rundgang im Geviert lohnt sich. In der Krepp-, Heine- oder Marktstraße kann man Jugendstilfassaden entdecken und in der Aula des **Realgymnasiums** die vier monumentalen neoromantischen saarländischen ›Vier Jahreszeiten‹ des Düsseldorfer Malers Hermann Lasch (1910–13): Freudenburg und die Serriger Klause, die Siersburg und der ›Stiefel‹ über St. Ingbert im Schnee. Der Jugendstil-Backsteinbau der **Mühlgewannschule** (Grundschule) kommt, gereinigt, wieder zur Geltung.

Die Stadt wuchs weiterhin mit der Hütte, man bemerkt das nicht nur in der City. 1881 hatte Völklingen noch 5864 Einwohner, 1907 bereits 27 000. Von 1882 an errichtete die Hütte werkseigene Mietwohnungen, 1904 wurde auf Anregung von Hermann Röchling die ›Arbeiter-Baugenossenschaft‹ gegründet. Der Wohnungs- und Siedlungsbau – keine Mietskasernen, kleinere Häuser meist mit einer und zwei Wohneinheiten, und in den geschlossenen Siedlungen mit Gärten und Wirtschaftsgebäuden zur Kleintierhaltung – spiegelt die Betriebshierarchie und galt als vorbildlich. Zwei Kolonien aus den 1880er Jahren sind in der Stadt noch erhalten, so u.a. die **Kolonie III** in der Eupener Straße, mit 13 schlichten zweigeschossigen Vierfachhäusern. In *Wehrden* steht in der Saarstraße ein Ensemble aus den Jahren 1905/06 mit aufwendiger gestalteten **Reihenhäusern für Hüttenmeister.** (Der barocke Orgelprospekt, Anfang 18. Jh., in der nahegelegenen neogotischen **Josefskirche,** 1897–99 von Wilhelm Hector, kommt aus Trier.) Die **Arbeitersiedlung** ›Auf dem Rotenberg‹ von 1908/09 (nun wieder in der Innenstadt), ursprünglich mit 30 Häusern und 56 Wohnungen sowie einem Geschäftshaus, wurde als »Miniatur-Gartenstadt« bekannt. Die leitenden Angestellten wohnten, versammelt um den Familiensitz der Röchlings, in einem kleinen **Villenviertel** nicht allzuweit von der Hütte in der Richardstraße. (Ein neuer »Hüttengeschichtlicher Rundweg« führt vor Ort.)

Und die **Hütte** selbst (Abb. 20), von der die Stadt lebte und mit der sie litt und auch wieder weiterlebt? Im Gegensatz zu Burbach und Neunkirchen wurde die Hochofenanlage nach der

Stillegung (103 Jahre nach dem Anblasen des ersten Hochofens) nicht niedergerissen. Im hochmodernen **Blasstahlwerk** (von 1980–82) und den alten Walzstraßen, deren älteste Maschine aus dem Jahre 1891 stammt, geht die Arbeit weiter. Das noch glühende Roheisen kommt jetzt aus Dillingen. Die **alte Hochofenanlage,** so komplett wie komplex, mit ihrer phantastischen Skyline (und einer Reihe von technologie- und sozialgeschichtlichen Superlativen), steht unter Denkmalschutz. Der Stadtrat beschloß 1988 ihre Erhaltung.

Das Ensemble, zwischen Saar und Bahn, wird überragt von den Gerüsten, in denen die Hochöfen stehen, und den davor aufgereihten Winderhitzern (der älteste von 1885). Die Trockengasreinigung – zur Säuberung der Gichtgase, die dann als Feuergas zum Antrieb der Gasgebläsemaschinen wieder eingesetzt werden konnten – ist die älteste der Welt. Fast »100 Jahre Industriegeschichte unter einem Dach« auch in der **Gasgebläsehalle** (1900–38); von den ehemals zehn Maschinen (die älteste von 1905) waren 1986 noch fünf zur Erzeugung der »glutfachenden Winde« in Betrieb (Farbabb. 24). Der Hochofengruppe vorgebaut sind die Bunker und Silos zur Lagerung und die Sinteranlage (1928–38, die erste Großanlage Deutschlands) zur Aufbereitung des Eisenerzes. In der Kokerei (1936–44) mit den alten Batterien, den ältesten noch erhaltenen Deutschlands, steht auch der älteste Kohleturm (1898). Der elektrische Schrägaufzug für die Beschickung der Hochöfen mit Erz und Koks (1911–18) war ebenfalls die erste (und ist inzwischen die letzte) Elektro-Hänge- und Seilzugbahn ihrer Art. Im Verbund bleiben auch **Pumpenhaus** (1910) und **Wasserturm** (1917/18) an der Rathausstraße. Der *Turm,* ein früher Stahlbetonskelettbau, gehört mit den drei Türmen über der Innenstadt zu den Völklinger Wahrzeichen.

Das alles (und noch einiges mehr), halten die Industrie-Denkmalpfleger fest, ist »das letzte komplett erhaltene Hochofenensemble der Jahrhundertwende und des frühen 20. Jahrhunderts in Europa«. Das – wie alle Industrie-Denkmäler – »vorurteilsfrei wie ›normales Kulturgut‹ behandelt« werden müsse (Norbert Mendgen). Dementsprechend gibt es (mehr oder minder

Völklingen, Rockkonzert in der ehemaligen Gasgebläsehalle der Hütte

pragmatische) Pläne und (im zeitlichen Abstand zur Schließung sich im Quadrat vermehrende) offiziöse Bekundungen zur Erhaltung der ›Alten Hütte‹. Nicht nur – »Denk mal an die Industrie!« – als ›Eiserne Erinnerung‹. Die lieferten zur Not auch noch die Seilscheibe und der Kipplader vorm neuen Rathaus, die Dampflok im Hüttenkindergarten oder der Walzständer im Schloßpark von Geislautern. (»Zur Not«: weil sie eher als verniedlichende, da in ihrer Funktion nicht durchschaubare, Einzelstücke dastehen.) Die Pläne zielen auf mehr, auf die Um- und Neunutzung des gesamten Ensembles, als Industrie- und Kulturpark vornehmlich, für neue Produktionsstätten wie als Zentrum für Veranstaltungen aller Art. Aber auch – denn »das hier ist keine unendliche, sondern eine endliche Geschichte«, so der Landeskonservator – auf die Sicherung des Restes als »kontrollierte Industrieruine«. Jedenfalls habe man ein »Doppel-Konzept oder besser ein verschränktes Konzept zum Gebrauch und zur Konservierung der Hütte«. Inzwischen wird die *Handwerkergasse* für Projekte der Hochschule der Bildenden Künste genutzt; Pläne für Experimentelle Musik sind gescheitert. Immerhin bleibt die Gasgebläsehalle als Kultur-Veranstaltungsort »Kunst-Arbeit-Technik«. »Steelopolis« nannte sich das erste große Projekt, ein interdisziplinärer Workshop. »Schichtwechsel«, etwas bescheidener, das zweite. Vielleicht eröffnet die Deklarierung zum »Weltkulturerbe«, die erste Ernennung eines Industriedenkmals aus dem 19. Jh., neue Wege.

Im Bereich von ›Hermann und Dorothea‹ verläuft eine Grenze. Sie scheidet die Wörter »das« und »dat« (und »ich« von »eich« und »du« von »dau« und »ihr« von »dihr«). Hier setzt die Übergangszone zwischen dem Rheinfränkischen im Süden und dem Moselfränkischen im Norden an. Von hier zieht sich die ›Das-Dat-Linie‹ das Köllertal hoch und die Nahe hinunter und erreicht bei Boppard den Rhein.

☐ Glashütten und Gruben: der »Gewahrte Wald«

Links der Saar erstreckt sich zwischen Bist und Rossel der **Warndt**, mittendurch fließt der Lauterbach. Der Wald, immer noch über 5000 Hektar, hat seine Superlative. Aus unserem Jahrhundert überliefert ist der von George W. Stephens, Mitglied der Regierungskommission des Saargebietes nach dem Ersten Weltkrieg. »Ich habe immer geglaubt«, zog er im Warndt vor den Deutschen den Hut, »Kanada habe wunderbare Wälder, aber ich fand hier riesige Kohlenlager unter und riesige Wälder auf der Erde.« Im Zweiten Weltkrieg fanden Soldaten 1940 beim Bau einer Geschützstellung zwischen Ludweiler und Karlsbrunn in diluvialen Lehmschichten einen zungenförmigen Faustkeil aus grauem Feuerstein (22,3 cm lang, 10,2 cm breit und 4,4 cm dick), er stammt aus der Altsteinzeit und dürfte etwa 200 000 v. Chr. entstanden sein.

Das althochdeutsche Wort »waron« steckt in Warndt: achten, behüten, wonach der Warndt ein zu schützendes, abzuschließendes Gebiet war. Herrenbesitz, Forst und Jagdgrund, »warneth« (verboten), wie eine spätere Form besagt, für den gemeinen Mann.

Spät erst siedelten die Grafen von Saarbrücken hier Hugenotten an. 1604 gab Graf Ludwig dem lothringischen Edelmann Daniel de Condé aus Kreuzwald und elf weiteren hugenottischen Familien die Erlaubnis, sich bei der Rixfurth im Warndt niederzulassen. Die stockten ein Waldgelände von über 1300 Morgen aus und nannten ihre Ansiedlung nach ihrem Herrn **Ludweiler** (Ludwigsweiler), 1616 errichteten sie eine Glashütte. Ihr *Bethaus* spiegelt die bewegte Geschichte der Gemeinde: 1605 gab es eine erste kleine Kirche; 1635, im Dreißigjährigen Krieg, lag das Dorf verödet; 1657 wurde es neubesiedelt, nun in der Mehrzahl von Hugenotten aus dem Lothringischen; um 1660 errichtete man eine zweite Kirche, die nach der Aufhebung des Edikts von Nantes 1685 niedergebrannt wurde; 1720–22 entstand ein dritter Bau, ein hölzerner Saal mit Strohdach und Dachreiter; wegen Baufälligkeit wurde dieser 1786/87 durch die heutige *evangelische Pfarrkirche* ersetzt. Balthasar Wilhelm Stengel, Sohn des Saarbrücker Generalbaudirektors, »nahm die Länge der Kirche zur Breite an und stellte den Giebel zur Straße zu auf«. Der Kanzelaltar befindet sich an einer Schmalseite, eine einfache Empore gegenüber. Der das Straßenbild bestimmende Turm stammt von 1876/77; die Erweiterung im Osten von 1958 gleicht sich maßvoll an. (»Hugenottenweg« zwischen Courcelles-Chaussy in Lothringen und Ludweiler.)

Für die Glasgewinnung bot der Wald die Rohstoffe: Quarzsand, Farn (für Pottasche) und Holz(kohle). Ende des 18. Jh. waren weite Teile des Waldes kahlgeschlagen, die Produktion verlagerte sich zu den wirtschaftlich effizienter arbeitenden Steinkohleplätzen im Sulzbach- und Fischbachtal. 1812 ging die 1717 gegründete Karlsbrunner »Spiegelhütte« in der Nähe der Kohlengrube ›auf der Fenn‹ bei **Fürstenhausen** (dort verblieb in der Fürstenstraße das Jagd- und Forsthaus von 1792) noch einmal in Betrieb. Sie war jetzt der größte Hohlglashersteller Südwestdeutschlands; 1939 wurde sie stillgelegt. Aus ihrer Blütezeit ist in **Fenne** das Glasmagazin und die Schreinerwerkstatt (1889) erhalten. Die *Glasmachersiedlung* aus den Jahren 1904–1908 in der Hausen- und Leostraße – eingeschossige Doppelhäuser zumeist mit ausgebautem Dachgeschoß – steht unter Denkmalschutz. In Wadgassen (s. S. 183) waren die letzten Glasbläser in der Cristallerie in der ›Alten Fabrik‹ (von 1883) am Werk, sie nimmt den Platz der einstigen barocken Abteikirche ein.

Jahrhunderte hindurch amteten die Warndtförster in **Geislautern**. Das *Stiftsforsthaus* (um 1770, nach Plänen von F. J. Stengel) ist seit 1844 Pfarrhaus der evangelischen Kirchengemeinde. Auch die älteste Eisenschmelze des Saarlandes – so eng lag das beisammen – befand sich hier. Graf Johann IV. von Nassau-Saarbrücken gründete sie 1572 und räumte ihr auch das Recht ein, »Steinkohlen suchen und graben zu lassen«. Was, wie wir wissen, mehr oder minder planlos geschah, von »wildem Raubbau« ist schließlich die Rede. Erst Mitte des 18. Jh. brachte die Verstaatlichung Ordnung in die Gewinnung, und Geislautern – neben der Eisenhütte, die meist in der Hand französischer Gesellschafter war – gleich zwei Gruben. Par ordre du mufti (nun Napoleon) wurde sogar eine Bergschule ins Leben gerufen, die erste im Land; am 1. Januar 1807 wurde die ›Ecole pratique des Mines de la Sarre‹ eröffnet (Gedenkplatte an der Schloßparkmauer beim Warndtgymnasium. Gegenüber das *Fabrikgebäude* des alten Eisenwerkes aus dem 19., sowie das restaurierte *Herrenhaus* aus dem 18. Jh.)

Sitz des Staatlichen Forstamtes Warndt ist heute **Karlsbrunn**, die »Spiegelhütte« von 1717. Das Forstamt residiert im angemessenen Ambiente, im *ehemaligen fürstlichen Jagdschloß*. Fürst Ludwig von Nassau-Saarbrücken begann 1783 mit dem Bau am Fuß des Großen Meisenberges auf einer Terrasse über den Bruchwiesen. Der Mittelbau, vierachsig mit zwei Wohngeschossen über dem hochliegenden Kellergeschoß und Krüppelwalmdach, ist noch von dem Oberbaudirektor Johann Philipp von Welling entworfen. Ein sechsseitiges Schilderhaus mit geschweif-

Karlsbrunn, ehemaliges Jagdschloß

ter Haube steht vor der doppelläufigen Freitreppe auf der Hofseite. Die beiden Seitenflügel, die durch Zwischentrakte an den Mittelbau angeschlossen sind, wurden ab 1786 von B. W. Stengel erbaut. Der Gesamtprospekt wäre perfekt, hätte man die Straße nach St. Nikolaus nicht rücksichtslos an die Terrassenbrüstung herangerückt.

»Hiwwelersch Haus« (»Hiwwel« = Hügel) von 1728 in der Nähe gehörte dem herrschaftlichen Jäger Johannes Köhler. Das Nachbarhaus (einer Familie Eisenhauer, die auf dem alten Friedhof noch ein Grab hat) mußte dem Jagdschloß Platz machen. 1741 war der Glashüttenmeister »ludterischer Religion« Johann Nikolaus Eisenhauer nach Amerika ausgewandert. Sein Nachfahr wurde 34. Präsident der Vereinigten Staaten: Dwight D. Eisenhower.

Oberhalb von Karlsbrunn entstand nach dem ›Saarvertrag‹ vom 27. Oktober 1956 zwischen der Bundesrepublik und Frankreich eine neue Grube, eine der modernsten Europas, seit 1965 heißt sie **Bergwerk Warndt** (heute Verbundbergwerk West). Ihr Zentrum, architektonisch wie funktional, bildet der 70 Meter hohe *Stahlbetonförderturm*. Die Vorgängergrube Velsen (Ludweiler) wurde 1965 als Förderstandort stillgelegt und in das neue Bergwerk integriert. Das *alte Zechenhaus* an der Grubenstraße (von 1908–11), dessen zentrale Funktion der Turm über dem zweigeschossigen Mitteltrakt betont, dominiert noch immer die Szenerie. Gegenüber, über doppelläufige Freitreppen zu erreichen, die in diesem Kontext überraschend leicht wirken, stehen die alten Fördermaschinenhallen. (Ein Detail für die, auch baulich nachvollzogenen, hierarchischen Strukturen: der Hauptbaderaum, heute Lagerhalle, in einem der Flügel des Zechenhauses hatte für verheiratete, ledige und jugendliche Bergleute jeweils eigene Abteilungen und, noch einmal separiert, Einrichtungen für die höheren Beamten.) Standesgemäß abgestuft baute man auch die Wohnsiedlungen. Mit der Mietshauskolonie des Königlich Preußischen Bergfiskus ist kein Staat mehr zu machen. Als Ensemble eher erhaltenswert erweist sich die nach 1920 entstandene Siedlung der Mines Domaniales Françaises; die *Arbeiterhäuser* am Osthang des Schweizerberges, aufwendiger die *Beamtenhäuser* in der Rosseler Straße und am Rotweg, die Schule im Zentrum.

☐ **St. Martin, die Gräfin und der Wilde Jäger**

Rechts der Saar geht es ins **Köllertal**. Das Tal war einmal die »Kornkammer des Saarbrücker Landes«. (»Ein sester stattlichen Cöllerthäler Habern« verspricht im Dreißigjährigen Krieg J. M. Moscheroschs »Philander von Sittewald« dem Roß, das ihn aus dem »Ellenden verderbten Land« zum »Parnassus« bringen soll.) Die Industrialisierung veränderte auch hier das Bild der Dörfer. Es gibt nur noch wenige südwestdeutsche *Quereinhäuser,* mit dem Wohn- und Wirtschaftsteil unter einem Dach mit durchlaufendem First, wie **Uhrmachers Haus** in Köllerbach, das nun als ›Haus für Kunst und Kultur‹ eine neue Bestimmung gefunden hat *(Heimat- und Uhrenmuseum).* Es liegt – wer's Philander auf Schusters Rappen nachmachen will – an unserem Weg. 1989 wurde dieser als *Saar-Lor-Lux-Kulturwanderweg* kreiert und nach dem Köllertaler Heimatforscher Pfarrer Karl Ludwig Rug (1901–1985) benannt. Er erschließt die kulturhistorisch interessantesten Plätze des Tals und des Köllertaler Waldes.

Wir beginnen im Wald, am **Forsthaus Pfaffenkopf** im Dreieck der Landstraßen von Burbach bzw. Altenkessel nach Riegelsberg. Der barocke Bau, eingeschossig mit Mansarddach, das rechts noch auf die Scheune übergreift, und einem niederen Anbau links, entstand in der zweiten Hälfte des 18. Jh. nach Plänen von F. J. Stengel. Er diente zunächst als fürstliches Jagddomizil; die Parforcejagd war à la mode, die »Profurschjagd« fluchten die Bauern.

Auf dem Bann der ehemaligen Siedlung *Wolfringen* am Rande von **Püttlingen** steht am Talhang, unterhalb des nach dem Zweiten Weltkrieg gegründeten Redemptoristinnen-Klosters Heilig Kreuz, die alte **Kreuzkapelle**. Deren älteste Inschrift (am Portal) weist auf das Jahr 1584. Der jetzige, allerdings vielfach restaurierte Bau mit dreiseitigem Schluß stammt von 1720. Der moderne *Kruzifixus* des Holländers Franz Griesenbrock – er erinnert in seiner schockierenden Übersteigerung an Grünewalds Gekreuzigten vom Isenheimer Altar – erwies sich für die Kapelle als zu schwer und wurde draußen, zum *Kloster* hin, aufgestellt. Der Ungar György Lehoczky, als Architekt bereits in Bous für die Redemptoristen tätig (Heiligenborn), baute zwischen 1956 und 60 das Kloster, dankbar vermerkt es die Chronik, »ohne einen Pfennig dafür zu erhalten«. Lehoczkys Betonglasfenster in der wie eine Sprungschanze gestalteten *Klosterkirche* (1960) sind zu beachten. Tief leuchtend erscheinen die christlichen Symbole in ihnen, reduziert auf archaische Formen, so wenn etwa hoch oben im Altarraum drei übereinandergestellte und sich zugleich mit den Spitzen berührende Dreiecke, die Auge, Kreuz und Taube in sich bergen, als Zeichen der Dreifaltigkeit erscheinen.

Im Ort selbst, in Püttlingen, ist von der einstigen Wasserburg (14. Jh.) nur der runde ›Hexenturm‹ (heute noch 9 m hoch und 9,50 m im Durchmesser) erhalten. Der 1910 verlegte Köllerbach trennt den Turm vom barocken *Jagdhaus,* das um 1790 nach einem Stengelschen Generalplan, vermutlich auf einem der Rundturmfundamente der alten Burg errichtet wurde. »Schlößchen« sagen die Püttlinger liebevoll zu dem einstöckigen Bau unter dem hohen Mansarddach hinter dem Rathaus. Die katholische Pfarrkirche **St. Sebastian** (neoromanisch 1907–09, starken Grubenschäden in den zwanziger Jahren und Beschädigungen auch im Zweiten Weltkrieg ausgesetzt) ist der »Köllertaler Dom«. Zwei Altarblätter im Querschiff verdienen Interesse. Das Bild des Kirchenpatrons rechts (Ende 18. Jh.) hing schon in der alten Pfarrkirche, die bis 1911 noch neben dem neuen ›Dom‹ stand und dann abgerissen wurde. Das Bild des »Grabaltars«

Püttlingen, Jagdhaus. Zeichnung von Erwin Klampfer

(wie er in der Festschrift bezeichnet wird) links stellt ein Martyrium aus der Römerzeit dar (hl. Vitus?), es wurde im Sakristeikeller der Schwarzenholzer Kirche gefunden.

Die zweite katholische Pfarrkirche **Liebfrauen** (neogotisch, von 1907) haben Dominikus und Gottfried Böhm 1953/54 umgestaltet. Ein neues Querhaus, das – von der Stadtmitte aus gesehen – die abfallenden Schrägen des hinter ihm erscheinenden Berghalde-Schlackenberges der Grube Viktoria (1866–1972) nachzeichnet, verstärkt die Kreuzform des Grundrisses. Eindrucksvoll im Innern, wie die beiden Querhausflügel als selbständige Räume vom alten Langhaus abgetrennt werden. Die ›Trennwände‹ sind dabei nur noch aufeinandergestockte gotische Arkaturen, deren Bögen im oberen Teil spitzer als im unteren zulaufen. Der Altarraum erhielt im Zuge seiner Neugestaltung in den achtziger Jahren ein nach allen Seiten offenes *Tabernakel-Retabel* des Kölner Bildhauers Klaus Balke. Das stählerne Retabelgerüst besteht aus sechs Ebenen um einen doppelstöckigen Mittelteil, auf denen an die 70 Figuren aus gebranntem Ton – Bergleute und Indios, KZ-Häftlinge und Friedensdemonstranten, die »Heiligen unserer Zeit, deren Namen nur Gott kennt« – um die Schutzmantelmadonna versammelt sind. Die Grube Viktoria war ein Renommierbetrieb der Preußischen Bergwerksverwaltung. 1901 fuhr sogar ein chinesischer Prinz in Viktoria ein. Bauten von *Schacht Viktoria III* sind vorzüglich restauriert im Ortsteil **Engelfangen** erhalten.

Im Talgrund geht es weiter nach **Köllerbach.** Die zweite Talburg liegt in einer Grünanlage am Wege, die **Ruine der Wasserburg Bucherbach.** Was zu sehen ist, sind die Reste von drei Ecktürmen und Teile der Wehrmauer des quadratischen Berings. Sie stammen von einem Neubau von 1546/47 unter Graf Philipp II. von Nassau-Saarbrücken; 1740 standen »noch alle Mauren und thürn, doch ohne Dach«, Fürst Wilhelm Heinrich gab sie zum Abbruch frei. Pfarrer Rug hat sich um die Erhaltung der Ruine verdient gemacht, und »Gewisses und Ungewisses« ihrer

Geschichte in einem Buch zusammengetragen (Eigenverlag der Stadt Püttlingen, 1984). Leider blieb dabei eine der schönsten Bucherbacher Geschichten auf der Strecke, d. h. sie erwies sich historisch für Bucherbach als nicht haltbar. Für Generationen war sie die Lesebuchgeschichte par excellence: von der Gräfin Elisabeth von Lothringen und der Dichterin dazu (wir kennen sie von St. Arnual her, s. S. 107), die, wenn sie auf Bucherbach weilte, in den Monaten April bis Juni besonders, »wenn die Frösche Hochzeit halten«, beim Schlafen (und Schreiben natürlich!) sehr durch das Gequake in den umgebenden Bächen und Weihern gestört wurde. »Da mußten denn die Bauern des nachts mit Ruten und Weidenzweigen solange das Wasser peitschen, bis die Tiere Ruhe gaben.« Das Recht des »Fröscheschweigens« gab es zwar, aber für das Köllertal ist es, wie gesagt, nicht bezeugt, wohl – in einem Vertrag aus Elisabeths Zeiten von 1422 – für Völklingen. Schade, die Story zwischen Burg und Bach machte sich gut für eine Köllertaler Topographie.

Unweit überm Bach steht im Ortsteil **Kölln** auf einem Anstieg, noch im baumbestandenen alten Friedhofsbering, die evangelische Pfarrkirche **St. Martin**. Grabungen haben ergeben: Sie ist neben Fechingen (s. S. 119) und Bliesransbach (s. S. 123) die dritte bisher bekannte Dorfkirche des Saarlandes, die aus dem ersten Jahrtausend stammt. Das heutige Bild wird bestimmt durch die Spätgotik, der Vergleich ist reizvoll: die Martinskirche als dörfliches Gegenstück zum städtischen Wendelsdom in St. Wendel (s. S. 263 ff.). Drei Phasen zeichnen sich im wesentlichen in der Baugeschichte ab, sie spiegeln das kirchliche Leben in Kölln. Da gibt es zunächst ein vorromanisches Oratorium, ein kleiner rechteckiger Saalbau aus Bruchsteinmauerwerk (6,20 m breit, 8,60 m lang) mit einem kleinen rechteckigen Chor. In frühromanischer Zeit entstand darüber eine um einiges größere Kirche (9 m breit nun und 14 m lang), an die sich abermals ein Rechteckchor anschloß (5,50 auf 7 m), in dessen Zentrum man noch auf Fundamente eines Altares stieß. Bei den Grabungen von 1929 wurden zudem *Steinsärge* gefunden, sie stehen heute an der Südseite der Kirche. Wahrscheinlich sind sie älter als der zweite Bau. (Pfarrer Rug erzählt sogar, »der alte Konservator Klein« habe gemeint, sie könnten leicht bis in die Zeit vor Karl den Großen zurückführen, habe aber gleichzeitig eingeschränkt, noch um 1300 hätte man sich solcher Särge bedient.) Als Beinhaus diente möglicherweise auch ein Anbau im Norden, den man in Fragmenten 1962 entdeckte; Karl Kirsch datiert ihn zwischen 1180 und 1200. Reste von zwei Rundbögen und einem Pfeiler sind im aufgehenden Mauerwerk der Nordwand sichtbar.

Köllerbach-Kölln, St. Martin, Blick auf die Westfassade mit dem Hauptportal

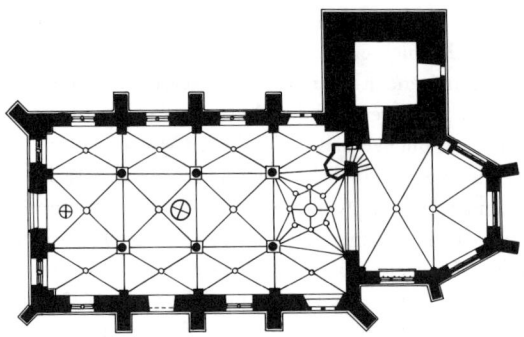

Kölln, St. Martin, Grundriß

Die dritte »ecclesia S. Martini in Colredal« (wie es in der ersten sicheren Urkunde von 1223 heißt), mehr Um- als Neubau auf den alten Fundamenten des Schiffes, unter Verwendung von Teilen des alten Mauerwerks, wurde nach Kirsch Mitte des 13., nach Klewitz im 14. Jh. errichtet. So oder so, der Chor, nun polygonal geschlossen, mußte bereits im 15. Jh. neu aufgemauert und eingewölbt werden (und erhielt im Anschluß daran seine 1956 wiederentdeckten Wandmalereien). Nach abermals 100 Jahren wurde auch das Langhaus erneuert, nun als spätgotische dreischiffige Stufenhalle. Eine Inschrift am Westportal gibt einen zeitlichen Anhaltspunkt: »Michael Basts 1548«. Für den Turm fehlen genaue Zahlen, vermutlich stammt er aus dem 14. Jh.

Die Ungleichzeitigkeiten fallen auf: Turm, Chor und Langhaus wurden eigentlich nie zur selben Zeit aufgeführt oder umgebaut. Das hängt mit den unterschiedlichen Zuständigkeiten an der Kirche zusammen. Die Gemeinde stand für den Turm in der Baupflicht, das Kloster Wadgassen für den Chor und das Stift St. Arnual (im Auftrag des Landesherrn) für das Langhaus. Der Landesherr, Philipp III. von Nassau-Saarbrücken, führte – cuius regio, eius religio – 1575 die Reformation ein. St. Martin wurde evangelisch. In der Réunionszeit verfuhr der Intendant des Sonnenkönigs nach der gleichen Devise und öffnete St. Martin wieder für die Katholiken. Nach dem Frieden von Rijswijk 1697 handelte man schließlich ein Simultaneum aus, es bestand bis 1887.

Bereits beim Eingang steht man vor einer Merkwürdigkeit der Kirche, dem **Maßwerkportal** in der Westfassade. Die Fassade, von zwei diagonal gestellten Eck-Strebepfeilern flankiert, hält sich eher niedrig, breit und flach; ebenso flach, jedoch hoch und schmal angeordnet, erscheint in seiner Mitte zwischen zweiteiligen Maßwerkfenstern das Portal. Es erhielt 1956 wieder das originalgetreue Blendmaßwerk, das eher wie ein ›Spielwerk‹ als ein streng bestimmtes Maßwerk wirkt. Seine feinen Steingrate sind wie Schnüre in rhythmischen Schwingungen und Überschneidungen über dem Portalsturz ausgelegt. Das offene Spitzbogenfeld darüber, vertikal nun in vier Spitzbogenfenster gegliedert, zwei niedere zur Seite, zwei hohe in der Mitte, ist voll, auch in den Zwickeln, verglast. Ein rechteckiges Gesims rahmt das ganze Portal, etwa in der Höhe des Sturzes rollen sich überraschend die Enden zu Spiralen. Von diesen führen schmale Simse horizontal weiter, folgen den Sandsteinrahmungen der Fenster und enden in den Abtreppungen der Strebepfeiler. (Interessant, daß sich ein ähnliches, älteres, Portal in Domfessel im Krummen Elsaß findet.)

Ein zweiter Eingang führt an der Südseite ins *Innere*. Von den zweibahnigen Fenstern des Langhauses haben nur die beiden im äußersten östlichen Joch noch ihr ursprüngliches Fischblasenmaßwerk. Die Fenster im Chor sind dreibahnig, sie setzen den Altarraum so stärker ins Licht. Drei Rundpfeilerpaare tragen im Innern das Kreuzgewölbe. Die Pfeiler auf hohen quadratischen Sockeln haben weder Kämpfer noch Kapitelle, übergangslos wachsen aus dem Schaft die Gurte und Rippen. Das erste Joch wird von einem Sterngewölbe überzogen, die Wappen wurden bei der letzten Restaurierung neu von Pfarrer Rug entworfen und aufgemalt. Asymmetrisch öffnet sich darunter in einem niedrigen spitzbogigen Triumphbogen das Mittelschiff zum Chor.

Gegenüber St. Wendel mag das alles geduckter und behäbiger wirken und weniger spätgotisch verfeinert in den Formen. Die Ausstattung dagegen zeigt sich, einige Objekte zumindest, auf der Höhe der Zeit. Die **Kanzel** (Abb. 18) an der Nordseite des Triumphbogens, laut Inschrift eine Stiftung von Graf Philipp im April 1600, ist ein solches Paradestück großer Steinmetzkunst an der Nahtstelle von Gotik und Renaissance. Über einem achteckigen Fuß entfaltet sich kelchartig der Sockel, Riefelungen fließen über ihn hoch, ›Fischblasenstrudel‹ rotieren auf den Schauseiten des Korbes. (In Dörrenbach im Ostertal steht eine ähnliche, nur etwas bescheidener ausgestattete Kanzel (s. S. 271). Eine weitere Parallele zu St. Martin, zu seinem Ausbau als Stufenhalle, ergibt sich ebenfalls im Ostertal, in der evangelischen Pfarrkirche von Niederkirchen (s. S. 270).

Kölln, ›Wandvorlagenreiter‹ im Innern von St. Martin

Weniger kunstreich, handwerklich derber und naiver, geht es im Chor zu, bei den figürlichen Kapitellen der Wandvorlagen (hier aber auch nicht ganz ohne Witz) und im Beiwerk der Sakramentsnische (die löbliche Ausnahme: das schmiedeeiserne Verschlußgitter). Sechs *Konsolenskulpturen* – zwei musizierende Engel als Halbfiguren, Teufel und Bacchant als Köpfe, ganzfigurig ein Mann mit Buch (Stifter?) und ein Höfling (eher Narr als Ritter), die grotesk auf den Wandvorlagen ›reiten‹ – sind farbig gefaßt, rötliche Töne dominieren. (Eine der Figuren, hat Martin Klewitz ermittelt, hält sich mit seinem zweiteilig gemusterten Gewand ganz à la mode, nach einer burgundischen Vorlage des 15. Jh.) Stilistisch verwandt und so derb wie volkstümlich gearbeitet, ist das Hochrelief im Spitzbogenfeld über der *Sakramentsnische*, eine Kreuzigung. Die Nische selbst erhält durch einen Okulus Tageslicht – und gab das ›Ewige Licht‹ (der Eucharistie) zugleich nach draußen auf den Friedhof.

Der Ruhm der Martinskirche (nur im Lande noch nicht) sind die **Fresken** im Chor. Exakte Entstehungsdaten fehlen; die Forschung ist vorsichtig und datiert in etwa: die Martinsszenerie an der Rückwand des Triumphbogens um die Mitte, das Jüngste Gericht im Gewölbe in das letzte Drittel des 15. Jh. Früh verschwanden die Malereien unter Tünche und Putz – und blieben deshalb relativ gut (am besten jedenfalls im Saarland) und so gut wie unverfälscht erhalten. 1956 wurden sie entdeckt, 1957 und 1982 konserviert und restauriert.

Im Mittelpunkt der Martinserzählung hält Christus in der Mandorla Martins Mantel. (Das »Stück seines Mantels« genauer, wie es in der ›Legenda aurea‹ heißt, »das er dem Armen hatte gegeben [und damit auch Christus] mit diesem Kleide gekleidet« hatte.) Die Mantelteilung ist links unterhalb dargestellt; rechts die allegorische Verleihung des goldenen Hirtenstabes an einen Kirchenmann (wahrscheinlich Abt Reiner von Wadgassen) und eines blauen Schwerts mit goldenem Griff an einen weltlichen Repräsentanten (wahrscheinlich Graf Simon III. von Saarbrücken) durch Martin.

Im Gewölbe über Chorjoch und Chorhaupt ist der Himmel abgebildet. Die rotgefaßten Rippen rahmen und gliedern ihn, fünfzackige Sterne, vorwiegend blau getönt, sind über den weißen Hintergrund gesät. Im Zentrum thront Christus auf einem doppelten Regenbogen, der Weltenrichter mit Schwert und Blütenzweig im Mund. Von den Evangelisten(symbolen) und Kirchenvätern in den angrenzenden Gewölbekappen sind nur noch im südlichen Feld Augustinus und der geflügelte goldgelbe Löwe des Markus sowie Hieronymus und Lukas' Stier, geflügelt ebenfalls, rotbraun und mit weißen Hörnern, erhalten. Zu Häupten des Weltenrichters, zwischen Triumphbogen und dem ersten Schlußstein, symbolisiert ein Kreis aus den neun Kreisen der Planetenbahnen den Kosmos, vier Segmente für die vier Elemente unterteilen ihn symmetrisch: blau das Wasser, grün die Erde, weiß die Luft, gelb das Feuer. Von den begleitenden Darstellungen von Himmel und Hölle ist die des Himmels verlorengegangen. Dafür läßt die Hölle – ein monströser Rachen, über dem, umgeben von den Verdammten (Spieler und Säufer, Geizhals und Kornwucherer), obszön der Teufel hockt und bockt – an Drastik nichts zu wünschen übrig. Über dem Chorhaupt ragt das Kreuz mit der Dornenkrone. Mächtige Engel in wallenden goldgelben Gewändern und weit schwingenden Flügeln umgeben es, sie tragen die Leidenswerkzeuge und blasen die Posaunen des Gerichts. Sonne und Mond stehen als große Scheiben darunter in den spitzen Ausläufern des mittleren Feldes, die bereits das zentrale Fenster im Chorhaupt umgreifen.

Man hat lange zu schauen und sieht nicht immer alle Details. Gudula Overmeyers Buch, »Die Martinskirche zu Kölln«, ist ein gutes Vademecum. Es bringt auch manche lokalen Bezüge in der Köllner ›Biblia pauperum‹ auf. Wo wenn nicht hier, im Köllertal, in der weiland Kornkammer des Landes, hätte man nicht den Blick gehabt für den Kornwucherer, der zum harten Alltag gehörte und (wenigstens) in der Kirche zu seiner verdienten Strafe kam.

Über Rittenhofen und Herchenbach führt der *Pfarrer-Rug-Weg* nun vorbei an der Neumühle zwischen Walpershofen und Heusweiler nach Hilschbach und Bietschied. Abseits der Route liegt **Heusweiler.** Seine Ortsmitte beherrscht die *evangelische Pfarrkirche.* Erhalten ist der Chor aus dem 15. Jh., der übrige Bau ist von 1912. Heinrich Wahlster, der »alte Wahlschder« im Volksmund, der in der Französischen Revolution als Holzhändler und Saar- und Rheinflößer sein Glück gemacht hatte und »ganz außerordentlich reich« noch bis in die Zeit Napoleons III. in **Bietschied** ein Gestüt hielt, das vor allem den französischen Generalstab mit Pferden versorgte, erbaute sich in der Nähe des dortigen Wirtschaftshofes (von 1743, bzw. 1771) um 1810 ein *Herrenhaus.* Den zweigeschossigen verputzten Bruchsteinbau von neun (heute elf) Achsen bauten nach 1954 die Saarbergwerke zu einem Rehabilitationszentrum um. Einzigartig ist der reiche (1965 restaurierte) Empireschmuck der Innenräume. Er wurde nicht frei angetragen, sondern aus vorgeprägten Modellen der ›fabrique d'ornements d'architecture‹ von Joseph Beunat im lothringischen Sarrebourg gefertigt. Johann Friedrich Dryander, der Saarbrücker Hofmaler, hat Wahlster hoch zu Roß vor seinen Holzflößen auf der Saar konterfeit. Voilà – vielleicht hat Karl Lohmeyer recht – da paradiert stolz der »in seiner Art zweifellos sehr begabte, ja geniale und erfolgreiche Saarländer«.

Weiter, im Fröhnwald nun schon, geht es zum Naturdenkmal des ›Holzer Konglomerats‹, dessen Felsbrocken wie verwitterter Waschbeton aussehen. Hier scheiden sich unter der Erde die flözreichen grauen ›Saarbrücker-‹ von den flözarmen roten ›Ottweiler Schichten‹, und darüber, zum offenen Prims-Blies-Hügelland hin, scharf Wald und Feld. Der »Freund vaterländischer Geschichte« hält es sodann mehr mit Herrn Kniebe (sprich seinen »Bildern aus Saarbrückens Vergangenheit« von 1894) und lenkt seine Schritte zum **Forsthaus Neuhaus** oder **Wanborn,** zwei Kilometer nördlich von Rußhütte. Viel steht heute nicht mehr von der alten Herrlichkeit. Aus ›Wanborn‹ wurde 1576 ›Philippsborn‹, der Entwurf stammte von Christmann Stromeier, 1756 errichtete Fürst Wilhelm Heinrich im Schloßbereich den Hof ›Neuhaus‹. Reste des Südflügels des Schlosses und einige Grundmauern lassen sich noch ausmachen. Das Schloß diente ausschließlich der Jagd, seit 1854 ist es Sitz eines Försters. Das Forstamt gibt es noch immer, und daneben ein Ausflugslokal. Und die Sage vom »Wilden Jäger Maldix« dazu, der tatsächlich gelebt hat (1705–1760), Oberhofjägermeister der Saarbrücker Grafen war und besonders wegen der »Profurschjagd« verhaßt bei den Bauern bis auf den Tod blieb. Es ist wie bei den Odenwälder Rodensteinern: Wenn der Maldix vom Püttlinger alten Schloß sausend durch die Luft zum Neuhaus fährt, bringt er Not und Tod mit. In Püttlingen ist seine Friedensburg, in Philippsborn sein Kriegshaus. Zum letzten Mal, erzählt Pfarrer Rug in seinen »Sagen aus dem Köllertal«, habe man den Maldix 1866 gesehen – vor Ausbruch des Preußisch-Österreichischen Krieges.

GRENZGANG II

Wenn in der Grube Warndt einer die Tür offenstehen läßt, husten sie drüben im Schacht Simon in Forbach. So eng sind die Reviere im Warndt zusammengerückt, es geht herüber und hinüber. Drei Rundwege erschließen im Halbkreis das ›Bassin Houiller Lorrain‹. Industrietouristen werden schnell fündig, der Bergbau ist auch hier in die Jahre gekommen. Bis zur Grenze schiebt sich **Stiring-Wendel** vor. Es ist, im Kern in den fünfziger Jahren des 19. Jh. angelegt, die erste vollständige und autonome Arbeiterstadt Lothringens. Zur gleichen Zeit wurde in **Petite-Rosselle** der erste Schacht (›Saint Charles‹) abgeteuft. Auf dem benachbarten Gelände der stillgelegten Grube Wendel entsteht, vom Verlesesaal bis zum Lehrstollen, ein Bergbaumuseum.

Das ›Centre de Culture Minière‹ dazu gibt es bereits in **Freyming-Merlebach.** »Die aus Berlin, die wissen, daß sie deutsch, die aus Paris, daß sie französisch sind. Aber wir an der Grenze, was sind wir?« zitierte Jean Hurstel, der ehemalige Leiter des ›Maison des Cultures Frontières‹, das ebenfalls in Freyming-Merlebach steht, einen Bergmann aus der Region. Hurstel und sein Team vom ›Centre d'Action Culturelle‹ suchten Antworten auf diese Frage. Wie kaum einer verstehen sie sich auf die Überlebenskunst der Grenzer, »sowohl sich selbst treu zu bleiben, als auch Kontakt zu pflegen mit dem von der anderen Seite«. Wer Glück hat, findet das Team der ›Action‹, die ihr Haupthaus in St.-Avold hat, in Aktion irgendwo vor Ort. Im Centre bei einer Multimedia-Show über die Zukunft des Kohlebeckens, oder in einem Bistro in **Folschviller,** wenn man gerade Material über die Kneipenkultur in den »Cités« sammelt, oder, nun schon halbwegs im Pays-Messin, mit den Leuten aus den Dörfern die Geschichte der Goldenen Hochzeit von »Schoseff« (Josef) und Mathilda nachspielt. Als Revue auf der Straße. Das beginnt am Bergmannspfad, passiert Kirche und Kriegerdenkmal und wird bei Kaffee, Kuchen und Kabarett im Festzelt zu Ende getanzt. Anderntags mag man dann auf den **Herapel** steigen über dem Rosseltal, der hl. Helena auf der Spur, und in **Hombourg-Haut** die gotische Basilika aufsuchen, die in ihren Westteilen wieder über die Grenze verweist, nach Tholey und St. Arnual. Oder sich doch – nur nicht auf der Autobahn – wieder ›ins Land‹, ins Pays-Messin aufmachen: »Land allein, pays, nicht patrie«, sagte Joseph Roth dazu. »Dieses Wort kann es ertragen, allein zu stehen. Es enthält Wälder, Wind, Häuser, menschliche Beziehungen . . .« Querfeldein springt die N 3 über die Hügel nach Metz.

Die heimliche Hauptstadt und »Auf der Grenze zuhaus«

Saarlouis und der Untere Saargau

In seinem Wappen trägt Saarlouis eine Sonne, die – »dissipat atque fovet« – die Wolken vertreibt und die Stadt nährt. Die Sonne verdankt man dem Sonnenkönig, Ludwig XIV., der nach dem Frieden von Nijmegen (1678) ›seine‹ Stadt als französische Ausfallstellung zur Mosel und zur Pfalz hin hier aus dem Boden stampfen oder besser: aus dem Sumpf ziehen ließ. Thomas de Choisy plante, Vauban begutachtete (1680), Ludwig nahm in Augenschein (1683) – drei Jahre später waren fünf Millionen Livres verbaut und die Festung offiziell (Fachleute später: eigentlich nie) fertig.

Das ›Königliche Sechseck‹ im Bauch der Saar wurde in der Französischen Revolution als ›Sarre-Libre‹ Distrikts-, im Napoleonischen Kaiserreich Kantonshauptstadt. 1815 fiel die Festung an Preußen und wurde modernisiert. Der Freiherr von Theodor Hallberg-Broich, Weltenbummler und ›Eremit von Gauting‹, nahm sie 1820 in seine »Post-Karte von Deutschland nach Poststunden« auf und notierte: »Die Stadt ist so klein, daß man die Tore schließen muß, um sich gegen Zugluft zu sichern.« Überflüssig geworden nach der Annexion Elsaß-Lothringens nach dem Siebziger Krieg, wurde die Festung geschleift. Die Stadt konnte sich ausdehnen, Ringstraßen und Parkanlagen entstanden. 1936–45 hieß sie ›Saarlautern‹. Nach den schweren Zerstörungen im Zweiten Weltkrieg wurde vor allem der Stadtkern großzügig neu gestaltet, so geradlinig und rechteckig wie das Zentrum des vielzackigen Sterns 300 Jahre zuvor.

Der Große Markt, weiland ›Place d'Armes‹ und Paradeplatz und Exerzierplatz allemal, ein Hektar im Geviert, bestimmte abermals die Ordnung. Als der Raum Saarbrücken dann in die Kohle- und Stahlkrise kam, legte Saarlouis noch einmal mit neuen Industrieansiedlungen zu. Mit ihnen entstanden neue Stadtteile, der jüngste nordöstlich, ›Ford‹ gegenüber, ist die ›Gartenstadt‹ *Steinrausch*. Seitdem hält sich die Rede von der »heimlichen Hauptstadt« des Landes. (Die neueste Probe aufs Exempel liefert die 1989 fertiggestellte Filiale der **Landeszentralbank** von Helmut Striffler am Rande der Innenstadt: festungshaft verschlossen im Erdgeschoß, kantige schräggedeckte Treppentürme an den Flanken, das hat das einer Kapitale schon angemessene Format.)

Ganz in der Nähe, im Stadtpark – im Bogen des Saaraltarms – beginnt der Spaziergang durch die Saarlouiser Geschichte. Dort stehen – beim Staatlichen Gymnasium – die Reste des Hornwerks. Dieses diente, wie die auch ›**Halber Mond**‹ genannte ›**Contregarde Vauban**‹ auf der

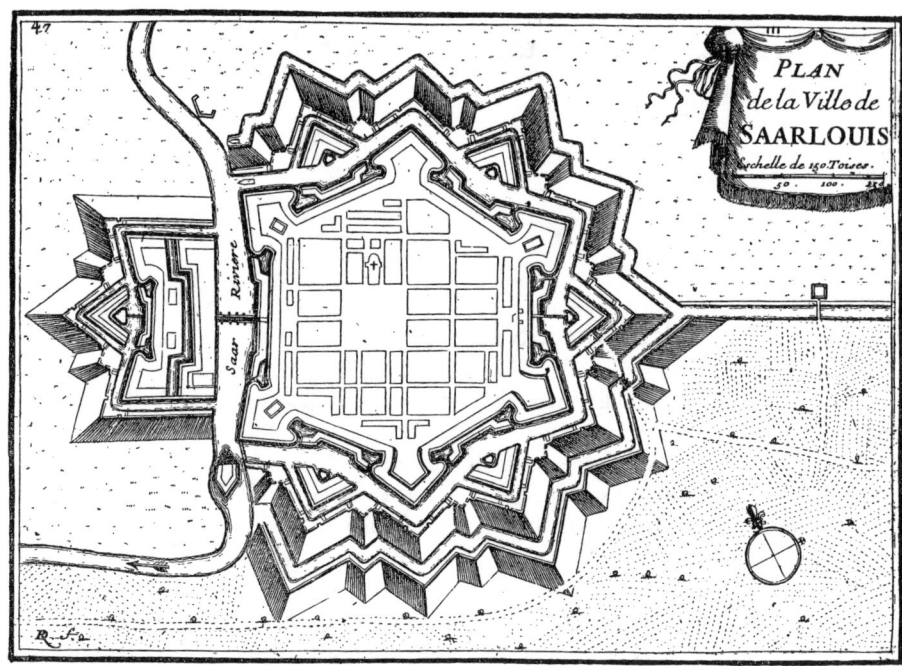

Plan der Festungsstadt Saarlouis, 17. Jh.

benachbarten Vaubaninsel, zum Schutz der Brücke, die zugleich Schleuse war. Auf der anderen Seite des Altarms reckt sich die ›**Bastion de Vaudrevange**‹ (seit 1821 Bastion Prinz Albrecht) hoch. Auch Teile der Schleuseneinrichtung, durch die die Saar um mehr als 6 Meter gestaut und das umliegende Terrain etwa 1,50 Meter hoch überflutet werden konnte, sind erhalten. Man braucht Phantasie, um sich Saarlouis als ›Überschwemmungsfestung‹ vorzustellen.

Auf dem ›Halben Mond‹ übt man sich besser in Friedlicherem: bien français zu essen und zu trinken. Und kann sich zugleich rühmen, der »gutten Saarlouiser Buwen« dabei gedacht zu haben, »die glorieusement met Napoleon, dem Klä'n«, nach Rußland gezogen sind. Zwei haben auf der Insel ihre **Denkmäler,** martialisch der Marschall, ein bißchen linkisch der Soldat: *Michel Ney* (1769–1815), der als Sohn eines Küfers in der Bierstraße (11) geboren, Herzog von Elchingen und Fürst von der Moskwa war und schließlich als Hochverräter in Paris erschossen wurde, und der ›standhafte‹ *Lacroix,* den man bei der Räumung der Festung durch die Franzosen auf dem ›Halben Mond‹ vergessen hatte. Der Marschall wurde der Bilderbogengeneral par excellence: »le brave des braves«, der weniger ›brave‹ Soldat immerhin sprichwörtlich, und beide erhielten – das spricht für ›ihre‹ Stadt – die (ranggemäß abgestuften) gastronomischen Weihen: eine ›Auberge‹ (in der Bierstraße) erinnert an den Marschall, eine Diskothek (in den Kasematten) an den Soldat.

Die **Kasematten** (Farbabb. 16) liegen beiderseits des **Deutschen Tores,** mit dem preußischen Adler und der preußischen Krone, und sind heute so etwas wie die ›Lange Theke‹ der Stadt, deren Hauptstraßenzug noch immer über den Hauptplatz (s. u.) führt, kürzer als Deutsche, länger als Französische Straße. Die neue Bebauung (1948–53 nach Plänen der Architekten-gemeinschaft ›Bauhütte‹) mit Ladenzeilen und Arkaden erweist sich »insgeheim als der einzige wirkliche architektonische Gewinn der kriegszerstörten Altstadt« (Peter Volkelt).

Auf dem **Großen Markt** (Abb. 26) zieht sich diagonal durch das Geviert von Brunnen zu Brunnen, vom Rathaus zur Silberherzstraße, eine (reale) Linie, sie zeigt die Nord-Süd-Richtung an. Das **Rathaus** ist neu (1954), die Gobelins und Sessel im Gobelinsaal alt (17. Jh.), der ›Sonnen-könig‹ hat sie der Stadt geschenkt. Neu aus alt zeigt sich auch die **ehemalige Kommandantur** (heute **Hauptpost**) am Großen Markt wieder. Der Bau (1685/86), zweigeschossig mit Mansard-dach, die Mittelachse mit großem Portal und Balkon flach vorgezogen, wurde 1973–76, da die Holzbalken des alten Fundaments faulten, abgetragen und nach den Originalplänen wieder-errichtet. Thomas de Choisy, der erste Gouverneur der Festung, residierte hier. Sein Herz ruht gegenüber in der katholischen **Ludwigskirche.** Dort öffnet sich hinter der neogotischen Turm-fassade (1885) weit das neue asymmetrische Sichtbetonschiff (1969/70) von Gottfried Böhm. Ernst Alts Glasfenster deuten die Heilsgeschichte.

Von den Kasernen des 17. Jh. hat sich nur die *Kaserne I* hinter den Kasematten erhalten (heute Wohnhaus). Aus der preußischen Zeit stammen die klassizistische *Kaserne X* (1831/32) sowie

Denkmäler auf dem Saarlouiser ›Halben Mond‹: der standhafte Soldat Lacroix und Marschall Michel Ney

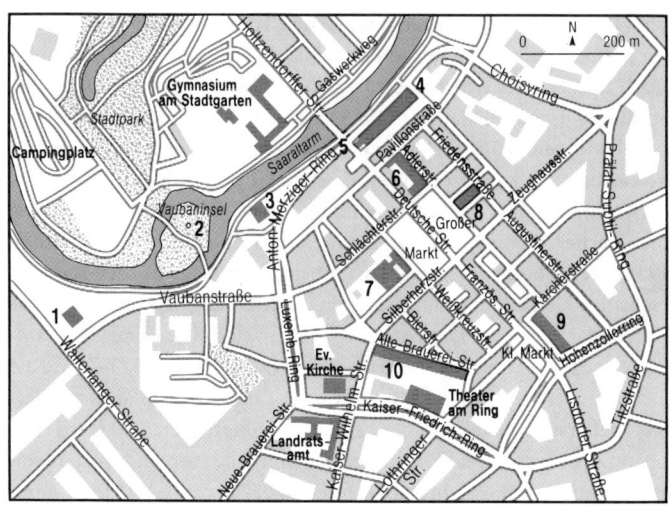

Saarlouis
1 Landeszentralbank
2 ›Halber Mond‹ =
  ›Contregarde Vauban‹
3 ›Bastion de Vaudre-
  vange‹ (Bastion Prinz
  Albrecht)
4 Kasematten
5 Deutsches Tor
6 Rathaus
7 Ehemal. Koman-
  dantur (Hauptpost)
8 Ludwigskirche
9 Kaserne IV
  (Ladengalerie)
10 Kaserne VI
  (Städt. Museum,
  Stadtbibliothek,
  Archiv)

die **Kasernen IV** (1860/63) am *Kleinen Markt*, der ganz in Weiß 1982 eine postmoderne Laden-galerie angegliedert wurde, und **VI** (1866–69) an der Alten-Brauerei-Straße, die heute Stadtbi-bliothek ist (mit gemütlichen Schmökernischen) und -Archiv und -*Museum* noch dazu.

Das bürgerliche **Alt-Saarlouis** mit seinen eher streng-nüchternen Wohnbauten aus der Festungszeit läßt sich hier und da auch noch sehen, vor allem im Schachbrett der alten Quar-tiers. Im Geviert von Pavillon-, Adler-, Grünebaum- und Friedensstraße zum Beispiel, wo man noch Scheitelmasken von Balthasar Ferdinand Ganal (1703–75), dem einheimischen Bildhauer, entdecken kann. Oder im Winkel von Silberherz-, Weißkreuz- und Alte-Brauerei-Straße, in dem es noch die »Powai«, das alte Pflaster, gibt, und man einem Haustyp begegnet mit schmaler Front, Mansarddach und Kellertür, die vom »Drodwaar« (Trottoir), dem Bürgersteig, her ins Untergeschoß hinabführt. Hier ist die Handschrift der Stadtgründer bis heute spürbar geblieben. Hans Jörg Schu, Kulturdezernent des Kreises Saarlouis, erzählt von einem amerika-nischen Professor, der sich in Saarlouis spontan an die Altstadtviertel von New Orleans erinnert habe – »eine Ähnlichkeit, die vielleicht nicht ganz zufällig besteht: Schließlich wurde die größte Stadt Louisianas von einem Baumeister entworfen, der 30 Jahre zuvor an der Planung der Festung Saarlouis mitgewirkt hatte«. Nach der Schleifung der Festung ließ sich an den Ring-straßen großspuriger bauen, die Villen opulent und die öffentlichen Gebäude wie das Kreis-ständehaus, die *Evangelische Kirche* oder das *Landratsamt* mit Anleihen aus Gotik, Renaissance und Barock monumental so, eben wie es den illustren Namensgebern der neuen Straßenzüge angemessen schien, den Hohenzollern und ihren Kaisern.

☐ Auf Distanz zur City: die Stadtteile

Als Stadt und Festung nach dem Friedensschluß von Rijswijk französische Exklave waren (1697–1815), gehörten auch die Dörfer Roden, Fraulautern, Lisdorf und Beaumarais dazu.

178

Heute sind sie Stadtteile, bleiben aber auf Distanz zur City. »Roden ist Roden«, sagt Alfred Gulden (Jahrgang 1944), »es ist nie Stadt(-teil) geworden.« **Roden** hat auch seinen eigenen Dialekt, »auf der Grenzlinie zwischen Moselfränkisch, Rheinfränkisch und Lothringisch-Französisch«, der, so abermals Gulden, »zu mehr taugt als (nur) zur bloßen Verklärung.« Hier sein Gedicht:

da bonkga	der bunker
zougeschutt un	zugeschüttet und
grass driwa waassen losen.	gras drüber wachsen lassen.
onam grass, onam schutt da	unterm gras, unterm schutt der
bonkga es doo.	bunker ist da.
en de gäng hamma vaschdoppches	in den gängen haben wir verstecken
geschbillt, aus de lukgen gelout,	gespielt, aus den luken geschaut,
of da kupbel geschdann.	auf der kuppel gestanden.
zougeschutt un	zugeschüttet und
grass driwa waassen losen bis	gras drüber wachsen lassen bis
zum näkschden krejch?	zum nächsten krieg?

Fraulautern war Benediktinerkloster (in der ersten Hälfte des 12. Jh.), bald danach Augustinerchorherrenstift und dann erst (Mitte des 12. Jh.) ›Vrowenlutren‹, also das freiadlige Damenstift (Schenkung eines gewissen Ritters Adalbert v. Lautern), das in der Französischen Revolution aufgehoben wurde. Gute 30 Jahre vorher hatte es eine ›princesse de Soubise‹ hierher verschlagen. Eifrige Heimatforscher machten die »gefeierte Schönheit von Versailles«, Geliebte Ludwigs XIV. und Rivalin der Maintenon, Anne de Rohan-Chabot, aus ihr . . . nur starb die bereits 1709. Peinlich für die Lokalpatrioten. Der **Torbau der Prinzessin Soubise** (um 1760), der einzige Rest eines wohl nie ganz vollendeten Schlosses vor dem Kloster, eröffnet jedenfalls nur für einen minder illustren historischen Roman die Szene. Von der **Stiftskirche** blieb der romanische Westgiebel (zweite Hälfte des 12. Jh.) mit einer Dreifenstergruppe und einem Klötzchenfries erhalten, er wurde, mit der Westseite nach Osten gedreht, wieder aufgebaut; vom barocken Bau blieb das Portal in der Nordwand mit Säulen, Gebälk und Dreiecksgiebel (um 1740); vom *Konvent* schließlich (heute Grundschule) einige romanische Relikte im Ostflügel sowie die nach dem Zweiten Weltkrieg vereinfacht rekonstruierten Gebäude des West- und Südflügels (17. und 18. Jh.).

Saaraufwärts schließt sich das bereits zu Schwalbach gehörende Grubenfeld Ensdorf an. Die Berghalde der **Grube Duhamel** überragt es. Die älteren Tagesanlagen – Fördermaschinenhaus und Fördergerüst sowie die Kompressorenhalle (von 1917/18) – sind von Architektur und technischer Ausrichtung her immer noch beispielhaft. Das für das Saarrevier nicht minder typische Ensemble des Ensdorfer Schachtes – Zechenhaus und Waschkaue – wurde 1989 leider abgerissen.

Die **Lisdorfer Au**, Ensdorf (Farbabb. 5) gegenüber, ist der Gemüsegarten der Stadt Saarlouis und des (Saar-)Landes. Schon im Mittelalter wurde hier Gemüse angebaut. In der Festungszeit war die Garnison der Großabnehmer, und – vice versa – **Lisdorf** der Hauptabnehmer des

Ensdorf, Schachtanlage der Grube Duhamel

Pferdemists der Garnison. Abt Michael Stein von Wadgassen, der Sohn der Lisdorfer Hebamme, baute 1764 die *Pfarrkirche St. Crispin und Crispinian,* Patrone der Gerber, Sattler und Schuhmacher. Die drei stattlichen Altäre stammen noch aus dieser Zeit (die Figuren wohl von Wunnibald Wagner), auch die Kanzel, zwei Beichtstühle und die Kommunionbank.

Beaumarais entstand mit der Festung Saarlouis jenseits der Festung als Straßendorf, die Hauptstraße macht es auch heute noch aus. Seine erste Pfarrkirche (1692) bekam es vom französischen König, seine zweite (1847) vom preußischen geschenkt. Die Bevölkerung war arm, die Reichen im Dorf kamen aus Saarlouis, weil man hier außerhalb des Festungsbereichs weniger beengt und nicht par ordre bauen konnte. Ihre Villen an der Hauptstraße bewahren in vielen Details das alte Bild. Das *Haus Nr. 20* beispielsweise (von 1690) mit einem sechseckigen Treppenturm auf der Hofseite, oder das Ensemble am Anfang (Nr. 2 bis 8): *Altes Pfarrhaus, Hofhaus, Bigots Schlößchen* (18. Jh.) mit einem Gartenhäuschen der Zeit auf der Höhe und einer Valentinskapelle (um 1700) im Park dahinter.

☐ Schlösser und Gärten: Wallerfangen

Am Fuß des Limbergs liegt **Wallerfangen**. Die Gegend war früh besiedelt. Die Römer betrieben bei St. Barbara ein Kupferbergwerk (*Emilianusstollen* im ›Blauloch‹), Funde deuten auf das 3. Jh. n. Chr.; noch Dürer und seine italienischen und niederländischen Zunftgenossen malten mit ›Wallerfanger Blau‹. Im 14. Jh. erhielt der inzwischen lothringische Ort städtische Freiheiten –

und nach und nach die geziemende Befestigung – und wurde 1581 Hauptort der ›Baillage d'Allemagne‹, des deutschen Oberamtes im Herzogtum Lothringen, und wichtiger Handels- und Gewerbeplatz. Der Dreißigjährige Krieg leitete den Niedergang ein, Ludwig XIV. besiegelte ihn: 1687 wurde ›Vaudrevange‹ niedergelegt, um die Festung Saarlouis strategisch zu sichern und der Stadt Saarlouis die dringend benötigten Einwohner zu verschaffen. Erst die Verlegung der Villeroyschen Steingutfabrik von Frauenberg bei Saargemünd nach Wallerfangen 1789 brachte wieder Zulauf und wirtschaftlichen Aufschwung. Eine *Keramikskulptur* des Porzellanmalers und Bildhauers Andreas J. Kutsche von 1991 auf dem Rathausplatz erinnert daran. An der Estherstraße auf der Adolfshöhe liegt das *Heimatmuseum;* es besitzt u. a. auch eine große Keramiksammlung.

Mit den Villeroys haben alle Wallerfanger Schlösser und Herrschaftssitze samt ihren Gärten und Parks zu tun. Das schönste, **Schloß Villeroy de Galhau** (Abb. 27) in der ›Engt‹, seit 1875 im Besitz der Familie, wurde um 1753 im Stil eines französischen Landschlosses erbaut. Im Westen, auf die Hauptstraße zu, bilden zwei flache Seitenflügel einen kleinen Cour d'honneur, vor der Ostfassade, mit doppelläufiger Freitreppe und Balkon, breitet sich zur Saar hin – heute einem Saar-Altarm – eine Gartenterrasse aus, mit einem runden Brunnen in der Mitte. Von Schloß und Hofgut Galhau, seit 1905 von Papen, blieben neben dem weitläufigen *Englischen Garten* (1868 »in bestem Wuchs«) nur ein kleines zweigeschossiges *Dienerhaus* (1880) und die repräsentative klassizistische Dreiflügelanlage des *Wirtschaftshaus* (1862) erhalten. Der

Die Steingutfabrik V & B in Wallerfangen. Titelgraphik einer Broschüre von 1893

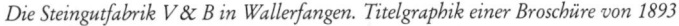

Kuriosität halber ein Blick noch auf das schlichte ›*Schwarze Schloß*‹ von 1843 (heute Kinderheim), das 1859 zu seinem Namen kam, als die ›schwarze Gräfin‹, Maria Guilleminot, es aus Trauer über den Tod ihres erst 31jährigen Sohnes Charles ganz mit Teer überstreichen ließ. Das ›Schwarze‹ ist heute ein eher ›Gelbes (zumindest hell getöntes) Schloß‹ und hat seine Wallerfanger Geschichte(n).

»Weit, weit von Weimar«, beginnt eine andere Geschichte aus dieser Zeit, »find ich ein freundliches Asyl in einer kleinen Stadt an einem kleinen Strom – ein Nebenfluß, wie ich eben ein Nebenmensch bin. Da ist in den schönen Kreisen, in denen ich sehr gütig aufgenommen war, eine junge Dame, die spielt sehr schön Clavier, singt auch sehr schön dazu. Der wollt ich denn später, vom Land aus, eine Artigkeit erweisen, mich wohl auch ein wenig zeigen. Da schrieb ich ihr sechs kleine Musikbriefe ... Mein Op. 1 war da.« Peter Cornelius, der ›Dichter-Musiker‹, wie er sich selbst bezeichnete, erzählte das; er lebte von Mai bis September 1853 in der »kleinen Stadt«. Eine Gedenktafel am Haus *Hauptstraße 4* erinnert an den »Moment, wo sich die beiden Himmelsmächte des Tons und der Sprache zuerst zu lieblichem Bunde vereinigten«.

Auf der Hall, im Park der ›schwarzen Gräfin‹, stand die Notkirche, als man 1861/62 die katholische **Pfarrkirche St. Katharina** baute. Interessant deren 1977/78 restaurierte Innenausstattung aus zwei neogotischen Phasen (1862 und 1907) sowie die moderne Tabernakelsäule (1980) von Willi Hahn im Chorraum. Die ältesten Statuen der Kirche sind im nördlichen Seitenschiff zwei Petrus-Darstellungen (um 1750) aus dem Vorgängerbau: der Apostel und Petrus der Märtyrer (von Mailand).

Auf den **Limberg** steige man zu guter Letzt, der Gang ist obligat. Der Berg könnte auch ein ›Drachenfels‹ sein, womöglich steckt der ›Lintwurm‹ in seinem Namen. Schon in der Vorzeit war er befestigt, drei Wälle der Hallstatt-Zeit sind ausgemacht. Der Steinbruch für die Festung Saarlouis (ab 1680) lag innerhalb der dritten ›Mauer‹, ›Carrières‹ heißen noch heute die Obstgärten von **Hof Limberg.** Ein Klösterchen entstand auch zu dieser Zeit, es ging in der Französischen Revolution unter. Auch der Kreuzweg, die acht ›Fußfälle‹ von Pierard de Corail (vorwiegend 1722/23), wurde zerstört. Malerisch lagern die Reste jetzt im Wald, dort wo der *neue Kreuzweg* (1840) das Plateau des Berges erreicht. Am Karfreitag kommen die Wallfahrer hier hoch. Noch immer werden kleine Holzkreuze, die man früher, »um unter die Haube zu kommen«, in den ›Magdalenenquell‹ warf, an den Stationssteinen niedergelegt. Das Ziel ist die *neue Kapelle* (1827) ... und – nach der frommen Übung – die weltfrommere Einkehr in den Gasthäusern von Oberlimberg, zum nicht minder traditionellen ›Kässchmieressen‹.

☐ Dörfer auf dem Muschelkalk: im Saargau

»Gaau« sagt man hier und »of em Gaau«. Auf deutscher wie französischer Seite. Der Gau hockt rittlings auf der Grenze. Am besten schert man in Saarlouis aus, an der Autobahnausfahrt Metz. ›Neue Welt‹ heißt die Wirtschaft linker Hand. Dahinter steigt die Straße nach *Picard* hoch, buckelt, und über die Kimmung erscheint wie eine neue Welt (vulgo: die Ausläufer des Lothringischen Stufenlandes) der Gau: Berus links, der Sauberg in der Mitte (mit den Sendemasten von ›Europe Numéro Un‹), nach rechts abgesetzt der Felsberg, weiter Gisingen, St. Barbara, der Limberg. Nördlich des Limbergs mäandert die Nied. Sie trennt den unteren vom oberen Gau, der vom Gauberg zum Nackberg und weiter in den Saar-Mosel-Winkel reicht (und bei Merzig sogar über die Saar buchtet). Auch hier die leichten Wellen der Hochfläche und versprengte Waldstücke zwischen Äckern und Wiesen. Der Muschelkalk kennt keine Grenzen. Hüben wie drüben liegen die Ammonshörner am Boden, hängen die Misteln in den Bäumen. Wer sucht, der findet. Höckerlinien sogar und Bunker nach Belieben.

Der Muschelkalk ist Vor-Geschichte. Aber da er von Natur aus waldfrei war, wurde er Zone der ältesten Besiedlung. Und mit der kamen die Grenzfälle. Hart im Raum stießen sich Mediomatriker und Treverer. Die wichtigsten Heer- und Handelsstraßen kreuzten sich hier: die ›Königstraße‹ und die ›Krumme Meil‹. Schon im Mittelalter war auf dem Gau der deutschfranzösische Konflikt vorprogrammiert. Unklar beispielsweise die Verhältnisse an den Rändern, zwischen dem Herzogtum Lothringen und Kurtrier. Auch die Grenze der Diözesen Trier und Metz verlief querdurch. Länger als den streitbaren Trierer Erzbischöfen lieb war, die alles taten, um wenigstens für einige lange schwankende Jahrzehnte in die Landes- und Lehenshoheiten zu kommen. Aber Balduins Tod 1354 brachte die lothringischen Herren doch wieder ins (auch jetzt nicht fraglose) Recht. 1368 blieb schließlich gar nichts anderes übrig, als eine gemeinschaftliche Verwaltung zu vereinbaren, das ›Kondominium Merzig-Saargau‹ entstand. Erst 1778 wurde es aufgelöst. Fortan bildete die Saar die Grenze zwischen Kurtrier und Frankreich. Und noch einmal brauchte es ein halbes Jahrhundert, bis die Grenze 1815 im zweiten Pariser Frieden endgültig auf den Gau, die Hochfläche, gerückt wurde, wo sie heute noch verläuft, zwischen den Dörfern mit den langen geraden Straßenzeilen, an denen hüben wie drüben sich noch immer ein paar der alten ›Lothringerhäuser‹ behaupten. Der (größere) Rest ist, ebenfalls hüben wie drüben, ›pflegeleicht‹ modernisiert und uniform. Ein Land ohne Sensationen, das dennoch die mächtigste Wirkung ausüben kann. Nicht im Sinne einer Schwärmerei, eher des Feststellenmüssens.

Beginnen wir mit **Wadgassen.** Es liegt zwar noch im (Saar-)Tal, der Buntsandstein blockt noch den Muschelkalk ab, aber auch am Übergang vom Warndt zum Gau. Wadgasser Geschichte liest sich eindrucksvoll an seinen Grenzsteinen ab: Da gibt es den heimischen Abtsstab, die nassauische Wolfsangel, die Lilie der Bourbonen und das Lothringer Kreuz. Die 1135 gegründete *Prämonstratenserabtei*, als Rodungskloster angelegt und bis ins späte 14. Jh. Grablege des Saarbrücker Grafenhauses, prägte das geistig-kulturelle Leben der Region ebenso wie deren wirtschaftliche Entwicklung. Als Sitz einer ›Zirkarie‹ (Ordensprovinz) hatte sie Einfluß auf über 20 andere Abteien in Süd- und Westdeutschland, Patronatsrechte in über 50 Pfarreien und Grundbesitz in über 200 Dörfern im Saarland, in Lothringen, im Elsaß und in der Pfalz. 1766 wurde die Abtei Tauschobjekt zwischen Nassau-Saarbrücken und Frankreich, in der Französischen Revolution als Nationaleigentum Occasion zur Versteigerung. Von den glanzvollen Neubauten des 18. Jh. erhielt sich nur ein geringer Rest der Abtei- und Wirtschaftsgebäude. 1843 etablierte sich die **Cristallerie** von Villeroy & Boch in ihnen. Eine kleine Demonstrationsmanufaktur blieb davon übrig (und viel Raum für die Workshops, wie das »Theater in der Cristallerie«, der Saarländischen Sommerakademie). Johannes Kirschweng (1900–51) brachte Abtei und Glasbläser in die Literatur. In der Kirschweng-Stube im ›Alten Wadgasser Wirtshaus‹, der ersten Heimatstube (s. GT, S. 369) im Saarland, wird ihrer gedacht.

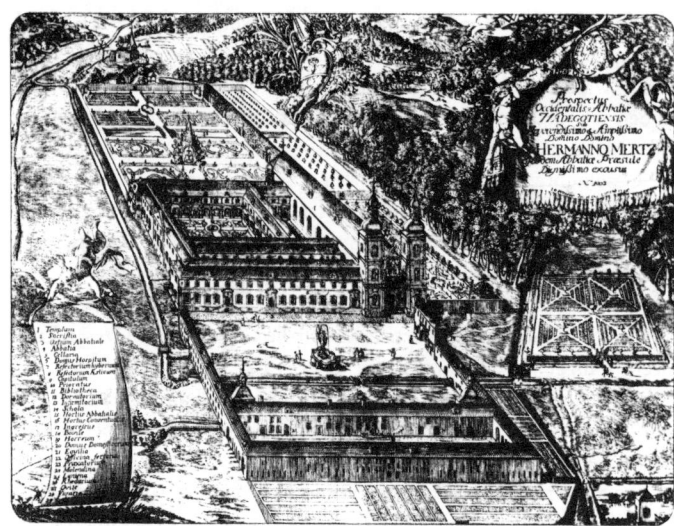

Kloster Wadgassen.
Kupferstich von
J. G. Weiser, 1736

Die katholische *Pfarrkirche ›Zu den Heiligen Schutzengeln‹* im Ortsteil Schaffhausen, 1933/34 noch in der Saargebietszeit entstanden, gehört zu den letzten deutschen Bauhauskirchen der Vorkriegszeit.

Auch der erste, 1987 kreierte, *Saar-Lor-Lux-Kulturwanderweg,* geht von Wadgassen aus und ist Johannes Kirschweng gewidmet. Er führt zur Orannakapelle nach **Berus.** Die ›Stadt auf dem Berg‹, urkundlich erstmals 1235 erwähnt, aber älter, wohl schon keltisch, markierte lange lothringische Positionen. Im Dreißigjährigen Krieg wiederholt besetzt und verwüstet, verkam sie wieder zum Dorf. Erhalten blieben von der Befestigung die *Torhäuser* des *neuen Schlosses* und der *Burg Scharfeneck* (Ende 16. Jh.). Als Architekt gilt Jakob Lux, er baute auch das sogenannte ›Bannhaus‹ (1580) in der Kirchstraße.

Die katholische **Pfarrkirche St. Martin** hat ein barockes Langhaus mit dreiseitigem Schluß (1749/50 von Heinrich Eckardt aus Wadgassen, der auch die Propstei baute). Der alte spätgotische Chor (15. Jh.) und der 1888 neoromanisch umgestaltete Turm von 1610–12 schließen sich an, eine kleine Fuge ist beibehalten. Außerordentlich ist die Ausstattung im Innern. Sie stammt fast ganz von den Brüdern Guldner: Peter, Johannes, Adam, Christian und Georg – die Familie war im nahen (heute französischen) Berweiler beheimatet. Gemeinsam arbeiteten sie an den größeren Objekten, so den drei Jüngern am *Muttergottes- und Eligiusaltar* (1766), auch am Gehäuse des *Taufsteins.* In Gold, Blau und Rot kommt auf ihrem *Schrein* Oranna im Brustpanzer auf uns zu »wie eine Schwester der Jeanne d'Arc« (Peter C. Keller), groß das Kreuz zur Linken, übergroß ein Ohr, ihr Attribut, in der Rechten, die personifizierte ›Ohr-Anna‹ der Legende nun, die bei Kopf- und Ohrenleiden anzurufen frommer Brauch war. Personifikationen überhaupt: Die Köpfe der Guldnerschen Apostel an der Empore und den beiden Längsschiffwänden vergleicht man noch heute gern mit den Gesichtern der ›Alldahiesigen‹. Den

Guldners angemessen: die hinter dem Hauptaltar in einem großen barocken Rahmen in die Wand eingelassenen Freifiguren einer *Kreuzigungsgruppe* von Sebastian Öhlenschläger (etwa 1760). In der Sakristei steht der schöne *Marienaltar* eines vermutlich Trierer Meisters (Hans Ruprecht Hoffmann?), Mariä Himmelfahrt und Krönung sein Thema. Um 1625 dürfte er entstanden sein: Späte Gotik, Renaissance und früher Barock begegnen sich. Die *Orgel* schließlich, mit reichgeschnitztem Gehäuse, das zwei Atlanten tragen, kam 1758 aus Wadgassen. Die Abtei sorgte für Berus.

Dessen Geschichte sich draußen am *Linsenhübel* noch einmal verdichtet, als Zweiländergeschichte auch, man merkt das partout. Denn ›zuständig‹ ist hier *Oranna,* von alters her die Patronin Deutsch-Lothringens, ihre **Kapelle** (Farbabb. 14) steht nahe an der Grenze. Zunächst reckt sich am Wege, wo der im September 1939 gesprengte ›Hindenburgturm‹ stand, noch das *Denkmal der Großen Europäer* hoch, im Mai 1970 wurde es eingeweiht; es ist den Gründungsvätern gewidmet: Robert Schuman (1886–1963), Konrad Adenauer (1876–1967), Alcide de Gasperi (1881–1954); der Belgier Paul-Henri Spaak (1899–1972) und der Luxemburger Joseph Bech (1887–1975) kamen hinzu.

»Welch eine Frau!«, schrieb noch 1971 Wilhelm Kornelius, der Pastor von Berus, der unter dem Guldner-Kreuz an der Kapelle begraben liegt, von Oranna. »Wir haben kein authentisches Bild von ihr, wissen nicht, wie sie aussah, haben keine schriftlichen Zeugnisse über sie, kennen nicht ihr genaues Todesjahr, aber seit 1300 Jahren ist ihr Andenken bei den Menschen unserer Gegend gesegnet.« Seit 1969 sind die »zwei Heiligenkörper« (Oranna und ihre ›socia‹ Cyrilla) wieder in der Wallfahrtskapelle, die, in Teilen, die Pfarrkirche des untergegangenen Dorfes

Berus, Pfarrkirche St. Martin, Statue der heiligen Oranna mit dem Ohr in der Rechten

185

Eschweiler war (frühgotische Reste im rechteckigen Chor, das anschließende Gewölbe spätgotisch). Dem Andenken der bei dem Grubenunglück in Luisenthal am 7. Februar 1962 umgekommenen 299 Bergleute ist ein großes *Ölbild* von Fritz Zolnhofer gewidmet, es hängt neben dem Eingang.

Der Montag nach dem dritten Sonntag im September ist der ›Doranner Tag‹. Früher wurde da heimlich noch um etwas anderes gebetet: »Sankt Orann, / Beschär mer n'Mann, / Kän Seffer, kän Schmesser, / Käner me'm roden Bart, / Die senn kän gudder Art. / Beschär us 'n gudden Mann, / Daß mer lang dran hann.« Dafür also war die Heilige auch noch gut. Karl Lohmeyer: »Das mag denn (auch) eine letzte Erinnerung an die rothaarigen Kelten dieser Gegend noch sein, die den Ruf der Rauhheit über zwei Jahrtausende nicht verloren.« »Quelles affaires au pays de Sainte Oranne«, sagt die Heldin in Kirschwengs Roman »Feldwache der Liebe« (1936).

»Quelles affaires« in der Tat. In **Leidingen,** etwas weiter nördlich, verläuft die Grenze mitten auf der Dorfstraße. »Aam hällen Dach / metten of da Gass / han aich de Grenz gefon. / Wat hòtt dii dòò / valooa?« singt Alfred Gulden und erzählt, wie vor der Evakuierung (im Zweiten Weltkrieg) die Französisch-Leidinger aus ihren Häusern auf die Straße gegangen, und wie von der anderen Straßenseite die Deutsch-Leidinger auf die Straßenmitte gekommen seien, wo sie sich getroffen hätten, »um ›Adjes‹ zu sagen, bevor die einen ins Reich, die anderen weit nach Frankreich hinein evakuiert worden seien.« So ist auch sein Roman »Leidinger Hochzeit« (1984) par excellence der besondere deutsch-französische (nämlich saarländisch-lothringische) Grenzfall. Denn hier – ›au pays de Sainte Oranne‹ – hat jeder seine Grenze vor der Nase und im Kopf. Und »Entdeckungsreisen ins altbekannt, altvertraut Geglaubte« werden unter der Hand Reisen »in die nächste Fremde«.

Zu entdecken sind bei **Felsberg** die weitläufige Ruine der **Teufelsburg** (hier wurde ein Museum eingerichtet), gegründet wurde sie 1370 und rund 300 Jahre später zerstört, und auf dem *Humburg* bei **Düren** (im Ort das barocke *Schloß de Bely* von 1760) eine frühmittelalterliche *Turmhügelburg* (zweite Hälfte 10. Jh.), hier sind die Grundmauern noch erhalten. – Die katholische *Pfarrkirche St. Hubertus* in **Ihn** (der Turm romanisch und gotisch, das Schiff schlichter Barock, im wesentlichen von 1726) überrascht durch seine reiche Ausstattung. Die drei barocken Altäre stammen noch aus der Kirche selbst, die meisten anderen Stücke kommen von überhall her: so die Rokoko-Kanzel über Primstal aus Trier, der Kreuzweg (1801) aus Lorenzen im Krummen Elsaß, das barocke Lesepult aus Perpignan im Roussillon, der Osterleuchter (18. Jh.) gar aus Goa in Indien. Trotzdem ist aus der Kirche kein Museum geworden.

Am **Sudelfels** über dem Ihner Bach ist man wieder auf der gallo-römischen Spur. Bereits 1903 wurde hier ein **Quellheiligtum** entdeckt, Ausgrabungen in den 80er Jahren verdeutlichen den Befund, dessen zentraler Teil ein sechseckiger Umgangstempel mit einem ebenfalls sechseckigen Nymphäum war (Anfang 4. Jh. n. Chr.). Die Gottheiten, die man verehrte, entsprachen dem zeit- und handelsüblichem Proporz: dem römischen Merkur war die keltische Rosmerta beigesellt, und Apollo Sirona, mit der Schlange des Aeskulap um den rechten Arm (Torso im Wallerfanger Heimatmuseum (s. S. 181).

☐ Rösselsprünge längs der Nied

»Diese Seite, die andere . . .« Der Zoll zwingt weiter zu Rösselsprüngen. Nach Bouzonville zum Beispiel, »wou de Nitt bréllat« (Wo die Nied brüllt), wie auf einem Bändchen von Jean-Louis Kieffer, Mundartlyriker aus Filstroff, steht, »of muselfränkisch« und gleichsam auch als Appell über die Grenze: »Dat és ach dei Sprooch.« Breit lagert in **Bouzonville** auf dem Hochufer der Nied die *Kirche* (nach 1345) *der ehemaligen Benediktinerabtei*. Ihre drei polygonalen Chöre verweisen nach Tholey.

Das Tal hinunter liegt, nun wieder auf deutscher Seite, **Niedaltdorf** und wirbt zunächst einmal für sein Naturdenkmal, die *Tropfsteinhöhle*. Die neogotische katholische **Pfarrkirche** (1871–73) hat **St. Rufus** (Abb. 30) zum Patron. Ihre Ausstattung, einheitlich aus der Zeit, verdient Beachtung, darunter die erste Nachbildung (1890) der Erscheinungsgrotte von Lourdes auf deutschem Boden. (Man hatte die – künstlerisch nicht gerade geglückten – Vorbilder zuhauf in der lothringischen Nachbarschaft.) Zu den Stiftern des ›Ritter von Führich-Kreuzweges‹ (in München nach Originalskizzen des Wiener Spätnazareners Joseph von Führich für 352 preußische Taler gefertigt) gehörte auch Johann Guitienne (1809–89). Man erinnert sich jetzt seiner wieder im Dorf. Er war – und vielleicht machte auch das der ›französische Wind‹ – ein Vormärzler und Achtundvierziger und, auch in bürgerlichen Amt und Würden (23 Ämter hatte er am Ende inne), der entschiedenste Demokrat. Fritz Reuter, mit dem er in den Festungen Magdeburg und Graudenz einsaß, hat ihm in ›Ut mine Festungstid‹ als »prächtigem un mächtigem Kirl« und »ihrlichem un trugem Fründ« das literarische Denkmal gesetzt.

Die Hauptstraße von **Großhemmersdorf** durchzieht von der Niedbrücke her den Ort; die Anlage als ›lothringisches Straßendorf‹ ist noch gut zu erkennen. ›Et Kreiz of da Bregg‹, St. Nikolaus zu Ehren, gehört zu den vier *Fronleichnamskreuzen,* mit Altartisch und Sakramentsnischen, die der Dechant Drouin zwischen 1770–75 um den alten Ortskern setzen ließ. Unterhalb der *Nikolauskirche,* deren Chor, vom Ende des 15. Jh., jetzt Sakristei ist, steht, mit dem Hof zur Straße, das gut restaurierte *ehemalige Schloß* (um 1670 und 1710). Erhalten auch einige charakteristische *Lothringerhäuser:* Einhäuser alle, mit Wohn- und Wirtschaftsteil quer zum First, die zwei Geschosse noch um ein halbes, in das Luftluken eingelassen sind, aufgestockt, das Dach flach.

Unweit der Mündung der Nied in die Saar markiert vor **Rehlingen-Siersburg** der quadratische Turm der mal herzoglich-lothringischen, dann wieder kurtrierischen und 1793 zerstörten *Siersburg,* die bis ins frühe 12. Jh. zurückgeht, das uralte Straßenkreuz der ›Königstraße‹ (von Metz die Nied entlang über die Saar und durch das Primstal über Tholey nach Mainz) und der ›Krummen Meil‹ (von Norditalien über Straßburg und Saarbrücken nach Flandern). Im Dorf **Siersburg** selbst malerisch auf einer Anhöhe die kleine *Willibrordkirche,* der Turm spätromanisch (um 1200), spätgotisch (1523) Chor und Schiff. Am Hang haben findige Leute einen ›Mittelalterlichen Garten‹ angelegt: Eine Nachbildung von Walahfrids (Abt von Reichenau) ›Hortulus‹ in der Mitte, fromm mit Heilkräutern und Symbolpflanzen besetzt, das Hexenwerk – ›Zauber-, Liebes- und Hexenpflanzen‹ – ringsum.

Itzbach überragt weithin die 1912 neobarock erweiterte *Martinskirche* von 1758. Im Innern fixiert der monumentale Hochaltar (1762) den Blick. Er stammt, wie auch die zu Beichtstühlen

Fremersdorf, Schloß mit barocker Puttengruppe

umgearbeiteten Seitenaltäre und die Kommunionbank, aus der Kirche der Hospitalschwestern von der hl. Elisabeth in Aachen. Franz Forget de Barst de Bouillon, lothringischer Dienstadel, baute 1740 das Itzbacher *Schloß.* Zwei Pavillontürme flankieren das schlichte sechsachsige Haupthaus mit der kleinen Freitreppe.

Und Schlösser auch weiterhin, nun aber schon an der Saar. Das *Rehlinger Schlößchen* (mit einem Heimatmuseum), Zollstätte bereits im 12. Jh., 1624 neu durch Alexander von Hausen aufgeführt, war ein besserer Bauernhof. Ein sechseckiger Erker erinnert an glanzvolle Zeiten. Vor **Fremersdorf** schied die Saar im Mittelalter Lothringen und Kurtrier. Die von Braubach bauten Anfang des 17. Jh. (bald nach Dillingen) hier ein nicht minder stattliches *Schloß* mit massigen Türmen, von denen sich vier erhalten haben. Die Galhaus erweiterten ab 1775 die Anlage, vom alten Fährweg führen zwei Tore zum Oberen und Unteren Schloß (Privatbesitz und für Besucher nicht zugänglich). Dem Park hat der Krieg und noch mehr der moderne Verkehr zugesetzt. Von den neun Puttengruppen (um 1775, aus dem Kreis des Trierers Ferdinand Dietz) ist gerade eine übriggeblieben, und die A 8 beschneidet brutal das Areal.

Die Apfelkiste, der Wingert und des Landes schönste Stelle

Merzig und das Dreiländereck

Die Saar als Großschiffahrtsstraße. Da kommt schon einiges zusammen: zwischen Dillingen, Rehlingen und Beckingen beispielsweise, an Becken und Brücken, Staustufen und Schleusenkammern, auf engstem Raum überdies, plus Eisenbahn, Autobahn und Bundesstraße. (Klein)schiffbar war sie dabei schon immer, bereits Ausonius nannte sie in seinem Preisgedicht ›Mosella‹ (371 n. Chr.) den »naviger Saravus«. In Beckingen hatte der Besitzer der ›*Villa rustica*‹ den schönsten Ausblick auf den Fluß.

Im Mittelalter entstand in **Beckingen** kurz nach 1300 eine Komturei des Deutschen Ritterordens, der zeitweilig auch die Verwaltung der gesamten lothringischen Ballei des Ordens oblag. Vom *Ordensschloß* (des 18. Jh.) haben sich nur zwei Wirtschaftsgebäude und das Zehntentor sowie in der Nachbarschaft ein Laufbrunnen und einige Wappensteine erhalten.

Die *Marcelluskapelle* an der Straße ins Haustadter Tal errichtete 1634 der Komtur Philipp Arnold von Ahr, seine Namens- und Titelinitialen sind auf dem Schlußstein über dem Eingang eingeschlagen. Die Figur des Patrons steht in einer Nische des reichen barocken Altars (von 1684). Den Altar schuf ein Tiroler Bildschnitzer. Er gehörte zu den Einwanderern, die nach dem Dreißigjährigen Krieg aus den Alpenländern nach Lothringen und an die Saar kamen. Auch im **Haustadter Tal** ließen sich einige Familien nieder. In St. Katharina in **Honzrath** und St. Lucia in **Erbringen** stehen weitere Altäre (mit gedrehten Säulen und gesprengtem Giebel) aus ihren Werkstätten.

Zwischen Beckingen, Merzig und Losheim schiebt sich der Saargau über den Fluß. In zwei Dörfern auf der Höhe und am Rande der ›Merchinger Muschelkalkplatte‹ war in unserem Jahrhundert abermals ein Tiroler tätig, Clemens Holzmeister (1886–1984).

In **Merchingen** brachte den international renommierten Architekten der damalige Pfarrer Johann Speicher »aufs Dorf«. Interessant sind Holzmeisters erste Skizzen, in denen er die Lage von Merchingen an den Hängen der Ritzerbach-Talmulde fixiert – und wie er dann seinen Bau »in Ausmaß und Grundhaltung« dem Dorf- und Landschaftsbild anpaßt. Das gesamte Ensemble von **St. Agatha** (Kirche, Pfarrhaus und Jugendheim) ist in Warmbeton ausgeführt und dürfte der erste Sakralbau dieser Art in Deutschland sein (1929/30). Breit hingelagert, nur wenig gegliedert, der niedrige (die Horizontale ebenso betonende) Glockenturm in die Fassade einbezogen, bleibt das Ensemble in der Bauflucht der Straße und hält sich auch in den Dachschrägen und Firstlinien bewußt an die Häuser in der Nachbarschaft. St. Agatha faßt so an zentraler Stelle das Dorf zusammen und bildet zugleich seine Krone. Was der ›Osservatore Romano‹ seinerzeit als ein »großes Bauernhaus mit Scheune« abqualifizierte, ist heute eher ein Ehrentitel der Kirche. Ähnlich konsequent ist Holzmeister im Innern vorgegangen. Ein breiter Hauptraum wird T-förmig durch zwei Querarme erweitert, der Dachstuhl mit seinem Balkengerüst, dessen Seitenstützen als ›expressionistische‹ Apostelfiguren gestaltet sind, bleibt offen und überspannt den ganzen Raum. Die (Sänger-)Empore ist hinter und über den Altar in den Chorannex gesetzt, indirekt fällt hier von oben das Licht ein. Auch die Ausstattung – vom Kreuz über dem Portal mit den begleitenden Reliefs ›Ölberg‹ und ›Auferstehung‹ bis zur Kreuzigungsgruppe im ›Lichtturm‹ über dem Altar – ist nach Holzmeisters strengem liturgisch-künstlerischem Konzept ausgerichtet. Leider wurde der Kreuzweg von Ruth Schaumann (1899–1975), der 1924 zum Katholizismus konvertierten, tiefreligiösen Schriftstellerin und Bildhauerin, nach dem Krieg verkauft. Die 1986 abgeschlossene umfangreiche Restaurierung hat vieles von der alten eigenartigen Schönheit von St. Agatha wieder sichtbar gemacht.

Merchingen machte Schule. Keine drei Jahre nach dem Bau von St. Agatha berief man Clemens Holzmeister nach **Brotdorf.** Die Aufgabe stellte sich hier anders. Die alte **Pfarrkirche St. Maria Magdalena** (aus dem 17. Jh.) sollte nicht abgerissen, sondern in den Neubau integriert werden. Holzmeister übernahm daraufhin das alte Langhaus als Altarraum, sonderte dessen Chor im Osten aus (heute dort Seitenaltar) und funktionierte den Eingang im alten Westturm zur Sakristei um. Quer davor legte er fast quadratisch das neue Schiff. Dieses ist aus Naturstein aufgemauert und blieb, kontrastierend zur alten Kirche, unverputzt. Wie in Merchingen gibt es auch hier einige Annexe, die unter dem neuen Glockenturm versammelt sind. Da wurden allerdings, wie auch im Umbereich, auf der vielgestaltige Bau abermals abgestimmt war (Dreiecksgiebel, Dachschrägen), z. T. gravierende Änderungen vorgenommen, nicht immer – wie sich vorstellen läßt – zum Vorteil der Gesamtanlage. Zu bedenken bleibt, daß die Kirche »erst ein Zentrum schafft, für das der Ort keine Alternative hat« (Herbert Kammer).

Am Rande der Merchinger Platte verläuft über die B 51 auf der Höhe – und mit den schönsten Ausblicken auf das Merziger Becken und den Saargau – die Landstraße von Beckingen in die Kreisstadt Merzig. Leicht erhöht stehen über ihr in den Dörfern die Kapellen: St. Barbara in **Saarfels** (15. Jh., der Turm wohl noch romanisch), St. Clemens in **Menningen** (Mitte 18. Jh., der Barockaltar um 1770, mit Figuren des Kirchenpatrons und zweier Bischöfe), die Wallfahrtskapelle ›Beatae Mariae Virginis‹ in **Harlingen.** Menningen und Harlingen gehören zur Martinspfarrei in **Bietzen;** die dortige moderat moderne Kirche *St. Martin* (1930–32) besitzt noch den alten barocken Hochaltar (1731).

Die Harlinger **Kapelle** (Abb. 34) gilt als ein Werk Christian Kretzschmars und ist sein einziger Sakralbau an der Saar. (Die Angaben über ihre Entstehung sind widersprüchlich: 1750 oder 1760.) Schon die Fassade verrät den Meister. Mit dem leicht vorgelagerten schlanken Turm, dessen Flanken konkav in die Stirnwände einschwingen, erinnert sie an St. Paulin in Trier. Die spätbarocke Innenausgestaltung war noch bis zum Zweiten Weltkrieg erhalten. Von der reichen Stuckierung blieben nur zwei Kartuschen und Figurennischen in der Chorpartie. Der Hauptaltar wurde aus Originalteilen des 18. Jh. und nachgefertigten Stücken neu zusammengefügt. Über ihm thront das Gnadenbild, eine spätmittelalterliche Muttergottes, die man 1926 mit einem Strahlenkranz versah. Das ›Bild‹ hat seine Lieder und Legenden; am »Nonnenbrünnlein« zum Beispiel, an dem die heilsamen Kräuter wachsen, soll man es gefunden haben. Wallfahrten sind lange vor dem Dreißigjährigen Krieg schon nachgewiesen. Der ›Harlinger Tag‹ ist der 15. August, Mariä Himmelfahrt, ›Liebfrauen Wischtag‹, an dem die Kräuter geweiht werden.

»Meine Liebe ist hier, ich fühle mich hier wohl und ich denke, daß mir hier viel gelingen wird.« Der Bildhauer Paul Schneider sagt das, der in einem Bauernhaus in Bietzen lebt und arbeitet. Er hat seiner Wahlheimat einen Stein zum Geschenk gemacht. Der steht nun als ›Sonnen-Lerchen-Hexenstein‹ auf dem **Bietzer Berg** und macht, nach Süden gerichtet und so die Bewegung des Sonnenlichtes fixierend, die Zeit ›sichtbar‹. Und wenn man mit der flachen Hand fest auf ihn schlägt, fängt er an zu tönen.

☐ Im alten »Särkov«

Das ›Merziger Becken‹ ist, geomorphologisch gesehen, eher ein ›Graben‹, in dem das Saartal die Form eines Kastens hat. Der ›Kasten‹ reicht von Beckingen bis Besseringen. Dahinter, wenn der Fluß sich in Mäandern durch die Ausläufer des Hunsrücks zwängt, verengt sich das Tal wieder und liefert der Stadt Merzig ihren Slogan: »Tor zum romantischen Saartal«. ›Urnenfelderleute‹ siedelten hier in der späten Bronzezeit (um 1250–750 v. Chr.) auf den hochwassergeschützten Terrassen; 57 Gräber fanden sich in ihrer Nekropole in **Ballern-Rech** und die reichsten Keramik-Beigaben von hervorragender technischer Qualität in den Gräbern. In **Besseringen** suchte man nach dem ›Goldenen Kalb‹ der Sage und fand 1858–63 auf dem ›Müllersküppchen‹ das Grab einer keltischen Fürstin aus der Frühlatène-Zeit (5. Jh. v. Chr.); hier kamen Bronzeteile eines zweirädrigen Wagens zutage, ein reich verzierter Goldhalsring und eine etruskische Schnabelkanne (s. auch S. 327). Auf dem Burgberg von *Montclair* innerhalb der Saarschleife (westlich von Besseringen) lag die Fliehburg der Fürstin. Leider gingen die Funde im Zweiten Weltkrieg in Berlin verloren, Teile sollen in jüngster Zeit wieder aufgetaucht sein – spannend bleibt es allemal. Besser steht es mit den Funden von **Mechern.** Dort wurden 1969 bei Baugrunduntersuchungen für die neue Kirche zwei römische Villen freigelegt, in der älteren entdeckte man Fresken. Das merkwürdigste zeigt einen ›Streithahn‹, weiß im Gefieder und nur wenig mit Blut bespritzt, er bläst das Horn. Die Gemeinde hat ihn als Wappentier gewählt, konserviert ist er mit den anderen Bildern im Saarbrücker Landesmuseum für Vor- und Frühgeschichte. Die Kirche *St. Quiriakus* selbst wurde von Hanns Schönecker erweitert, unter Berücksichtigung der historischen Vorgaben. So blieben der romanische Turm und der gotische Chor erhalten, das neue Schiff nahm die Dachschräge der umgebenden alten Bauernhäuser auf, und das Gotteshaus fügt sich besser denn je ins Dorfbild.

Mechern gehört seit dem Jahr 1974 zur Stadt Merzig wie alle 16 Dörfer des alten Merziger Landes. Die meisten von ihnen liegen links der Saar im ›**Särkov**‹, wie der kleine Landstrich seit dem Mittelalter heißt (»ein lendchen so genannt off der Sarren«) und damit mundartlich den Namen des historischen Saargaus weiterträgt. Die größeren Dörfer, von Mechern bis Schwemlingen, liegen auf den Niederterrassen des Tals, nebeneinandergereiht die kleineren,

Prominenz beim Viezfest: Der Dame den Vortritt lassend, dirigiert nicht der ›Landesvater‹ Oskar Lafontaine, am linken Bildrand, sondern Gräfin Sonja Bernadotte

von Mondorf bis Wellingen, in den Talmulden am Fuß des Steilanstiegs zum Gauplateau. Und lassen eigentlich alle, obwohl aller seit der Verwaltungsreform verordneten (par ordre du mufti: verordneten) städtischen Ehren wert, die Kirche ganz gern noch im Dorf. Bescheidene barocke Saalbauten zumeist (*Silwingen, Fitten,* etwas aufwendiger *Büdingen*), mit schlichten Altären (rar der aus dem Empire in St. Josef in *Wellingen*) und Madonnen und Bauernheiligen, wenn diese nicht (wie in Silwingen) gerade gestohlen wurden. Was Wunder, daß man meistens vor verschlossenen Türen steht. Die Vorsicht aus Erfahrung: »Wenn dieser Hof solange steht, bis aller Haß und Neid vergeht, dann müßte er solange stehn, bis die Welt wird untergehn«, heißt es am Giebel eines Bauernhauses in Büdingen.

Über den Dörfern lagert der Rücken des **Nackberges** (354 m). Er ist seit 1938 Naturschutzgebiet, wegen seiner Pflanzengesellschaften vor allem (s. auch S. 354 ff.), submediterranen Orchideen- und Enzianarten – wie lange erhalten sie sich noch: all die ›Knabenkräuter‹ (das größte und schönste noch darunter: das Purpurknabenkraut), die Hummelragwurz, der Gefranste und der Deutsche Enzian. Besser steht es, obwohl auch er eine Rarität, mit dem ›deftigen Nachbar‹, dem »Hondseärsch«, wie man die kleine, harte Frucht der Mispel ihres Aussehens wegen hier nennt. Ein hervorragender Schnaps wird aus ihr gebrannt.

Einen eigenen Exkurs verdient der *Viez.* Er ist so etwas wie ein Volksgetränk der unteren Saar, wo der Obstbau, gefördert von den Klöstern, eine lange Tradition hat. Der Särkov ist die »Apfelkiste« des Landes, wie das Moselufer von Perl bis Nennig sein Wingert ist. Beide kommen zusammen in einem Apfelwein, der hier ein ganz ›besonderer Saft‹ ist, eben dem Viez. Woher das Wort kommt, darüber zerbricht man sich alle Jahre wieder, spätestens aber beim Merziger Viezfest im Oktober, fröhlich den Kopf. Die lateinische Herkunft ist unbestritten, die Herleitung von ›vice vinum‹ (also Ersatzwein) die am liebsten propagierte. Der Wein des kleinen

Mannes sozusagen. Auf jeden Fall hält man sich eine Viezkönigin, die gleichberechtigt neben die Weinkönigin der Mosel tritt.

☐ Merziger Lokalaugenschein

Merzig – das versteht sich nun fast von selbst – ist ebenfalls keltisch-römischen Ursprungs. Seinen Kern bildete eine ›villa urbana‹; überliefert sind die Namen ›villa Martia‹ (also Mars, dem Kriegsgott, geweiht) oder, als gallo-römische Mischform, ›*Marciacum*‹ (auf den ersten Grundbesitzer Marcius verweisend). In fränkischer Zeit war die ›villa Martia‹ Königsgut, Karl der Kahle schenkte sie um 870 dem Erzbischof von Trier, ›Marciacum‹ wurde wichtigster ›Vorort‹ im südlichen Erzstift. Lothringen hielt dagegen (wir haben davon schon im Kapitel ›Saargau‹, s. S. 183, gehört). Also handelte man eine Gemeinherrschaft aus und bestimmte ›*Mercyge*‹ zum Hauptort des Kondominiums Merzig-Saargau. Über vier Jahrhunderte, vom Hochmittelalter bis 1778, hielt das Sowohl-als-auch-Konstrukt. 1794 kamen die Franzosen, 20 Jahre später die Preußen, und es ging wieder ›eindeutiger‹ zu; der kurtrierische Amtssitz wurde 1816 Kreisstadt, aber erst 1825 de jure in den ›Stand der Städte‹ erhoben. Nach dem Ersten Weltkrieg verlor der Kreis die Hochwaldgemeinden, nach dem Zweiten gewann er sie wieder zurück und den Perler Raum dazu. Die neuen Nachbarschaften brachten (erneut) ›Dreiländereckflair‹ in die Stadt: ein bißchen deutsche Gründlichkeit, ein bißchen luxemburgische Solidität, ein bißchen französischen Charme.

Merzig
1 Denkmal
Gustav
Regler
2 St. Peter
3 Altes Rat-
haus
(Stadthaus)
4 Neues Rat-
haus
5 Staadt-
Marxsches
Bürgerhaus
6 Wohnhaus
Christian
Kretzschmar
7 Heilig-
Kreuz-
Kapelle
8 St. Josef
9 Kreuzberg-
kapelle
10 Halfenhaus
11 Fellenberg-
schlößchen

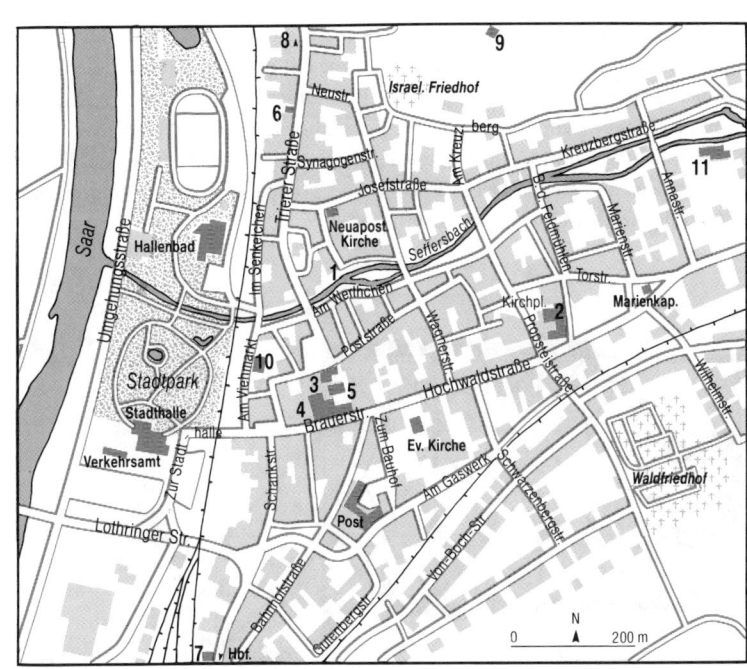

Beginnen wir mit dem Lokalaugenschein am *Seffersbach*. Hier lag im Mittelalter, beidseits locker bebaut, der Ortskern. Bis zu 20 Wassermühlen wurden hier zeitweise betrieben. Jetzt erinnert ein altes Wasserrad wieder an »Müllers Lust«. Ende der 70er Jahre wurde der Bereich neu angelegt, erfreulicherweise nicht als Verkehrsschneise, sondern als Ruhezone, die freitags wieder zum Marktplatz wird. In seiner Autobiographie »Das Ohr des Malchus« (1958) hat der Schriftsteller Gustav Regler (1898–1963) diesem Stück Alt-Merzig, das sein »Abenteuerspielplatz« in der Kindheit war, die schönste literarische Topographie gewidmet. Bis die Stadt 1983 ihrem (vielumstrittenen) großen Sohn hier allerdings ein **Denkmal** setzte, ging noch eine lokalpolitische Posse in Szene, ob überhaupt und wenn, wie der ›große, schwierige Sohn‹ zu ehren sei. Paul Schneider (abermals) gestaltete den Stein, und er zitierte auf ihm den Weltbürger Regler: »Wer aufbricht, stündlich von sich selber / hat sein Heim gefunden.« Der Stein hat die Form eines Schiffes, das – »immer unterwegs zu neuen Ufern« – an Markttagen mitten im Trubel vor Anker liegt, auf das die Kinder klettern, an dem die Alten lehnen, und in dem eine kleine Mulde die Vögel lockt – wie auf Walther von der Vogelweides Grab im Würzburger Lusamgärtlein.

Nach **St. Peter** (Farbabb. 7) ist es nicht allzu weit. Die um 1200 erbaute Prioratskirche der Wadgasser Prämonstratenser lag abseits des alten Ortskerns. Erst als sie – nach Abbruch der dicht daneben stehenden Walpurgiskirche, eine Bronzeplatte markiert heute den Standort – im 18. Jh. Pfarrkirche wurde, rückte die Stadt heran und wuchs um sie herum.

Chor, Querhaus, Langhaus: der Grundriß zeigt ein Kreuz. Der einfache Westteil kontrastiert mit dem reich gegliederten Ostteil. Im Westen ist, in der Achse leicht nach Süden versetzt, der Turm dem dreischiffigen, basilikalen Langhaus vorgelagert. Die Ostanlage: Querhaus, Chorjoch und Hauptapsis, die Flankentürme mit den Treppenspindeln und die Nebenapsiden, erinnert an den Trierer Dom und an die Prämonstratenserkirche von Knechtsteden am Niederrhein. Eine neunfache Arkatur gliedert das Chorhaupt, fünf Fenster wechseln darin mit Blendfeldern, Blattsträuße (die ihre Vorbilder im Lothringischen haben) sind in den Zwickeln eingebracht, dekorativ stehen Dreipaßbögen und Treppenfries im Giebeldreieck und, nicht ganz so aufwendig, in den Querhausgiebeln.

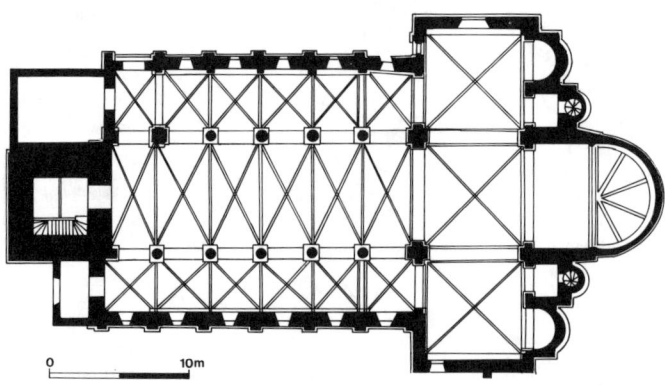

0   10m

Merzig, St. Peter, Grundriß

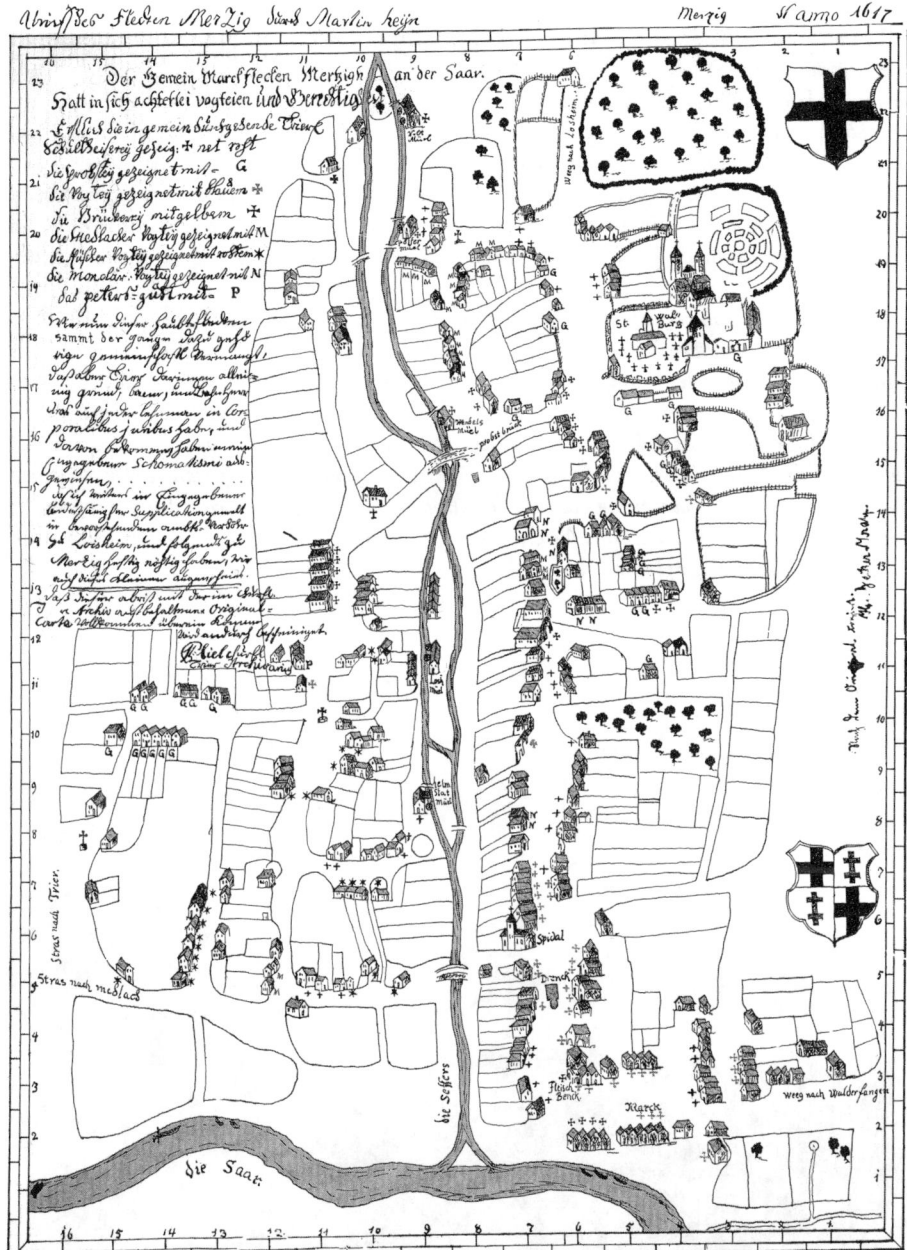

Merziger Stadtplan von 1716

195

Wir spielten, daß ich im leeren Arm des Mühlbachs einen vergrabenen Schatz ausbuddeln sollte; sie zeigten mir die Stelle an; sie sagten, ich könne vielleicht vom Wasser überrascht werden, aber wenn ich klug und geschickt sei, könne ich es noch beizeiten schaffen. Während ich fiebrig mit den Händen im Schlamm grub, lüfteten sie oberhalb, nah der Lederfabrik, das Wehr; ich merkte, daß etwas Wasser kam, als aber der volle Schwall mich anfiel, wagte ich mich nicht mehr zu bewegen; ich ahnte, was man mir angetan hatte, und stand wie gelähmt im schon bis zum Knie reichenden Strom; am Ufer johlten die Kameraden, sie hatten recht, zu johlen; ich war entsetzlich dumm gewesen, ich hatte allen Grund, mich zu schämen, die väterlichen Prügel waren nun doppelt verdient ...

Mutter ... nahm mich mit zur Kirche, die mir ungeheuer hoch und geheimnisvoll erschien. Es war ein altes romanisches Gebäude mit ruhigen Linien, es hatte drei Schiffe und einen erhöhten Altar, vor dem eine rote Öllampe hing. Mutter zeigte sie mir und begann ein neues Kapitel ziemlich zweifelhafter Versuche. Nach dem Besuch in der Kirche wußte ich, daß die rote Lampe nie nachgefüllt zu werden brauchte, denn Engel schützten das Licht, so daß es ewig brannte. Ich wußte auch, daß das Wasser im Taufbecken am linken Seiteneingang aus dem Jordan geschöpft worden war. Das Kreuz, das man mir auf die Stirn gedrückte hatte – es war Aschermittwoch –, sei der Staub von Blättern, die im Garten Gethsemane gepflückt worden seien, da habe »unser Herr Jesus Christus Blut und Angst geschwitzt«.

aus: Gustav Regler, Das Ohr des Malchus, 1958

Kirchplatz vor St. Peter, um 1911

Das Bild von draußen wiederholt sich drinnen: karges Langhaus, üppig der Chor. Wuchtige Rundpfeiler tragen den ungegliederten Obergaden. Die Kapitelle sind auf der Nordseite romanisch, auf der Südseite gotisch. Die Forschung hat allerdings ihre Probleme mit den Entstehungszeiten der Kapitelle und zeitigt Thesen. So die, daß das Blattwerk im Norden und die Kelchknospen im Süden lediglich historisierende Arbeiten, vorwiegend des 19. Jh., seien. Der romanische Bau war flachgedeckt. Er wurde Ende des 15. Jh. gotisch eingewölbt, die Wölbung, unter Verwendung der alten Schlußsteine, im 18. Jh. dann noch einmal erneuert. Voll entfaltet sich sein Reichtum von der Vierung zum Chor. Mit den Kapitellen und Emporen in den Geschossen der Flankentürme, den Nebenapsiden in der Querschiffostwand, vor allem aber mit der überschwenglichen Bauskulptur der Mittelapsis. »Rundbögen mit skulptierten Wülsten auf romanischen Säulchen mit verschiedenen Kapitellen«, notierte 1863 Victor Hugo.

Im Triumphbogen hängt, am Gabelkreuz, ein überlebensgroßer hochmittelalterlicher Kruzifixus (Abb. 31). Alle anderen Ausstattungsstücke stammen aus dem Barock, sie wurden für die ›neue‹ (die zwischen 1714 und 1740 fast vollständig erneuerte) Kirche angeschafft; so auch der *Hauptaltar* von Balthasar Ferdinand Ganal aus Saarlouis (zweites Viertel des 18. Jh.), die *Steinfiguren* von Christus, Maria und den zwölf Aposteln (um 1700) in der Vierung und im Langhaus, sowie die *Wandtaufe* (18. Jh.) und die *Pietà* (17. Jh.) im nördlichen Querhausarm. 1984 wurde die farbige Fassung des gesamten Innenraums erneuert; erhalten blieben die (spät-nazarenischen) Wandbilder des 19. Jh., darunter die kulturhistorisch interessante *»Hl.-Rock-Prozession«* von 1810.

In summa bleibt der Superlativ: St. Peter ist der wichtigste romanische Bau des Saarlandes. Daß er es nicht in Vollendung war, wußte man. Dennoch bedeutete es eine kleine Sensation, als im Frühjahr 1988 der Kunsthistoriker Hans-Günther Marschall nach einer systematischen Untersuchung der Bausubstanz seine Ergebnisse publizierte. Und deren gewichtigstes lautete: Die Kirche ist, »wie sie heute vor uns steht, im wesentlichen das Werk von drei Bauphasen. Dies ist für ein Bauwerk, das fast 800 Jahre die Wirren der Zeit ertragen mußte, nichts außergewöhnliches. Außergewöhnlich, wenn auch nicht einmalig, ist, daß das mittelalterliche Bauwerk im 18. Jahrhundert nach weitgehender Zerstörung in historisierenden Formen wieder hergestellt wurde. Und dies so perfekt, daß, obwohl immer wieder zaghaft Zweifel an den Formen geäußert wurden, niemand ernsthaft die mittelalterliche Entstehung des Bauwerks in Frage stellte.« Der anonyme Meister ›verriet‹ sich letzten Endes dadurch, daß er »die Spiegelsymmetrie der Einzelformen, ein festes Gestaltungsprinzip der Architektur des Barock (...) auch an einem Bauwerk aus einer Zeit anwendete, in dem gerade das Gegenteil die Regel war. Die großen Formen der Architektur zeigen in der Romanik Symmetrie, aber der Vorrat an Einzelformen der Bauornamentik war so groß, daß davon möglichst viel gezeigt werden sollte.« (aus: Die Pfarrkirche St. Peter in Merzig)

Was Wunder, daß da die ›Freunde St. Peters‹ zunächst einmal zu schlucken hatten. So gern läßt man nicht von Alt- (und allzu) Vertrautem.

Als das **Alte Rathaus (Stadthaus)** an der Poststraße noch der ›Newe Baw‹ war, lag es wie St. Peter am Rande (Abb. 32). Der Spätrenaissancebau, dessen Front zwei volutengegiebelte Eckpavillons beherrschen, wurde unter Kurfürst Philipp Christoph von Sötern 1647/49 durch den

Teilansichten von Merzig. Lithographie von 1863

Trierer (?) Baumeister Matthias Staudt errichtet. Wofür, als Wohn- oder Lust- oder doch Jagd-schloß, ist nicht ganz geklärt. Die barocke Freitreppe, die doppelläufig zu dem Doppelportal führt, das Maskensteine zieren, sowie die (zum Teil ebenfalls mit Masken bekrönten) barocken Fenster stammen vermutlich von Christian Kretzschmar, der damit endgültig ins Blickfeld rückt.

Der Sachse – Geburtsort und -datum sind unbekannt – tritt 1727 zum erstenmal in Mettlach auf. In seinem Bestallungspatent heißt es, wenn es die Zeit erlaube, und er nicht durch ander-weitige Pflichten behindert sei, habe er »seiner profession gemäß« auch Stein- und Bildhauer-arbeiten auszuführen. Sieben Jahre später wird er im Mettlacher Kirchenbuch als »*monasterii nostri architectus*« geführt. Die dortige barocke Abtei ist sein Hauptwerk (s. S. 203), mit dem er (so Wolfgang Götz) »in das in dieser Zeit bereits stark französisch-klassizistisch bestimmte westrheinische Gebiet den schweren, lebhaft bewegten Hochbarock des ostmitteldeutschen und südostdeutschen Raumes einführte«. Eine Zeitlang arbeitet Kretzschmar dann in Trier (St. Irminen, St. Maximin) und in der Eifel (Himmerod) – in einem »schlichteren Stil von größerer Flächigkeit und Beruhigung der Formen« nun – und kehrt 1740 nach Merzig zurück. Hier heiratet er die nicht ganz unbetuchte Vogtmeisterstochter Annemarie Bonnevie, wird Ratsherr und Schöffe und stirbt 1768. Was der Anhaltiner F. J. Stengel für Saarbrücken, wurde Kretzschmar für die untere Saar.

Gleich in der Nachbarschaft des Stadthauses, das an der Rückseite 1986 um ein **Neues Rat-haus** erweitert wurde, steht eines der Merziger Hauptwerke Kretzschmars: das **Staadt-**

Marxsche Bürgerhaus (um 1745–50), das Attribut ›Bürger‹ will dabei betont sein. Reizvoll hier zu beobachten (man geht deswegen am besten ein Stück in die Trierer Straße hinein), wie sich in der Fassade Horizontale (Gurt- und Kranzgesims und die drei Fensterreihen) und die Hauptvertikale (Freitreppe, Portal, Balkon, die Rundgauben und das achteckige Laternentürmchen übereinandergeordnet) in der Portalachse verschränken. – In der Trierer Straße (heute 97) baute sich Christian Kretzschmar um 1760 ein bescheidenes **Wohnhaus**, eingeschossig und mit vorgezogenen kurzen Flügeln. Auch die **Heilig-Kreuz-Kapelle**, ein Ziborium über einer Kreuzigungsgruppe, in der Nähe des Bahnhofs, wo bei der großen Jesuitenmission 1719 die Missionsbühne stand, wird ihm zugeschrieben. Im heutigen Ortsteil **Hilbringen** schließlich errichtete er 1745 für die Familie de Maurice das ›*Schlößchen*‹ (Abb. 28), wie man es allgemein nennt. Abermals – das ist nun schon so etwas wie ein ›Zentralmotiv‹ – ist die Mitte betont: Portal, Balkon und Stichbogengiebel sind als Risalit zusammengefaßt. Auch saarabwärts in Besseringen lassen sich Anklänge an Kretzschmars Formenkanon entdecken, das *ehemalige Zehnthaus* der Abtei Mettlach ist heute Gasthaus, der ›Abteihof‹.

Zurück noch einmal in die Kernstadt, zu den Wallfahrtskapellen: **St. Josef** an der Trierer Straße (1676) und zur **Kreuzbergkapelle** (Neubau 1948) über der Stadt, sie ist Ziel der jährlichen Josefswallfahrt. Die Tiroler Einwanderer nach dem Dreißigjährigen Krieg brachten den ›heiligen Zimmermann‹ hier zu Ehren. Im **Halfenhaus** (vermutlich 1745), Am Viehmarkt, wo bis zu ihrer Begradigung 1936/37 die Saar im Winkel unmittelbar an der Stadt vorbeifloß, kann man nach guter ›Heimatstuben‹-Art (s. GT S. 369f.) beim Essen und Trinken etwas über ›Halfenbauern‹ (so nannte man die Treidler) und Saarschiffer und (eben) ihr ›Haus‹, das Kneipe und Schlafstätte war, erfahren. Und im **Fellenbergschlößchen** (1840) im Park beim Krankenhaus, an der in den Hochwald führende Torstraße, dann gründlich werden und die Geschichte von Stadt und Kreis Revue passieren lassen, es ist seit 1980 *Heimatmuseum*. Zu seinen merkwürdigsten Exponaten gehört die Nachbildung (Original im Rheinischen Landesmuseum Trier) einer fränkischen Grabplatte, die man 1881 nahe der Mühle von Faha fand (s. S. 18). Als großformatiges Relief ist eine menschliche Figur mit ausgebreiteten Armen, wohl der Gekreuzigte, grob herausgearbeitet, ein »Nilschlüssel« (Alfons Kolling), dessen Schleife ein derbes Christusgesicht umschreibt.

☐ Unterm Alten Turm: Mettlach

In **Schwemlingen** steht an der Ecke einer alten Schifferunterkunft am Ende des Saar-Altarms lebensgroß St. Nikolaus, der Patron der Schiffer. In **Dreisbach** ist ihm die kleine Kirche geweiht, seine Statue, die bis vor wenigen Jahren in einer Nische am Ufer der Saarschleife stand, wird hier verwahrt. Und im Scheitelpunkt der Schleife steht das »Nekleesji« noch einmal, über dem (vor seiner Regulierung) reißenden »Welles«. »Maach, dat ma good elo dorchkomm«, gelobten seinerzeit die Schiffer, »de kreischt (kriegst) och en Kirz (Kerze) esu dick wie min Arm.«

Ab Dreisbach ist die Saar endgültig literaturfähig geworden. Die Schleife drängt nach gehobener Sprache und ins Lied, man merkt es spätestens am vorangestellten Genitiv der Führer: »des Landes schönste Stelle« (Farbabb. 6). Am schönsten ist die »schönste Stelle« aus der Vogelperspektive, von der ›**Cloef**‹ aus (wohl von keltisch ›clep‹ = Klippe), die südöstlich von Orscholz

200 Meter über dem Fluß emporragt. Durch die wildromantische Schlucht des Steinbachtals führt ein *Waldlehrpfad* hinauf. »Wunderbare Aussicht«, schrieb 1863 Victor Hugo und notierte sich die »republikanischen Inschriften« an den Wänden der Aussichtshütte: »Solidarité des peuples et communion des idées ...«

Die Befürchtungen, daß mit der Kanalisierung der Saar die Musen zum Schweigen kämen, haben sich – Gott sei Dank – nicht erfüllt. Das Wildwasser ist zwar eine Wasserstraße geworden, die Bilderbuchkulisse der Ufer aber ist geblieben. St. Gangolf und Montclair gehören bereits zu ihr. Sie liegen der Cloef gegenüber auf dem von der Saar umflossenen langgezogenen Bergrücken. **St. Gangolf** ist, von Osten her, so etwas wie das Entree. Die gleichnamige *Kirche* war einmal Pfarrkirche für mehrere Orte ringsum. Der heutige Bau ist von 1775, an seiner Nordseite bildet eine Grablegung die letzte Station des alten Kreuzweges (1780), der von Besseringen heraufführte. Der schöne Intarsienaltar (18. Jh.) im Innern kommt aus Gutenberg in der Pfalz. Die sogenannte ›*Pagodenburg*‹ (Abb. 29) nahebei baute 1745 Christian Kretzschmar als Sommerhaus der Äbte von Mettlach. Eine ›Chinoiserie‹ überm Kreuz: Um einen achteckigen Mittelraum gruppieren sich vier quadratische Kabinette, alle fünf haben ihr eigenes Dach à la Mansart.

Der Bergrücken, die Landzunge, die zum Fluß hin auf allen Seiten steil abfällt, war schon von Natur aus die ideale Feste und Fliehburg. So quert man schon bald hinter St. Gangolf eine

Blick über die Saar auf Mettlach mit der Alten Abtei. Lithographie von 1860

erste (vorgeschichtliche) Wallanlage, die in der Frühlatène-Zeit (also etwa 500–300 v. Chr.) entstanden sein dürfte. Es folgt weiter nach Westen ›Skiva‹; Turmhügel und Wallgräben der 1016 von Erzbischof Poppo von Trier zerstörten Burg sind noch zu erkennen. Westlich ›Skiva‹ steht nach 400 Metern die Ruine von *Neu-Montclair,* abermals 250 Meter weiter lag die alte Burg, 1351 niedergelegt: der ›Lichtenberg‹, auch ›Blankenberg‹ und (poetisch bei Ernst Thrasolt) »Burg Bergklar« nach dem lateinischen ›mons clarus‹; in Gebrauch jedoch kam die französische Übersetzung: ›Montclair‹. Auch hier nicht zu übersehen: Strategisch günstiger ging's nimmer. Montclair kontrollierte den ganzen Schiffsverkehr auf der Saar (und kassierte die stattlichsten Zölle). Arnulf von Walcourt in den Ardennen, als Vogt über den Trierer Besitz in Merzig bestellt, erbaute 1180 *Montclair I.* Jakob von Montclair erweiterte die Anlage in der ersten Hälfte des 14. Jh. über den Berg; 850 Meter (!) lang war sie am Ende (genau doppelt so groß wie das andere ›Lichtenberg‹ über Thallichtenberg in der Westpfalz bei Kusel). Erzbischof (und Kurfürst) Balduin von Trier paßte jedoch Jakobs aufmüpfige Politik nicht, und er rückte im Frühjahr 1351, mit Schiffen sogar, vor den Berg, »da monkler stunt«. Erst am 22. Dezember kapitulierte Jakob, nachdem man ihm das Wasser abgegraben hatte. Balduin ließ das Burgtor als Siegestrophäe nach Trier bringen. (So einfach, berichtet eine der vielen Montclair-Sagen, sei das aber auch nicht gegangen. Der Schiffseigner, der das Portal transportieren sollte, habe nämlich geprahlt – siehe obiges Gelöbnis am ›Welles‹ –, er käme auch ohne St. Nikolaus die Saar hinunter – und sei prompt im Eisgang unterhalb Saarburg versunken.) Im Wald über der Schleife sind Mauerreste noch zu entdecken, mittelalterliche Torbögen, Säulen und Kapitelle. Die »eindrucksvollen Teile des einzigen nachweisbaren romanischen Säulenrücksprungportals im Saarland« (Peter Volkelt) sind allerdings verlorengegangen.

Montclair II, 1428–39 von Arnold von Sierck erbaut, zwei Jahrhunderte später bereits dem Verfall überlassen, 1855 auf Veranlassung des preußischen Königs Friedrich Wilhelm IV. gesichert, war Privateigentum der Bochs und gehört heute dem Kreis. (Seit der Restaurierung 1991–93 wieder zugänglich.) Vier Rundtürme zeugen noch von der alten Macht und Pracht: die dicksten auf der Angriffsseite im Osten, das Tor mit zwei Treppentürmen dazwischen, ein zwölf Meter breiter Graben davor, eine Zugbrücke führt über ihn; die Türme im Westen (auf Alt-Montclair zu) sind kleiner. Ein Rundweg führt nach Mettlach zurück, in Serpentinen geht es bergab zum Fluß. Ein »romantischer Weg«, ein »Pfad für Maler«: der Wanderführer wird lyrisch. Entsprechend lautet am Ende seine Metapher für **Mettlach:** »Perle der Saar«.

»Wir kamen gegen Dunkelwerden in Mettlach an, welcher Ort aus einem großen Kloster-gebäude im Jesuiterstil besteht, und um welches in einiger Entfernung die Wohnhäuser der Fabrikarbeiter ein kleines Örtchen bilden«, Mettlach Ende April 1826. Der dies in sein Tage-buch notiert, ist der preußische Geheime Oberbaurat Karl Friedrich Schinkel. Er befindet sich auf Dienstreise und hat, weil am Sonntag in der Fabrik nicht gearbeitet wird, einen freien Tag, den er mit »Spazierengehen auf die Berge und im Garten sowie mit einer kleinen Wasserfahrt auf der Saar« zubringt. (Das ist auch heute noch das halbe Mettlacher Besuchsprogramm.) Der Spaziergang hat Folgen: »Eine alte Ruine, achteckig, aus Karls des Großen Zeit, aber im vier-zehnten Jahrhundert durch eingebaute Spitzbögen verändert, steht im Garten, dicht an dem großen Fabrikgebäude, man wollte sie wegreißen, durch unser Zureden ist sie gerettet worden.«

Dem Denkmalschützer Schinkel also verdankt das Saarland die Erhaltung des ›Alten Turms‹, der sein ältestes christliches Bauwerk ist.

Die **Benediktinerabtei Mettlach** wurde im letzten Viertel des 7. Jh. durch Liutwin gegründet, einen hochrangigen fränkischen Adeligen, von »Herzog« ist sogar die Rede, der später Erzbischof von Trier und Reims wurde. Drei Kirchen baute er in Mettlach. Noch vor der Klostergründung eine Dionysiuskirche, die Reliquien des großen Heiligen der Merowinger brachten ersten Zulauf, allein 76 Pfarrgemeinden absolvierten jährlich die Pflichtwallfahrt; dann eine Peters- und eine Marienkirche, ihre Lage ist durch Grabungen nachgewiesen. Liutwin starb zwischen 717 und 722 in Reims, sein Sohn Milo (Kleriker zwar, aber nicht gerade der geistlichste) ließ den Leichnam nach Mettlach überführen. Zum Dionysiuskult kam die Liutwinusverehrung. Noch vor der Jahrtausendwende wurde durch Abt Lioffin am Platz der alten Marienkirche ein zentraler Memorialbau für Liutwins Grab errichtet, die Aachener Pfalzkapelle diente als allgemeines Vorbild. Das Kloster, seit Mitte des Jahrhunderts reorganisiert, mit freier Abtswahl nun und eigener Verwaltung, blühte auf, seine Schule wurde vor allem unter Abt Nizzo II. (um 1050) weithin berühmt. Die politische Situation – Mettlach lag auf dem schwierigen Terrain der trierisch-lothringischen Gemeinherrschaft Merzig-Saargau – brachte in den folgenden Jahrhunderten dann aber auch die unausbleiblichen Wechselfälle. Dem Niedergang in den Kriegen des 17. folgte eine letzte Blüte im 18. Jh., für die Christian Kretzschmars schloßartiger Neubau der Abtei steht. Er wurde zwar nie vollendet, bedeutete aber das Ende der mittelalterlichen Anlage – nur die beiden Kirchen blieben stehen: funktionslos der ›Alte Turm‹ (der als Chorhaupt der neuen Abteikirche Verwendung finden sollte) und baufällig St. Peter (1819 abgerissen). In den Wirren der Französischen Revolution löste sich der Konvent endgültig (1794) auf.

Die Abtei wurde geplündert, versteigert (1806) und kam 1809 an den Fabrikanten Jean François Boch aus Septfontaines in Luxemburg. Er begann noch im selben Jahr mit der Herstellung von Feinsteingut (1836 fusionierten die Mettlacher Bochs mit den Villeroys aus Wallerfangen). Boch hatte mit dem Umzugsgut aus Luxemburg auch einen kleinen blaulackierten Sarg mitgebracht, den er wegen der immer noch bewegten Zeiten in einer Mansardenkammer seiner Fayencerie versteckt hielt – 24 Jahre lang. 1833 erfuhr

›Homo Ceramicus‹ im Mettlacher Abteipark

bei einem Besuch Kronprinz Friedrich Wilhelm von Preußen, der ›Romantiker auf dem Königsthron‹, von dem guten Stück. Und da es sich bei dessen ›Inhalt‹ um einen seiner frühesten Ahnen handelte, den blinden König Johann von Böhmen, erbat er sich den Sarg und ließ durch seinen Geheimen Oberbaudirektor, zu dem Schinkel inzwischen ernannt worden war, saarabwärts die *Klause von Kastel* als Grabkapelle umgestalten. Sie ist eines der kostbarsten, wenn auch fast vergessenen Denkmäler der deutschen Romantik. 1946 holten die Luxemburger ihren toten König von dort wieder heim.

Friedrich Wilhelm schenkte den später geadelten Bochs zum Dank einen von Schinkel entworfenen zweischaligen, mit dem Bildnis seiner Ahnen geschmückten *Brunnen* (1838). Der steht nun am Eingang des Abteiparks am Alten Turm, fast unter den Blättern des Tulpenbaumes und unweit des ›Homo Ceramicus Mettlachiensis‹ des Belgiers Joris van der Mijinsbrugge; der Roboter war das originellste Objekt beim Keramikersymposion von 1974. Die Konstellation, wie sich hier Natur und Kunst und (eben auch) Keramik auseinander-setzen und vermählen, könnte nicht merkwürdiger sein.

Der **Alte Turm** (Farbabb. 9), 994 vollendet, war kein reiner Zentralbau: im Westen verband ihn eine lange Vorhalle mit der Peterskirche, im Osten sprang ein rechteckiger Chor vor. Im Grundriß bildet der Turm ein Oktogon. Das Erdgeschoß hatte ursprünglich sechs halbrunde Nischen. Darüber lief ein Umgang, der sich in Drillingsarkaden unter Blendbögen – die Säulchen mit unterschiedlich gearbeiteten Kapitellen (ottonischen sowohl wie wahrscheinlich wiederverwendeten karolingischen, Abb. 35 und 36), die unverändert erhalten sind – zum Innern öffnete. Seit 1247 kam man über ein Wendeltreppentürmchen in den Umgang und zum Dach. Noch in gotischer Zeit wurde gründlich umgebaut: die Nischen, nun rechteckig erweitert, erhielten große Maßwerkfenster; ein Sternrippengewölbe wurde eingezogen, das bedingte eine Erhöhung der Mauerkrone und Strebepfeiler (an den Ecken des Oktogons) zur Stützung. Die sorgfältige Restaurierung der Ruine durch Eugen von Boch und den Trierer Architekten Carl August von Cohausen im vorigen Jahrhundert (1849–52) schuf die heutige charakteristische Silhouette. Der Alte Turm wurde nicht nur zum V & B-Firmen-Signet, er gehört zu den Wahrzeichen des Landes überhaupt.

Dicht an das Saarufer gerückt beherrscht daneben eindrucksvoll Christian Kretzschmars **Abteigebäude** (Abb. 33) die Szene. Von seiner (auch mittel-südostdeutschen) Ausbildung war schon in Merzig die Rede (s. S. 198). 1728 wurde der Bau begonnen, nach dem Tod des Architekten, 1768, seinem Entwurf getreu weitergeführt und nach 1780 eingestellt. Drei Risalite gliedern die 112 Meter lange zweigeschossige Fassade mit ihren 27 Fensterachsen. Besonders reich ausgebildet ist die deutlich abspringende Portalachse des Mittelrisalits. Doppelsäulen flankieren die Einfahrt und tragen den Balkon mit seiner mehrfach gebrochenen steinernen Brüstung. Gegenläufig schwingt dahinter das Obergeschoß zurück. Alles bleibt in gebändigter Bewegung, der rote Sandstein steigert jedoch die Wirkung. Groteske Masken zieren die Schlußsteine über den Fenstern. Einige wurden ausgewechselt, die Originale (ein *Tricephalus* darunter, der dreigesichtige Kopf) stehen im Park und reizen wieder zum Vergleich mit den mittelalterlichen Architekturfragmenten aus dem Kreuzgang, vom Lettner und von Säulen der alten Peterskirche, die sich großen Teils zur Zeit im Depot befinden. Es handelt sich vornehmlich um Kapitelle, darunter auch figürliche, wie eine Jagdszenerie, in der sich Mensch und Tier im

*Elfenbeintafel mit dem hl. Paulus,
6./7. Jh. n. Chr. und Engelsrelief,
Kalkstein, um 1160–80*

dichten Rankenwerk verknäulen. Ein Engelsrelief (jetzt in Schloß Ziegelberg) hat seinen eigenen Rang. Alle stehen »an der Schwelle zur Spätromanik« und haben »eine unverkennbare
lokale Note« (Peter Volkelt). Zwei antike Marmorsäulen, wohl vom Triumphbogen der Peterskirche, kostbare Geschenke aus Trier zur prunkvollen Ausstattung, kamen in den barocken
Kreuzgang im Südflügel, den man jetzt wieder freigelegt hat. Eine vor der Ruine des Alten
Turmes gefundene *Mensaplatte* wurde in die Liutwinuskirche (s. S. 205) als Zelebrationsaltar
gebracht, die einzige langrunde und randbogenverzierte Mensa im fränkischen Raum; nicht
geklärt ist, ob sie noch aus römischer Zeit oder dem frühen Mittelalter stammt. Bis ins Metropolitan Museum of Art in New York kam schließlich eine kleine Elfenbeintafel (6./7. Jh.)
mit einer Darstellung des hl. Paulus, noch mit dem gemeinsamen Attribut der Apostel, dem
Buch, statt des später üblichen individuellen, des Schwerts; 1887 hatte man sie zufällig in der
Räucherkammer des Klosters entdeckt.

Ihre barocke Ausgestaltung haben zwei Räume erhalten, das heißt sie wurden nach einem
Brand 1921 und nach den Zerstörungen des Zweiten Weltkrieges jedesmal wieder behutsam
restauriert: das **Refektorium** im Südflügel mit einer reichen Stuckdecke und im Nordflügel der
Abtssaal mit dem eleganten Kamin. Vier Putti flattern hier im Schlußstein des Gewölbes um
einen Blumenkranz. Eine (Mettlacher) Welt liegt zwischen ihnen und dem Engel des romanischen Reliefs in seiner hieratischen Strenge.

Das berühmte **Kreuzreliquiar,** ein Triptychon aus einer Trierer Goldschmiedewerkstatt (um 1230), in dessen Mittelteil ein Doppelkreuz mit Filigran und Edelsteinen eingelassen ist, das 20 Reliquienkästchen umgeben, hat jetzt wieder den ihm gebührenden Platz gefunden: in der 1905 geweihten neu-rheinisch-romanischen **Liutwinuskirche** (Architekt: der Mainzer Ludwig Becker). Zehn Mosaikbilder im Mittelschiff erzählen Liutwins Leben und Legende. Liutwins Ruf geht heute nicht mehr weit über Mettlach hinaus. Den haben weltweit nun die Produkte aus ›seiner‹ Abtei. Und wer sich informieren will, wie man zu einem solchen Ruf kommt – immerhin 250 Jahre zu einer »europäischen Bad- und Eßkultur« beigetragen zu haben –, der besuche in der Alten Abtei das dortige Videotheater. Es nennt sich ›Keravision‹ und ist als Multivisionshow, die selbst den »Artikel für das menschlichste aller Bedürfnisse« in das geziemende Spotlight zu setzen weiß, ein Kabinettstück der Unterhaltung und des Witzes. An der Saaruferstraße Richtung Saarhölzbach verweisen danach Schilder auf **Schloß Ziegelberg** (1879). Dort passieren zur Zeit noch – später kommt die Sammlung wieder in die Alte Abtei – vier, fünf Jahrhunderte keramischer Erzeugnisse (vom 16. bis zum 20.) Revue: vom Kerzenständer – eine Katze, die einen Baum erklettert – aus Audun-le-Tiche in Nordlothringen aus dem 18. Jh. bis zu Dresdner Fliesen mit gemaltem Weidendekor um 1910. Ein Raum ist fränkischem und rheinischem Steinzeug gewidmet, die ältesten Stücke stammen aus der frühen Neuzeit (s. GT, S. 377). Die Napoleonteller aus Septfontaines nicht zu vergessen, sie besorgten wie die Epinaler Bilderbogen den Nachruhm des großen Korsen auch noch beim Essen und Trinken. (Die tägliche Repetition des ›historischen Augenblicks‹, wenn man seine Suppe oder die Nachspeise gelöffelt hatte, und auf dem Tellerboden nun auf Napoleons übermächtigen Schatten stieß: »L'ombre de Napoléon visitant son tombeau«.) – Über der Saar nahe bei der Brücke steht Günther Mönkes **evangelische Kirche** (1961/62): ein ›Zelt‹ über einem gleichseitigen Dreieck.

In **Saarhölzbach** wird man in der katholischen *Pfarrkirche* St. Antonius (1792) noch einmal an Mettlach erinnert: die Kanzel kommt aus der alten Mettlacher Pfarrkirche St. Johann, den Hochaltar fertigte 1793 der Klosterschreiner Grim. Ein Damm trennt jetzt das Dorf vom Fluß. **Teufelsschornstein** und **Vogelfelsen** wachen über dem Tal. Steinrauschen (Geröllhalden) fallen steil zum Ufer (Abb. 37). Die Saar verläßt das Saarland, erst in Rheinland-Pfalz (wenn der Hunsrückschiefer den Taunusquarzit ablöst) wächst der Wein, der den Namen des Flusses weiter in die Welt bringt.

☐ Alle Wege führen an die Mosel

Im Winkel zwischen Saar und Mosel wird aus dem Saar- ein Moselgau. Am Charakter der Landschaft ändert sich nichts. Nach wie vor geht der Blick weit über eine sanft gewellte Hochfläche – offenes Ackerland auf dem Muschelkalk, hier und da nur von einer Waldinsel unterbrochen. Eine Verwerfung, die von Perl über Wochern, Tettingen-Butzdorf und Sinz verläuft, begrenzt sie im Westen. Querdurch macht die Europastraße 29 ihre Rösselsprünge auf die Grenze bei Nennig zu.

Wer's gelassener angehen will, für den ist vor Orscholz die Moselgauschleife (41 km) an den Saarland-Rundwanderweg angebunden. Anfang und Ende markiert ein Findling. 300 Meter weiter steht der **Orkelsfelsen,** ein geologisch interessantes Naturdenkmal: reiner, weißer (jetzt

Kesslingen, St. Jakobus,
Eichenholzschnitzerei
der ›Siebenschläfer‹ aus
dem 17. Jh.

natürlich grau verwitterter) Quarzit. **Orscholz** wurde hier gegründet, der Fels gab der seit 1167 urkundlich belegten Siedlung den ersten Namen. Ende des Zweiten Weltkriegs wurde in der Ardennenoffensive der ›Orscholz-Riegel‹ erbittert umkämpft, der Ort fast gänzlich zerstört. Er ist einer der Plätze des ›Bitteren Lorbeers‹ von Stefan Heym. Auch die klassizistische *Kirche* (1830/31) erlitt Schäden. Heute ist die Invasion friedlicher: zu Hunderttausenden kommen im Jahr die Touristen aus den Dreiländerregionen Saar-Lor-Lux und Benelux. – Der Weg führt am Ortsrand vorbei und läuft in den Wald, hinterm Wald liegt **Kesslingen**. Dort wurden im spätgotischen Chor der *Kirche St. Jakobus* 1979 Fresken mit den Evangelistensymbolen freigelegt: Adler, Engel und Löwe, der Stier war (buchstäblich) ›weggeputzt‹. Im reichgeschnitzten Altar (von 1724), der einen römischen Grabstein als Stipes hat, wacht der Patron der Kirche. Er muß es wohl auch, denn drunten im Schiff (1779) – und das ist die schönste Kesslinger Trouvaille – schlafen die heiligen ›Siebenschläfer‹ (eine Eichenholzgruppe aus dem 17. Jh.).

›Potsdamer Platz‹ heißt die Straßenkreuzung, das ist kurios genug, denn sie liegt auf freiem Feld zwischen Oberleuken und Sinz, Borg und Münzingen; 1938 beim Westwallbau bekam sie diesen Namen. Wie Kesslingen gehören die vier Dörfer zur Gemeinde Perl. Perl, bereits an der Mosel, ist der ›Dreiländereckplatz‹ par excellence. Erst 1946 kam es zum Saarland.

Von den 16 Gemeindedörfern – am Fluß (150 m), auf der Uferterrasse (250 m) und auf dem ›Gau‹ (400 m) – birgt fast jedes in seinem Kern einen römischen Gutshof. Nennig ist das Prunkstück, Borg, wo seit April 1987 systematisch gegraben wird, die größte römische Anlage (7,5 ha) im Kreis. Die Kreuze von **Besch** markieren die weitere(n) Dreiländergeschichte(n). Das ›Normannenkreuz‹ (1688) an der Bahnunterführung erinnert an das Jahr 882, als die Bischöfe von Trier und Metz hier gemeinsam die Normannen abwehrten, Walo von Metz fiel. Von vier Kreuzen des frühen 17. Jh. heißt es (ähnlich wie in Sehndorf und Eft-Hellendorf), es seien Pestkreuze, denn 1616 sei der ›Pestmann‹ auf dem Gau umgegangen. Drei große Steinkreuze schließlich stehen auf einem gesprengten Bunker über der Kriegsgräberstätte an der Straße nach Tettingen: 1279 deutsche Tote ruhen hier, die meisten in den Kämpfen im Winter 1944/45 am ›Orscholz-Riegel‹ gefallen, und 950 ›Kriegsopfer anderer Nationen‹, wie es heißt, russische Gefangene, polnische Zwangsarbeiter, Männer und Frauen, die meisten unbekannt: »Aus der Unruhe der Zeit heimgekehrt in die Ewigkeit«, steht auf ihrem Gedenkstein. Das Erschrecken bleibt.

».. . Und prächtig schmücken Paläste bald hüben, bald drüben den Uferrand«: auch für **Nennig** ist Ausonius gut, eine der von ihm in der ›Mosella‹ gepriesenen Villen stand hier. Sie war im 2. oder 3. Jh. gebaut worden, ihre Entdeckung hat die fast schon landesübliche Geschichte. Da hebt der Bauer Peter Reuter im Herbst 1852 im ›Langgarten‹ unmittelbar bei der Kirche eine Rübenmiete aus und stößt dabei auf farbige Steine. Herr von Musiel auf Schloß Thorn erfährt davon und informiert den Trierer Domkapitular von Wilmowsky. Dessen systematische Grabung im darauffolgenden Jahr brachte ein **Fußbodenmosaik** (Farbabb. 11) zutage, das weit und breit seinesgleichen sucht. Der (1874 wiederhergestellte und 1960 restaurierte) ›Steinteppich‹ mit seiner 161 Quadratmeter großen, ornamental reich geschmückten Fläche (10,30 × 15,65 m) zählt zu den größten und schönsten seiner Art nördlich der Alpen.

In die Muster des Ornaments muß man sich regelrecht ›einsehen‹, so kunstvoll sind sie aus geometrischen Formen (Quadrate und Rauten vornehmlich, die sich sternförmig zusammenschließen, dazu Rechtecke und Trapeze an den Rändern) wie in einem Teppich ineinandergewirkt, Flechtwerk und Pflanzenmotive füllen sie aus. Um ein Marmorbecken gruppieren sich sieben Bildmedaillons, das achte ging verloren und ist durch eine Inschriftentafel ersetzt. Die Szenen erscheinen wie Reportagen aus dem Amphitheater. Da führt ein greiser Wärter einen Löwen aus der Arena; gegenüber schlägt ein Tiger einen Wildesel; da hetzen Fechter und Speer-

Rekonstruktion der römischen Villa in Nennig, Ansicht von Norden

Schloß Berg. Lithographie um 1840

werfer Bär und Panther; im Hauptkampf stehen zwei Gladiatoren, schwer und leicht bewaffnet, gegeneinander, ein Kampfrichter überwacht die Regeln; und ohne Musik geht nichts in Szene, ein Organist schlägt die Wasserorgel, ein Hornist bläst die Tuba.

Das Mosaik schmückte die Empfangshalle einer *Portikusvilla*, die an Umfang und Ausstattung so ziemlich alles übertrifft, was – siehe Ausonius – an »prächtigen Palästen« an Mosel und Saar bekannt geworden ist. 140 Meter in der Breite maß allein der Hauptbau mit seiner zweifach gegliederten Säulenfront. Dreigeschossige Eckrisalite flankierten ihn, zwei (noch einmal) vorgezogene säulenbesetzte Nebengebäude schlossen sich an, zwei jeweils 250 Meter lange und acht Meter breite Wandelhallen führten von diesen weiter in die Landschaft, am Ende des südwestlichen Gangs stand das luxuriös eingerichtete Badehaus. Gesamtlänge der Anlage: 650 Meter, eine phantastische Kulisse. In einem mächtigen Tumulus (Durchmesser 44,50 m, Höhe 10 m, die Ringmauer 140 m lang), dem südwestlich der Villa gelegenen ›Mahlknopf‹, hatten die Bewohner ihre repräsentative Grablege; sie wollten würdig wie der Kaiser in Rom im Tode ruhn.

Rund um das Schutzhaus des Mosaiks sind, in Rasenflächen, Büsche und Bäume eingebettet, die *Grundmauern* der Villa und einige Säulenstümpfe ihres Hofes erhalten (s. GT S. 378); der nördlichen Wandelhalle benachbart steht der Ort, über dem Nordflügel des Palastes die katholische **Martinskirche**. Ihr Turm ist noch romanisch (13. Jh.), im 15. Jh. wurde er aufgestockt, 1803–05 ein barocker Saalbau angefügt. Von der Ausstattung verdienen ein Wandtabernakel von 1640, der Taufstein von 1754 und einige Heiligenfiguren des 18. Jh. Beachtung. Weitere Figuren (z. T. noch aus dem 15. und 16. Jh.) werden im *Pfarrhaus* verwahrt, einem Bau von 1754.

Auf einer Anhöhe hinter dem Ort reckt sich weiß **Schloß Berg** (Farbabb. 1), genauer Ober- und Unterberg. Ihre Geschichte reicht in das 12. Jh. zurück; es waren zwei miteinander verbundene Wasserburgen. Um 1580 wurden sie völlig umgestaltet, 1705–09 noch einmal erweitert. Nach dem Zweiten Weltkrieg lag das Doppelschloß in Trümmern, zu nah waren die am Ende hart umkämpften Moselübergänge. 1950 erwarb die Saarländische Landesregierung die *Oberburg*, mit der alten vielgestaltigen Portalanlage in den Formen der deutschen Renaissance (Trier), und baute sie wieder auf. Die *Unterburg* blieb in Privatbesitz, der Haupttrakt ist Ruine. Oberberg erlebt, nachdem es Schullandheim war, nun seine dritte Metamorphose: als Spielcasino und Hotel. – *Schloß Bübingen* (zweite Hälfte 18. Jh.), weiter nördlich im Winkel von B 406 und B 419, blieb ebenfalls Ruine. Immerhin feiert es als Weingroßlage Urständ.

☐ Die »einzige weinbautreibende Gemeinde«: Perl

In **Perl** muß man sich in den ›heiligen Bering‹ stellen, dann hat man seine Geschichte aus erster Hand. Der schon im 8. Jh. gegründeten Pfarrei gehörten sieben Filialen im heutigen (lothringisch-luxemburgisch-deutschen) Dreiländereck an, der Ort war reichsunmittelbarer Besitz des Trierer Domkapitels. Im Bering steht zwischen Pfarrkirche und Palais auf einer vorgeschichtlichen Kultstätte die *Quirinuskapelle*. Um 1700 wurde sie hier, wie vielerorts im Rheinland, an einem alten, dem Patron gegen die ›Greinskrankheit‹ (Pocken) geweihten Brunnen, errichtet, bereits 1712 mußte sie vergrößert werden. Seit Jahrhunderten war der Brunnen Ziel von Wallfahrten; vor allem am ›Perler Quirinustag‹ kamen die Pilger und schöpften ›Quirins Wasser‹; heute findet am 1. Mai der ›Quirinusritt‹ statt.

St. Gervasius und Protasius ist die Pfarrkirche geweiht. Der Turm ist noch romanisch, der (alte) Chor spätgotisch, das Schiff, ein einfacher Saal, barock (laut Chronogramm am Westportal von 1716); 1928 wurde die Kirche nach Norden erweitert, 1980 nach Süden noch einmal umorientiert. Die reiche Ausstattung – Altäre und Reliquiare, Engel-, Madonnen- und Heiligenfiguren – stammt vorwiegend aus dem 18. Jh. 1733 baute sich der Erbpächter des Trierer Domkapitels, Kirche und Kapelle gegenüber, ein stattliches **Hofhaus** (Palais), das später in den Besitz der Familie von Nell kam. Über der Straße führt ein Gartenportal mit doppelläufiger Freitreppe in den *Nellschen Park*. Das Ensemble bildet die malerische Mitte des Orts.

Wein wurde im Hofhaus auch verhökert. Heute wirbt Perl mit dem Slogan, des Saarlandes »einzige weinbautreibende Gemeinde« zu sein. Was partout stimmt, nur daß das Produkt eben kein ›Saarwein‹, sondern ein ›Möselchen‹ ist. Es ist altes Rebland, das da zwischen dem Perler Hasenberg und dem Nenniger Römerberg liegt. Auch die älteste deutsche Rebe wird (neben den nach dem Krieg eingeführten ›französischen‹ Sorten Ruländer und Auxerrois hauptsächlich) an den Muschelkalkhängen noch angebaut: der Elbling. Der neue Name des Bereichs, ›Moseltor‹, verspricht (überhaupt nur) Berge, die Großlage ›Schloß Bübinger‹ erfaßt sie. Und die sind dann neben Hasen- und Römerberg nur fromm und von Adel: Perler St. Quirinusberg, Sehndorfer Kloster- und Sehndorfer Marienberg und der Nenninger Schloßberg. Die Liebhaber kommen

*Traditioneller Quirinus-
ritt in Perl am 1. Mai
jeden Jahres*

zumeist aus dem Land. Die Ausnahme gab es zu DDR-Zeiten: damals ›importierte‹ ihn der Staatsratsvorsitzende Honecker, Saarländer bekanntlich von Hause aus.

›Hinter‹ den Bergen liegt **Wochern.** Die Reblaus zwang im letzten Jahrhundert die Bauern von Wochern, sich auf den Anbau von Edelobst umzustellen. Sie machten das Beste daraus. Denn, heißt es seitdem stolz, »wer in Wochern war und hat noch keinen Kirsch getrunken, war noch nicht in Wochern«. Um die *Kapelle St. Nikolaus und Bernhard* (Chor 15. Jh., Schiff 1789) schart sich schier unangefochten – dank einer vorbildlichen ›erhaltenden Dorferneuerung‹ von Staat und Privat – der Ort, mit seinen alten Gehöften, Lothringerhäusern z. T. (Abb. 42), im Kern. Der *Dundeshof* gehörte dem ehemaligen Kloster Rettel bei Sierck, das lothringische Doppelkreuz (1767) weist (abermals) zurück in eine Dreiländereckgeschichte.

In der neoromanischen *Remigiuskirche* (1851) von **Tettingen-Butzdorf** finden sich Ausstattungsstücke vom nahen lothringischen Rettel: fünf vielfigurige, mit großer Feinheit gearbeitete Alabasterreliefs (von 1601) des Trierers Hans Ruprecht Hoffmann (1545–1617). Das größte, die Taufe Christi, über der Taufnische in der Nordwand; die vier kleineren in den Seitenaltären: Johannes der Täufer predigend, Verkündigung, Heimsuchung und die Heilige Sippe (reizvoll hier in einer bewegten Dreieckskomposition die stillenden Frauen zu Seiten von Maria und Anna).

Borg überragt den Gau. Die Kelten haben ihre Spuren hinterlassen. Von der (provinzial-)römischen *Großvillenanlage,* die vom ersten bis vierten nachchristlichen Jahrhundert bewohnt und – ein Glücksfall – seitdem auch nicht mehr überbaut war, sind mehr als 33 Räume freigelegt. Überraschend groß ist die Zahl der Kleinfunde, von der Fibel bis zum Schreibgriffel, das schönste Stück ein Ziergehänge aus Bronze mit einer Reiterdarstellung (s. GT S. 378). Aufschlüsse hier, Rätsel da: die ›*Hunnenschanze*‹ im Meeswald dicht beim Ort, eine Erdwallburg, bewahrt noch ihre Geheimnisse. Johann Bohr aus Tünsdorf, als Sohn eines Capitaines in Diensten des allerchristlichsten Königs Ludwig XIV. im Regiment Royal Alsace, 1746 geboren, Schulmeister und Bildhauer dazu, schuf den (verwitterten) Rokoko-Kreuzweg am alten Friedhof vor der neuen **Kirche St. Johannes Baptista;** er hielt sich auch 1819 noch ganz an den Formenkanon des 18. Jh. Von ihm auch einige Grabsteine links und rechts des Wegs zur und der Taufstein (1803) in der Kirche. Die Seitenaltäre und Figuren (Nepomuk, Wendalinus und Apollonia) entstanden vor seiner Zeit.

An der Straße nach Perl steht vor den Pillingerhecken das ›Husarenkreuz‹. ›Moselgauschleifenwanderer‹ machen so ihre Entdeckungen. Das Kreuz erinnert an den Beginn des Krieges 1870/71, als Perl bereits von den Franzosen besetzt war, und in Borg noch preußische Husaren lagen. Der Wanderer von heute bekommt zuerst den geistlichen Zuspruch und dann die historische Information dazu, so patriotisch wie fromm: »Hier hielt im Jahre 1870 / so mancher Husar treu die Wacht / Daß uns nicht überfalle des Feindes Macht. / Von Turkes und Zuaven blieben wir befreit. / Darum sei Gott hochgelobt in Ewigkeit.«

Die Schleife, die eher ein Dreieck ist, schlingt sich über Eft-Hellendorf durch den Schwarzbruch zurück nach Orscholz. In **Eft** sollte man die katholische *Pfarrkirche St. Philipp und Jakob* (Turm und Chor 16. Jh., das Schiff von 1724/25) aufsuchen – dort stehen in aus der Abtei Mettlach übernommenen Altären St. Helena und St. Remigius in figura (18. Jh.).

☐ Steine an der Grenze oder »Welcher Apfel ist französisch?«

Die Hauptstraße, die B 406, hält sich näher an der Grenze. In **Tünsdorf** ist das **Haus Lepargé** von 1792 ungewöhnlich reich mit Sandsteinreliefs, Girlanden und Masken geschmückt; von 1627 stammen die Drei Frauen am Grabe in der *Kapelle* (1716). Im benachbarten **Nohn** hat sich in der katholischen *Kirche* ein dreiteiliger Säulenaltar aus der Zeit um 1700 erhalten, St. Laurentius und St. Medardus begleiten Maria mit dem Kind auf der Mondsichel. In der *Markuskapelle* (1773) in **Wehingen** wird Maria gekrönt, hier assistieren der Evangelist mit seinem Löwen und St. Hubertus (alle um 1775). Am Ortseingang von **Wellingen** weist ein Schild ›Internationales Bildhauersymposion‹ auf die Höhe, dort stehen am Grenzweg Büdingen-Wellingen-Launstroff die ›Steine an der Grenze‹ (s. Karte S. 212).

Wanderer können zünftiger kommen, auf den Spuren Gustav Reglers, in **Büschdorf** ist ein Einstieg zu ›seinem‹ Weg (einem der drei Saar-Lor-Lux-Kulturwanderwege im Saargau). »Vater«, erzählt Regler im »Ohr des Malchus«, lehrte uns »die wichtige Umgebung« kennen und lenkte vor allem »zur alten vielumstrittenen Grenze zwischen Deutschland und Frankreich hin und ließ uns an bestimmten Stellen Blumen pflücken oder das Fallobst von verschiedenen Bäumen probieren; unvermittelt fragte er uns: ›Welcher Apfel ist französisch?‹ Wir hielten die angebissenen Äpfel still vor unsern Mündern und sahen auf die Baumallee, die aus dem Unendlichen zu kommen schien und sich in das Unendliche fortsetzte. Wir verstanden ihn früh: er glaubte nicht an Grenzen«.

Sechsundzwanzig ›Steine an der Grenze‹ – 1986–92 geschaffen von Bildhauern aus einem Dutzend Ländern, aus den USA und Japan, wie aus Luxemburg oder der Schweiz – paraphrasieren auf der Gauhöhe vor Ort das Thema. Frei im natürlichen Raum signalisieren sie (eher philosophisch denn politisch) die Unüberwindbarkeit der Grenze. Der Saarbrücker Thomas Wojciechowicz zum Beispiel überbrückt die Nahtstelle, indem er zwei schwere Sandsteinplatten dachartig über einem alten Grenzstein aneinanderlehnt (Abb. 38): diese Seite, drüben die andere ... aber nicht getrennt, eher einander bedingend. Abends taucht die Sonne in das Dreieck der in Ost-West-Richtung aufgestellten Skulptur unter. So werden überall ungewöhnliche Zusammenhänge sichtbar und begreifbar. Aber nicht nur, daß man ›angestoßen‹ von den Steinen, den Begriff Grenze weiterdenkt (bis zur Einlösung der Utopie letztendlich, nämlich der Aufhebung der Grenze) ...»Die Begegnung mit so einem Stein in der Landschaft«, sagt der Österreicher Karl Prantl, »zeitigt (auch) anderes Erleben: man erlebt auch den Baum, das Gras, das Moos und die Wolken.«

Erfreulich ist der große Zustrom von Besuchern, von überall her finden sich die neuen Grenzgänger ein. Und Paul Schneider, (wieder einmal) Initiator und Organisator der Aktion, träumt weiter davon, den »Weg, an dem Skulpturen aufgestellt werden«, entlang der Grenze – vor Straßen hat er Angst, die sind ihm zu laut und zu schnell – bis hin nach Perl fortzusetzen. Dort im Dreiländereck ließen sich dann ›Steine für Europa‹ setzen. Die Aktion ›Steine an der Grenze‹ ist im letzten Jahr beendet worden.

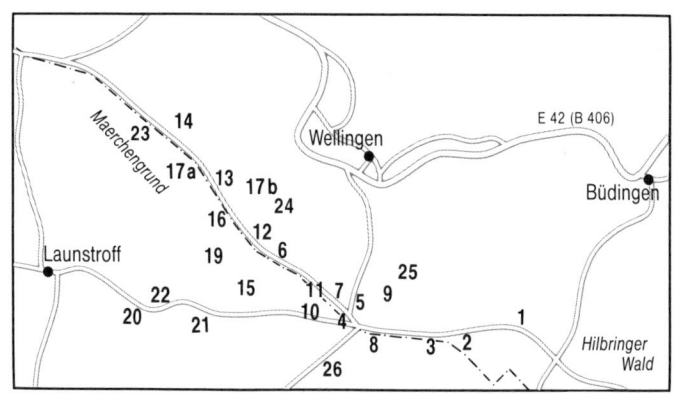

›Steine an der Grenze‹

1 Hawoli (BRD)	9 Paul Schneider (BRD)	19 François Naddoud-Guileton
2 Mark Linder (Frankreich)	10 Milos Chlupac (ČR)	(Frankreich)
3 Thomas Wojciechowicz	11 Volker Baumgart (BRD)	20 Antoin Dihe (Toun)
(BRD)	12 Anna + Wolfgang Kubach-	(Frankreich)
4 Jeannot Bewing	Wilmsen (BRD)	21 Gerard van Rooy (Holland)
(Luxembourg)	13 Bertrand Ney (Luxemburg)	22 Hiroshi Mikami (Japan)
5 Karl Prantl (Österreich)	14 Willi Bauer (BRD)	23 Zoe l'Isle Whittier
6 Claudia Ammann (Schweiz)	15 Thomas Link (BRD)	(Frankreich)
7 Philip Rickey (USA)	16 Miriam Karoly (Israel)	24 Eileen McDonagh (Irland)
8 Levan Mkheidze	17a/17b Peter Paszkiewicz	25 Knut Wold (Norwegen)
(ehem. UdSSR)	(Österreich)	26 Gerard Höweler (Niederlande)

GRENZGANG III

Über dem Dreieck (lothringisch) Sierck – (saarländisch) Perl – (luxemburgisch) Schengen steht der **Stromberg**. Die Mosel fließt um ihn herum. Luxemburg ist an der Mosel, im guten wie auch im schlechten, weltoffen. Über den Fluß kamen die Römer und brachten den Wein mit (und beförderten auf dem Fluß die Steine vom Stromberg für die Porta Nigra in Trier), fielen aber auch, von den Normannen bis zu den Preußen, die Besatzer ein und kappten die Übergänge. An der **Perler Brücke** hat man Luxemburg (Land) direkt vor der Tür, und Luxemburg (Stadt) nur etwas weiter um die Ecke. Kuriosum Nr. 1: Zwischen **Schengen** auf der anderen Seite der Brücke und Wasserbillig ist die Mosel auf 36,3 Kilometer »lëtzebuergesch« und »preisisch« zugleich. Auf Grund des 1816 zwischen dem König von Preußen und dem der Niederlande unterzeichneten Grenzvertrages gilt der Fluß hier als ›Kondominium‹, das heißt, er untersteht der gemeinsamen Verwaltung der beiden Anrainerstaaten. Weshalb die luxemburgische Grenze auf das deutsche – und die deutsche Grenze auf das luxemburgische Ufer vorrückt. Und verständlich wird, daß man mit ihrer exakten Deklaration, ob nun hüben oder drüben, gelegentlich seine Schwierigkeiten bekommt. Hüben und drüben ebenfalls gemeinsam ist, daß nach rund 200 Kilometer Mosel im Lothringischen ›der Mosel‹ jetzt zum erstenmal auf beiden Ufern wächst. Kuriosum Nr. 2: Die luxemburgische Weinstraße beginnt und endet in ›Wasserorten‹, in **Bad Mondorf** und in **Wasserbillig.** Dazwischen liegen rund 1300 Hektar Weinberge, 1200 Winzerbetriebe,

sechs Kellereigenossenschaften, zwei Sektkellereien, zwei *Weinmuseen* (in Ehnen und Bech-Kleinmacher), ein Weinbauinstitut (in Remich) und mittendrin zwei Weinlehrpfade (zum Studium der bisweilen auch Fröhlichen Wissenschaft). Der Elbling ist der Demokrat, der Riesling der Aristokrat im ›Midi du Benelux‹, aus Riesling und Silvaner wird die heimische Spezialität kreiert, der ›Rivaner‹. Will man in der Wirtschaft einen Wein, sagt man »e Pättchen« (Pöttchen). Nur: e Pättchen. Das Gefäß impliziert auch das Getränk. (Für Bier steht: »en Humpen«.) Zu einer besonderen Art und Weise des Weingenusses verführt eine Prinzessin. Sie vermag zu Wasser, wozu zu Lande weiter drunten am Fluß – mit Verlaub – einmal nur das gute alte ›Saufbähnchen‹ imstande war: die sozusagen ›fortlaufende‹ Weinprobe. Die Prinzessin heißt ›Marie-Astrid‹ und ist das luxemburgische Fahrgastschiff auf der Mosel. Die denkwürdigste Devise gab ein Schweizer dazu: »Mäßig genossen, kann Luxemburger Moselwein auch in größeren Mengen nicht schaden.« Auf dem hohen Ufer, über den Weinbergen, sieht man gelegentlich die Kühltürme von **Cattenom** am Horizont. Sie sorgen dafür, daß die Phantasien der fahrenden Pröbler nicht mit der Wirklichkeit durchgehen.

»Fest wie eine Hochwaldeiche ...«

Wadern und der Schwarzwälder Hochwald

Manchmal hört man noch seinen alten Namen: Errwald. Noch früher sagte man ›Irrwald‹. Jedenfalls gilt er von der Saar bis zur Wadrill und steht für den saarländischen Teil des Schwarzwälder Hochwaldes, der seinerseits den südlichen Hunsrückrand bildet. Der **Schimmelkopf**, mit 695 Metern der höchste Berg des Saarlandes, überragt ihn im Norden. Im Süden kurvt die ›Eichenlaubstraße‹ entlang und gibt (wie der Saarland-Rundwanderweg, den sie bei Wadrill kreuzt) den Blick frei auf die bewaldeten Höhen darüber und das Berg- und Hügelland darunter zwischen Saar und Prims, das offener ist, in dem aber auch noch, wie im Großen Lückner, die Waldinseln liegen.

In der Eisenzeit wanderten die Kelten ein (um 500 v. Chr.), setzten sich fest und formierten sich als Treverer (in der Hunsrück-Eifel-Kultur). Siedlungen entstanden und Befestigungen, fünf Burgwälle allein in unserem Raum, das Paradestück der ›Hunnenring‹ bei Otzenhausen, und nicht zufällig, wie in Schwarzenbach, die reichsten Fürstengräber nahebei. Das Eisen brachte den Reichtum. Eisenspat (in der Form der ›Lebacher Eier‹ beispielsweise) gab es vielerorts, die größten Vorkommen lagen am Oberlauf der Prims, in eigens dafür gebauten Öfen wurde geschmolzen. Auch in der Römerzeit florierte die ›Eisenindustrie‹ noch, zumindest bis zu den fränkischen und alemannischen Überfällen ab 260 n. Chr. Nach einem Jahrtausend erst erlebte sie im 15. Jh. ihre zweite Gründerzeit, abermals im Raum von Nonnweiler. Anfang des 18. Jh. eine dritte, kam dann aber im 19. Jh. endgültig in die Krise: 1869 erlosch in Mariahütte der letzte Holzkohlenofen.

Alle Wege – das legten schon die Römer so an – führten im Hochwald nach Trier. Von 1860 an dann vermehrt auch ins Saargebiet. Weil es dort nun Arbeit gab, in den Gruben und Hütten. Und weil die »Hoochwäller Knubbespaller« zu Fuß den langen Weg zur Grube gingen, nannte man sie dort die ›Haardfießer‹ oder ›Ranzemänner‹ (weil sie in ranzenähnlichen Taschen ihre wöchentlichen Eßvorräte mitbrachten). Daheim wiederum standen sie nach dem Ersten Weltkrieg in Verdacht, es mit den Franzosen zu halten: weil das Saargebiet vom ›Reich‹ abgetrennt und wirtschaftlich an Frankreich angeschlossen war, und mit ihm der Hochwälder Stammkreis Merzig. Wadern bildete mit Weiskirchen und Losheim einen ›Restkreis‹ und blieb bei Trier. »Fest wie eine Hochwaldeiche steht der Restkreis treu zum Reiche«, lautete die einschlägige Parole. Nach dem Zweiten Weltkrieg kamen Stamm- und Restkreis wieder im neuformierten

Saarland zusammen. Und blieben es auch, als das Saarland 1955 bei der politischen Rückgliederung an die Bundesrepublik Bundesland wurde. Wenigstens brauchte man jetzt nicht mehr im eigenen Kreis zu schmuggeln. Der hieß fortan ›Merzig-Wadern‹.

Der Kreis ist ein grüner Kreis, denn der Schwarzwälder Hochwald macht ihn zum großen Teil aus. Er ist zum ›*Naturpark Saar-Hunsrück*‹ avanciert, von dessen Gesamtfläche im Saarland über 36 Prozent Wald sind, und schickt sich an, vom Wochenenddorado für Naherholer zur Ferienlandschaft für die Nachbarn aus dem Dreiländereck Saar-Lor-Lux und Benelux zu werden. Das zum Wald gehörige Wasser – den guten alten artenreichen Laubmischwald gibt es allerdings auch nicht mehr, Nadelhölzer, ganze Fichtenforsten, durchsetzen ihn schon – hat man in vielerlei Gestalt wieder ›angeschafft‹. Der Auftrieb an den Stauseen von Losheim und Bosen ist entsprechend, stiller geht es an dem von Nonnweiler zu.

Und die Dörfer auf den alten Rodungsinseln? Sie sind Wohngemeinden geworden, die Misthaufen sind verschwunden, die Scheunen zu Garagen umfunktioniert. Schmuck sind sie alle, aber ganze Straßenzüge lang auch nicht mehr voneinander zu unterscheiden. Überall passiert das gleiche, ›Freizeitparadiese‹ haben ihren Preis.

☐ Zwischen Schimmelkopf und Lückner

Weiskirchen ist das saarländische Zentrum des Naturparks. Aus dem armseligen Dorf am Wald ist ein heilklimatischer Kurort geworden. Der *Kurpark* liegt hinterm Rathaus im Holzbachtal, dahinter, im Wald, das *Kurzentrum*, noch weiter die Naturdenkmäler: Bären-, Iltis- und Hoher Fels (Abb. 40). Die kunst- und kulturhistorischen Denkmäler sind rarer. Beim Ehrenfriedhof an der Straße nach Zerf wurde eine Totenstätte keltischer Adliger der frühen Latène-Zeit (um 400 v. Chr.) freigelegt. Die Funde (Schwerter aus Eisen in Bronzescheiden, goldene Zierbeschläge, aber auch etruskisches Bronzegeschirr, Importe aus dem Süden) kamen nach Trier. Die 1830–33 erbaute katholische *Pfarrkirche St. Jakobus* gehört zu den wenigen klassizistischen Kirchen der Region; unter den Figuren im Innern (vorwiegend spätes 17. Jh.) auch der für den Hochwald fast schon obligate Hubertus.

Eine frühkeltische Grablege (20 Hügel mit bescheidenerer Totenmitgift als in Weiskirchen) entdeckte man auch im Wald ›Hascheid‹ bei **Losheim,** und ›Am unteren Hundswinkel‹ die dazugehörige Siedlung. Ein anderer, inzwischen dritter Friedhof der alten ›villa Losma‹ (896), auf dem Kirchenhügel mitten im Ort selbst, wurde noch bis 1870 belegt. Beim Wiederaufbau der *Kirche* dort (1949) war man auf ihn gestoßen: ein merowingisches Gräberfeld (7. Jh. n. Chr.), das selbst noch einmal auf einem gallo-römischen Bestattungsplatz (1. Jh. n. Chr.) zurückverwies. Man hatte römische Inschriftensteine zu Steinsärgen für den eigenen Bedarf umgearbeitet. Am Kirchenportal verweisen Reliefs auf die fünf Vorgängerbauten; im Innern zu beachten einige gute barocke Heiligenfiguren (Donatus, Nikolaus, Antonius der Eremit) an den Langhauswänden. – Im Ortsteil **Waldhölzbach** steht einer der ersten konsequent modernen Sakralbauten im nördlichen Saarland, Hanns Schöneckers Faltdachkirche *St. Medard* von 1963/64.

Frühe Gräber, ganze Hügelgräbergruppen aus dem fünften und vierten vorchristlichen Jahrhundert, fanden sich auch – und sind noch auszumachen – im Waldgebiet des **Kleinen** und **Großen Lückner** zwischen Nunkirchen und Oppen. Vielleicht steht dort sogar die neogotische *Odilienkapelle* (1861) über einer keltischen Kultstätte. In einem Sitzungsprotokoll des Kirchenrats von Wahlen aus dem Jahre 1860 heißt es jedenfalls, »daß die bei dieser Kapelle befindliche Quelle seit undenklichen Zeiten in dem Ruf steht, heilenden Einfluß auf die Augen zu haben«. Aber man pilgert nicht nur wegen der Augen »op de Helljenborn am Leckener«. Karl Lohmeyer berichtet in den »Sagen der Saar«, daß die Hochwälderinnen auch kommen, »um Kindersegen zu erflehen, oder sie schicken auch unschuldige Kinder dahin, die an Pfingstmontag dort hölzerne Kreuzchen ins Waldmoos stecken und einige ›Vater unser‹ beten«. Der Brauch des ›Kinnerstechens‹ wird nach wie vor geübt. Man lese nur die Zettel an den Kreuzchen, da heißt es dann kurz und fromm: »Thorsten aus dem Hunsrück wünscht Geschwister.«

In **Rissenthal** am Fuß des Lückners wurde Peter Wust (1884–1940) geboren. Sein Vater war Siebmacher, das Dorf seine ›erste Universität‹, als ›Philosoph von Münster‹ wurde er bekannt. Sein Wahlspruch steht auf der Gedenktafel am Geburtshaus und als Summe auf seiner Grabstätte auf dem Friedhof von Mecklenbeck bei Münster (Westf.): »Aus dem Wirklichkeits-Traum durch Ungewissheit und Wagnis in den Wirklichkeits-Raum der Geborgenheit in Gott.«

Wahlen war eine der ersten Pfarreien auf dem Hochwald. Die ›*Urwahlener Kapelle*‹ *St. Markus* (1868) steht an der Straße nach Rimlingen. Patronin der neobarocken Pfarrkirche, die 1927/28 (unter Einbeziehung von Turm und Langhaus des 18. Jh.) erbaut wurde, ist die hl. Helena. Die alte einheitliche Ausstattung überrascht; Hochaltar und Kanzel präsentieren sich, ohne allzu sehr ins Rokokeske auszuwuchern, in gut abgestimmten spätbarocken Formen. Figuren der Zeit kommen hinzu: eine Muttergottes, Petrus und Paulus und, in der Vorhalle, ein Erasmus.

☐ Die weiland Kleine Residenz: Wadern

Halben Wegs zwischen Nunkirchen und Losheim zweigt schräg von der B 268 eine Kastanienallee zu **Schloß Münchweiler** (Abb. 43) ab. Schnurgerade führt sie auf das große Hofportal, dessen Durchfahrt wie in einem Bild das Corps de logis des Schlosses der Freiherren Zandt von Merl rahmt. Leider ist der dreiflügelige Wirtschaftshof, der für die barocke Gesamtanlage von nicht zu übersehender Bedeutung ist, in einem desolaten Zustand. Das neunachsige Herrenhaus mit Eckrisaliten und Mansardwalmdach, in der Mittelachse das aufwendige Portal mit doppelläufiger Freitreppe, wurde bis 1752 »new angelegt«. Die etwas späteren Flügel mit ihren Schweifgiebeln engen es merklich ein, zusätzliche Anbauten des 19. Jh. dehnen die Front, nun vollends auf Kosten ihrer Einheitlichkeit, über Gebühr wieder aus. – Bemerkenswert im Innern (eine Besichtigung ist leider nicht möglich, da sich das Anwesen in Privatbesitz befindet) das Treppenhaus mit einer reich mit Rocaillewerk ausgestatteten Holztreppe, sowie Gemälde (eine Porträt-Galerie) und Güsse der ›Minnigweiler‹ Schmelz (Säulenofen, um 1780) in Familienbesitz. An dem Porträt der Jutta Zandt von Merl in Fesseln hängt rankenreich ein ganzer Roman, sie wurde als ›Hexe von Trier‹ verbrannt.

Wer die Pläne von Münchweiler entworfen hat, ist nicht bekannt. Wolfgang Götz' Resümee überzeugt: »Nach Großzügigkeit und Qualität ist die Anlage in dieser Zeit und in dieser Gegend

26 SAARLOUIS Großer Markt mit der Ludwigskirche ▷

28 MERZIG-HILBRINGEN   Schloß de Maurice
◁ 27 WALLERFANGEN   Schloß Villeroy de Galhau
29 METTLACH   ›Pagodenburg‹ in St. Gangolf

30 NIEDALTDORF   St. Rufus, Blick ins Langhaus

31 MERZIG St. Peter, Blick in den Chor

32 MERZIG   Altes Rathaus

34   MERZIG-HARLINGEN   Filialkirche St. Maria ▷

33   METTLACH   Alte Abtei

35 METTLACH   Alter Turm, Arkadensäulen im romanischen Umgang

36 METTLACH Alter Turm, Arkadensäulen im romanischen Umgang

38 ›Steine an der Grenze‹ Wellingen-Launstroff von Thomas Wojciechowicz
◁ 37 METTLACH-SAARHÖLZBACH   Blick vom Vogelfelsen ins Saartal
39 NONNWEILER-OTZENHAUSEN   ›Hunnenring‹

40 ›Hoher Fels‹ im Weiskircher Hochwald

42 PERL-WOCHERN Lothringerhaus
◁ 41 DILLINGEN ›Saardom‹
43 WADERN-MÜNCHWEILER Schloß der Freiherrn von Zandt

wohl nur einem Architekten zuzutrauen: Christian Kretzschmar.« Dies gilt aber nur für den ersten Entwurf; die späteren Erweiterungen dürften dem Bauherrn selbst zuzuschreiben sein oder seinem »angenohmenen Bawmeister« Johannes Guetweniger. Weniger gut in der Tat. Das jetzt endlich restaurierte Corps de logis ›leuchtet‹, äußerlich wenigstens, in altem Glanz. Es allein zu erhalten, genügt allerdings nicht; das gesamte (im Saarland einmalige) Ensemble, mit wenigstens einem Teil der Wirtschaftsbauten und dem Garten, wiederzugewinnen, ist die Aufgabe.

Münchweiler gehört bereits zu Wadern. **Wadern,** seit 1978 Stadt, ist politisch, wirtschaftlich und kulturell der Mittelpunkt des Hochwaldes. Seinen Aufstieg verdankt es der gestrengen Huld eines schwäbischen Fürsten, Josef Anton Graf von Öttingen-Baldern, Herr zu Sötern (1720–78), der 1751 zur Herrschaft kam und bald – ob lieber oder leider, sei dahingestellt – an der Prims statt im Ries Hof hielt. Von seinem Vater hatte er ein ganzes ›Schuldenlabyrinth‹ geerbt, entsprechend zerrüttet waren die Verhältnisse, auch in der Herrschaft Dagstuhl, aber er brachte mit der Zeit die ›Landesportion‹ doch in die Ordnung und die kleine Residenz zu geziemendem Wohlstand. 1770 erhielt Wadern die so wichtigen Marktrechte. Handel und Gewerbe florierten, die Tuche, die mit einer eigenen Elle gemessen wurden (am Heimatmuseum, kann man ihre zwei Fuß noch ausmachen), waren weitbekannt.

Drei Schlösser ließ sich Graf Josef Anton bauen, der prunkvollen Residenz von Hohenbaldern (im Ries) gegenüber nehmen sie sich bescheiden aus: im Stadtkern, dessen großer Markt leider wenig mehr von seiner barocken Anlage verrät, 1758 das *Grafenschloß* (heute ins Rathaus integriert, mit schönem Treppenhaus); 1759 das **Öttinger Schlößchen** (›Monplaisir‹, mit Park, für Gräfin Christiane, seine Gemahlin, heute *Heimatmuseum* und Stadtbibliothek, Sitzungssaal im Obergeschoß); 1760 vor den Toren Schloß Dagstuhl. Einen Blick sollte man vorher noch in die katholische **Pfarrkirche Allerheiligen** werfen, ein Saalbau von 1817, der Turm im Untergeschoß noch romanisch. Die großen Apostelfiguren von 1684 (lediglich die des hl. Matthias ist neu) stammen aus der 1819 abgerissenen Peterskirche in Mettlach; das Alabasterrelief im Chor mit Christus am Kreuz schuf (um 1600) der Trierer Bildhauer Hans Ruprecht Hoffmann.

Zwischen Wadrill- und Löstertal, durch die die alte Salz- und Weinstraße führte, liegt romantisch auf dem Schloßberg die Ruine der alten **Burg Dagstuhl.** Ihr zu Füßen – und hier nicht ohne Operettencharme (»Es fehlte nicht an Bällen, kleinen Theatervorstellungen, Illuminationen und sonstigen Unterhaltungen«, berichten die Chronisten) – Graf Josef Antons (neues) **Schloß** (Farbabb. 13). Das Herrenhaus (von 1760) wurde 1775 erweitert, zwei Portale mit vorgelegten Altanen akzentuieren die Fassade, neogotische Anbauten (von 1906) schließen den Wohntrakt an die Schloßkapelle (von 1763) an. Neben dieser befindet sich die Familiengruft der Lasalle von Louisenthal, die vor 300 Jahren an die Saar und vor 150 Jahren nach Dagstuhl kamen.

◁ 44 ILLINGEN Kreuzigungsgruppe auf dem Friedhof

Teilansichten von Schwarzenburg und Dagstuhl mit den Wappen der Herrschaftsbereiche. Lithographie von 1863

Die **Kapelle,** ein gestreckt-achteckiger kleiner Saalbau, versammelt ein ganzes Rokokorepertoire. Nur die Putti am Altar mit den Leidenswerkzeugen sind neu und »tragen den Gesichtsausdruck von heutigen Buben, die den Diebstahl (der Originale) nicht verstehen können«, pflegt der Konservator ihre (künstlerische) Unzulänglichkeit zu erklären. Die ›Malergräfin‹ Octavie de Lasalle (1811–90) hat die Wände mit Szenen aus dem Marienleben bedacht. Für ihre Passionsbilder (1868, vormals in St. Michael in Lockweiler), für die jetzt neben der Kapelle ein eigener Raum eingerichtet wurde, bekam sie von dem Nazarener Friedrich Overbeck dessen »vierzig Originalzeichnungen aus den vier Evangelien« zur Vorlage. Sie übersetzte sie in ihre eigene Welt: Der Schmied von Dagstuhl kehrt als Heiliger oder Schächer wieder, die preußische Königin Elisabeth, die Gemahlin Friedrich Wilhelms IV., als Maria, und Ludwig I. von Bayern, Octavies Kunstmäzen, erscheint als Christus. Dagstuhl, das lange den Waldbreitbacher Franziskanerinnen gehörte und nun als ein Internationales Begegnungs- und Forschungszentrum für Informatik (IBFI) dient, steckt noch immer voller Merkwürdigkeiten.

Wo die Wadrill, das ›Eilige Wasser‹ der Kelten, aus dem Gebirge tritt, liegt **Wadrill,** das Dorf. Die Kirche hat noch ihren romanischen Turm aus dem 11. Jh. In **Gehweiler** steht direkt an der Straße die *Ludwigskapelle* (17. Jh.); ihr 1972 (leider buchstäblich) seiner Figuren beraubter Altar datiert 1747. Später Barock auch der Hochaltar im Chor der neoromanischen (und nach dem Zweiten Weltkrieg erweiterten) Herz-Jesu-Kirche von **Kostenbach** (Oberlöstern).

☐ Im Nonnweiler Dreieck

Von Saarbrücken, Kaiserslautern und Trier kommen über weit gespannte Talbrücken die Autobahnen, im Nonnweiler Dreieck treffen sie zusammen. Über dem Dreieck steht vor dem Hochwald der Peterberg.

Vor 100 Jahren war **Nonnweiler** wie viele Orte hier oben im Wald noch die ›Gottvergessenheit‹, nur am Hubertustag kamen vermehrt die Pilger, heute ist es (ebenso wie Weiskirchen) heilklimatischer Kurort und hat durch die Europäische Akademie in **Otzenhausen** internationalen Ruf. Der neogotische ›**Hochwalddom**‹ (1900–02), nach einem Brand 1984 vorbildlich restauriert, gilt, auch wenn die Wallfahrt erloschen ist, noch immer als die bedeutendste Hubertuskirche im Land. Die ›*Hubertus-Kleinodien*‹ sind hier verwahrt: eine Rokokostatue (um 1750), ein Kult- und Trinkhorn (signiert 1182) sowie der traditionelle ›Hubertusschlüssel‹, ein Brenneisen zum Ausbrennen von Tollwutbißwunden. Und zur feierlichen ›Hubertusmesse‹ im November kommen nicht nur Jäger von weither.

Die jüngste Attraktion bietet die **Primstalsperre,** das größte Wasserreservoir im südwestdeutschen Raum, zu zwei Dritteln auf rheinland-pfälzischem und zu einem auf saarländischem Territorium, als Trinkwasserreserve geplant, aber als Brauchwasser für die Industrie genutzt. Das große ›Kunststück‹ sieht man ihr dabei kaum noch an, sie sieht eher schon wie ein (Meister-)Stück der Natur aus. Ein *Rundwanderweg* von zwölf Kilometern Länge führt um den See.

Östlich des Sees auf der Südspitze des **Dolbergs** liegt – das keltische Wort ›tul‹ oder ›tol‹ für eine geschützte Stätte deutet es an – der ›**Hunnenring**‹ (Abb. 39). Mit Hunnen und Hünen hat er allerdings nichts zu tun, er ist – wenn schon, denn schon – ein Keltenring. Treverer mauerten ihn in 621 Meter Höhe im ersten Jahrhundert v. Chr. noch vor der römischen

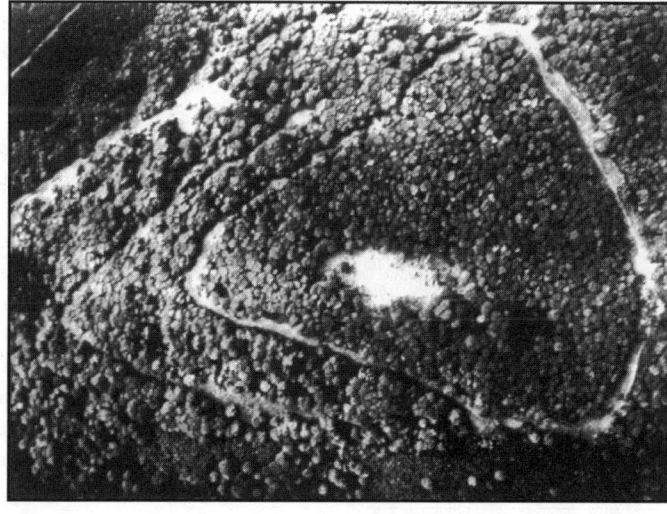

*Der ›Hunnenring‹ bei
Otzenhausen aus der
Vogelperspektive*

235

Invasion auf. Er dürfte eines ihrer gewaltigsten *oppida* gewesen sein. Die zehn Hektar große Hauptburg schirmte ein Wall von 1,5 Kilometer Länge ab; zählt man den Vorwall dazu, ergeben sich 2,5 Kilometer, und das Areal vergrößert sich auf rund 19 Hektar.

Julius Cäsar hat die Technik des ›*murus gallicus*‹ beschrieben: Man verschalte ein Gerüst von Pfosten und Querhölzern innen und außen mit einer Trockenmauer und verfüllte es dann mit kleinerem Gestein. Die Stärke der Mauer betrug durchschnittlich vier, an der Nordflanke fünf Meter, die Höhe hier 15 Meter. (Nach Zerfall des Balkenwerks rutschte die Mauer zu einem Wall zusammen, der stellenweise noch immer zehn Meter hoch und an der Sohle 40 Meter breit ist.) 230 000 Kubikmeter Quarzit wurden alles in allem aufgetürmt. Wer hat für das ›Gigantenwerk‹ noch Einbildungskraft? Über 20 000 Güterwagen könnte man mit ihm beladen, 100 Kilometer Straße pflastern, 13 000 Eigenheime bauen. Am Ende kamen die Römer doch über die Mauer hinweg ... Um sie drei, vier Jahrhunderte später selbst als Fliehburg wieder zu benutzen.

Gleichzeitig verweisen ältere Funde aber auch wieder in die Frühlatène-Zeit. Und damit auf das in Sichtweite des Dolbergs gelegene Dorf **Schwarzenbach**, wo 1849 der Bauer Adam Conrad beim Pflügen auf ein *keltisches Fürstengrab* gestoßen war (ein zweites entdeckte man 80 Meter weiter) und ein regelrechtes Goldfieber ausgelöst hatte. Das schönste Stück, eine goldverzierte Schale des späten 5. oder frühen 4. Jh., kam in die Antikensammlung der Staatlichen Museen Berlin-Charlottenburg. Und 1976 – »Für 40 Pfennig Fürstengold von der Saar« sozusagen – als Briefmarke in alle Welt.

Mariahütte, Eisenbrunnen in der Nähe der Kapelle

Nicht genug damit. Auf halbem Weg zum Hunnenring kamen 1984 bei Grabungen am ›Spätzrech‹ die Fundamente eines ungewöhnlich großen gallo-römischen *Umgangstempels* zutage. Eine zentrale Stätte offensichtlich, ein Tempelbezirk mit Quellheiligtum mit einiger Sicherheit, in dem Mars als heilender Gott verehrt wurde. Auch hier wird ein noch älterer Kultplatz vermutet. Wall, Tempel, Prunkgräber – Archäologen sind vorsichtig, aber vieles spricht dafür, daß ein frühkeltisches Machtzentrum in der Region Otzenhausen-Schwarzenbach etabliert war.

Mariahütte (heute Ortsteil von Braunshausen) geht auf den 1580 gegründeten ›Eberswalder Hammer‹ zurück. Werkshallen aus dem 19. Jh., in dem die Familie von Beulwitz die Eisenhütte in eine Gießerei umwandelte, haben sich erhalten, z. T. sind sie restauriert. Am Rande das Parks steht über ovalem

Grundriß die klassizistische *Mariä Empfängnis-Kapelle;* im Innern zwei Marienfiguren (Holz, 18. Jh., und Sandstein, datiert 1765), das Portal mit Beschlägen aus der Gießerei. Bester Mariahütter Eisenkunstguß auch der *Brunnen* bei der Kapelle. Unter Denkmalschutz kamen 1984 zwei weitere Gebäude: das *Gottbillsche Herrenhaus* (von 1764, inzwischen jedoch vielfach verändert) und das ›Eulen-Haus‹ (die alte Kutschenremise).

St. Wilfrid in **Kastel** wurde – wie im 18. Jh. so viele Kirchen hierzulande – 1777 als einfacher Saal an den alten romanisch-frühgotischen Turm angebaut (das Glockengeschoß 1907). Von der spätbarocken Immaculata vor dem eingezogenen Chor heißt es im Volksmund, sie sei »die schönste Madonna des Saarlandes«. Weitere Heiligenfiguren des 18. Jh. im Chor, in dem auch zwei spätgotische Retabelfragmente aus Sandstein (15. Jh.), wie sie sich auch in der Nachbarschaft in Dagstuhl, St. Wendel oder Marpingen finden, eingelassen sind, und im Langhaus, Aloysius u. a., Antonius, Wilfrid und Agatha.

Von alters her gilt der **Peterberg** als Wetterberg. In vorchristlicher Zeit, heißt es, sei er Donar geweiht gewesen. Petrus, der Wetterheilige, verdrängte im Mittelalter den heidnischen Wettergott. Bei seiner *Kapelle,* die bald Ziel vieler Wallfahrer wurde, fand seit 1578 auch ein Markt statt. Der Wandel brachte eben Handel, aber mit der Zeit auch Händel. Weshalb 1794 der ›freie Petermarkt‹ aufgehoben und 1826 nach Sötern verlegt wurde. Ende des 18. Jh. verfiel die Kapelle, 1982 errichtete man eine neue. Auf den Wegen, die von allen Seiten auf den Berg führen – noch heute kennt man den ›Judenpfad‹, auf dem die jüdischen Händler das Vieh auf Bosen zutrieben, wo es am ›Jordan‹ getränkt wurde –, kommen jetzt die Touristen. Im Sommer fährt man Bob (auf einer Schalenrutschbahn) und im Winter Ski. Wanderer trifft man zu allen Jahreszeiten.

GRENZGANG IV

Heute hier, morgen in Trier. In die *Roma secunda* – erinnern wir uns – führten hier einmal alle Wege. Und als eine Grenze die Wege versperrte, wie in unserem Jahrhundert gleich zweimal, wurden aus denen über die Grüne Grenze schnell Schmugglerpfade. Der einschlägigen Geschichten sind Legion. Wir bleiben fürs erste im Wald. Im Schwarzwälder Hochwald liegt die **Ruine Grimburg** (13. Jh.), sie war Trierer Grenzfeste, und über der Primstalsperre der *Züscher Hammer.* Vor 1600 gab es hier schon eine Eisenschmelze, Wallonen bauten sie nach dem Dreißigjährigen Krieg wieder auf. Die Leute heißen heute noch Bouillon, Detemple, Düpre und Sossong. Hinter Hermeskeil versteckt sich im Abseits Hinzert. Das Schild ›Gedenkstätte‹ besagt zu wenig. Ein SS-Sonderlager befand sich hier.

217 Kreuze ohne Namen stehen für gleichviel namentlich bekannte Tote, im KZ Hinzert kamen Menschen aus neun Nationen ums Leben. Aus Luxemburg wie aus Holland, aus Frankreich, Kroatien und aus Rußland. Hinterm Osburger Hochwald strecken sich noch einmal die Talsperren: der Dhrontal- und der Riveris-Stausee. In Waldrach tritt der Wald zurück und der Wein auf. Bei Ruwer erreicht die Ruwer die Mosel. Der Mündung gegenüber liegt **Pfalzel.** Die ›kleine Pfalz‹ war in spätrömischer Zeit ein palastartiger Landsitz, Kaiser Julians des Abtrünnigen wird vermutet, in fränkischer Zeit Nonnenkloster, das Bonifatius sogar besuchte, dann Kanonikerstift und im Mittelalter Fluchtburg der Trierer Erzbischöfe vor der aufmüpfigen Bürgerschaft. Im Holländischen Krieg 1673/74 schleiften die Franzosen die Herrlichkeit. Die Trierer fahren heute zum Kaffee mit dem Schiffchen nach Pfalzel. Im Dhrönchen war Stefan Andres der »Knabe im Brunnen«. Ein ihm gewidmeter *Wanderweg* führt hoch über den Moselhöhenweg, nach Mehring hinunter und von dort nach **Schweich,** wohin die Familie umzog, als der kleine »Steff« vier Jahre war. (Im *Niederprümer Hof* kann man Leben und Werk des Dichters Revue passieren lassen.) Und fuhr der »Steff« mit seiner Mutter – mit der Bahn – nach Trier, so war es ein Fest. Zum ersten Mal dort, blieb er plötzlich stehen und machte »Oh!« Er stand vor der Porta Nigra, die einmal der Eingang zu einem Reich war, das die Welt bedeutete, und sagte atemlos zu der Mutter: »Oh, (was für) en Biest! En Massik! En Rommerombomm!«

Quer durch des Landes Mitte

An Prims, Theel und Ill

Die Hochöfen der Hütte zeichnen die Silhouette, aber in grünen Bordüren, und grün zieht es auch durch die Stadt. Die Anfänge der Siedlung liegen im heutigen Dillinger Stadtteil **Pachten.** ›Contiomagus‹ hieß der römische *vicus*, im 4. Jh. hatte er seine größte Ausdehnung. Ein Jahrhundert zuvor war nach den Germaneneinfällen zur Sicherung des Flußkreuzes Saar, Prims, Nied und des Fernstraßenkreuzes Trier – Straßburg, Metz – Mainz noch ein Brückenkopfkastell errichtet worden. Es ging um die Wende vom 4. zum 5. Jh. unter.

Um 1840 begannen die Kampagnen der Ausgräber. Auf 60 bis 80 Häuser stieß man seitdem, über 550 Gräber sind registriert, dazu ein umfriedeter Tempelbezirk und ein Kulttheater, die später abgebrochen und in den Fundamenten des Kastells mit seinen 16 Türmen verbaut wurden. Hochinteressante Kleinfunde kamen zu Tage: Tausende von Prägeformen für Münzen zum Beispiel, die nicht, wie lange angenommen, einer Falschmünzerei dienten, sondern zur Herstellung von Notgeld; Keramik natürlich und Gläser; auch Weihesteine und eine Merkurstatuette: der Gott der Kaufleute, Reisenden und Diebe, mit prallem Geldbeutel. Gefunden wurde auch der früheste christliche Grabstein des Landes: für den kleinen Ursus, der vor 1600 Jahren »3 Jahre und 46 Tage lebte«. Die merkwürdigste (wenn auch vielleicht erst im

Türsturzstein der Pfarrkirche St. Maximin in Pachten

18. Jh. ›erfundene‹) Überlieferung will, daß Pontius Pilatus in Pachten auch begraben sei, »auf Maul und Nase«, durch Selbstmord geendet im Jahre 41 n. Chr. – Der Kastellbezirk ist längst überbaut.

Sitzsteine des Tempeltheaters mit gallo-römischen Familiennamen sind an der katholischen Kirche aufgestellt. In einem alten Bauernhaus in der Fischerstraße wird in einem eigens eingerichteten **Museum** die römische Geschichte des mittleren Saartals umfassend dokumentiert. Die **Kirche**, die über einem alten Kultplatz steht, ist St. Maximin geweiht. Ein romanischer Türsturz (11. Jh.) in der neogotischen Turmeingangshalle (1890) könnte auf den Trierer Bischof (332–351) und seinen Kampf gegen Irrglauben und Heidentum verweisen. Mit Kreuz und Buch streitet da nämlich ein Mann mit Drachen und Kentaur. Bemerkenswert im Innern die Seitenaltäre (um 1620, im 18. Jh. ergänzt, im 19. überarbeitet), in den oberen Nischen Sebastian und Nikolaus.

☐ Hütte und Hafen: Dillingen

In der Stadt selbst, die sich der Saar abgewandt entwickelte, führt der Schwarze Weg zum **Alten Schloß** (Farbabb. 15), das im Mittelalter eine Wasserburg war (erste Erwähnung 1347), in der Renaissance (Anfang 17. Jh.) überbaut und 1789–91 von Balthasar Wilhelm Stengel barock umgebaut wurde. Im Zweiten Weltkrieg brannte es vollständig aus, nur die Vorburg mit dem Torbau überdauerte. Wiederhergestellt ist der barocke Nordwestflügel, er beherbergt eine *schloß- und industriegeschichtliche Sammlung,* die beiden anderen Trakte wurden als Ruine konserviert.

Das Schloß hatte auch seine Affäre, den vertrackten Fall mit dem ›Herzogtum Dillingen‹. Ausgelöst wurde sie durch Fürst Ludwig von Nassau-Saarbrücken, der für die Legalisierung

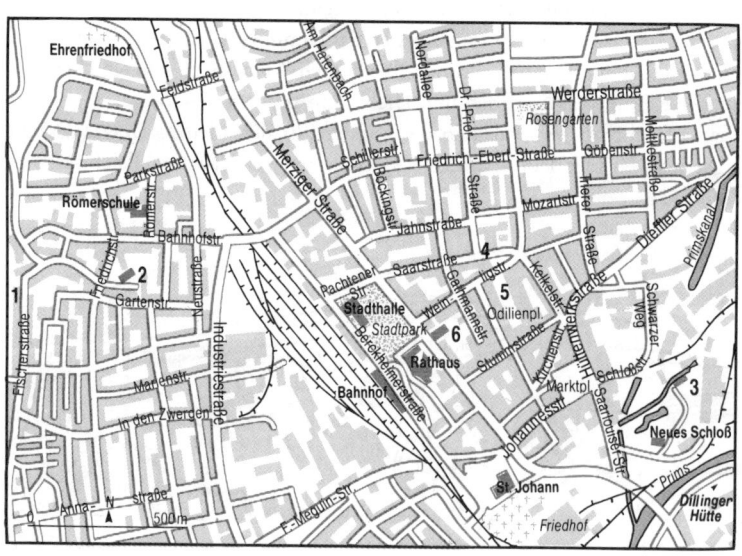

Dillingen
1 Museum
   Pachten
2 St. Maximin
3 Altes Schloß
4 ›Saardom‹
5 Odilien-
   brunnen
6 Ev. Kirche

Detailansichten der Dillinger Hütte mit ihren Zweigwerken. Lithographie aus dem 19. Jh.

seines Verhältnisses mit Katharina Kest (1757–1829), dem ›Gänsegretel von Fechingen‹, das zunächst Kammerzofe bei ihrer ›Vorgängerin‹, dann selbst Maitresse-en-titre und Frau von Ludwigsberg und Reichsgräfin von Ottweiler war, einen standesgemäßen und rechtmäßigen Titel benötigte. Der Fürst bekam ihn, indem er die Baronie Dillingen kaufte, in Frankreich; denn sein Namensvetter, Ludwig XVI., sorgte dafür, daß die Baronie zum erblichen Herzogtum erhoben wurde. Blau und zitronengelb die Farben, das ›Gänsegretel‹ war ›Madame La Duchesse‹. Die Französische Revolution schaffte wie vielerorts im Lande auch in Dillingen Remedur: Die Herzogin ging außer Landes und starb, vereinsamt und wunderlich geworden, in Mannheim. Die ›Katzengräfin‹ titulierte man sie am Ende.

Mit der 1685 gegründeten Hütte, die ein Drittel der Stadt ausmacht – die Festung Saarlouis brauchte Eisen –, wuchs auch die Siedlung. 1949 wurde Dillingen Stadt, 1987 Hafen: Das gesamte Erz für die saarländische Stahlindustrie wird hier umgeschlagen. »Hier sind zweitausend Jahre saarländischer Wirtschaftsgeschichte auf den Punkt gebracht worden« (Franz-Josef Reichert). Die Stadt hat sich mit- und, geschäftstüchtig, anverwandelt, »Kommerz und Kommunikation« lautet die Devise. Die Fußgängerzone (Stummstraße) in ihrer Mitte ist nicht zu umgehen. Und da, wo früher vor dem neoromanischen ›Saardom‹ (1910–13, Abb. 41) – im Pfarrhaus ein Lucas van Leyden zugeschriebenes *Altartriptychon* – die grüne Wiese war, dehnt sich jetzt der neugestaltete Odilienplatz mit dem **Odilienbrunnen**. Mit der »Jetzt gang i ans Brünnele«-Idylle ist es da allerdings vorbei, Odilia schwebt nun über den Wassern und Wacken eines modernsten Environements. An der Merziger Straße, dem Rathaus gegenüber, steht Hubertus Wandels zentral über einem unregelmäßigen Vieleck aufgerichtete **evangelische Kirche** (1968/69).

Vor der Stadt, in der Saaraue, befinden sich seit 1990 die *Stahlskulpturen* des Internationalen Metallsymposions anläßlich der Pachtener 2000-Jahr-Feier: sperrige Monumente wider das Vergessen u. a. von Alf Lechner, Eduardo Paolozzi und dem Saarländer Lothar Meßner. Ausgangspunkt einer Skulpturenstraße, die bis in die Innenstadt geführt werden soll.

Karnevalistisches ›Greesen‹-Treiben in Saarwellingen

Über **Nalbach** erhebt sich der **Litermont** (415 Meter), das Gipfelkreuz wurde 1852 zu Ehren der Burgfrau Margaretha von Litermont errichtet; ihr Sohn, der ›Maldix‹ der Sage, war der Wilde Jäger des Tals. Ein barocker Hubertus steht in der katholischen *Pfarrkirche St. Peter und Paul*, die auf einen Barockbau von 1767 zurückgeht. – Jenseits der Prims liegt **Saarwellingen.** Das *Rathaus* ist das jüngere Schloß (1766). Am ›Fetten Donnerstag‹ stürmen es die ›Greesen‹. Es ist ihr Tag. Ihr Fest, der schiere Altweiber (Greisinnen)-Mummenschanz, zählt zu den originellsten und ältesten Fasnachtsbräuchen im Saarland.

☐ Von Lebach nach Illingen

Bei Körprich knickt die Prims zum zweiten Mal wie in einem Rösselsprung nach Westen ab. Das Tal hinauf stehen in einigen Dörfern noch die mittelalterlichen Türme der alten Pfarrkirchen. So in **Körprich** (Michaelskapelle im aufgelassenen alten Friedhof), in **Schmelz-Außen** (Vesperbild des 15. Jh. in der neuen, oberhalb errichteten Pfarrkirche), in **Limbach** über dem Talbachtal (heute Pfarrheim) und in **Primstal** (Turm und Chor als Kapelle neben dem Neubau von 1969). In die nach dem Zweiten Weltkrieg errichteten Hl.-Kreuz-Kirchen von **Hüttersdorf** und Primstal wurden z. T. die alten barocken Altäre übernommen; in die neogotische Willibrordskirche von Limbach (1906–08) u. a. der Vierzehnnothelferaltar von 1801, dessen *Altarblatt* (1853) in einer seltenen Darstellung die Heiligen unter dem Jesuskind am Kreuz (!) versammelt zeigt.

Über dem Limbacher Bahnhof springt ›Hinter der Burg‹ die Kuppe der ›Birg‹ ins Primstal vor, ein Felshärtling überragt noch einmal die ›Birg‹. Steinwälle und Gräben, verschwemmt zum Teil, weisen auf eine Wehranlage der Latène-Zeit hin; in spätrömischer Zeit (Ende 3. und im 4. Jh. n. Chr.) wurde diese wieder genutzt und aufgerüstet.

Thalexweiler im oberen Theeltal gehört bereits zu Lebach. Auch hier ist der mittelalterliche Turm (um 1470) mit seinem hohen achteckigen Pyramidenhelm erhalten geblieben und in den barocken Neubau (1784) von **St. Alban,** der 1967/68 nach Norden zu erweitert wurde, einbezogen. Außergewöhnlich für den einfachen Typus der Dorfkirchen dieser Zeit ist das Portal; es ist als Repräsentationsstück beachtlich: Säulen rahmen es, eine Maske sitzt im Bogenscheitel, der Giebelaufsatz hält sich an antike Muster, ein Wappen steht noch einmal darüber. Der Hochaltar (18. Jh.) stammt aus Klausen in der Eifel.

Lebach, das macht sich in der Werbung gut, liegt in der geographischen Mitte des Saarlandes und – da heben die Geologen bedeutsam den Finger – in den nach ihm benannten Schichten. Die ›Lebacher Schichten‹ sind das ›Rotliegende‹, Formationen aus der Zeit der Entstehung der Erdrinde, dem Perm. ›Lebacher Eier‹ finden sich noch heute in ihnen, sie sind gut 250 Millionen Jahre alt. Die ›Zwitter aus Chemie und Petrefakt‹, lehmfarbene Eisenerzknollen, schließen oft Pflanzen- und Tierreste ein. In Mariahütte wurden sie im 19. Jh. noch eingeschmolzen. Das älteste Nadelgehölz, von dem man ebenfalls Abdrücke fand, erhielt die Bezeichnung ›*Lebachia speciosa*‹. – Ebenso ›sprichwörtlich‹ wie die ›Eier‹ ist im Lande nur noch der ›*Lebacher Markt*‹ (um Mariä Geburt am 8. September), die älteste Urkunde dazu datiert von 1614. Es gab ihn jedenfalls schon zur Zeit der Vierherrschaft Lebach, die sich – die Herren zu zwei, die Dame zu einem Siebtel – Kurtrier, Pfalz-Zweibrücken, die Herren vom Hagen und die Äbtissin von Fraulautern teilten.

Vor Ort waren nur die vom Hagen ansässig. Ihr Stammsitz lag nordwestlich auf dem Hahn. Anfang des 14. Jh. zogen sie ins Tal und bauten sich eine neue Burg, eine Turmhügelburg, die ›Motte‹, nach der sie sich fortan auch ›zur Motten‹ nannten. An die ›Motte‹ und die ›Hagen zur Motte‹ erinnern heute nur noch das *Torhaus* der barocken Anlage (um 1709), wenige Reste des dreiflügeligen *Wirtschaftstraktes* (um 1740) und das ›Böhmener‹ *Wegkreuz* am Rande des Besitzes. Alles andere fiel 1862 und 1882 der Spitzhacke zum Opfer; man vermutete, einem Ondit zufolge, den Goldschatz der unglücklichen französischen Königin Marie-Antoinette in den Schloßmauern. Drei Hagensche Grabdenkmäler sind in der neogotischen katholischen **Pfarrkirche St. Trinitatis** (1881–83) erhalten: für Niklas vom Hagen (gest. 1547), für Johann vom Hagen (gest. 1569), von ›Meister HB v(on) T(rier)‹ gefertigt, und für Anna Maria vom Hagen, geb. Eltz-Rotendorf (gest. 1775).

Die Talfahrt geht im Großen Quertal weiter, nach Prims und Theel nun im Tal der Ill. In **Bubach-Calmesweiler** liegt reizvoll in einem kleinen Park *Schloß Buseck.* Es entstand 1734/35, Jahreszahlen am Portal (1779 und 1884) verweisen auf Wiederherstellungen. Zur Zeit ist hier allerdings nur wenig Staat zu machen, der einmal hübsche Bau, zweigeschossig mit fünf zu vier Achsen, gequaderten Ecken und Mansarddach, präsentiert sich grau in grau.

In **Dirmingen** war der Saarbrücker Baudirektor Friedrich Joachim Stengel persönlich am Werk, das Tal gehörte zur Herrschaft Ottweiler und damit zu Nassau-Saarbrücken. Nach

Illingen, Marktplatz mit der katholischen Pfarrkirche St. Stephanus im Hintergrund

Stengels Plänen erhielt die evangelische *Pfarrkirche* 1746 ein neues Schiff, der romanische Westturm ein zusätzliches Geschoß und einen geschieferten Helm: Der stellt mit seiner geschwungenen Haube, offener Laterne und dem Zwiebelknauf darüber eine nicht ganz so elegante, aber doch reizvolle Variante des Saarbrücker ›Turm-Spiels‹ mit den welschen Hauben dar.

Illingen ist alt und war schon immer ein Mittelpunkt im Tal, bereits 893 wird die Pfarrei erwähnt. Im Untergeschoß des Turmes von **St. Stephan** sind zwei römische Reliefs eingelassen; sie könnten aus dem Barock stammen, so ähnlich sind sich die antiken Eroten hier und die Putten drinnen an den Altären. Der Turm ist der älteste Teil der Kirche, er stand über dem Chor der Kirche des 13. Jh., erhöht und bekrönt wurde er beim Neubau des Schiffes 1789–91. Der Architekt, Peter Reheis aus Blieskastel, war Schüler Stengels. Man entdeckt vor allem bei der Turmgestaltung Parallelen zu Dirmingen. Die Ausstattung des Chores (Mitte 18. Jh.) kommt aus Trier, erworben wurde sie 1803: der Hochaltar aus dem dortigen Kapuzinerkloster, die Seitenaltäre und Beichtstühle sowie die Kanzel, besonders schön in ihrem bewegten Umriß, mit den Figuren der vier Evangelisten (um 1760), aus der Dominikanerkirche. Aus Blieskastel brachte Reheis den Bildhauer Matthias Weyser mit. Weyser schuf die beiden Kreuzigungsgruppen aus Sandstein neben dem Hauptportal (1798) und auf dem Friedhof (1790, Abb. 44) und schnitzte 1797 (aus einem Birnbaumstamm) die Schmerzhafte Muttergottes in der **Kreuzkapelle**, der Bergkapelle der Wallfahrer.

Unterhalb von St. Stephan liegt im Talgrund der Ill die Ruine von **Burg Kerpen**. Die Wasserburg wurde im 16. Jh., auch fortifikatorisch, völlig neu gestaltet, vielleicht durch Heinrich von Kerpen (gest. 1557), dem ein Epitaph in der Pfarrkirche gewidmet ist, und erhielt Anfang des 17. Jh. eine Vorburg. Im Dreißigjährigen Krieg war sie nur noch ein ›Steinhaufen‹, wurde notdürftig wiederhergestellt, im Holländischen Krieg 1677 abermals zerstört, noch einmal aufgerichtet und diente ab 1830 als Steinbruch: Der Marktflecken hatte neuen Zulauf und brauchte neue Häuser. Übrig blieben von der *Hauptburg* Teile der Umfassungsmauern sowie zwei Türme; der massige Rundturm an der Südostecke, er umschließt die Burgkapelle, wurde 1951 instandgesetzt und 1973 renoviert. Von der *Vorburg* hat sich die Toranlage erhalten: der Torturm, ein Wohnbau (aus dem 20. Jh.) und der fünfeckige Wehrturm. Grünanlagen umgeben das Ensemble.

Der Burg- ist ein Bürgerplatz geworden, für stille Stelldicheins und laute Festivitäten (Burg- und Weiherfest im Juli). Im Oktober jeden Jahres findet sich eine besondere Pilgerschar in Illingen ein. Roma- und Sinti-Familien aus Deutschland, Frankreich, Luxemburg, Belgien und der Schweiz ziehen da, betend und musizierend, zur Bergkapelle hoch. Seit 1955 ist das ihr Fest. Angeregt hat die ›Zigeunerwallfahrt‹ der ehemalige katholische Pfarrer Fortuin, der als ›Zigeunerkaplan‹ durch fast vier Jahrzehnte, vor allem im Krieg, ihr unerschrockener Beistand war.

Hinkelsteine, Heidenschanzen und die Stätten der Heiligen

Das St. Wendeler Land

»Grünmantel über gebogenen Schultern«: der Schwarzwälder Hochwald, und »hügelhinauf, hügelhinab« davor die Pastorale: das Land des Hirtenheiligen. Johannes Kühn aus Hasborn (Jahrgang 1934) hat es in immer neuen bukolischen Metaphern beschworen: »Hat der Dom nicht / Hirtengestalt? / Lagern wie Lämmer / Hügel nicht um / und die Häuser?«, heißt es von St. Wendel. Und beim Ausblick vom Schaumberg, »sommerglücklich hinab« auf die Dörfer: »Nenne ihn Hirt seiner Dörfer, / der verteilt seiner Wolken Regen, / wie auch die Jahre / Zeiten und Schicksale würfeln.« Gut und schön, die Pastorale ist nur flurbereinigt. Naturräumlich besehen, sind wir noch immer im Saar-Nahe-Berg- und Hügelland, und speziell in zwei seiner Teillandschaften: im Norden im oberen Nahebergland, das eine bucklige Welt ist, und im Prims-Blies-Hügelland im Süden, das sich moderater, sanfter hügelig, zeigt. Und abermals (im Saarland) entdeckt man eine vielfach bäuerliche Landschaft, 60 Prozent der Fläche des Kreises wird noch landwirtschaftlich genutzt. Und eine Ferienlandschaft ist sie dazu.

Nonnweiler und Nohfelden, Tholey und St. Wendel bilden ihre Eckpunkte. Der Schaumberg (Farbabb. 4), der ›Hausberg‹ des Landes (568,5 m), steht darüber. Die alte Trierer Straße führt quer hindurch, sie ist hier eine Strecke lang Saarland-Rundwanderweg und wird im Nonnweiler Autobahndreieck eingefangen. An Sommerwochenenden dreht sich hier alles um den Bostal-stausee. Aber hinter den Hügelzügen wird es bald auch wieder still. Man wundert sich, wie ruhig und abgeschieden das Land sein kann ... Und hat – augenblicks – auch wieder seinen Ärger, mit den Tieffliegern, ringsum horsten die Nato-Flugplätze. Die Eichenlaubstraße kommt nördlich des Dreiecks aus dem Hochwald und hält sich an Söterbach, Nahe und Freisbach, der **Weißel-berg** (572 m) setzt den Schlußpunkt. Zu seinen Füßen schlängelt sich die Oster nach Süden.

Am 15. Juni 1984 fand im ›Hinkelsborn‹ unterhalb des Berges Hahnenkräh bei **Walhausen**, das zur Gemeinde Nohfelden gehört, eine Taufe statt. Der ›Täufling‹ war 13 Tonnen schwer und (geschätzte) 4000 Jahre alt und erhielt den (exakt für das Objekt zwar nicht zutreffenden, dafür aber um so werbewirksameren) Namen ›**Obelix**‹. Obelix ist ein (verkieselter) Sandstein, der, so der Landesgeologe, »mit Sicherheit nicht« aus der Gegend stammt. Ein (herbeigeschaffter) Kultstein also, ein Menhir, wie es ihn im Saarland, in der Saarpfalz, bereits zweimal gibt: als Gollenstein bei Blieskastel (s. S. 317) und als Spellenstein in Rentrisch (s. S. 316). Die stehen aber schon seit Jahrtausenden. Obelix hingegen mußte erst aus seinem versumpften Bett heraus-gehoben und aufgestellt werden: »Ein Hinkelstein will aufrecht sein«, bekräftigt die Inschrift. Von seiner Existenz wußte man in Walhausen seit langem, Obelix versteckte sich in dem Flur-namen ›Hinkelsborn‹.

Das Dreieck zwischen Dolberg, Schaumberg und Weißelberg gehört zu den archäologisch interessantesten Plätzen im Saarland. Das war schon vor 200 Jahren bekannt; 1756 bekam Sta-nislaus Leszczynski, Herzog von Lothringen zu dieser Zeit und damit auch Herr von Tholey, eine kostbare Trouvaille aus dem Wareswald geschenkt. Dann kam das Fundgut, wie es die politischen Verhältnisse jeweils erheischten, in die Museen von Trier, Birkenfeld und Speyer und, ab 1921 (das Saargebiet war gerade kreiert), nach Saarbrücken. Auch das Stadtmuseum im neuen Mia-Münster-Haus in St. Wendel (s. S. 267f.) hat eine kleine vor- und frühgeschichtliche Sammlung, die Exponate stammen aus dem alten Heimatmuseum (von 1961).

Dennoch gibt es vor Ort ›Schauplätze‹ genug, keltische und römerzeitliche. Mehr als 130 römische Agglomerationen (um Bosen, Freisen, Tholey und Marpingen) hat man allein ausge-macht. Sie decken sich vielfach mit den keltischen Plätzen. Übersichtskarten machen es deutlich: Römische Villenorte liegen meist auch nahe den bedeutenden keltischen Grabstätten (wie etwa in Schwarzenbach, Freisen, Tholey oder Theley), und diese korrespondieren wieder mit zum Teil vorrömischen Wallanlagen, die sich (ob nun auf dem Dolberg, dem Mommerich oder Weißelberg) immer in Sichtweite befinden.

Von den Schwarzenbacher Fürstengräbern und dem ›Hunnenring‹ über Otzenhausen war am Ende des Hochwald-Kapitels schon die Rede (s. S. 235f.). Vom Hunnenring stammt auch das älteste (wenn auch isoliert stehende) steinzeitliche Gerät, eine kleine Handspitze aus Quar-zit. Der erste eiserne Gegenstand – erst in der Eisenzeit (ab 750 v. Chr.) wurde das Land stärker besiedelt – ist eine Lanzenspitze aus einem Grab auf dem **Priesberg** zwischen Schwarzenbach und Bosen. Dort stieß der Birkenfelder Altertumsverein Anfang unseres Jahrhunderts auf eines der größten *Hügelgräberfelder* der Hunsrück-Eifel-Kultur (ca. 550–450 v. Chr.); noch bis zu deren jüngster Stufe in der frühen Römerzeit (3. und 2. Jh. v. Chr.) diente der Berg als Begräb-nisplatz. 14 Hügel grub man aus, 64 wurden vermessen. In der ältesten Phase wurden die Toten noch ›hallstättisch‹ bestattet, d. h. unverbrannt, in Tracht, versehen mit Waffen und Schmuck (Bronzeringen vor allem vom Kopf bis zum Fuß) und von mächtigen Steinpackun-gen geschützt. Deutlich davon abgesetzt, die vier Hügel der Spätlatène-Zeit: hier hatte man die Toten samt ihrer ›Jenseitsmitgift‹ verbrannt und über dem Scheiterhaufen einen Grabhügel aufgeschüttet.

Der am besten erhaltene keltische Fürstengrabhügel des Saarlandes liegt etwas weiter süd-lich, westlich der Straße Theley – Selbach, ein Wäldchen bedeckt ihn: der **Fuchshübel** (um 450 v. Chr.). Er ist noch immer fünf Meter hoch und rund 50 Meter im Durchmesser: 10 000 Kubikmeter Erde mußten für ihn hochgebracht werden. Untersucht hatten die Hügel 1835/36 St. Wendeler Altertumsfreunde, ein erstaunlich präziser Bericht verdeutlicht den Befund. Zunächst erhielt der illustre Tote eine mächtige Grabkammer aus Holz; hier lag er auf seinem zweirädrigen Streitwagen aufgebahrt; er war bekleidet, Goldringe, Stoßlanzen und eine etruskische Bronzeschnabelkanne gehörten zu den Beigaben. Abermals bestätigte sich damit

Der Fuchshübel mit dem Schaumberg

auch eine der Sagen von der ›goldenen Chaise‹, die so dicht unter der Oberfläche steckt, daß ein Hahn die Deichsel freipicken kann. Im ›*Freibösch*‹ und auf dem ›*Gieshübel*‹ kam die Gefolgschaft des Fürsten – Männer, Frauen und Kinder – in der gebührenden Distanz zu ihrer (überdies bescheideneren) Ruhestatt.

Die ›Allerhöchst Heyden Schantz‹, eine Fliehburg (aus der gleichen Zeit sogar!) fehlt ebenfalls nicht. Knapp 1500 Meter östlich des ›Fuchshübels‹ wird die Südostkuppe des dicht bewaldeten **Mommerichs** (oder Mombergs) durch einen sichelförmigen *Steinwall* der Frühlatène-Zeit gegen das nördlich sich anschließende Plateau abgeriegelt.

Ein weiteres frühkeltisches Fürstengrab wurde 1849 bei Freisen im ›Büchelchen‹ geborgen. Der Hügel hatte die Form eines Eies, auf seinem höchsten Punkt stand ein von Rasen bedeckter behauener Sandstein, »4 Fuß tief« im Boden fand sich eine Brandstätte. Das Inventar – auch hier gehörte ein Streit- oder Prunkwagen dazu – ging bis auf ein (12 auf 10,8 cm kleines) Bronzepferdchen verloren. 1878 kam das Pferdchen nach Trier, 1988 erhielt es im Ort lebensgroß sein Denkmal.

Typisch auch hier, zu dem Keltengrab kam mit der Zeit und nicht allzuweit entfernt davon das entsprechende römische Ensemble: eine Großvilla im ›Heidenloch‹ (der gesamte Grundriß wurde 1971 in einer Notgrabung beim Autobahnbau freigelegt) und weitere Villen im Umkreis. Dazu die Militär- und Sicherungsstation **Schwarzerden** (mit einem eigenen Mithrastempel) und auf dem *Weißelberg* eine Fliehburg, deren Befestigung, drei Terrassenstufen und ein sichelförmiger Steinwall, allerdings erst in die spätrömische Zeit zu datieren ist: Ende des dritten, Anfang des vierten nachchristlichen Jahrhunderts.

Älter ist das Refugium auf der Bergnase des **Spiemont** über der ›Linxweiler Pforte‹; der Berg ist durch einen *Waldlehrpfad* gut erschlossen; Hinweistafeln erklären die naturkundlichen und historischen Besonderheiten. ›Klaus‹ nannte man den engen Taleinschnitt früher, ›Schloßberg‹ heißt die Kuppe darüber in den Linxweiler Dörfern beiderseits noch heute. Als ›Mittelalterliche Burgstelle‹ wird sie vielfach in den Karten geführt, genauer dürfte jedoch der Distriktname ›Römisches Kastell‹ sein. So oder so bleibt seine strategische Bedeutung als Sperre und

Warte. Drei Wälle – aus der letzten Phase der Latène-Zeit (erstes Jh. v. Chr.), lassen Klein-funde vermuten – riegeln hier den Spiemont ab. 1979 fand man bei Grabungen die sogenann-ten ›Bildersteine‹, vier von ihnen sind im Museum in St. Wendel ausgestellt. Sie stammen von einer spätrömischen Fliehburg, zu der in aller Eile mit jedem nur verfügbaren Baumaterial, auch von Heiligtümern und Grabmälern, die alte Anlage ausgebaut wurde. Die Franken drängten mächtig ins Land.

Die fränkische Landnahme verlief dennoch relativ friedlich. Die neuen Herren besetzten zunächst einmal nur die fruchtbaren Muschelkalkstriche, an der unteren Blies und mittleren Saar zum Beispiel, und besiedelten diese. In unserer Region hielt sich die kelto-romanische Alt-bevölkerung in Resten halbwegs im Abseits im Hunsrückvorland: zwischen oberer Nahe und Blies im Osten und Wadrill und Oberer Prims im Westen; nach Süden war man leidlich durch die spätrömischen Befestigungen gesichert, nach Norden gab es über das Waldland hinweg schwache Kontakte zu der bedeutenderen ›Moselromania‹. Gewässernamen schlüsseln die vor-germanische Provenienz auf: Prims, Wadrill, Nahe und Blies beispielsweise, Theel und Ill, Löster-, Bos- und Söterbach.

Noch einmal zum Spiemont, etymologisch nun: »So viel ist sicher«, mutmaßte bereits 1859 der Saarbrücker Studienprofessor Friedrich Schröter in seiner Studie über römische Nieder-lassungen und Straßen der Saargegend, »daß, wenn ein Römerbau auf demselben nachweislich vorhanden gewesen ist, derselbe einer specula gedient haben wird.« ›Spähberg‹ nennt den Spiemont deshalb auch Alfons Kolling. Womit die archäologische Tour d'horizon den Blick endgültig auf den wichtigsten ›Schau(en)berg‹ des Landes zu richten hat, den **Schaumberg.** Zunächst wird beim Schaumberg, was seine Befestigung anbelangt, heftig spekuliert und gestrit-ten: Ob in keltischer Zeit bereits eine Fliehburg da war (ist der nur wenige Meter unterhalb des Gipfels stehende ›Kelten‹- oder ›Teufelsstein‹ ein Relikt von ihr?), oder in römischer Zeit (nur) eine Signalwarte und später (dann doch noch) eine Fliehburg, in deren Gefolge dann ein befestig-ter fränkischer Herrensitz entstand (das ›*castrum Teulegio*‹ des Adalgisel-Grimo-Testaments von 634), der während der Ungarneinfälle im 10. Jh. womöglich noch einmal nachgerüstet wurde ... Gesichert ist auf dem Plateau nur die mittelalterliche lothringische ›Schauenburg‹. 1202 wird sie erstmals urkundlich erwähnt, im Dreißigjährigen Krieg ging sie um 1635 endgültig in Trümmer.

Eine schnurgerade Straße habe die beiden ›Herrensitze‹ (auf Spiemont und Schaumberg) ver-bunden, wird in der Sage von Rixius Varus, dem römischen Statthalter und bösen Geist, erzählt, dessen ›goldene Wagen‹ sowohl im Mommerich wie auf dem Spiemont und im Wareswald ver-borgen liegen. Man könne ihre Rinne (ein Hohlweg zunächst, danach ein Fahrdamm) noch heute im Gelände verfolgen. Die in Richtung Winterbach – Marpingen verlaufende ›Renn-straße‹ ist in der Tat noch erhalten.

Auf Tholey und seinen Umkreis lief in römischer Zeit überhaupt alles zu. Seitab vom heuti-gen Ort, nordöstlich des Schaumbergs, kamen im Wareswald die großen Fernstraßen von Metz nach Mainz und von Trier nach Straßburg zusammen. (Trier und Kreuznach, Schwarzenacker und Pachten waren die nächsten großen Stationen; s. Plan S. 17.) Zwischen dem ersten und vierten nachchristlichen Jahrhundert stieg der *vicus* zum überregionalen Handelsplatz auf. Ein *gallo-römischer Rundtempel* wurde freigelegt, Grabmäler flankierten die Ausfallstraßen. Heute ist der **Wareswald,** was sein Name besagt: eine von Ackerland und Wald bedeckte Wüstung, von Wällen, Schutthügeln und tiefen Löchern besetzt, sie rühren von den alten Schatzgräbereien her. Auch auf der *Schweichhauser Wiese* in Tholey stieß man 1987/88 bei einer Notgrabung auf eine ausgedehnte Tempelanlage (heute nicht mehr zu sehen). Andernorts, wie in und um **Sotzweiler,** gab es gleich sechs und mehr Villenplätze; keine der Villen lag im Tal, bevorzugt wurden Hänge unterhalb von Quellzonen, guten Ackerboden hatte man ringsum.

In Tholey selbst, dessen Name sich vom römischen ›tegula‹ (Ziegel) herleiten dürfte, kamen bei allen Grabungen unter der Mauritiuskirche Anfang und Mitte unseres Jahrhunderts Spolien innerhalb einer Badeanlage zutage, die auf eine römische Palastvilla des 2. und 3. Jh. wiesen. Jacques Moreau deklarierte sie als Poststation (›mutatio‹ und ›mansio‹). Sie überdauerte, zumindest in Teilen, den Untergang des Reiches. In den Ruinen des Bades richtete sich eine Klerikergemeinschaft ein, im 7. Jh. unterhielt sie hier eine Eigenkirche, sie unterstand Trier. 634 vermachte der dem fränkischen Hochadel angehörige Diakon Adalgisel Grimo in seinem Testament (das die älteste Urkunde des frühen Mittelalters für das Rheinland ist) die ›Stätte der Heiligen‹ im ›castrum Teulegio‹ dem Bischof von Verdun. Das dem hl. Mauritius geweihte Benediktinerkloster entstand wahrscheinlich im 8. Jh., Mitte des 9. wird es urkundlich erwähnt (s. S. 256 ff.). Es zählt zu den rheinischen ›monasteria‹.

Die Missionierung der Region – bis ins 9. Jh. blieb die Hochwaldromania vor allem im Zentrum zwischen Wadrill und Tholey intakt – erfolgte von Trier und Metz aus. Tholey war ›Missionsstation‹. Kirchenrechtlich gehörte es zu Trier, grundrechtlich – wir sahen das oben – zu Verdun (und blieb bis ins hohe Mittelalter Verduns wichtigster östlicher ›Außenposten‹). Der ›Peregrinus‹ betritt damit die Szene, Wendalinus. Er war wohl einer der Wandermissionare der ›Station‹, höchstwahrscheinlich kein Schotte der Herkunft nach, eher ein Franke, der zur Zeit des Trierer Bischofs Magnerich (gest. 596) im Land an der oberen Blies im Geiste der

Aus der Wendalinus-Legende: Mönche bitten Wendelin, ihr Abt zu sein. Zeichnung von Joseph Ritter von Führich, 19. Jh.

iro-schottischen Mönchsbewegung tätig war und schon zu Lebzeiten wie ein Heiliger verehrt wurde. Die Legende, im 13./14. Jh. entstanden und deutlich zugunsten von St. Wendel (der Stadt und des Wallfahrtsortes) konzipiert, stattete den Heiligen anders aus; das liest sich dann in einem alten schweizerischen Legendenspruch so:

>»Sant Wändel kam uß Schotland har,
>Von königlichem Stam er war.
>By Einem Edellmann kehrt Ihn
>In thützschland ist sin vechirt gesin.
>Ward darnach Abt im Closter doll
>Geistlich und aller thugend foll.
>Ueber sin grab man buwen hatt
>Ein schöne kilchen in der Statt.«

Der ›vechirt‹ ist der Viehhirt natürlich und Tholey, des Reimes wegen, halt ›doll‹. ›Closter doll‹ und ›Sant Wändels‹ ›schöne kilchen‹ in seiner ›Statt‹ sollen am Ende unserer Fahrt durch das St. Wendeler Land stehen. Wir beginnen sie im Norden.

☐ Von der Nahequelle zum Weißelberg

Bei Wanderwegeinweihungen wird sie manchmal noch (re)zitiert, die Sage von den »Zwillingsschwestern Nahe und Blies«, schlafend noch »im Schoße der Erde ihrer Heimat bei Selbach«, die nach dem Erwachen sich zusammen zum »Vater Rhein« aufmachen wollten. Aber die Nahe, zuerst munter, stahl sich heimlich davon und erreichte, weil sie die kürzeste Strecke glücklich getroffen hatte, direkt den Vater Rhein. Die Blies, allein gelassen, tat sich da schwerer und kam nur mit Hilfe der »größeren Schwester Saar« und der »Mutter Mosel« auf einem »schier endlosen Weg bald hin, bald her« an ihr Ziel. (Es soll rheinland-pfälzische Landespolitiker geben, die die Blies-Passage besonders genüßlich vortragen.)

Die **Nahequelle** liegt nordwestlich von Selbach hinter Wiesen und Wildgehege im Wald und macht nur wenig Aufheben. Mehr beansprucht der (120 ha große künstliche) **Bostalsee** (Farbabb. 3), der am, auf und unter Wasser rein alles bietet, was sich für Frei- und Ferienzeiten nur wünschen kann. Bosen, dementsprechend angepaßt und auf ›Urlaub 2000‹ ausgerichtet (bei einem leichten Vorzug gelegentlich von ›altdeutsch-rustikal‹), ist zum ersten Freizeittummelplatz des Landes geworden. Trotzdem gibt es noch einen Nistplatz für die Schönen Künste: die **Bosener Mühle**. Und an und über dem See stehen die vier letzten Steine der ›Straße der Skulpturen‹ (s. dazu Karte auf S. 269), listig im Kontext wie Leo Kornbrusts ›Liebesthron‹ oder im Kontrapunkt wie Shelomo Selingers ›Requiem für die Juden‹.

Eines der ältesten kirchlichen Bauwerke im Kreis ist die *Katharinenkapelle* in **Selbach**. Der gedrungene Turmbau dürfte aus dem 13. Jh. stammen (das Pyramidendach ist barock), der kleine Saalbau aus dem 16. Das älteste Ausstattungsstück ist die Antoniusglocke von 1509. Beachtlich auch eine Reihe von Heiligenfiguren, Barbara und Katharina darunter und die Viehheiligen Wendalinus und Jodokus, und (wie diese aus dem späten 18. Jh.) ein Kreuzweg aus 14 farbig gefaßten Sandsteinreliefs. Stattlich in der Dorfmitte der ›Oldenburger Hof‹ von 1807.

Shelomo Selinger arbeitet an seiner Skulptur »Requiem für die Juden«

Vom ›Meister des Selbacher Kreuzwegs‹ (der drei letzten Stationen jedenfalls) stammt nach Meinrad M. Grewenig auch das *Sandsteinkreuz* (von 1784) an der Nordseite von St. Martin im nahen **Neunkirchen/Nahe.** Die Kirche selbst (1828/29), ein neoklassizistischer Rechtecksaal mit offenem Dachstuhl und hoher Triumphbogenschranke, flankiert den später aufgestockten spätromanischen Turm (aus der Zeit um 1300). – Gleiche Brüder gleiche Kappen: Die Türme der drei evangelischen Kirchen von Bosen, Sötern und Wolfersweiler gehören zusammen. **Bosen** hat den jüngsten Turm (aus dem 15. Jh.); von den spätbarocken Saalanbauten des 18. Jh. stehen noch die von **Sötern** (modernisiert, mit Grabplatten aus dem 17. Jh. der Herren von Züsch und Sötern, die Hunolsteiner Vögte waren) und **Wolfersweiler** (mit einer Stumm-Orgel von 1843).

Anderthalb Kilometer nördlich von Nohfelden liegt links der Nahe der **Elsenfels.** Reste einer vor- oder frühgeschichtlichen *Wallanlage* (ob keltisch oder römisch, könnte erst eine sorgfältige Grabung klären) lassen sich an der West- und Ostflanke des Plateaus ausmachen. Die »nue Burgk byme dorf zu Navelden« wird 1285 zum ersten Mal erwähnt, Mitte des 15. Jh. erwarben sie die Herzöge von Pfalz-Zweibrücken. 1490 bis 1527 war die *Ruine* in der heutigen Ortsmitte von **Nohfelden** – erhalten ist der runde Bergfried und eine viereckige Ringmauer (Abb. 48), seit 1971 sind auch Kellergeschoß und Ziehbrunnen wieder zugänglich – Schauplatz einer Zweibrücker Familientragödie: Herzog Kaspar, in einem Handstreich von seinem jüngeren Bruder Alexander abgesetzt und nach dem abgelegenen Nohfelden verbracht, saß hier 37 Jahre lang bis zu Wahnsinn und Tod gefangen. Herzog Wolfgang hatte Mitte des 16. Jh. mehr Erfolg, er brachte im Buchwald den Blei-, Silber- und Kupferbergbau zur Blüte. Nach dem Wiener Kongreß kam man mit Birkenfeld zu Oldenburg, nach dem Zweiten Weltkrieg zum Saarland.

Die katholische Pfarrkirche *St. Remigius* in **Freisen** (Schiff und Westturm 1753, Querhaus und Chor 200 Jahre jünger, von 1953) präsentiert seine Barockaltäre wie Schaustücke: preziös sind sie mit Rocaillewerk und Putten besetzt. – In der Nachbarschaft kommt zu dem keltischen ›Freisener Bronzepferdchen‹, das wir schon kennen, ein außerordentliches römisches Denkmal hinzu: das *Mithrasbild* von **Schwarzerden** (vermutlich aus dem 3. Jh. n. Chr.). Was am Halberghang vor Saarbrücken bereits in spätrömischer Zeit von christlichen Bilderstürmern zerschlagen worden war, ist hier erhalten geblieben und trotz starker Verwitterungsschäden im Relief noch gut auszumachen: Mithras, der felsgeborene persische Lichtgott, kniet auf dem Stier (durch dessen Tötung das Weltall mitsamt den sieben Planeten und der Erde geschaffen wird), Cautes und Cautopates, seine Diener, stehen rechts und links, halten die brennende Fackel hoch und senken die gelöschte zur Erde; rechts oben ist die gehörnte Mondgöttin zu erkennen, links der strahlende Sonnengott. Ein Tempel war der Bildwand vorgesetzt. In der ›Gründlichen und wahrhaftigen Beschreibung des Amtes Lichtenberg« (1585–88) wird von dem ›Wulestein‹ bereits berichtet, in der ›Alsatia illustrata‹ von Daniel Schöpflin (1751) ist er erstmals abgebildet. Die Überlieferung ist merkwürdig genug: Dem ›Wulestein‹ gegenüber soll Noah im heidnischen Tempel »in einem eisern sarck« begraben liegen. Man pilgerte zu ihm in Pestzeiten.

Oberkirchens Wahrzeichen ist die große **Talbrücke,** nach wie vor gehört sie zu den größten Steinbrücken Deutschlands. Als Eisenbahnviadukt hat sie ausgedient, als attraktives Teilstück eines Wanderweges auf der ehemaligen Bahntrasse steht sie wieder in Diensten. In der katholischen **Pfarrkirche St. Katharina** (der Turm noch gotisch, der dreiachsige Saalbau barock, um 1760, und modern nach Osten erweitert) steht ein *Taufstein* von 1473, und, von der Kanzel an die Westwand verbracht, steht neben den Figuren von Peter und Paul St. Michael mit der Seelenwaage (um 1800). Unterm Weißelberg endet die Eichenlaubstraße. Ein Rundweg erschließt das Massiv (569 m), es ist Naturschutzgebiet. An seiner Südflanke liegt, übersät von sechskantigen Basaltblöcken, das ›Steinerne Meer‹.

»In Rot auf einem goldenen Dreiberg ein gezinnter goldener Turm mit zwei schwarzen Fenstern, begleitet rechts und links von je einer goldenen heraldischen Lilie«: Zehn Orte sind seit 1974 unter diesem Wappen von Namborn versammelt. Das Wappen symbolisiert die

Mithräum von Schwarzerden. Stich nach Daniel Schöpflin, Alsatia Illustrata, 1751

Die Liebenburg. Rekonstruktionszeichnung des Kleinen Höfchens mit Blick auf das Kleine Stübchen mit Erker und Bergfried

Liebenburg und den *Schloßberg*, die über **Eisweiler** stehen. Der Schloßberg ist wie der Weißelberg Naturschutzgebiet. Die Burg erscheint 1218 erstmals in den Urkunden, um 1430 wurde sie niedergebrannt, 1677 im Holländischen Krieg endgültig zerstört. 300 Jahre später errichtete man auf dem 1972 freigelegten Fundament über der Zisterne einen Bergfried. Er bietet den schönsten Rundblick; was Wilhelm Heinrich Riehl 1857 über den ›vielgestaltigen‹ Westrich im allgemeinen befand, gilt hier im besonderen: »Der Reiz nicht großer Gesamtbilder, sondern einzelner kleiner Szenen und Gruppen.«

Nach **Furschweiler** ist es nur ein Katzensprung. 1814 suchten russische Truppen bei der Verfolgung Napoleons am Fuße des Metzenberges die auf ihren Karten fälschlich eingezeichnete Stadt Steckfeld und rächten sich, als sie Steckfeld nicht fanden, mit der Beschießung und Plünderung des Dorfes. Im Stamm der alten Dorflinde, heißt es, steckten noch die Kugeln. Ein Jahrzehnt später wurde Furschweiler Pfarrei und bekam 1828 seine Kirche, **St. Anna.** Der Bau – Westturm, Rechtecksaal, eingezogener polygonaler Chor – hält sich noch an das für den ländlichen Raum hier typische barocke Konzept, nimmt aber auch schon klassizistische Elemente (Pilastergliederung!) auf.

Westwallreste verschanzen sich im **Herrenwald;** eine ganze Anzahl von kleineren Befestigungswerken wurde merkwürdigerweise hier nicht gesprengt. Über Baltersweiler und Hofeld haben Kinder die Zähne einer Panzersperre bunt bemalt, unverdrossen halten sie zum Nachdenken über Krieg und Frieden an. Hier, wo die Trierer Straße über den **Grauen Dorn** führt, kommt überhaupt einiges zusammen. Eine der **Wendalinushöhlen** an seinem südlichen Hang, so wird vermutet, diente wie der ›Wulestein‹ als Mithras-Kultstätte. Die Volkssage räumt die Höhle dem Hirtenheiligen ein, der von hier durch den Berg – nicht wie die ›offizielle‹ Legende es will: durch die Luft – samt seiner Herde auf wunderbare Weise zu dem Hof seines Herrn nach Tholey gelangt sei. Auch von »drei klugen Frauen« und einer »weißen Jungfrau« ist die Rede. »Einmal bei Nebel über dem Hügel denke ich an einen Elfentanzplatz«, spann (unbeabsichtigt?) Dorothee von Windheim in unseren Tagen den Faden weiter. Sie erzählte das, als im September 1988 in der Nähe ihre Skulptur ›Über die Vergänglichkeit‹ eingeweiht wurde. Sie hatte ihren Stein »halbiert, geviertelt, geachtelt, gesechzehntelt, gezweiunddreißigstelt, gevierundsechzigstelt, gehundertachtundzwanzigstelt, gezweihundertsechsundfünfzigstelt ...« bis die Stücke nur noch daumengroß waren. Und eine eiserne Stele inmitten des Steinhaufens errichtet, in die in Augenhöhe ein mit einer Vergrößerungslinse versehener gläserner Zylinder eingelassen war, der eine Handvoll der kleinen Steine barg. Es war die letzte Arbeit überhaupt an der ›Straße der Skulpturen‹ (s. Karte S. 269), ein Schlußpunkt in seiner merkwürdigsten Bedeutung. Und so weit so gut . . . hätte nicht Ende Februar 1989 – so ungut – ein Unbekannter den Glaszylinder zerstört. »Das heißt für mich«, reagierte die Künstlerin, »die Arbeit in St. Wendel geht weiter, wobei ich nicht an eine Rekonstruktion denke.« Der Workshop verlängert sich so zum ›work in progress‹.

Fünf weitere Steine stehen zwischen **Baltersweiler** und **Güdesweiler,** zwei dann am *Güdesweiler Waldfriedhof* und drei an der *Teufelskanzel* bei Oberthal. Der erste Stein der ›Straße‹, eine riesige ›Knospe‹, eine Skulptur des Österreichers Franz-Xaver Ölzant, stand – wie eine Replik zum Schaumbergturm – weithin sichtbar als Wegmarke im Terrain zwischen *Birkhöhe* und *Weiherbruch.* (›Stand‹ muß man leider sagen; der Stein – ist, umgesetzt, zwar noch vorhanden, aber das Umfeld wurde brutal durch eine Bauschuttdeponie verändert.) Andere Skulpturen tauchen fast überraschend auf und eröffnen, wie das stereometrische Passepartout des Japaners Hiromi Akiyama, immer neue Aus- und Einsichten in die Landschaft. Dritte legen sich als ›Steine des Anstoßes‹ quer. »Overkill 1982 – die Kräfte der Steine und die Kräfte, die Steine bersten lassen« nennt Hans-Jürgen Breuste seine Montage: Der Stein lastet auf Rohren von Panzerkanonen, aber Panzerketten fesseln auch den Stein. Mehr über die von dem St. Wendeler Bildhauer Leo Kornbrust angeregte und organisierte Skulpturenstraße im Zusammenhang mit dem Steinbildhauer-Symposion am Ende des St. Wendel-Kapitels (S. 268 ff.).

Die Güdesweiler *Marienkapelle* mit ihrem ›Guten Buren‹ (Brunnen) war einmal eine frequentierte Wallfahrtsstätte. Nicht nur aus dem St. Wendeler Land kamen die Pilger, auch aus der Pfalz, von der Nahe und vom Glan. Den (heutigen) quadratischen Bau errichtete 1761–64 der Eremit Johann Nonninger als Kreuzkapelle. ›Der große Herrgott‹, eine spätbarocke Kreuzigungsgruppe (um 1760), wurde in die neobarocke **katholische Pfarrkirche** versetzt. Dort steht auch eine 1957 wieder aufgefundene vermutlich von Nonningers Nachfolger Michael Backes nach Güdesweiler verbrachte *Anna selbdritt* aus der zweiten Hälfte des 15. Jh. (Bei der Restaurierung der Statue stellte sich heraus, daß die linke Brust der auf dem Schoß ihrer Mutter Anna sitzenden Maria, die das Jesuskind stillt, entfernt und die Kopfhaltung des Kindes manipuliert worden war. Eine ähnliche ›Aktion zur Rettung der Moral‹ in Prien am Chiemsee trug, wie Ludwig Thoma in seinen »Erinnerungen« erzählt, seinerzeit den Prienern den Spitznamen ›Duttenfeiler‹ ein.)

Die (1983 restaurierte) *Donatuskapelle* von **Gronig** wird 1710 erstmals erwähnt. Der Altar, mit den Figuren des als ›Blitzpatron‹ vielbemühten Wetterheiligen Donatus (hier ein ›umfunktionierter‹ Mauritius), von Wendalinus und Augustinus (der wechselnd auch als St. Willibrordus, St. Medardus oder St. Liborius angesehen wird), alle 18. Jh., befindet sich jetzt in der neuen *Pfarrkirche.*

»In der Revier bey sant Wendel grebt man gut Rötelstein«, schrieb schon 1544 Sebastian Münster in seiner ›Cosmographia universalis‹. In Theley und Oberthal vor allem lebten die kleinen Leute von der ›roten Kreide‹. Reich wurden sie zwar nicht mit ihrem Geschäft, das Handel und Bettel schon einmal in eins brachte, doch sie kamen in der Welt herum. Bis nach

Marseille und zur spanischen Grenze hin hausierten sie mit ihrem Artikel, bei den holländischen Schiffsbauern war er besonders gefragt. Mitte des 19. Jh. waren noch 60 Prozent der Oberthaler Einwohnerschaft Rötelgräber und -krämer; 100 Jahre später, im September 1938, ging das ›Theleyer Rot‹ zum letzten Mal zum Versand, in zwei Kisten nach Solingen. Die ›Rötelkrämerstube‹ in **Oberthal** bringt das alles noch einmal in Erinnerung; im Sommer gibt es dort sogar eine ›Rötel-, Mal- und Zeichenschule‹. (Im Rathaus: Mineralogisches Museum)

Und wer durch die Wälder hinter **Johann-Adams-Mühle** (die jetzt ein Heimatmuseum ist) und dem **Hofgut Imsbach** nördlich von Theley (das Napoleon einst seinem Colonel Lapointe für treue Dienste vermacht hatte) wandert, halte die vielen Löcher im Boden nicht für einen Bombentrichterteppich: es sind ›Pingen‹, die durch den Einsturz der alten Rötelgruben entstanden sind.

□ Die Abtei am Schaumberg: Tholey

Man muß sich wiederholen, längst hat sich dieses Bild, von wo auch immer man kommt, eingeprägt: Der Schaumberg steht wie der sprichwörtliche ›Gute Onkel‹ über dem Land. Der Südhang fällt steil auf **Tholey** hinunter (Farbabb. 10). Dort dominiert die barocke Turmhaube der *Abteikirche St. Mauritius*. Seit 1949 ist das 1794 in der Französischen Revolution aufgehobene Benediktinerkloster wieder besiedelt. Eine Kreuzsäule vor der Chorpartie – der Schaft ist neu, Basis und Kapitell römisch – weist zurück in eine mehr als 1350jährige Geschichte.

Grimos Kirche des 7. Jh. stand – wir erinnern uns (s. S. 250) – in den Ruinen des römischen Bades; im 8. Jh. wird sie erweitert, man hat unter dem heutigen Hauptchor die Fundamente eines ›neuen‹ Rechteckchores entdeckt; im 11. Jh. bekommt dieser Chor zwei zusätzliche Kammern, im Zusammenhang mit der Bestattung des hl. Kuno von Pfullingen, Erzbischof von Trier (1066), steht zu vermuten; gegen 1216 wird die gesamte Kirche von Grund auf überholt, zahlreiche spätromanische Architekturfragmente fanden sich in den Packlagern der gotischen Fundamente; nach zwei Jahrzehnten setzt man erneut an, nun zu einer (immer noch spätromanischen) dreischiffigen, querhauslosen Basilika mit drei halbrunden Apsiden, sie bleibt unvollendet. Auf ihren Fundamenten entsteht zwischen 1261 und 1320 die (heutige) frühgotische Anlage. »... qui totum monasterium reedificavit in vita sua«, rühmt die Abtsliste ausdrücklich Abt Hugo (1264–80).

Entsprechungen zum Vorgängerbau fallen auf: Abermals ist die Kirche dreischiffig und ohne Querhaus, die drei Apsiden im Osten sind nur nicht mehr halbrund, sondern polygonal geschlossen. Der wuchtige Westturm ist mit seinem Untergeschoß in das Mittelschiff einbezogen, um 1740 bekam er seinen

Tholey, mittelalterliches Siegel der Abtei

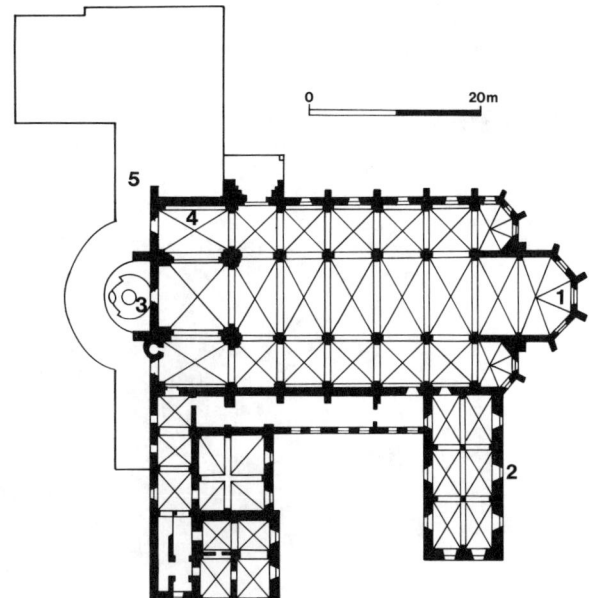

Tholey, Grundriß der Abteikirche
St. Mauritius

1 Standort ›Engel von Tholey‹
2 Kapitelsaal
3 Taufkapelle
4 Beichtkapelle
5 Moderner Kreuzgang

barocken Haubenhelm: vier Türmchen im Ansatz, große Haube dann und große Laterne, kleine Haube und kleine Laterne, schlank darüber die Spitze. Das Langhaus mit seinen ruhig gegliederten großen Wandflächen (nur an den Seitenschiffen erscheinen Stützvorlagen, deren Strebebögen unter den Pultdächern verschwinden) wirkt dagegen eher karg. »In Tholey«, schreibt Franz-Josef Reichert in seiner Baugeschichte der Abtei, »wurde ein Stilprinzip verwirklicht, das sich in der Bettelsordensarchitektur des 13. Jahrhunderts im deutschen Kulturraum findet und das weitgehend auf den Reichtum der gotischen Bauzier verzichtet«.

Um so wichtiger wird in Tholey der Raum. Er wirkt gedrungen, weil das Triforium fehlt, doch er ruht in sich. Fünf Arkaden gliedern ihn im **Langhaus,** die Spitzbogen lagern auf Rundpfeilern, vier Runddienste liegen diesen vor, unverkröpft steigen die Dienste des Mittelschiffs an der Hochwand auf, auf einfachen Kelchkapitellen fangen sie das Kreuzrippenwerk der Gewölbe auf. Deren Schlußsteine nun doch – und das ergibt einen reizvollen Kontrast – feinstes Blattwerk tragen. Auch die Kapitelle des Turmuntergeschosses (aus einer anderen Bauphase) sind mit solchem Blattwerk besetzt. Im rechten Seitenschiff neben dem Beichtstuhl kauert klein im Gerank das ›Tholeyer Teufelchen‹. Im **Chorhaupt** hat es groß sein lächelndes Widerspiel, den ›Engel von Tholey‹, den man allzu werbefix auch schon einmal die »Mona Lisa des Nordens« heißt. Eben wegen seines Lächelns, dem die Zeit zwar zugesetzt, aber es nicht zerstört, eher merkwürdiger gemacht hat. Der Engel stammt von einer Verkündigungsgruppe vom völlig verwitterten Nordportal, das (im dritten Viertel des 13. Jh. entstanden) stilistisch an Reims

und Trier (Liebfrauen) anschließt. Alles ist hier zur Anmut hin empfunden: der leicht geneigte Kopf, Haar und Gewand, die Haltung edel und doch von fast koketter Zärtlichkeit. Und über allem das Lächeln: naiv und listenreich, freundlich und fremd zugleich.

Das *Chorgestühl*, reich geschnitzt (datiert 1704), symbolisiert mit 14 Hermenkonsolen freizügig die mönchische Regula, Gebet und Arbeit, Schweigen und Schlaf. Man schaue hier auch noch einmal zurück, vom erhöhten Hauptchor ins gotische Langhaus (Abb. 46) und auf den barocken Orgelprospekt im Turmgeschoß, den der Harfe spielende David bekrönt. 1739 wurde die *Empore* errichtet, die Pläne lieferte wahrscheinlich der Mettlacher Klosterarchitekt Christian Kretzschmar.

Im Altar des südlichen Nebenchores steht der barocke Reliquienschrein des Kirchenpatrons Mauritius; am Patronatsfest, dem 22. September, und bei jeder Profeß wird er ausgestellt. Daneben führt ein barockes Portal zum **Kapitelsaal** (17. Jh.) im Ostflügel der alten Klausur. Bei seiner Wiederherstellung – er diente lange der lieben Weltfrömmigkeit, war Klosterschänke – kam eine spätbarocke Stuckdecke zum Vorschein. Das Refektorium befindet sich gegenüber im einstigen West-, dem heutigen ›Abtsflügel‹, der aus Pierre le Noirs Konventsneubau von 1722–25 stammt. Im Turmuntergeschoß der Kirche, in der neuzeitlichen *Taufkapelle* und der *Beichtkapelle* im nördlichen Seitenschiff sowie im *neuen Kreuzgang*, der halbrund um die Taufkapelle läuft, allerdings nicht ohne weiteres zugänglich ist, sind Skulpturen (Mauritius, Pietà und Gnadenstuhl) sowie Schlußsteine und Grabplatten (daneben auch das aufwendige Denkmal der 1574 gestorbenen Johanna von Niedbrücken) versammelt. Andachtsbilder hier, Schaustücke da.

Auch hier empfiehlt sich noch einmal der Blick zurück, aus dem dämmerigen Gehäus des Westteils in die Lichtfülle des **Hochchores** mit seinen drei hohen Fenstern. Spätestens jetzt wird einem auch klar, wie wichtig die Lichtführung und Farbigkeit der neuen Bildfenster, deren mundgeblasenen Gläsern eine Weißmattierung aufgebrannt wurde, für den Innenraum von Tholey überhaupt sind. Der Gestalter der Fenster, P. Bonifatius Köck OSB (»entscheidende Impulse zur Klärung der eigenen Bildvorstellungen« empfing er von den Fenstern Georg Meistermanns von 1956 in der Sepultur am Würzburger Dom), sieht das »kristallene Meer vor dem Throne Gottes, mit Feuer gemischt« (Apokalypse 15,1–5), im Chorhaupt als End- und Höhepunkt der Bilder- und Zeichenfolge in den Seitenschiffen insgesamt. Dabei sind die Motive, das Maßwerk der Fenster überlaufend, so angeordnet, daß sie nicht chronologisch, sondern in einem Sinnzusammenhang mit dem jeweiligen Teilraum des Gotteshauses erscheinen, mit dem Eingang etwa oder dem Altarbereich. Neben dem Portal im nördlichen Seitenschiff setzt die Sequenz ein: ›Wasser strömt aus dem Felsen‹ (Exodus 17,4–7); es folgen der ›Durchzug durch das Rote Meer‹ unter der Wolken- und Lichtsäule (Ex. 14,19–22,30–31), bei der Kommunionbank der ›Mannaregen‹ (Ex. 16,13–16,21–23) und die ›Paschafeier‹ mit dem Blut an den Türpfosten als Schutzzeichen (Ex. 12,11–14). Die drei Fenster der *Sakramentskapelle* zeigen ein netzartig verflochtenes Ornament in Rot und Braunviolett, das das Licht

◁ *Tholey, St. Mauritius, Nordportal*

über dem Tabernakel mystisch dämpft. In der *Marienkapelle* gegenüber symbolisieren die Fenster, auf das Martyrium des hl. Mauritius anspielend, den Schmelzofen, in dem die ›Seelen der Gerechten wie Gold‹ geläutert werden (Weisheit 3,1–6). Es folgen, im (südlichen) Schiff, nun das ›Opfer Kains und Abels‹ (Genesis 4,1–5), der ›Brennende Dornbusch‹ (Ex. 3,1–6) und, den Blick wieder vom Eingang her fixierend, der Regenbogen als Zeichen von ›Gottes Bund mit Noah‹ (Gen. 9,12–17). Unterhalb der Fenster hängt der Kreuzweg, seit 1990 ersetzen zwei neogotische Holztafeln wieder einen modernen Teppichfries.

Wo man draußen, um zünftig zu bleiben, nun den berühmten Tholeyer ›Wacholder‹ probiert, bleibt sich gleich. Obligat ist nur der Gang auf den **Schaumberg**, »Völker schon gingen ihn auf und ab«, sagt Johannes Kühn, »und die Burg stand, wehrte den Wettern allein nicht«. Am Ende des Dreißigjährigen Krieges war das Bauwerk »in solchen Abgang kommen, daß es zumal nicht mehr repariert werden könne«. So diente es als Steinbruch für die Bewohner der umliegenden Ortschaften. Der *Schaumberger Hof* am Nordhang des Berges, unweit der modernen ›Afrikakapelle‹, wurde 1723 mit solchem ›Burggestein‹ aufgemauert (das Hauptgebäude ist inzwischen abgebrochen). Die leicht zugängliche Nordwestseite des *Burgplateaus* war besonders gesichert; noch heute führt der Zugang durch drei halbkreisförmig angelegte Gräben und Wälle. Im Winkel der Ost- und Südflanke befand sich auf der Spitze das Kernwerk der Burganlage, auch hier sind noch Mauerreste zu sehen. Wo der ›Große Turm‹ stand, kam in unserem Jahrhundert eine neue ›Schauenburg‹ wieder zu ihrer Bestimmung – als **Aussichtsturm** (Abb. 47). Der nun seine (eigene saarländische) Geschichte hat: Vor dem Ersten Weltkrieg war er als Kaiser-Wilhelm-Turm geplant, aus Anlaß der 100jährigen Zugehörigkeit des Rheinlandes zu Preußen, nach Kriegsausbruch wurden die Arbeiten eingestellt; nach dem Krieg war die ursprüngliche Idee nicht mehr opportun, dafür errichtete man 1928–30 den Turm als Ehrenmal für die im Kriege gefallenen Saarländer. Der Zweite Weltkrieg brachte abermals Wandel: Anfang der 70er Jahre wurde der Turm von Grund auf erneuert und als Stätte der Versöhnung zwischen Deutschland und Frankreich bestimmt (eine Dauerausstellung dokumentiert sie); der Bischof von Verdun weihte ihn 1974 ein: »Cherchez la paix – Suchet den Frieden« mahnt die Inschrift am Altar im Eingang.

»Nenne ihn Hirt seiner Dörfer ...« Auch hinter dem Schaumberg, auf seiner ›Nachtseite‹, lagern sie: *Hasborn-Dautweiler, Überroth-Niederhofen, Lindscheid, Neipel* und *Scheuern.* »Oben an Scheuern« stand der Galgen, die Abtei Tholey hatte das »Recht, zu henken und zu ertränken«, sie übte die Grund-, Mittel- und Hochgerichtsbarkeit aus. Das **Bohnental** war arm. In Notzeiten, wird erzählt, half man sich mit ›Saubohnen‹ über den größten Hunger hinweg, so sei das Tal zu seinem Namen gekommen. Viele wanderten im 18. Jh. aus, im 19. brachte die stürmische Industrialisierung an Saar und Blies den neuen Lebensunterhalt. Zu Fuß ging es über die ›Bergmannswege‹ zu den Gruben und Hütten, »Haardfließer« spöttelte man dort wie über die ›Hoochwäller‹ Kollegen. Nikolaus Warken (1851–1920), genannt Eckstein, war einer von ihnen. Sechzehnjährig fuhr er im März 1867 auf dem Helenenschacht der Grube Friedrichsthal im Sulzbachtal ein, 20 Jahre später, im Mai 1889, organisierte er den ersten Massenstreik im Saarrevier, am 28. Juni des gleichen Jahres konstituierte sich in der Nähe in Bildstock der ›Rechtsschutzverein für die bergmännische Bevölkerung des Oberbergamtsbezirks

Bonn‹. **Warkens Grabdenkmal** und eine Tafel am Rathaus von **Hasborn** erinnern an den ›Eckstein‹; bis zum Rechtsschutzsaal in Bildstock führt, auf weiten Strecken den alten Bergmannspfaden folgend, der ›Warken-Eckstein-Weg‹.

»Das Heimweh / hat viele Häuser«, sagt Johannes Kühn, der wie Nikolaus Warken aus Hasborn stammt. Die Spuren der Herkunft dieser Häuser sind im Bohnental allerdings kaum noch auszumachen. Es gibt nicht mehr viele alte Häuser hier, und die neuen sind eher wie von der Stange oder allzu probat auf ländlich getrimmt. Reich, fast prunkend präsentiert sich in **Scheuern** die neobarocke *Katharinenkirche* (1912–14). Das Seitenportal stammt noch vom Vorgängerbau von 1729, von 1740 bzw. 67 sind die (überarbeiteten) Seitenaltäre. Die *Blasiuskapelle* auf dem Blasiusberg über **Bergweiler,** 1716 nach einem Brand wiederhergestellt, verdient allein schon wegen ihrer Lage die Wallfahrt. Die besondere barocke Ausstattung kommt hinzu. Die Altäre wurden 1957–59 restauriert, die 1980 gestohlenen Holzfiguren des Kirchenpatrons, der im Theaterprospekt des Hauptaltares stand,

Hasborn, Grabstein des Arbeiterführers Nikolaus Warken, gen. ›Eckstein‹

sowie von Markus dem Evangelisten und Wendalinus in den Seitenaltären wurden durch originalgetreue Nachbildungen ersetzt. Rings an den Wänden sind die 14 Sandsteinreliefs des Kreuzwegs erhalten, Andachtsbilder in buntem bäuerlichen Barock.

Im Alsbachtal liegt **Marpingen.** In den 70er Jahren des vorigen Jahrhunderts, als es noch ein Bergmanns(bauern)dorf war, machte Marpingen Schlagzeilen, sogar in Bismarcks »Gedanken und Erinnerungen« fand es Eingang. Am 3. Juli 1876 – in Lourdes krönte am gleichen Tag der päpstliche Legat das Marienbild, wodurch Rom die Erscheinungen von 1858 offiziell anerkannte – behaupteten drei achtjährige Mädchen, im Härtelwald die Muttergottes mit dem Jesuskind geschaut zu haben. Die Erscheinungen wiederholten sich, »Wunderheilungen« wurden bekannt, zehn Tage später strömten bereits 20 000 Menschen in den Wald. Die Trierer Regierung hielt dagegen und setzte Militär ein. Der ›Kulturkampf‹ bekam neuen Zündstoff, obwohl die katholische Kirche Kapelle und Quelle offiziell nicht einsegnete. Sie hat Marpingen bis heute nicht anerkannt. Trotzdem dauern, ob nun sanktioniert oder nicht, seit über 100 Jahren die Wallfahrten an. Man kommt allein und busweise, nicht nur aus der Nachbarschaft, ganze Gruppen, Lichterprozessionen werden veranstaltet und Rosenkranzandachten gehalten, der

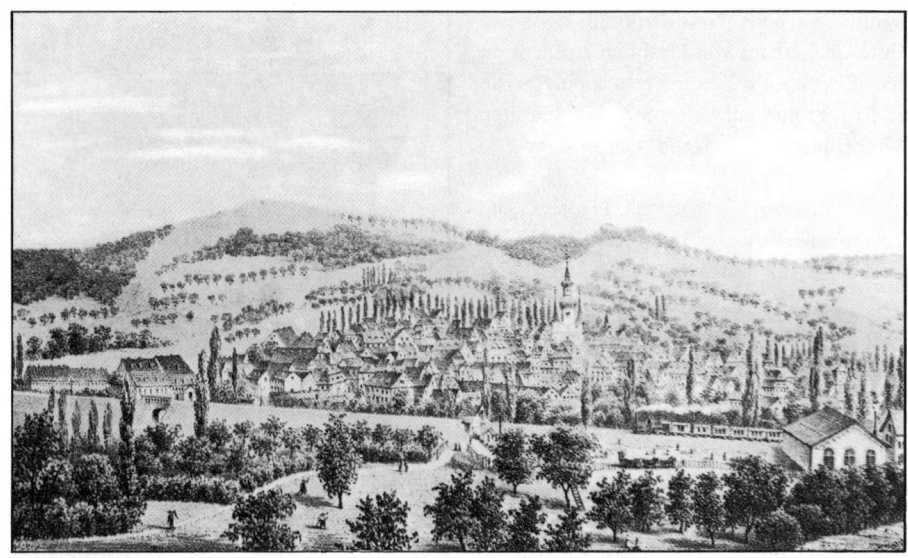

Stadtansicht von St. Wendel. Lithographie, um 1865

Devotionalienhandel floriert, und – was Wunder – wie überall hängt sich der Kitsch an den Kult an. Auch das Für und Wider bleibt lebendig: Warum, lautet der Tenor, sollte für Marpingen nicht recht sein, was für Lourdes billig war.

In der neogotischen *Pfarrkirche Mariä Himmelfahrt* (1902/03) auf dem Kirchberg im Ort sind einige Ausstattungsstücke bemerkenswert: ein Sandsteinretabel des 15. Jh., die Heiligen in den Kielbogenarkaden, eine Beweinung in der Mitte, ähnlich wie wir sie schon in Kastel gesehen haben und im Wendelsdom noch einmal entdecken können, sowie ein Kreuzweg (14 Ölbilder) des 17. Jh.

☐ St. Wendels »Statt«

Seit 1988 führt von Tholey (dem »Closter Doll«, wo Wendalinus – nur der Legende nach – Abt war), entlang der alten Pilgerpfade über Alsweiler, Bliesen und Baltersweiler der ›Wendalinus-Weg‹ nach **St. Wendel** (zur »schönen kilchen in der Statt«).

Die ›Statt‹ ist der klassische Fall, wie aus frommer Sage handfeste Geschichte wird, erinnern wir uns (s. S. 250 f.): An den schottischen Königssohn, der Klausner und Hirte wird und – siehe oben – Abt von Tholey (aber eigentlich ein Eremit und Wandermissionar war); nach dessen Tod wunderliche Begleitumstände bewirken, daß er nicht in Tholey, sondern erst in St. Wendel zur Ewigen Ruhe kommt; dahin nämlich (damals noch das merowingische ›Basonevillare‹) habe das Ochsengespann den Leichenwagen gezogen. Bereits um das Jahr 1000 ist die Grabstätte des Heiligen hier bezeugt. Und – was Wunder – der Wendel brachte Wandel und der Wandel Handel. Sprich: Wallfahrten und die (dem ›Hirtenheiligen‹ angemessenen Vieh-)

Märkte, die so richtig erst in Schwange kamen, nachdem der Trierer Oberhirte, Kurfürst Balduin, den Ort erworben (1328) und beim Kaiser für seine Stadtrechte (1332) gesorgt hatte. So blieb man auf Gedeih, aber auch Verderb (1522 in der Trierer Fehde stürmte Franz von Sickingen die Stadt, 1677 im Holländischen Krieg brannten sie französische Truppen nieder) bei Kurtrier bis zur Französischen Revolution (1798), war ab 1816 dann für knapp zwei Jahrzehnte coburgisch und kam 1834 an Preußen. Seitdem ist St. Wendel Kreisstadt und kann sich, konstatiert man selbst in der Landeshauptstadt, sehen lassen.

›**Wendelsdom**‹ sagt man liebevoll stolz in St. Wendel (was er eigentlich nicht ist, denn er ist keine Bischofskirche, sondern – seit 1960 – ›nur‹ eine Basilika minor). Den »schönsten spätgotischen Bau des Saarlandes« nennt ihn der Dehio. Und sein Westwerk (aus dem frühen 15. Jh.) mit der alles überragenden Dreiturmgruppe, in der die spitz geformten seitlichen Helme sich eng an den Mittelturm lehnen, den barock wie in Tholey eine welsche Haube (1753) krönt, eines, so noch einmal der Dehio, der »großartigsten im trierischen Raum, wahrzeichenhaft das Stadtbild beherrschend« (Abb. 45). Das ›Wahrzeichenhafte‹ will partout verstanden sein. Auch im Block des Unterbaus, der nur durch den Sockel und drei Gurtgesimse gegliedert wird, bleibt die Mittelachse betont: Das Portal überhöht ein Kielbogenwimperg; über dem Wimperg steht eine mächtige Kreuzblume (zweite Hälfte 15. Jh.), sie reicht bis vor das Maßwerk des vierbahnigen Spitzbogenfensters; Streben und Fialen flankieren Portal und Fenster und setzen sich bis kurz unter die Turmbalustrade fort. Dort verbindet sie ein leicht vorkragendes oberes Gesims, es schließt den Mittelteil zu einem hochgestellten Rechteck zusammen. Christus als Weltenrichter, zu seiner Seite auf zwölf Thronen die Zwölf Apostel, steht im Bogenscheitel

St. Wendel
1 Pfarr- und Wallfahrts-
kirche St. Wendalinus
2 Magdalenenkapelle
3 Wendalinusbrunnen
4 Pyramide für Otto
Freundlich
5 Rathaus (Schloß)
6 Ev. Pfarrkirche
7 Mia-Münster-Haus
(Stadt- und Kreis-
bücherei, Museum
St. Wendel)
8 Kugelbrunnen

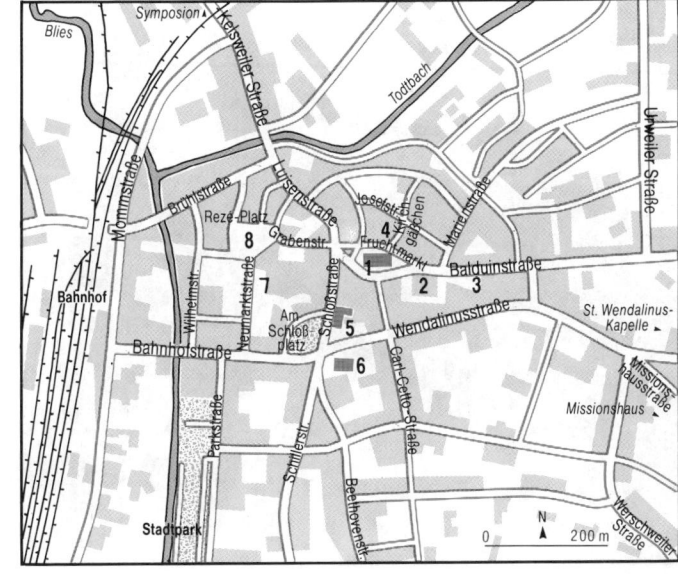

der äußeren Portalarchivolte. Die Gewändefiguren von Stephanus und dem Kirchenpatron – beide mit dem Buch, Stephanus mit der Märtyrerpalme, Wendalinus mit dem Wanderstab der irischen Mönche – sind Kopien, die Originale (um 1300) befinden sich im südlichen Seitenschiff.

»Das menschliche Maß (von Kirche und Ort) umfängt den Kirchenbesucher auch im Innern« (M. Klewitz). Frei und leicht öffnet sich, wieder in den rostroten Farbtönen der ursprünglichen Ausmalung des Chores, das **Langhaus** (Farbabb. 12). Es ist dreischiffig, das Mittelschiff ist gering überhöht, wie in Tholey fehlt das Querhaus. Schlanke Rundpfeiler tragen die (um 1460 vollendeten) Netzgewölbe und die Knickrippensterne im südlichen Seitenschiff, die ohne Kapitelle und Kämpfer aus den Schäften wachsen. Das Rankenwerk der freigelegten Malereien (um 1475), das sich um Drolerien und Wappen schlingt, überwuchert sie dekorativ. Die Wappen – in der Folge: Johann von Baden (Erzbischof von Trier), Nikolaus Cusanus (mit dem Krebs), Papst Pius II., Kaiser Friedrich III., die drei geistlichen (von Trier, Mainz und Köln) und die vier weltlichen Kurfürsten (von der Pfalz, von Böhmen, Sachsen und Brandenburg), trierische Amtsleute in St. Wendel – entstanden, abgesehen von Papst Johannes Paul II. (1980 hinzugefügt), früher (1463/64), Cusanus hat wohl ihre Anbringung veranlaßt. Was ihre Reihung besagt, daran rätselt man noch: Stellen sie eine ›Prozession‹ zum Grab des Heiligen dar oder mahnen sie, zwischen Engel und Teufel gesetzt, den vom Zerfall bedrohte mittelalterliche Ordo an, die Einheit von Staat und Kirche?

Deutlich eingezogen und mit nach Norden verschobener Längsachse (wie das Schiff auch zur Turmhalle) schließt sich der **Chor** an. Mit ihm wurde der heutige Bau begonnen, mit der Translation der Gebeine am ›Wendelskuchentag‹ (5. Juli) wurde er 1360 geweiht und als selb-

St. Wendel, ›Wendelsdom‹, Wendalinussarkophag

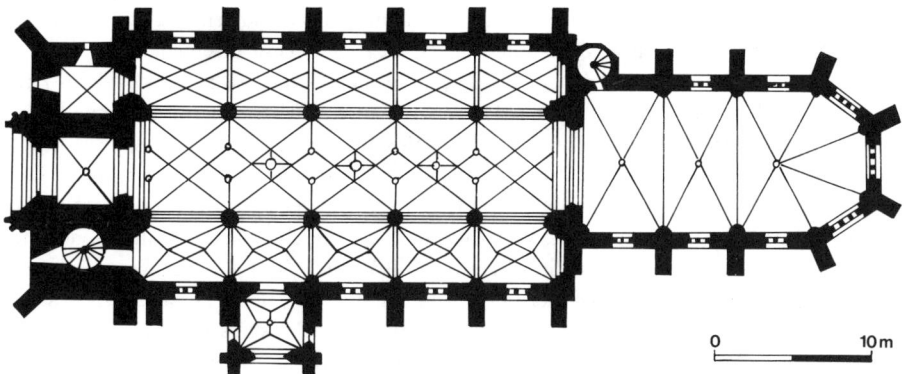

St. Wendel, Grundriß des ›Wendelsdoms‹

ständige Kirche genutzt; er war, auch Freistatt für Verfolgte, das kostbare Gehäuse des Heiligen, und ist das Ziel der Pilger geblieben. Im Chorhaupt hinter dem Hauptaltar (der heutige stammt wie die Seitenaltäre, der Kreuzweg und die Fenster aus den 1890er Jahren) ziehen sie wieder unter dem Hochgrab hindurch, das den alten *Reliquiensarkophag* (aus der ersten Hälfte des 15. Jh.) trägt. Die Tumba in der Chormitte (älter als der Sarkophag, entstanden etwa zwischen 1360 und 1370, die bronzene Deckplatte von 1924) diente als Mensa und Schautisch: Wendalinus steht hier unter den Blendarkaden bei den Aposteln. Neben ihm kniet mit einer großen Kerze ein Pilger, oder ist es der Stifter? Er ist wohl beides. Im Chor auch, in einer Maßwerknische an der Nordostseite, eine *Grablegung Christi* (um 1480); die acht Figuren aus Terrakotta hat man von allen Übermalungen befreit, mit der ursprünglichen Farbfassung haben sie den stillen Ton der alten Marienklagen aufs eindrucksvollste wiedergewonnen. Man wird an Lothringen erinnert.

Das *Chorgestühl* (18. Jh.) kommt aus Trier. An den Seitenschiffwänden stehen die barocken Zunftpatrone (ebenfalls 18. Jh.). Nikolaus von Kues (Cusanus), der Kardinal und damals auch Kommendaturpfarrer von St. Wendalinus, deren Pfründe er bezog, der eigentlich ›Chrypffs‹ (= Krebs) hieß und von daher zu seinem Wappentier kam, begegnet uns im Hauptschiff noch einmal; er stiftete 1462 die *Kanzel*, eine Tulpenkanzel im Flamboyantstil der Zeit. Die *Orgel*, der Prospekt, stammt von den Stumms aus Rhaunen-Sulzbach (1792). Das Werk ist neu. In der Turmvorhalle sind Epitaphien des 16. und 17. Jh. eingelassen, über den seitlichen Zugängen ältere Steinreliefs: Das nördliche, eine *Kreuzigung* mit Maria und Johannes, wird nach der Restaurierung jetzt in den Anfang des 14. Jh. datiert, für das südliche, über der Tür zur Empore, schlägt Peter Volkelt einen »Spielraum bis in die Zeit des weichen Stils, also bis um 1400« vor. Hoch zu Roß teilt hier der *hl. Martin* seinen Mantel, fromm wird die Legende, wem am Ende die Mantelhälfte auch zuteil wurde, weitererzählt: Neben dem Bettler erscheint Christus als Schmerzensmann; neben Christus kniet der Stifter. Ein kleines Detail noch für das »menschliche Maß« des ›Doms‹: Die 1465 angebaute südliche Vorhalle heißt im Volksmund ›Baltersweiler Küch‹. Weil die Dorfbewohner, die zur Wendalinuspfarrei gehörten, hier nach der Messe ihr Brot aßen, bevor sie sich wieder auf den langen Weg nach Hause machten.

Bleiben wir noch auf der Spur des Lokalheiligen: Noch im Dombereich, in der Balduinstraße 38, befindet sich die **Magdalenenkapelle**. Von der Straßenseite sieht sie allerdings nicht wie eine mittelalterliche Kapelle aus, da präsentiert sie sich als stattliches (gut restauriertes) Spätbarockhaus (Umbau 1802). Erst auf der Hofseite entdeckt man die gotischen Architekturteile: die Südwand der Kapelle (wohl erste Hälfte 14. Jh.) und die ältere (spätromanisch-frühgotische) Krypta. Als der ›Wendelsdom‹ gebaut wurde, verwahrte man hier die Reliquien. – Nahebei, noch in der Balduinstraße, steht der **Wendalinusbrunnen** (die Figur 18. Jh.). Er ist St. Wendels meistfotografiertes Motiv, ›hinterrücks‹ allerdings, denn von hier aus hält der barocke Schäfer seine Wurfschaufel genau über den hohen Chor und die Turmdreifaltigkeit seiner Kirche.

Der Weg (via Missionshausstraße stadtauswärts) ins **Wendelstal** ist nur am Ende noch der stille Pilgerweg von früher. Doch er führt noch immer in die schiere, von der Legende vorgebildete Idylle. Die Quelle ist da, die Klause und das ›Bethäusgen‹. Ein in zarten Farben getönter Rokokohimmel, der sich im Chor noch einmal nach oben in einen kleinen Glockenturm öffnet, überspannt die **Wendalinuskapelle** im Innern. Graziös ist die Decke mit Rocaillewerk besetzt. Es schlingt sich in den Ecken um Füllhörner (aus einem springt sogar ein artesischer Brunnen); Putten mit Blumenkörben wiegen sich dazwischen und schwingen Bänder;

St. Wendelin in einem Holzschnitt des 18. Jh.

Wölkchen flattern auf, Engelsköpfe sind auf ihnen gebettet; sie flankieren das große Auge Gottes in der Mitte und die Dreifaltigkeit in der Choröffnung, über der golden noch einmal ein Stern steht. Die Kapelle, das gesamte Ensemble, wird zum anakreontischen ›locus amoenus‹, »an dem die Hirten verweilen und sich lagern«. Das Ensemble entstand zwischen 1753 (Brunnenhof) und 1755 (Kapelle und Eremitenhaus).

Hinter der Kapelle wird weitergepilgert, hoch zum **Missionshaus**. 1898 ließ sich die Steyler Missionsgesellschaft in St. Wendel nieder. Auf dem Atzenhübel beim Langenfelder Hof, der in ›Wendalinushof‹ umbenannt wurde, baute sie ihr ›Haus‹ in den Maßen einer Burg und, nach dem Ideal der Gottesburg, die Kirche im Zentrum; Neubauten (Gymnasium und *Völkerkundliches Museum*) kamen nach dem Zweiten Weltkrieg hinzu.

Zurück in die **Altstadt**. An der Nordseite der Basilika zeigt eine **Pyramide für Otto**

Freundlich den Beginn der ›Straße der Skulpturen‹ an. Um die Basilika – von der Balduin-straße, über den Fruchtmarkt, am Alten Rathaus (von 1802/03) vorbei, die Grabenstraße hinunter, bis zur Zwingerinsel – ist die mittelalterliche Stadtanlage noch ablesbar. In der Luisenstraße, wo sieben der ältesten Häuser ›wegsaniert‹ wurden, hapert es da schon. Luisen- und Schloßstraße, ihre Namen zumindest, weisen ins St. Wendeler Biedermeier. Das ist das Coburger Intermezzo. 1816 hatte der Herzog Ernst von Sachsen-Coburg-Gotha die Stadt zur Hauptstadt seiner ›Akquisition‹ aus den Befreiungskriegen, des Fürstentums Lichtenberg, gemacht. Die kleine Residenz bekam bald ihre Romanze. Seine Frau, Herzogin Luise (Mutter von Albert von England, dem Mann der großen Victoria), die mit den Jahren mehr ihrem Stallmeister als ihrem Gemahl zugetan war, wurde St. Wendel als Wohnsitz angewiesen. Hier heiratete sie nach der Scheidung 1826 ihren zum Grafen beförderten Stallmeister und hielt hof. »Frau Herzogin«, sagte eines Tages die ›Schulbarwel‹ von Niederlinxweiler zu ihr, »wie han Sie et doch so scheen geje us geblode (geplagte) Bauerschleit, Sie kenne in der Schees fahre, wann Sie wolle, un immer sammetne un seidene Kleider anduhn.« Die Herzogin, wird überliefert, habe daraufhin tief geseufzt. Der Seufzer rührt alte ›Coburger‹ (den Spitznamen hatten sich die St. Wendeler eingehandelt) noch heute. Mit dem Herzog verstanden sich die ›Coburger‹ weniger, 1832 pflanzten die ›Hambacher‹ unter ihnen sogar den Freiheitsbaum auf. Der Herzog rief preußische Truppen ins Ländchen und verkaufte es 1834 ganz an Preußen.

Lenchen Demuth aus der Obergasse war damals gerade 14 Jahre alt und diente in Trier. Mit 70 starb Lenchen in London. Beigesetzt wurde sie im Grab ihrer Herrschaft, von Karl und Jenny Marx, deren »treue Dienerin und Freund« sie unverzagt war, ein Leben lang.

Herzogin Luise residierte im Schloß (heute **Rathaus**) am Schloßplatz (Abb. 49). Um 1740 wurde es als Amtshaus erbaut, 1880 um einen Stock erhöht. Im Dreiecksgiebel an seiner Südseite sieht man noch das Wappen von Herzog Ernst. Mit den Coburgern kam evangelischer Zuzug in die Stadt. 1825 wurde die evangelische Gemeinde ins Leben gerufen, 20 Jahre später, unter den Preußen, erhielt sie an zentraler Stelle ihre **Pfarrkirche** in der Nachbarschaft des Schlosses. König Friedrich Wilhelm IV. hatte »geruht, eigenhändig in den eingereichten Plänen Abänderungen zu treffen«; als klassizistischer Saalbau mit halbrunder Apsis kann sie sich (dennoch) sehen lassen. Der neogotische Turm kam 1864 hinzu, 1895 wurde er umgebaut.

Der Schloßplatz ist mit der ›Dominsel‹ (zwischen Balduin- und Josefstraße), dem kleinen – nach der französischen Partnerstadt benannten – Rezé-Platz und dem zweiten Zentrum der Stadt, der ›Mott‹, zu einem großen Gehbereich zusammengeschlossen worden. Das geht, auch buchstäblich, zusammen. Dank einer (in Farben, Formen und Materialien) phantasievollen Bodengestaltung ihrer Verbindungen untereinander (durch Leo Kornbrust, diesmal als ›Pflasterkönig‹), der Straßen und Durchgänge, Treppen und Winkel.

Das Schloß dient immer noch als Rathaus – und ist längst zu klein dafür. Trotzdem hat man auf ein (bereits geplantes) neues Rathaus In der Mott verzichtet und an seiner Stelle ein **Kulturhaus** gebaut. Vier versetzt an einen Flur gereihte Pavillons bilden das Haus (Architekt Hanns Schönecker), über der ›Höckerlinie‹ ihrer Walmdächer, die in pyramidenförmigen Glaslaternen gipfeln, erscheinen – wo sonst noch so ›überragend‹ wie hier – die Domtürme. Das Haus ist nach der St. Wendeler Malerin *Mia Münster* (1894–1970) benannt und beherbergt die Stadt- und

Kreisbücherei und das *Stadtmuseum.* An seiner Nordflanke, auf dem Rezé-Platz plätschert (im Sommer) Christian Mayers **Kugelbrunnen.** »Und sie bewegt sich doch!« riefen die St. Wendeler bei seiner Einweihung im Sommer 1985, als die 4,5 Tonnen schwere Amazonit-Granit-Kugel auf dem Wasser zu schwimmen begann und sich drehte und drehte ...

☐ Abermals auf der Spur der Steine: die Skulpturenstraße

Vor der Stadt liegen im Bliestal im Nordwesten **Bliesen** und im Süden – hinter dem Spiemont – Niederlinxweiler. Die Bliesener katholische **Pfarrkirche St. Remigius** hat einen in den Untergeschossen noch mittelalterlichen Turm (um 1200), römische Reste, ein mächtiger Kopf, halb im Relief noch, sind auf seiner Nordseite eingemauert, das Eingangsportal stammt von 1730; aus dem 18. Jh. auch einige gute Holzfiguren im Innern, darunter die Pestpatrone Rochus und Sebastian. – Die *evangelische Kirche* in **Niederlinxweiler** ist ein Stengel-Bau, 1775 wurde sie von Balthasar Wilhelm Stengel, dem Sohn des Saarbrücker Generalbaudirektors, errichtet; der Turm in klassizistischen Formen mit den charakteristischen niedrigen Dreiecksgiebeln kam 1832 hinzu.

Vor der Stadt, im Norden, kommt man auch zu dem großen Skulpturenfeld des ersten *Steinbildhauer-Symposions* im Saarland, das als veritable ›Kunst im öffentlichen Raum‹ die Stadt auch hier, wie wir es am Grauen Dorn (s. S. 254 f.) und am Bostalsee (s. S. 251) gesehen haben, mit dem (St. Wendeler) Land verbindet. Das hat seine eigene Geschichte. 1967 wurde der Bildhauer Leo Kornbrust zum ›Symposion Europäischer Bildhauer‹ nach St. Margarethen im österreichischen Burgenland eingeladen. Vier Jahre später inszenierte er, improvisierend-organisierend, mit Freunden und Förderern auf der Höhe zwischen St. Wendel und Baltersweiler seine (saarländische) Version eines internationalen Symposions; 1972 kamen drei, 1977 zwei weitere Künstler hinzu: 16 Skulpturen standen am Ende in der offenen Felderlandschaft.

1979 variierte Kornbrust die Idee auf bemerkenswerte Weise. Er erweiterte das Skulpturenfeld über der Stadt durch eine ›Straße der Skulpturen‹ (Farbabb. 18 und 19), entlang des Saarland-Rundwanderweges, in die Stadt hinein und ins Land hinaus. Dazu Felicitas Frischmuth, Kornbrusts Frau: »Als wichtigste geistige Grundlage« galt für uns hier »die konkrete Utopie des Malers und Bildhauers Otto Freundlich, jüdischer Abstammung, in Stolp in Pommern 1878 geboren. Er hatte in den dreißiger Jahren die Idee einer völkerverbindenden Straße, ›une voie de la fraternité et solidarité humaine‹. Er dachte an zwei sich kreuzende Skulpturenstraßen quer durch Europa, von Westen nach Osten und von Norden nach Süden. Seine Idee ist nicht zur Ausführung gelangt, Freundlich wurde 1944 von den Nazis verschleppt und im Konzentrationslager Majdanek ermordet. In St. Wendel (...) haben wir versucht, einen Teil, eine Teilstrecke seines Konzeptes zu verwirklichen. Andere schließen andernorts an.«

Was hier, eher bescheiden, notiert wird, gehört zu einer der bedeutendsten kollektiven künstlerischen Leistungen und hat, wie es das ›Jahrbuch Friede 1990‹ formuliert, auch als »Versuch, Solidarität und Frieden mit den Mitteln der abstrakten Skulptur erfahrbar zu machen«, Modellcharakter. Auch über die Region hinaus und einer Gesellschaft gegenüber, die Kunst kaum noch als Provokation im eigentlich politischen Sinne begreift. Zugleich wird hier deutlich, wie im Gegensatz zu den oft fragwürdigen Prozessen, im Gefolge derer Vorzeigeplätze in

Straße der Skulpturen

1 *Alf Schuler, 1985 (BRD)*
2 *Alf Lechner, 1985 (BRD)*
3 *und 22 Artur Dieter Trantenroth, 1988 (BRD)*
4 *Michael Schoenholtz, 1984 (BRD)*
5 *Han van Wetering, 1977 (Holland)*
6 *Bruno K., 1981 (BRD)*
7 *Rudi Scheuermann, 1971 (BRD)*
8 *Gernot Rumpf, 1971 (BRD)*
9 *Hajime Togashi, 1972 (Japan)*
10 *Hiromi Akiyama, 1971 (Japan)*
11 *Adolf Ryszka, 1971 (Polen)*
12 *Franz-Xaver Ölzant, 1971 (Österreich)*
13 *Elmar Daucher, 1971 (BRD)*
14 *Herbert George, 1972 (USA)*
15 *Paul Schneider, 1971 (BRD)*
16 *Takera Narita, 1971 (Japan)*
17 *Karl Prantl, 1971 (Österreich)*
18 *Anna Maria und Wolfgang Kubach-Wilmsen,*
   1971 (BRD)
19 *Gabi Beju, 1972 (Rumänien)*
20 *Yoshimi Hashimoto, 1977 (Japan)*
21 *Leo Kornbrust, 1971 (BRD)*
22 *s. 3*
23 *Klaus Schwabe, 1987 (ehem. DDR)*
24 *Dorothee von Windheim, 1987–88 (BRD)*
25 *Ivan Avoscan, 1982 (Frankreich)*
26 *Hiromi Akiyama, 1981 (Japan)*
27 *Franz-Xaver Ölzant, 1979 (Österreich)*
28 *Hans-Jürgen Breuste, 1982 (BRD)*
29 *Alfred Görig, 1983 (BRD)*
30 *Edgar Gutbub, 1984 (BRD)*
31 *Rinaldo Bigi, 1983 (Italien)*
32–34 *Steinensemble von Gerhard Ammann,*
33 *Christian Mayer,*
34 *Martin Schneider, 1981 (alle BRD)*
35 *Shelomo Selinger, 1980 (Israel)*
36 *Leo Kornbrust, 1979 (BRD)*
37 *Heinz Oliberius, 1986 (BRD)*
38 *Nikolaus Gerhart, 1986 (BRD)*

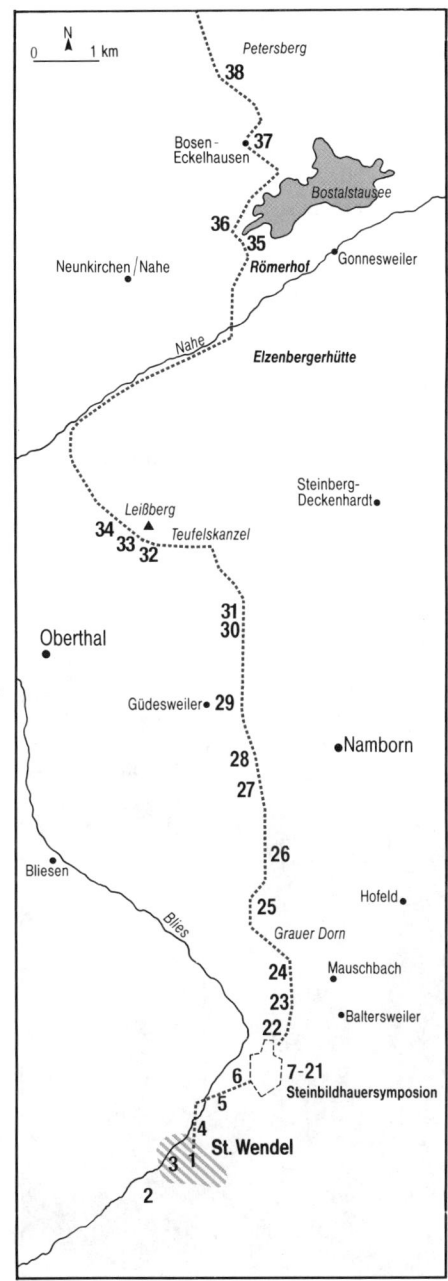

Städten mit Kunst ›möbliert‹ werden, Symposien die Möglichkeit bieten, unabhängig von den Zwängen des Marktes Skulpturenfelder zu Experimentierfeldern zu machen und zu Stätten öffentlicher Kunst-Auseinandersetzung, wie es sie auch in St. Wendel-Stadt und im St. Wendeler Land zur Genüge gab.

☐ Im Ostertal

Die **Oster** fließt schnell, sie kommt von Oberkirchen und schlängelt sich nach Wiebelskirchen und mündet dort in die Blies. Im Tal ist auf engstem Raum alles beisammen: Wald auf der Höhe, Äcker am Hang, Wiesen in der Aue. Straßendörfer haben im Tal gerade noch Platz, manche (wie Hangard) flüchten auf die Höhe.

Schon immer war das Tal eine Heerstraße: »... und sind alle angrenzenden Dörfer totaliter geplündert worden«, heißt es (wie hier im Pfarrbuch von Niederkirchen im Oktober 1735) nur zu oft. 1937/38 noch wurden aus strategischen Gründen die Bahnlinie Kusel – Ottweiler und die Hauptheeresstraße 5 angelegt. Die Bahn ist inzwischen aufgelassen, für den Personenverkehr jedenfalls. Wie auf dem Abstellgleis liegt das Tal jetzt manchmal da, aber das fördert auch seinen Reiz als ›grüne Zuflucht‹.

Niederkirchen, evangelische Kirche, Blick ins Innere

In **Hoof** steht die letzte der klassizistischen Kirchen (1853) des Saarlandes. **Niederkirchen** ist wahrscheinlich schon zur Zeit Karls des Dicken entstanden, zumindest ist es 882 als ›osterna‹ erwähnt. Die ältesten Teile der **evangelischen Pfarrkirche,** das Untergeschoß des Westturmes und der rechteckige tonnengewölbte Raum im Zwickel von nördlichem Seitenschiff und Chor, der jetzt als Taufkapelle dient, stammen noch aus romanischer Zeit. Im 13. Jh. wurde der Turm frühgotisch um ein Geschoß erhöht, im 16. kam ein drittes Geschoß und der hohe schiefergedeckte Spitzhelm hinzu; er ist zum Wahrzeichen des Dorfes geworden. In dieser Zeit entstand auch die heutige dreischiffige Stufenhalle. Netzgewölbe überspannen das Mittel- und südliche Seitenschiff (dieses draußen durch gebőschte Strebepfeiler abgestützt) sowie den Chor, der sich polygonal im Osten anschließt. In die Konsole eines Wappenträgers unter dem mittleren Chorfenster ist die Zahl 1517 eingemeißelt. Kein Fenster der Kirche gleicht in den Maßen dem anderen, vor allem das Maßwerk wechselt phantasievoll.

Noch merkwürdiger ist die Bauplastik, man hat zu rätseln. Was beispielsweise will das Relief in der äußeren nordöstlichen Chorwand? Da greift eine Hand nach einem Ring, ein Rundstab mit Ring steht darunter. Im Hauptportal klammert sich ein kleines Tier an das Gewändeprofil. Im Innern besetzen Masken zwei Chorkonsolen; eine weitere Konsole, die ein Steinmetzzeichen markiert, wird wie ein Topf von einer Hand gehalten, die (abermals wie draußen) aus der Wand herausgreift. Hände auch weiterhin: Auf einem Schlußstein des Mittelschiffes erscheint Gottes Schwurhand aus der Wolke. Über der Empore trägt ein Schlußstein ein Symbol, das als Dornenkrone gelten kann, das Pendant im Chor zeigt einen Eichenkranz (den Siegeskranz?). Im nördlichen Seitenschiff steht neben dem Hexagramm des Davidsterns derb der Bundschuh, das Symbol des ›gemeinen Mannes‹. (Seit der Bauernempörung von 1493 im Elsaß wurde das Wort ›Bundschuh‹ zu einem Synonym für ›Bauernerhebung‹ überhaupt; 1502 diente der Schuh als Feldzeichen einer geheimen Bauernverschwörung auch im Bistum Speyer. Es ist dennoch kaum anzunehmen, daß der Bauherr der Kirche den Bundschuh in diesen Zusammenhängen sah. Immerhin, zehn Jahre später, nachdem der Chor entstanden war, kam es – »COEUNT CUM RURE COHORTES« heißt es in einem Chronogramm am Portal der Tholeyer Abteikirche von 1525 – von Südwestdeutschland aus zum großen Bauernkrieg, die Reformation lieferte den Hauptanstoß.) 1538 wurde Niederkirchen protestantisch. Manche meinen, das sei mehr aus Bauernschläue denn aus reformatorischem Geiste geschehen: weil man den Zehnten an Veldenz einzusparen hoffte.

Dörrenbach trat (erst) 1575 zum reformierten Glauben über. Die alte *Kirche* mit dem charakteristischen Chorturm mit dem Satteldach, der im Untergeschoß noch aus der Zeit um 1300 stammt, erhielt im 15. Jh. ein neues Schiff, im 18. wurde dieses noch einmal vergrößert. Ein Kleinod ist die Rotsandsteinkanzel (um 1600), Blendmaßwerk überzieht ganz ihren Korb auf der geriefelten Säule. Sie erinnert an die Kanzel in der Martinskirche von Köllerbach-Kölln (s. S. 171), die ihrerseits – »fast schwesterlich«, schreibt Martin Klewitz – wieder Niederkirchen nahesteht.

Die ›*Römerbrücke*‹ in **Fürth** ist nicht so alt, wie man sie heißt, sie dürfte um 1550 errichtet worden sein. Und, streng genommen, ist sie auch keine Brücke mehr, sie steht nur noch neben dem neuen Übergang über die Oster. Die Steigung hoch rückt der spätgotische Satteldachturm der ehemaligen evangelischen Pfarrkirche in den Blick. Weiter an der Straße die katholische *Pfarrkirche St. Michael* (letzte Erweiterung 1952). Der barocke Hochaltar (Holz, Mitte 18. Jh.), vor dessen Säulenaufbau die Figuren von Johannes dem Täufer und Jakobus d. Ä. stehen, wurde 1900 in Bernkastel erworben. Älter sind die (ebenfalls im Chor plazierten) Statuen von Petrus und Paulus (Anfang 16. Jh.). Eine Sandsteinstatue des hl. Nikolaus, mit einem (statt der drei) Knaben zur Rechten und den drei Goldkugeln auf einem Buch in der Linken, datiert das Zimmermannsche Denkmalverzeichnis um 1755 (aus der Schule des Ferdinand Dietz stammend).

Wir verlassen das Tal, ab Fürth gehört es ohnehin nicht mehr zum St. Wendeler Land. Am Weg nach Ottweiler liegt **Steinbach**. Wer an Pfingstmontag kommt, kann hier dem ›Quack‹ begegnen, er ist der ›Frühling in figura‹ . . .

GRENZGANG V

Die Felsen sind allein die Reise wert. Auch wenn zunächst noch nichts davon zu merken ist. Die Quelle bei Selbach verliert sich noch im Grünen. Erst wenn die Nahe rheinland-pfälzisch wird, was kurz hinter Nohfelden geschieht, wird sie ansehnlicher. Das Ansehnliche will trotzdem gesucht sein, manchmal entdeckt man's erst beim zweiten Anlauf. Fünf keltische Wallanlagen beispielsweise, die sich kurz hinter der Grenze auf sechs Kilometer über den Ufern drängen: Elsenfels, Kastelskopf, Homerskopf, Schloßberg und Altburg. Wer im Tal bleibt, läßt Birkenfeld links und Baumholder rechts liegen. Um **Birkenfeld** ist es schade, allein

schon der klassizistischen Souvenirs an seine Oldenburger Zeit (von 1817 bis 1937) wegen: Neues Schloß, Altes Gymnasium, Oldenburgische Kaserne. Weniger braucht's einem um Baumholder leid zu tun, es sei denn, man interessiere sich für Truppenübungsplätze. Dicht am Sperrgebiet steht bei Frauenberg in einem Seitental die *Frauenburg* (um 1320). Gräfin Loretta, die hier im Alter saß, machte in ihrer Jugend Geschichte, als sie einen Kurfürsten Mores lehrte. Das ist so gut wie vergessen. Beständiger blieb da der Ruhm der »Nahe-Lorelei«, wie die Heimatdichter den *Klausfels* bei Kronweiler besingen. Aber die ist, wie gesagt, auch ein Fels. Die Felsenkirche steht über **Oberstein.** Darüber die Alte und noch höher die Neue Burg, die Ende des 11. Jh. bzw. um 1330 bezeugt sind. Die *Felsenkirche* (1482–84), mit einem kostbaren gotischen Flügelaltar (um 1400), ist das alte Wahrzeichen der Doppelstadt. Das neue ist die Edelsteinbörse in **Idar**: die erste ›Diamant- und Edelstein-Börse der Welt‹. Rund 8000 Einwohner haben's auch heute noch in der ›Schmuckmetropole‹ mit den Steinen, die, wenn man so will, auch noch etwas von Fleiß und Flair der alten ›Steingräber‹-Städte hat. In drei Museen kann man sich kundig machen: im *Obersteiner Heimatmuseum,* im *Deutschen Edelsteinmuseum* im Haus der Börse und in der *Besuchergrube Steinkaulenberg* nahe dem Stadtteil Algenrodt. Achatschleifen gibt es ringsum. Mit den Schleifern hängt der Spießbraten zusammen, der, wer weiß wie, global wieder mit Südamerika zu tun haben soll. Manchmal sind die Spießbratenhäuser ebenso berühmt wie die historischen Bach- und Weiherschleifen. Einmal an der ›**Edelsteinstraße**‹, reitet man dann am besten rund um Kirn hinter dem »Schinderhannes« her. Oder – wie eh und juja – mit dem »Jäger aus Kurpfalz« in den Soonwald. Von dort ist die zweite Straße, die die Nahe berühmt gemacht hat, nicht mehr weit: die ›**Nahe-Wein-Straße**‹.

Residenz und Revier

An der mittleren Blies

Topographie – der naussau-saarbrückische Archivrat Johann Georg Hagelgans spricht 1753 von der »Stadt Ottweiler mit dazugehöriger Landesportion«. Die »Landesportion« wurde 1814 Landkreis, der schrumpfte zwei Jahre später gewaltig zusammen, grosso modo auf das Gebiet an der mittleren Blies, der halben Oster und der Ill, nannte sich bis 1974 nach Ottweiler und seitdem nach Neunkirchen. Er ist ein grüner Kreis geblieben, obwohl zur blauen Rose unter dem nassauischen Löwen das schwarze Zahnrad der Industrie kam. Auf dem Ottweiler Schloßplatz hat man dem Frühling sogar ein Denkmal gesetzt. Dort steht auf einem Brunnen ein junger Bursche in einem Käfig (der in natura aus Buchenzweigen geflochten und über und über mit Blumen besteckt ist). Als ›Quack‹ geht er nach altem Brauch am Pfingstmontag in den Dörfern des Ostertals um.

☐ Unter der »Zibbelkabb«: Ottweiler

Ottweiler (»slozz, burg und vorburg zu Ottewiler« urkundlich erstmals 1393) hat als Residenz mit dem Löwen zu tun. Der springt für eine Nebenlinie der Grafen von Nassau-Saarbrücken, die 1544 hier zur Herrschaft kam und bis zur Französischen Revolution hier mehrmals hof hielt. 1550 erwirkte Graf Johann IV., (gleichzeitig Johann I. von Nassau-Ottweiler) von Kaiser Karl V. die Stadt- und zwei Jahre später die Marktrechte; drei rote Türme bekrönen das Wappen der Stadt (von 1910). Graf Albrecht von Nassau-Weilburg, sein Nachfolger, ließ von Christmann Stromeier den alten Witwensitz ›Blieseck‹ zu einem neuen Schloß im zeitgemäßen (Renaissance-)Stil umbauen; 1581 wurde der Schloßgarten angelegt, 1590 der Marstall mit Fruchtspeicher errichtet. »Das Schloß«, heißt es ein halbes Jahrhundert später in der ›Genealogia Saraepontana‹ (1638), »ist lustig und wohl renovieret worden . . . mit einem breiten Wassergraben rings umher. Die Mauern der Stadt sind mit guten Türmen ringsumher versehen. Sonderlich der hohe Turm neben der Stadtkirche ist in einem solchen Städtlein wohl zu verwundern.« Man muß der Beschreibung, zu diesem Zeitpunkt zumindest, nicht so ganz trauen. »In diesem Kriegswesen«, wie es in der ›Genealogia‹ auch heißt, dem Dreißigjährigen, kamen Schloß und »Städtlein« doch beträchtlich zu Schaden: Zehn gesunde Bürger und sieben Kranke lebten noch Ende 1635, und zwei Jahre später war die Vorstadt »mehrenteils abgebrannt«. 1753 kam aus Saarbrücken die Anweisung, das Schloß abzubrechen. Dafür erschloß Fürst Wilhelm

Heinrich (1741–68, aus der Usinger-Linie) der kleinen Residenz alle wirtschaftlichen Hilfsquellen und förderte die Schönen Künste. Einiges davon hat sich erhalten: Ackerbürgerliches, Kleinstädtisches, Höfisches sogar. Künstlerischer Höhepunkt war die bis zur Französischen Revolution intakte Porzellanmanufaktur (Marke ›NS‹, für Nassau-Saarbrücken), die für den Porzellanbrand bereits 1770 ›ausgezogene Steinkohle‹, den Koks, verwandte. Einige der kostbarsten Stücke (Rarissima im Handel) sind heute in der Alten Sammlung in Saarbrücken zu bewundern.

Als »saarländisches Rothenburg« wird Ottweiler gern apostrophiert; das ergibt, auch mit dem Zusatz »en miniature«, wenig Sinn; die Stadt unter dem mittelalterlichen Wehrturm hat durchaus ihren eigenen Reiz. Die Recherche beginnt jenseits der Blies, in der ›Vorstadt‹ Neumünster. Dort bestand 700 Jahre ein Kloster. Gegründet wurde es vor 871 »nahe bei wasserreichen Quellen« auf dem Hahnenberg als Chorherrenstift; als adeliges Frauenstift (nach der Benediktinerregel) feierte es 1005 als *novum monasterium* seine Neugründung; 1553 brannten französische Truppen, die nach der vergeblichen Belagerung von Metz durch Karl V. dem abziehenden Heer in die Grafschaft Saarbrücken gefolgt waren, das Kloster nieder. 1574 hausten noch drei Nonnen – wo, fragt es sich; sie übergaben Graf Albrecht das, was von der alten Herrlichkeit übrig war, und zogen in ein Privathaus in der Stadt am Linxweiler Tor (heute Goethestraße 8). Albrechts zum Hofprediger avancierter Feldprediger Laurentius Stephani, der erste evangelische Pfarrer von Ottweiler, nahm im Kloster Wohnung. Es blieb so gut wie nichts: ein Löwenkopf, der auch römischen Ursprungs sein könnte, über der Scheune in der Klosterstraße 12, Mauerreste vom Portal der Klosterkirche in der Rückfront des benachbarten

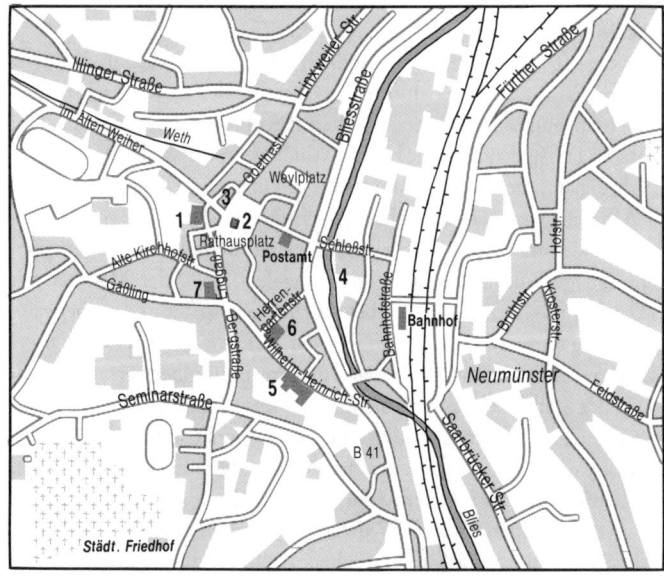

Ottweiler
1 Alter Turm /
  Ev. Pfarrkirche
2 Altes Rathaus
3 ›Hesse Haus‹
4 ›Pavillon‹ (Jagd- und
  Gartenhaus)
5 Ehem. fürstliches
  Witwenpalais (Land-
  ratsamt/Kreishaus)
6 Pfarrkirche Mariä
  Geburt
7 Leydorffsches Haus

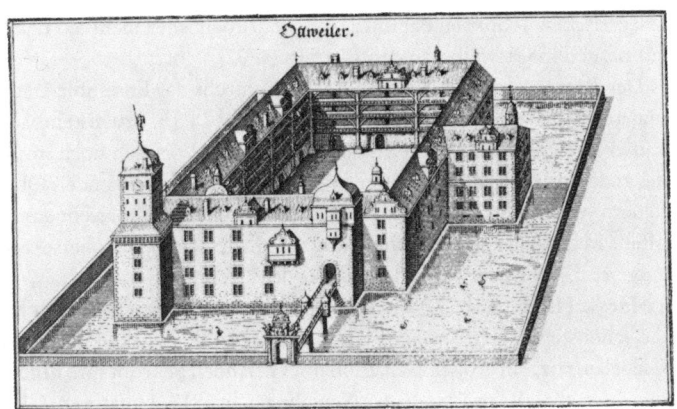

Schloß von Ottweiler.
Stich aus dem 17. Jh.

Hauses 13; Chor und Schiff der 1160 außerhalb als Leutekirche erbauten St.-Johannis-Kirche sind im Hause Feldstraße 5 vermauert.

Die Vorzeigeplätze der Stadt liegen in ihrem (Neumünster gegenüber jüngeren) alten Kern: zwischen ›Altem Weiher‹ und Wilhelm-Heinrich-Straße, ›Auf dem Graben‹ und in der ›Tensch‹, im Pauluseck, in der Enggaß und im ›Herrengarten‹, am Rathausplatz und um den Schloßhof.

Das Paradestück und Wahrzeichen ist der rund 48 Meter hohe **Alte Turm** (Farbabb. 25) mit dem geschieferten Helm über den in die vier Himmelsrichtungen weisenden Eckorten (die ›Zibbelkabb‹ weniger feierlich), der vermutlich im 15. Jh. als Teil der Stadtbefestigung errichtet wurde. Weitere Mauer-, Tor- und Turmreste entdeckt man nahebei nach Norden und Süden im Gewinkel der Seitengassen. Der Turm selbst wurde der **evangelischen Pfarrkirche** als Glockenturm zugeordnet. Eine überdachte Treppe verbindet sie, es ist der Malerwinkel par excellence. Die Kirche war bis zur Einführung der Reformation eine (Mechthildis-)Kapelle, ihre Anfänge gehen in die erste Hälfte des 15. Jh. zurück. Anfang (1701/02) und Mitte (1756/57) des 18. Jh. erhielt sie, zuletzt nach Plänen von Friedrich Joachim Stengel, ihre heutige Gestalt: ein Saalbau mit dreiseitigem Chorschluß im Westen, der Haupteingang mit einer doppelläufigen Freitreppe gegenüber. In unserem Jahrhundert veränderte man in den fünfziger Jahren grundlegend noch einmal den Innenraum. Gotisches blieb erhalten: Ein Teil der Fenster und das Bogenfeld der alten Südtür hat Maßwerk mit Drei-, Vier- und Sechspässen. Die modernen Glasfenster sind von Georg Meistermann.

In der Gruft birgt ein Glaskasten in einer Mauernische die irdischen Reste von sieben Angehörigen des gräflichen Hauses, allen voran das 1666 gestorbene »junge Herrlein« Moritz. Mehr war nach der Ausplünderung in der Französischen Revolution nicht übriggeblieben. Graf Walrad, Onkel des letzten in Ottweiler residierenden Grafen Friedrich Ludwig, kaiserlicher Oberst und unter Wilhelm III. Generalstatthalter der Niederlande, hat droben sein pompöses *Wandgrabmal*. Da steht er nun in voller Rüstung lebensgroß und selbstbewußt in einer Nische unter den nassauischen Löwen, umrahmt von den Wappen seiner Ahnen und kriegerischen Trophäen dahinter, aber gestorben ist er nicht auf dem Felde der Ehre, sondern auf Besuch in Ottweiler an den Blattern (1702).

Der *Rathausplatz* vor Kirche und Turm macht das Ensemble erst vollständig und vollends malerisch mit seinen Bürgerhäusern des 17. und 18. Jh. Bruchsteinbauten die älteren, Beamtenhäuser zumeist, mit breiten Ziergiebeln, die ihre Vorlagen noch im Renaissanceschloß haben; die anderen, Ackerbürgerhäuser in gemischter Bauweise, in den Obergeschossen und Giebelfeldern vernetzt im Fachwerk. An der Ecke zum Schloßhof steht das **Alte Rathaus** (1714). Eine offene Markthalle befand sich im (älteren) Erdgeschoß, das oberste Stockwerk ist in Fachwerk aufgesetzt, über dem Walmdach hockt der Dachreiter.

›Hesse Haus‹ (Abb. 50) am Schloßplatz (um 1590) war das herrschaftliche Amtshaus. Es hat die schönste Giebelfront am Platz. Voluten und Obelisken rahmen den dreifach gestaffelten Giebelaufsatz, ein großes Medaillon mit Girlanden bekrönt ihn. Eine Tafel erinnert an Blücher, den ›Marschall Vorwärts‹. In der Neujahrsnacht 1813/14 hatte er »Glock zwölf« – »Nun wollen wir den Kerl von Buonaparte zum neuen Jahr gratulieren ...« – bei Kaub mit seinen Truppen den Rhein überschritten; am 10. Januar sprach er auf dem Schloßplatz zu den Ottweiler Bürgern. – Gegenüber läuft die *Schloßstraße* mitten durch das Schloß. Sie kann es, denn das Schloß – ein ansehnliches Beispiel deutscher Renaissancebaukunst: vier Flügel, viergeschossig, um einen Innenhof, nach Norden vorspringend der Turm, der Küchen- und Kapellentrakt nach Südwesten, Laubengänge »anmutig« auf drei Seiten des Hofs, das Ganze von einem Wassergraben umgeben –, das »lustige« Schloß gibt es nicht mehr; und vom Marstall und Fruchtspeicher nur noch ein paar Relikte an der Schloßstraße.

Marschall Blücher bei seiner Ansprache an die Ottweiler Bürger. Ölgemälde von Franz Kiederich, 1905

Vollgültiger Ersatz wurde auch im Barock nicht mehr geschaffen. Zwar kam der Generalbaudirektor (Stengel) persönlich aus Saarbrücken, aber die fürstlichen Ressourcen erlaubten nur noch ein Jagd- und Gartenhaus auf einer künstlichen Bliesinsel (1758/59) und den Witwensitz der Gemahlin Wilhelm Heinrichs, Sophie Christine, in der Neumünsterer Vorstadt (1759/60). Heute liegt der ›Pavillon‹ im Herrengarten; der Blick auf den reizvollen zweigeschossigen Bau mit dem rocaillegeschmückten Portal und dem Mansardwalmdach ist allerdings nicht ungetrübt, die B 41 ist ihm allzu nah gerückt. – Das fürstliche **Witwenpalais** in der Wilhelm-Heinrich-Straße blieb unvollendet (und beherbergt immer noch einen Teil des *Landratsamtes,* nachdem ein weiterer nach Neunkirchen verlegt worden ist). Seine Schauseite ist allemal noch sehenswert, der mittlere Teil in Rotsandstein ist Stengels Bau. Das Sockelgeschoß setzt sich durch ein Gurtgesims von den beiden oberen Geschossen ab, kräftige Pilaster mit ionischen Kapitellen fassen diese zusammen. Die Vasen über dem Dachgesims sind spätere Zutat.

Ottweiler, ›Pavillon‹ – ehemals Jagd- und Gartenhaus – im Herrengarten

In der Wilhelm-Heinrich-Straße steht auch die katholische **Pfarrkirche Mariä Geburt.** Sie wurde 1832–34 von dem St. Wendeler Kreisbaumeister Leonhard erbaut. Vermutlich sogar nach einem Generalplan von Karl Friedrich Schinkel, die klassizistischen Formen (der neoromanische Chor später, von 1898) deuten darauf hin. Berlin hatte jetzt das Sagen in Ottweiler. Stadteinwärts fällt der Blick auf das frühere **Leydorffsche Haus** (von 1808), von 1938 bis 1988 war es Rathaus. Der Rundgang findet hier zurück, durch den Engpaß der ›Enggaß‹ geht es zum Rathausplatz.

Ein letzter Tip noch für Liebhaber. Im Festsaal des **Kreishauses** (dem ›Witwenpalais‹ s. o.) hängen fünf großformatige Ölgemälde des Düsseldorfer Malers Franz Kiederich vom Anfang unseres Jahrhunderts zur Stadt- und Landesgeschichte von ›Alt-Ottweiler‹. Da treten Wendalinus und Blücher auf, und das 8. Armeekorps formiert sich auf den Höhen von Stennweiler zum Marsch nach Frankreich – es ist August 1870. Festlich werden Erbprinz Ludwig und seine junge erste Frau empfangen (die alten Ottweilerer sehen das nur anders: Hier heirate der Ludwig bereits zum zweiten Mal, und zwar das ›Gänsegretel‹, das ja die eigentliche ›Gräfin von Ottweiler‹ gewesen sei). Und da sitzt auch noch ›Goethe auf der Terrasse des Schlosses zu Neunkirchen‹ (s. S. 280): mehr Eichendorffscher Taugenichts als sentimentaler Stürmer und Dränger allerdings – und überdies nicht ganz schuldlos an seinem allzu romantisch geschönten Konterfei. Erzählte er doch rund 40 Jahre nach der Neunkircher Sommernacht von 1770, der Dichtung den Vorrang vor der Wahrheit gebend, er habe seine Reise dort spontan abgebrochen, als beim »Ton von einen paar Waldhörnern« das »Bild eines holden Wesens« in ihm erwacht sei, »das vor den bunten Gestalten dieser Reisetage in den Hintergrund gewichen war«. Er kannte das »holde Wesen« da aber noch gar nicht. Riekchen Brion kam ihm erst ein Vierteljahr später im Herbst in »Sesenheim« unter die Augen. Mehr aus ›Dichtung und Wahrheit‹ wieder in Neunkirchen.

Die Straße hält sich an die Blies. Wo die Oster in die Blies mündet, liegt **Wiebelskirchen,** seit 765 bereits ist es als ›Wibilischiricha‹ (Kirche des Wibilo) bekannt. Über der Mündung auf der ›Burg‹ steht die **evangelische Kirche,** die dritte inzwischen in Folge am Platz. Von der ersten (um 1480) stammt noch der untere viereckige Teil des Turms. Im August 1831 schrieb der Pfarrer der Gemeinde (der 27. seit der Reformation): »Die diesjährige Kornernte gehört noch meinem Amtsvorgänger, und das Gartenland der Gemeinde ist auf lange Zeit meistbietend vermietet worden. Mit Ausnahme des Deputatsgetreides bin ich auf ein Jahr ohne Nahrung.« Der Pfarrer hieß Pustkuchen, war auch Arzt und betätigte sich, unendlich fleißig, auch schriftstellerisch. In den zwanziger Jahren hatte er, zunächst anonym, Goethes ›Wilhelm Meister‹ parodiert – als Theologe –, die Aufregung war groß. »Der Herr Pustkuchen hat Goethe mit seinen falschen Wanderjahren sehr geärgert«, schrieb Schillers Witwe an ihren Sohn Ernst. Und bissig reagierte der also Geärgerte: »Pusten, grobes deutsches Wort! / Niemand, wohl erzogen, / Wird am reinanständigen Ort / Solchem Wort gewogen ...« Wiebelskirchen scherte das weniger, man legte an die Literatur da andere Maßstäbe. Außerdem hatte sich der bereits 1834 verstorbene Pustkuchen – und die Nachrufe vermerken es dankbar – bis zuletzt »durch seine treue Amtsführung bald die Liebe der Gemeinde« erworben und wurde »besonders während der damals herrschenden Krankheit (der Cholera) Freund, Tröster und Berater so vielen Kranken und Bekümmerten«. Auf dem alten Teil des Friedhofs (heute Park) steht sein Grabstein.

☐ Am Ende der »Eisenzeit«: Neunkirchen

Historisch muß man Neunkirchen von Wiebelskirchen, dem nördlich gelegenen Stadtteil, aus sehen, dann ergibt sein Name den richtigen Sinn: Er zeigt nicht neun Kirchen an, sondern eine ›neue Kirche‹ (einer kleinen Waldrodungssiedlung) gegenüber der um einiges älteren Wiebelskircher Mutterkirche. 1281 wird die Siedlung zum ersten Mal urkundlich erwähnt, 1431 bereits ist von ihren »Ysenschmitten und Kolengruben« die Rede.

Im 19. Jh. beginnt mit den Gebrüdern Stumm aus dem Hunsrück, die sich 1806 in Neunkirchen einkauften, die ›Ära Stumm‹. Mit dem 1593 gegründeten Eisenwerk, ihrem Werk nun, stieg – nach dem »System der milden und der strengen Hand«, der »patriarchalischen Herzensgüte, mit der sie den Ertrag steigern« (so 1927 Joseph Roth), besonders in der dritten Generation unter dem 1888 geadelten Carl Ferdinand (1836–1901), dem ›König von Saarabien‹, wie ihn seine politischen Gegner nannten – auch das Dorf auf. Und wuchs mit der ›Hidd‹ zusammen. 1922 wurde es Stadt. NK (Neunkirchen) = NE (Neunkircher Eisenwerk) lautete nun die Gleichung. Fünfzig Jahre später ging die nicht mehr auf. Die Hütte kam mit der weltweiten

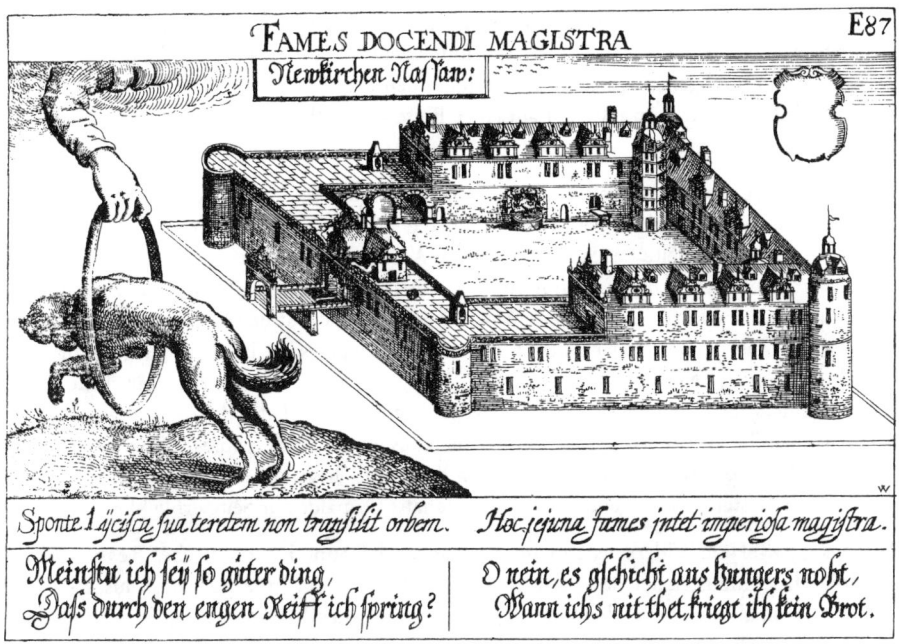

 contains text within the illustration:

FAMES DOCENDI MAGISTRA

E87

Newkirchen Naſſaw:

Sponte 1 uiciſca ſua teredem non tranſilit orbem.

Hoc jejuna fames intet imperioſa magiſtra.

Meinſtu ich ſeij ſo gutter ding,
Daſs durch den engen Reiff ich ſpring?

O nein, es gſchicht aus hungers noht,
Wann ichs nit thet, kriegt ilh kein Brot.

Neunkircher Schloß. Kupferstich, um 1623

Stahlkrise in die Rezession – und liegt seit 1982 zu drei Viertel still, am 29. Juli desselben Jahres gingen die Hochöfen aus. Ein Walzwerk blieb in Betrieb. Seitdem rüstet die Stadt um, auf eine neue, die Nach-Hütten-Ära; die ›Eisenzeit‹ jedenfalls ist zu Ende: »Leis isses woa – in de Schdadd«, zitiert der Chronist die ›Neinkerjer‹, aber (auf der anderen Seite) auch wieder grüner.

Grün überhaupt: Grünzüge (wie das Wagwiesental) sind an die Innenstadt gerückt, draußen deckt 45 Prozent des Stadtgebietes Wald. Etwa 800 Meter nördlich der Ortsmitte von (NK-)**Wellesweiler** erhebt sich über dem Bliestal am Rande des Staatsforstes der 300 Meter hohe *Maykesselkopf*. In spätrömischer Zeit (3./4. Jh. n. Chr.) trug er, im Mittelpunkt alter Verkehrslinien, eine Fliehburg. Das älteste Gebäude im Ort ist das **Junkerhaus** in der Eisenbahnstraße, das eigentlich aus zwei ineinander verschachtelten Gebäuden besteht. Es stammt noch aus dem späten Mittelalter und erhielt in der ersten Hälfte des 18. Jh. seine heutige Gestalt. Nahebei, in der Homburger Straße, die alte evangelische **Christuskirche** (von 1758); der schlichte Saal mit dreiseitigem Schluß und Dachreiter gilt als Stengel-Bau.

Die Neunkircher Schlösser hielten es mit dem Wald, sie waren Jagdschlösser. Von Christmann Stromeiers 1570–93 errichteten *Renaissanceschloß*, das »mit der Hufeisenform der Hauptgebäude seiner Zeit weit vorauseilt« (Walter Zimmermann) und nach dem Dreißigjährigen Krieg 1663–65 wiederhergestellt und Mitte des 18. Jh. zu Stallungen und Kasernen umgebaut wurde, haben sich Reste im *Burgkellergelände* am Oberen Markt erhalten. Unweit, im heutigen

Viertel Schloßstraße, Seiler- und Kochgasse, stand Friedrich Joachim Stengels Barockschloß ›Jägersberg‹ (1752–65), dessen »Rekonstruktion« Dieter Heinz 1954 erschloß. Aufschlußreich ist eine Beschreibung von Knigge, der bereits in den 80er Jahren hier war, in seinen auf das Frühjahr '92 nachdatierten »Briefen auf einer Reise aus Lothringen nach Niedersachsen ...« von 1793. Da heißt es u. a.:

»Das Schloß liegt hoch, von Waldung umgeben, die zu einem Parforce-Jagd-Park eingezäunt ist, am Abhange des Berges aber, unmittelbar an den englischen Garten stoßend, das Dorf Neunkirchen. Die hintere Seite des Schlosses hat die Aussicht auf Terrassen, die, den Berg hinab, fast bis zu den beträchtlichen Eisenhütten fortgeführt sind, welche im Thale liegen. Das massive Gebäude ist in der Form eines halben Mondes gebaut, hat auf den beyden Flügeln nur ein Erdgeschoß, dahingegen in der Mitte noch eine Etage aufgesetzt ist. Jeder Gegenstand, den man hier erblickt, hat Bezug auf die Jagd ... Mir gefiel unter anderen die Einrichtung eines Schlafzimmers, in welchem, dem Fenster gegenüber, ein erhöheter Alcoven angebracht ist. Die Rückwand dieses Alcovens besteht gänzlich aus einem großen Spiegel. Vor diesem steht dann das Bette so, daß der Fürst, wenn er in demselben liegt, die durch das Fenster in dem Spiegel sich darstellende Gegend wie ein Landschafts-Gemälde zur Seite erblickt.«

Was aus »Spiegel und Widerspiegel« wurde, ist sattsam bekannt: Der politischen Revolution fiel der Spiegel, der industriellen das ›Spiegelbild‹ zum Opfer. 1793 wurde das Schloß ausgeplündert und im 19. Jh. als Steinbruch benutzt, bzw. in neu entstehende Häuser integriert, wie Mauerwerk des Mittelrisalits beispielsweise und Kellergewölbe in das Haus Schloßstraße 22. Das ›Déjeuner‹ des Fürsten, ein Ottweiler Porzellanservice, das auf allen Teilen Ludwig auf der Parforce-Jagd wiedergibt, befindet sich in der Alten Sammlung in Saarbrücken.

Goethe, an dessen Aufenthalt 1770 eine Tafel in der Irrgartenstraße 16 erinnert, fand, da er im Sommer kam (und der Fürst ›Jägersberg‹ nur der Jagd wegen im Herbst bezog), »das wohlerhaltene Gebäude so leer als einsam« und saß allein »vor den großen Glastüren auf den Stufen, die um die ganze Terrasse hergehen«. Vorher hatte er mit seinen Reisegenossen, die »im Talgrunde liegenden Schmelzhütten« aufgesucht. Der Bericht verrät sein aufmerksames Interesse an den »Werktätigkeiten« dort: »... und vergnügten uns an dem seltsamen Halbdunkel dieser Bretterhöhlen, die nur durch des glühenden Ofens geringe Öffnung kümmerlich erleuchtet werden. Das Geräusch des Wassers und der von ihm getriebenen Blasbälge, das fürchterliche Sausen und Pfeifen des Windstroms, der, in das geschmolzene Erz wütend, die Ohren betäubt und die Sinne verwirrt, trieb uns endlich hinweg, um in Neunkirch einzukehren, das an dem Berg hinaufgebaut ist.«

Nicht ganz so gern wie Goethe zitiert man in Neunkirchen Joseph Roth. Anderthalb Jahrhunderte später, in denen sich das Werk zum ›Herzstück‹ der Stadt ausgewachsen hatte, sah Neunkirchen aber auch anders aus als in der (vergleichsweise) Goetheschen Idylle. 1884 hatte noch Richard Dehmel, für vier Monate Lokalredakteur in dem »Fabrikort von

45   ST. WENDEL   Der ›Wendelsdom‹ über der Altstadt ▷

46 THOLEY Abteikirche St. Mauritius, Blick ins Langhaus

47 THOLEY Die Abtei unter dem Schaumberg

48 NOHFELDEN Burgruine in der Ortsmitte

49 ST. WENDEL Schloßplatz

50 OTTWEILER ›Hesse Haus‹ mit Quackbrunnen

51 SCHIFFWEILER-HEILIGENWALD Pumpenhaus auf dem Itzenplitzer Weiher

52 NEUNKIRCHEN Blick zum Hüttenberg mit der Marienkirche
53 SCHIFFWEILER ›Bergmann‹ von Fritz Koelle vor der Grube Reden ▷

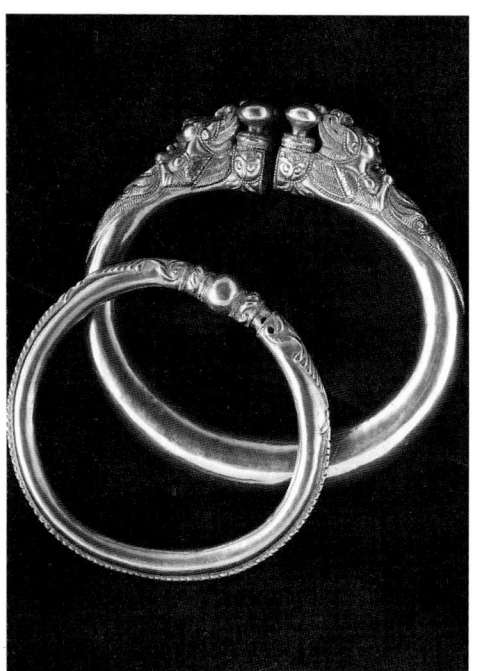

55–57 Funde aus Gersheim-Reinheim   Goldener Ringschmuck, Bronzekanne und Deckelfigur aus dem
      ›Fürstinnengrab‹
◁ 54 HOMBURG-SCHWARZENACKER   Römermuseum

58 Kentaurenkopf aus Homburg-Schwarzenacker

59 BLIESKASTEL Schloßkirche, Blick in den Chor

61 BLIESKASTEL Schloßkirche ▷

60 BLIESKASTEL-NIEDERWÜRZBACH Annahof

62 HOMBURG-WÖRSCHWEILER Gutenbrunner Schloß Louisenthal

64 MANDELBACHTAL-GRÄFINTHAL Taubenhaus

63 GERSHEIM-MEDELSHEIM Martinskirche, Mittelpunkt der »Parr«

ca. 17 000 Einw.«, befunden: »... sehr hübsch in einem Thale gelegen, und wenn die Unmassen von Rauch aus den Fabrikschornsteinen und Öfen nicht wären, könnte man den Ort idyllisch nennen.« »In einer subjektiven Sprache schildert er pure Objekte«, sagt Hermann Kesten von Roths Reportagen; die aus dem Saargebiet erschienen im Winter 1927/28 in der ›Frankfurter Zeitung‹. Und da liest und sieht man nun fasziniert, was Roth an seinem ›Objekt‹ Neunkirchen vor allem in die Augen stach: die totale Durchdringung von Stadt und Werk (s. Zitat S. 299).

Was Wunder, daß 50 Jahre nach Roth der Neunkircher Oberbürgermeister zu Roth befand: »Eines meiner Ziele in und für diese Stadt war von Anfang an, jenen Joseph Roth, lebte er heute, Lügen zu strafen ...« Was die Stadt – das muß man ihr lassen – seitdem auch tut. Zu Recht geht die Rede von ihrem »neuen Wesen«.

Die Novitäten in der City sind nicht zu übersehen. Im *Stummplatz* hat die Stadt ihren neuen Mittelpunkt bekommen. Er sollte so etwas wie der Kernpunkt der städtebaulichen Erneuerung, auch im Sinne einer Neuformulierung der alten Mitte, werden. Stadt und Hütte, die alten Arbeits- und Wohnplätze, kommen allerdings in ihm nicht mehr zusammen. Die Erinnerung an sie wird nur noch am Rande fixiert. Die Erneuerung verläuft eher in einseitiger Richtung auf ein Handels- und Dienstleistungszentrum. Die Innenstadt rückt zu einem ›Alles-unter-einem-Dach-Einkaufsparadies‹ zusammen. Von den Werksanlagen jenseits gibt es nur noch Reste. Und auch ihr Kernbereich, die mächtige Hochofengruppe, die die Stadtsilhouette prägte – Rainer Slotta in seinem Gutachten: »Ein derart gedrängt zusammengefaßtes Denkmal herrlicher Beispiele deutscher Maschinenbaukunst sucht ihresgleichen« –, steht separat und völlig ausgedünnt abseits. Ende 1991 nannten denn auch in einer Umfrage mehr als 50 Prozent der Befragten nicht mehr die Hütte, sondern das ›Saarpark-Center‹ als »den Imageträger« der Stadt.

Erhalten blieben – Museumsstücke inzwischen – das alte **Gebläsehaus** (1903), der zur Kühlung dienende **Wasserturm** sowie zwei der sechs **Hochöfen** mit einem Teil ihrer Winderhitzer (Cowper): Hochofen II (von 1969) wurde bis auf seinen Kern reduziert und dann saniert, der ältere, VI (von 1913), nicht gerade ansehnlich mehr, hat wenigstens noch die Gichtbühne (s. ›Hüttenweg‹ – Plan im Gelben Teil, S. 371). Das ist alles. Mit was also können sich die ›Hüttenstädter‹ – noch hält sich der Name – identifizieren?

Am jüngsten Standort des **Stummdenkmals** (von Fritz Schaper, 1902), das – so nochmals Joseph Roth – »zu kunstlos ist, um schlecht zu sein«, dem »Schlackekarl«, wie (eben nur) die Hüttenstädter sagen können, wird das Dilemma deutlich. Das Denkmal steht jetzt, etwas abgerückt von der Mitte, am Rande des Stummplatzes, in der Achse der Stummstraße. Es läßt damit – nicht wie auf seinem ursprünglichen Platz, wo Stumms Blick, wenn man so will, auf sein Werk gerichtet war – die Hütte (oder genauer: das, was von der Hütte – siehe oben – übriggeblieben ist) links liegen; es ist auch, samt dem Platz, vom ehemaligen Hüttengelände abgeriegelt. Den Riegel bildet das langgezogene zweistöckige *Saarpark-Center* aus sandsteinfarben

◁ 65   ST. INGBERT   Der ›Stiefel‹, Wahrzeichen der Saarpfalz

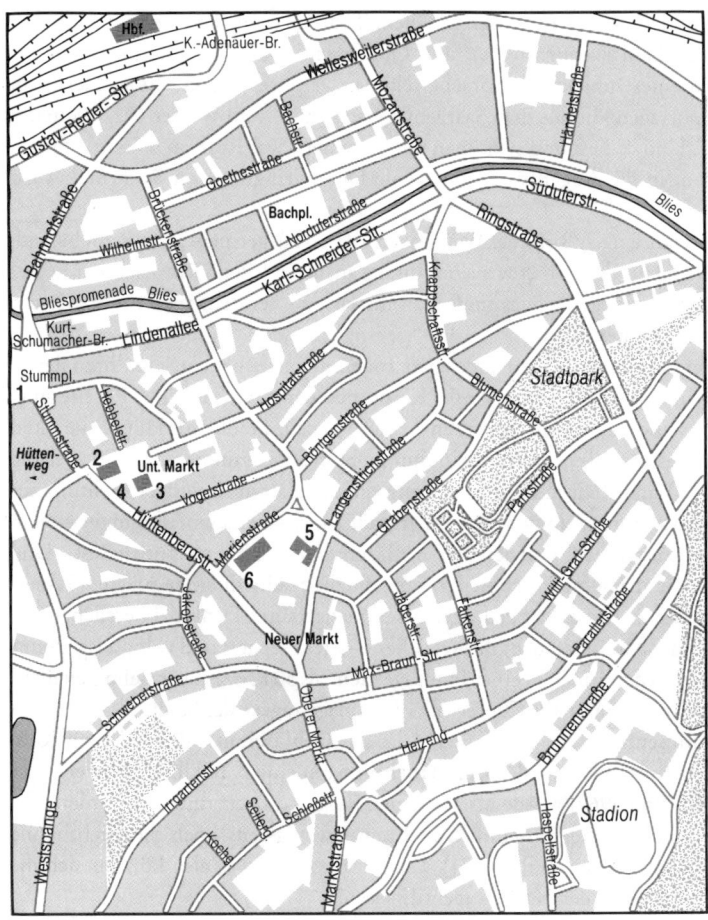

Neunkirchen
1 Stummdenkmal
2 Ev. Christuskirche
3 Karl-Ferdinand-
Haus
4 ›Eisengießer‹
5 Museum im Bürger-
haus
6 Kath. Marienkirche

eingefärbtem Beton, dessen Dachlinie nur an einer Stelle abgesenkt ist ... um den Blick auf die Spitze des Hochofens II freizugeben. Ein Fall für melancholische Rechnungen: Der Blick, der sich da eröffnet, nimmt keine ›Rücksicht‹ mehr auf die Geschichte, er ist eigentlich nur noch auf ein monströses Werkstück gerichtet.

Die Relikte der heimischen Industriekultur verbindet der 1991 kreierte ›**Hüttenweg**‹ (s. Plan im GT, S. 371). Er beginnt – mit dem Fördergerüst der ehemaligen *Grube König* im Hintergrund – in der Königstraße bei den sechs eingeschossigen ›**Meisterhäusern**‹ (von 1892) und führt an der Hochofengruppe vorbei zu zwei frühindustriellen Zeugnissen: der alten **Stützmauer** und dem **Hammergraben**. Die **Stummsche Reithalle** liegt dazwischen, sie war zuletzt Lehrlingswerkstatt. Im (heute nicht mehr existierenden) Stummschen Park folgt dann hart am

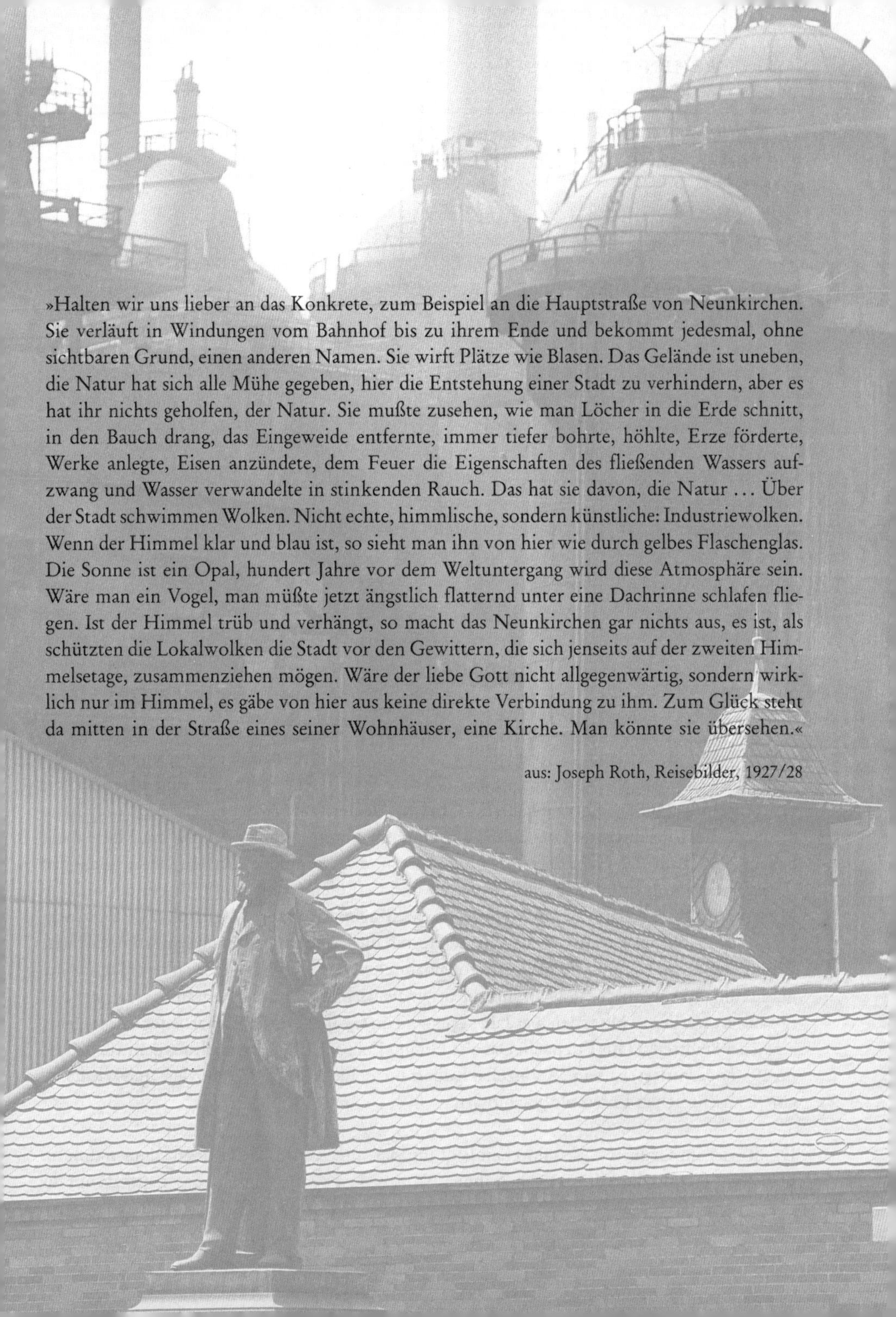

»Halten wir uns lieber an das Konkrete, zum Beispiel an die Hauptstraße von Neunkirchen. Sie verläuft in Windungen vom Bahnhof bis zu ihrem Ende und bekommt jedesmal, ohne sichtbaren Grund, einen anderen Namen. Sie wirft Plätze wie Blasen. Das Gelände ist uneben, die Natur hat sich alle Mühe gegeben, hier die Entstehung einer Stadt zu verhindern, aber es hat ihr nichts geholfen, der Natur. Sie mußte zusehen, wie man Löcher in die Erde schnitt, in den Bauch drang, das Eingeweide entfernte, immer tiefer bohrte, höhlte, Erze förderte, Werke anlegte, Eisen anzündete, dem Feuer die Eigenschaften des fließenden Wassers aufzwang und Wasser verwandelte in stinkenden Rauch. Das hat sie davon, die Natur ... Über der Stadt schwimmen Wolken. Nicht echte, himmlische, sondern künstliche: Industriewolken. Wenn der Himmel klar und blau ist, so sieht man ihn von hier wie durch gelbes Flaschenglas. Die Sonne ist ein Opal, hundert Jahre vor dem Weltuntergang wird diese Atmosphäre sein. Wäre man ein Vogel, man müßte jetzt ängstlich flatternd unter eine Dachrinne schlafen fliegen. Ist der Himmel trüb und verhängt, so macht das Neunkirchen gar nichts aus, es ist, als schützten die Lokalwolken die Stadt vor den Gewittern, die sich jenseits auf der zweiten Himmelsetage, zusammenziehen mögen. Wäre der liebe Gott nicht allgegenwärtig, sondern wirklich nur im Himmel, es gäbe von hier aus keine direkte Verbindung zu ihm. Zum Glück steht da mitten in der Straße eines seiner Wohnhäuser, eine Kirche. Man könnte sie übersehen.«

aus: Joseph Roth, Reisebilder, 1927/28

Neunkirchen, neues Stadtzentrum mit dem hierher versetzten Stummdenkmal

Bahndamm die restaurierte **Privatkapelle** der Familie (1845–50), sie ist einer der ersten neogotischen Bauten im Saarland. Ursprünglich vom Park des Herrenhauses aus zugänglich war die **Erbbegräbnisstätte** am Sinnerthaler Weg. Weitere Stummsche Stiftungen sind angereiht: die **Hüttenschule** (1851), die evangelische **Christuskirche** (1867/69) und das als Altersheim dienende **Karl-Ferdinand-Haus** (1904) am Unteren Markt. Vor der Kirche am Hüttenberg bekam 1936 (zum 100. Geburtstag des Hüttenherrn) das Stummdenkmal ein Gegenstück: den ›**Eisengießer**‹ von Fritz Claus. Takenplatten und Gußöfen (vom 16.–19. Jh.) findet man im **Museum im Bürgerhaus.** Für die katholische **St. Marienkirche** am Marienplatz (a. d. Hüttenbergstraße, Abb. 52) stiftete Carl Ferdinand Stumm die Pläne und gab auch späterhin stattliche Beihilfen. Architekt der dreischiffigen neoromanischen Basilika (1884–87) war der Hannoveraner Ferdinand Schorbach. 1984 konnte die originale Farbfassung des Innenraums freigelegt und restauriert werden. – Mitte der 30er Jahre entstand im Grünen, für Hüttenarbeiter vorwiegend, ein neuer Stadtteil, **Haus Furpach.** Das alte Hofgut Furpach (im Kern noch aus dem 18. Jh. und im 19. modernisiert) ist seine Keimzelle; Rudolf Birtel hat es 1975–77 renoviert und wieder zu einem ansehnlichen Ensemble geschlossen.

Das Revier im Grünen – Neunkirchen liegt im Saarkohlenwald, die Gruben standen ihm ins Haus und preußische Minister gaben ihnen Namen. Der große Aufschwung kam, als um die

Mitte des 19. Jh. die Region an das deutsche und französische Eisenbahnnetz angeschlossen und das »Städtchen Neunkirchen sonst ganz ohne Bedeutung« (!) nun »ein äußerst wichtiger Verkehrsknotenpunkt« wurde; vor allem für die Strecke »hinauf über St. Wendel, Kreuznach und Bingen an die große Rheinbahn als Hauptader des Weltverkehrs« (›Illustrirte Zeitung‹, November 1867). 1821 wurde die Grube König gegründet (stillgelegt 1968); es folgten Heinitz (1847–1962), die ›Dechenschächte‹ (1852/54–1967) und Kohlwald (1867–1966). In **König**, das man mit einem ›Grünzug‹ mit der Stadt verbinden will, steht noch ein Fördergerüst. In **Heinitz** wird die ehemalige Gasmaschinenhalle (eine beachtliche Stahlskelettkonstruktion von 1905) als Gasabsaugstation noch genutzt; der gedrungene Torbau des alten Stollenmundes ist in eine Grünanlage umgesetzt worden. Ein »Grubenweg« soll den »Hüttenweg« ergänzen und Zeugnisse und Objekte der alten Hauptgruben (nicht nur die technischen, auch des Siedlungs- und Sozialwesens und von Kunst und Kultur) von König bis Welleweiler noch einmal zusammenführen.

Der *Madenfelderhof*, eine nach dem Ersten Weltkrieg errichtete Werkskolonie der Mines Domaniales Françaises, 40 anderthalbgeschossige Zweifamilienhäuser, wird von der mächtigen Bergehalde der Grube Reden schier erdrückt. **Reden** selbst, Mitte des 19. Jh. abgeteuft, 1935 zu einer Großförderanlage ausgebaut, seit 1965 Verbundbergwerk von zwölf Gruben und seit den neunziger Jahren mit Göttelborn im Verbundbergwerk Ost, hat eindrucksvolle Tagesanlagen. Der Trakt des **Kauen-** und **Zechenhauses,** ein Ziegelbau im Wechsel von roten und braunen Steinen (1935/36), fällt besonders auf. Vor dem Hauptportal steht der ›**Bergmann**‹ von Fritz Koelle (Abb. 53), dessen Skulpturen wir noch einmal in St. Ingbert begegnen werden. Zwei *Denkmäler* erinnern an die großen Grubenunglücke von 1864 und 1907, an die 34 und 150 Bergleute, die »auf dem Feld der Arbeit« – die Formulierung erheischte der preußische Stil – ihr Leben ließen.

Über die L 129 kommt man zur **Grube Itzenplitz** (auch hier läßt die Mark Brandenburg grüßen) am Rande von **Heiligenwald.** Als Förderplatz ist sie stillgelegt. Das **Fachwerkfördergerüst** am Schacht 3 (von 1886) gilt als das älteste erhaltene Seilscheibengerüst im Saarrevier. Ihm zu Füßen – mit Anleihen aus der Bautradition des Klassizismus (die Lisenen und Blendbögen sind aus hellerem Ziegelmauerwerk) – das **Fördermaschinenhaus** und das (einfachere) Schalthaus. Von der Grube führt ein Spazierweg um den Weiher, über einen Steg kommt man zu dem runden **Pumpenhaus** (um 1900) das wie ein Pavillon aussieht (Abb. 51), man sieht ihm seine Bestimmung jedenfalls kaum an. Auch hier hat das Revier seine nachindustriellen Idyllen. Für die evangelischen Bergleute baute die Königliche Bergbehörde 1868 gegenüber der Grube ein eigenes **Bethaus,** 1906 erhielt dieses einen neoromanischen Turm. Seit 1980 hat die für das preußische Bergbaugebiet charakteristische kleine Kirche wieder ihr ursprüngliches Aussehen in rotem und weißem Sandstein.

GRENZGANG VI

»Ich Eile Lieber Bruder, dir meine, und der meinigen glükliche Ankunft, in meinem Vatterlande zu Melden«, schrieb im Juli 1794 eine Frau von Türckheim auf der Flucht vor den Häschern der Revolution. Sie war die Frau des Maires von Straßburg, eine geborene Schönemann aus Frankfurt, Lili mit Vornamen; sie war einmal Goethes Verlobte. Via »Saarbrück« und »Lautern« (Kaiserslautern) seien auf der »schönen Kaiserstraße« schon immer die »buntesten Schaaren« unterwegs gewesen, heißt es später fast schon stereotyp in den alten Handbüchern für Pfalz-Reisende. Und erst recht »nicht in Verlegenheit« seien Wanderer und Spaziergänger, setzt der ›Westrich-Führer‹ des Westrich-Vereins hinzu, gehe es um

Wege links und rechts der großen Querachse im »Vereinsgebiet«. In dem verläuft auch der neueste ›Große Westpfalz-Wanderweg‹. Nehmen wir zum Beispiel **Landstuhl** als Drehpunkt, am Rande des Bruchs vor der Sickinger Höhe. Über der Stadt steht die *Ruine Nanstein* im Hang. Sie war Franz von Sickingens letzte Burg. Nach Norden führt der Weg durchs ›Schnapphahnenland‹ und die ›Bucklige Welt‹ zum Donnersberg hoch, nach Süden durchs ›Holzland‹ und die ›Hackmesserseite‹ (was für Namen!) in den Wasgau. **Kaiserslautern** liegt in der Mitte, ›Barbarossastadt‹ (eine Kreation Ludwigs I. von Bayern) und ›K-Town‹ (der Amerikaner). Über Barbarossas Pfalz (begonnen 1152) und Pfalzgraf Johann Casimirs Schloß (von 1570/80) – die Franzosen sprengten 1703 die Anlage – baute »unsere furchtbar praktische Zeit« (A. Becker) im 19. Jh. ein Gefängnis und eine Brauerei. Das ist schon beinah wieder ein Programm. Eine Episode deshalb aus dem Vormärz, statt der sonst fälligen Barbarossa-Sage, wie zum Beispiel der von dem eisernen Bett an den vier Ketten im ›Kaiserberg‹ (oberhalb des Gefängnisses), in dem nach Lauterer Meinung der Kaiser ja sowieso – und nicht im Kyffhäuser – schlafe. Im Gefängnis saß 1832 nach dem Hambacher Fest Johann Georg August Wirth ein. Für zwei Jahre. »Mit der Kutsche zieht entlang / der Mösjö Chatobriang«, in einer Nacht im Frühsommer darauf. Auf dem Rückweg nach Frankreich. Die Pfalz ist auf dieser Reise Châteaubriands romantischstes Erlebnis. Als er in Kaiserslautern ankommt, schläft die Stadt. Am liebsten hätte er die »Träume aller Bewohner« notiert, denn die Nacht war voller »Nachtigallen, Grasmücken, Drosseln und Wachteln (in den Käfigen vor den Fenstern), klagende Gefangene, die den, der vorüberfährt, durch die Gitter ihrer Gefängnisse grüßen«. Man beachte, Monsieur schreibt für seine »Erinnerungen jenseits des Grabes«, das verpflichtet zu Moll. Daß in dem Gefängnis nahebei ein Herr Wirth einsitzt, Socken strickt, drei Paar das Pensum pro Woche, und an ›Fragmenten zur Kulturgeschichte der Menschheit‹ schreibt, kann Monsieur (noch) nicht wissen. Wer weiß, mit welchen Reflexionen über Freiheit und Vergänglichkeit er den Gefangenen am Ende sonst noch bedacht hätte.

Der Reiz der Gegensätze und
die Kunst der Ausgleichungen

Die Saarpfalz

Zunächst einmal sind wir linksrheinisch. Die Pfalz steht noch ins Haus, Lothringen liegt vor der Tür. Auf dem Alexanderturm über Böckweiler sah man bis zur Haardt im Nordosten und bis zum Donon im Süden. 1934 sangen wir ›Kein schöner Land‹ und 1935 ›Deutsch ist die Saar‹. Vier Jahre später wurde der Turm gesprengt. Er stand zu nahe an der Grenze. Wir sind im Westrich. »Hier wirkt der Reiz der Übergänge, der Mannigfaltigkeit«, sagen die Kulturgeographen, »der Reiz nicht großer Gesamtbilder, sondern einzelner Szenen und Gruppen, die im einzelnen genossen sein wollen.« Wir sind in der Saarpfalz.

Landschaftlich ist das ein buntes Bild: von der bewaldeten Kuppe des Höcherberges, mit 518 Meter die höchste Erhebung im östlichen Saarland, zu den Jägersburger Weihern und in die Heidelandschaft des Königsbruchs. Der Buntsandsteingürtel des *St. Ingbert-Kirkeler Waldes* darunter: der ›Stiefel‹ über St. Ingbert, die ›Hollerlöcher‹ bei Kirkel und im Homburger Schloßberg die Höhlen. Die Bliesgauschleife des Saarland-Rundwanderweges zweigt in Kirkel vom Hauptweg ab und führt durch den Wald auf den Hohberg über Blieskastel ins offene Land. Dort steht der Gollenstein und markiert 4000 Jahre Geschichte. Und die Grenze zwischen Buntsandstein und Muschelkalk. In Richtung Süden dann Auzonen und flachwelliges Hügelland, die Dörfer der »Parr« und des Mandelbachtals. Obstbaumhaine umgeben sie, Orchideen blühen auf den Triften. Die Natur ändert sich nicht, wenn der Bliesgau französisch wird.

Der Reiz der Übergänge … Das heutige Stadtgebiet von Blieskastel reicht bis an zwei Grenzen: die rheinland-pfälzische bei Zweibrücken und die lothringische am Rande des Bitcher Landes. Im 19. Jh. waren dort an der Blies, an der Uhrigsmühle bei den »gar freundlichen Dörfern Bliesmengen und Bliesbolgen«, schon einmal ›drei Reiche‹ zusammengestoßen: Frankreich, Preußen und Bayern. Von Frankreich her wehte der Wind der Freiheit. Und die Residenzen Homburg und Blieskastel brauchten nach den Revolutionen wie überall im Land ein bürgerliches Jahrhundert Zeit, um es wieder zu städtischer Couleur zu bringen. St. Ingbert kam hinzu, vom Waldbauerndorf zum ›Fabrikort‹ und zur siebtgrößten Stadt der Rheinpfalz angewachsen … »Es hat sich ein Leben und Treiben hier entwickelt«, notierte August Becker, »an das man in der Vorderpfalz noch immer nicht gern glauben möchte.«

Die Gegensätze hielten sich. Erst recht, als nach dem Ersten Weltkrieg dieses Stück Westpfalz, zusammen mit fünf preußischen Kreisen zum ›Saargebiet‹ formiert, als ›Saarpfalz‹ kreiert

Homburg, Schloßberg-höhlen

wurde. Fürs erste schien's der Widerspruch an sich. (Warum hätte man sonst auch in Saarbrücken 1935, nach der Volksabstimmung, geschrien: »Uff die Bääm, die Pälzer kumme ...«) Aber die Saarpfälzer, die sich auch nach der Grenzziehung von 1816 von der preußischen Nachbarschaft keineswegs ganz geschieden sahen, das zeigt (schon) die Durchsicht eines beliebigen Heiratsregisters, zwinkerten sich auch jetzt nur zu – formulieren wir es einmal so – und entwickelten aus dem »Reiz der Gegensätze und Übergänge« im Westrich im allgemeinen, in der Saarpfalz eine Kunst der »Ausgleichungen« im besonderen. Und aus den Widersprüchen zwischen Pfalz und Saar mit der Zeit Kompromisse, und aus den Kompromissen am Ende eine ›Entente cordiale‹ der Widersprüche zwischen Pfalz und Saar.

☐ Bexbach und Kirkel

Noch vor dem Ersten Weltkrieg bekam der **Höcherberg** seinen *Aussichtsturm* (1913). Der Blick geht weit von hier oben. Weiter südlich, im Wald westlich von Frankenholz, stand bis 1898 der ›*Steinerne Mann*‹, der untere Teil eines römischen Viergöttersteines. Seit 1950 befindet er sich im *Heimatmuseum* im Hindenburgturm in **Bexbach.** Der Stein ist der Rest einer Jupiter-Giganten-Säule, wie sie zwischen 150 und 250 n. Chr. in Ostgallien zu kultischen Zwecken auffällig zahlreich errichtet wurden; 25 konnten allein im Saarland nachgewiesen werden. Das eigentliche Kultbild krönte die Säule an höchster Stelle: Jupiter über dem Kapitell mit den vier Jahreszeiten, der Optimus Maximus blitzeschleudernd auf dem Pferd, über einen Giganten hinwegsprengend. Eine originalgetreue Kunststeinnachbildung der Säule von Walheim am Neckar wurde 1978 im Bexbacher Blumengarten aufgestellt. Die Attraktion des Gartens ist allerdings das **Grubenmuseum** im Turm mit seiner unterirdischen Bergwerksanlage; der Bergbau hat Bexbach geprägt. Ein Historischer Grubenweg führt durch das ›Nordfeld‹ an der saarländisch-pfälzischen Grenze. – Die **evangelische Pfarrkirche,** ein Neoromanik und -gotik merkwürdig verquickender Bau (1888/89) des Karlsruher Architekten Ludwig Levy, verdient vor allem im

Inneren Interesse: Schlanke Holzpfeiler tragen hier die auf drei Seiten umlaufenden Emporen und die hohe bemalte Holztonne.

»In einem Talgrunde liegt das Dorf, von Bergen umschlossen, welche herrliche Eichen- und Buchenwälder krönen. Nicht weit davon befanden sich mehrere Weiher, und am Ende des Tales, hinter dem Forsthause, ragte das alte, längst verfallene Bergschloß der Herren von Kirkel hervor, von wo aus sich der malerischste Fernblick eröffnet.« Nach über 200 Jahren ist die Szenerie in **Kirkel** fast noch genau so, wie sie der junge Johann Christian von Mannlich, auf Ferienbesuch im Dorf und sterblich in eine gewisse Lisette verliebt, gesehen und als alter Mann beschrieben hat: die Ruine der **Burg** (s. Buchrückseite) auf dem Bergkegel (12. Jh.), mit der charakteristischen (neuen) Turmhaube, der alte Teil des Dorfes abgezirkelt davor, der Wald – und was für ein Wald – ringsum. Eine ›Kleine Schweiz‹ hält sich in ihm verborgen, an bizarren Buntsandsteinbänken, Kanzeln, Höhlen und Kaminen windet sich der Felsenpfad entlang (6 km). Am ›Hutschuk‹ fand man auf einem Felsrelief einträchtig Merkur und Rosmerta beieinander, den römischen Gott des Handels und die keltische Göttin der Fruchtbarkeit (heute im Saarbrücker Landesmuseum für Vor- und Früh-

Bexbach, Jupiter-Giganten-Säule

geschichte). Über dem *Frauental* verweist in romantischer Kulisse eine Felsenquelle, der **Frauenbrunnen,** auf eine weitere Kultstätte. Der Zweibrücker Geometer Tilmann Stella berichtet 1564, es seien »viel stattlicher und gutter banket darbey gehalten worden«. Da hat sich wenig geändert, der Kultplatz ist nur säkularisiert.

In **Limbach** steht mitten im Dorf die kleine **evangelische Kirche** (ehem. St. Elisabeth). Der spätromanische Bau (13. Jh.), dessen Schiff an den Maßen der Jerusalemer Golgathakapelle orientiert war, wurde 1580 in seiner Chorturmpartie verändert; erhalten blieb das alte Quadermauerwerk im Untergeschoß, das Kreuzrippengewölbe im Chor, die kleinen Fenster und eine Doppelpiscina. In den zwanziger Jahren des 18. Jh. führte man unter Verwendung der staufischen Grundmauern und von östlichen Wandteilen das Schiff neu als Rechtecksaal auf; 1771 wurde dieser nach Westen noch einmal erweitert und mit Holzemporen versehen. Mit ihrer schlichten (z. T. noch barocken) Ausstattung ist die 1964 renovierte Kirche eines der schönsten Beispiele reformierten Kirchenbaus im Westrich. Eine Straße ist nach Theobald Hock (1573–nach 1618) benannt. Wer war Theobald Hock? Sein Stern, wissen wir, ging erst weit von zuhaus auf, in Prag, und verlosch dort auch in den

Wirren des Dreißigjährigen Krieges. Als Unterhändler setzte er sich für die Evangelische Union ein, wurde deswegen 1618 des Hochverrats angeklagt und zum Tode verurteilt; der ›Prager Fenstersturz‹ rettete ihm das Leben. Als Lyriker des Vorbarock ging er in die Literaturgeschichte ein. »Schönes Blumenfeldt« nannte er die Sammlung seiner Gedichte (1601).

☐ Spaziergänge im ›Kulturpark Homburg‹

Links das Landratsamt, rechts das Rathaus, das Parlament (die gemeinsamen Sitzungssäle) in der Mitte. In **Homburg** kommen Kreis und Kreisstadt – eine Einmaligkeit in der Bundesrepublik – mit einem Haus unter zwei Dächern aus. Das Forum liegt am Rande der Kernstadt, die auch als ›Universitätsstadt‹ firmiert. Der Campus liegt im Wald, auch ›Stadt des Baumes‹ ist Homburg, nicht nur weil es einen Lindenbaum im Wappen hat. – Vier Dörfer im Umkreis kamen 1974 dazu und avancierten zu Stadtteilen. *Kirrberg, Einöd, Wörschweiler* und *Jägersburg* machen jetzt auch Homburger Geschichte.

Schwarzenacker, südwestlich zwischen Einöd und Wörschweiler (s. S. 311) gelegen, war die ›Römerstadt im Keltenlande‹. In der zweiten Hälfte des 3. Jh. wurde sie bei den Germaneneinfällen zerstört. Aus dem eingeebneten Brandschutt, dem ›schwarzen Acker‹, hat man eine große Handels- und Gewerbesiedlung ausgegraben. Über der wichtigen Nachschubstraße aus dem Innern Galliens an den Rhein und zum Limes, die auch im Mittelalter ihre Bedeutung als königliche Geleitstraße behielt (›via regalis‹) und unter Napoleon zur Kaiserstraße avancierte, entstand am Ende des Landstuhler Bruchs im 12. Jh. auf dem Schloßberg die Hohenburg. Sie gab dem Platz drunten, dem gleich zweimal die Stadtrechte verliehen wurden, 1330 und 1558, den Namen. Burg und Stadt baute auf Weisung Ludwigs XIV. Vauban 1680–92 zur Festung aus. Die ›Forteresse considérable‹ schloß die Kette Mont Royal, Saarlouis, Bitsch und Landau, wurde 1714 aber bereits wieder geschleift.

Ende des Jahrhunderts bekam die Stadt dafür einen zweiten ›Schloßberg‹, den Karlsberg nordöstlich des ›Stumpfen Gipfels‹. Karl II. August, Herzog von Pfalz-Zweibrücken und der Regentschaft der dritten deutschen Großmacht, Bayern, sicher, brauchte eine angemessene Residenz. Zweieinhalb Kilometer von der Ruine der Hohenburg entfernt, baute sie ihm der Sohn seines Hofmalers, Johann Christian von Mannlich (1741–1822). Das Allroundtalent, ein Mann von Hofe, aber kein Höfling, selber Maler, aber auch versierter Theatermann, der beste ›Kunsterzieher‹ seiner Herrschaft dazu, entwarf, obwohl kein gelernter Architekt, als Generalbaudirektor einen ›plan gigantesque‹, die Fluchtlinie allein 1200 Meter, und setzte von 1776–85 »eine ganz ansehnliche Stadt« auf den Berg. Keine zehn Jahre danach ging das »nicht nur letzte, sondern auch das weiträumigste und zu phantastischer Großartigkeit gesteigerte Residenzschloß des alten Reiches« (Wolfgang Götz), 1793 in einem von den französischen Revolutionstruppen inszenierten Autodafé in Flammen auf. Noch vor der Zerstörung holte Mannlich die Bibliothek (Teile heute in Bamberg), vor allem aber die von ihm aufgebaute Gemäldesammlung unter Lebensgefahr aus dem Schloß. Auf Leiterwagen kamen rund 2000 Bilder über Kaiserslautern nach Mannheim, 1260 von dort nach München und Schleißheim. In der Alten Pinakothek kann man sie nun bewundern: die berühmten zwei ›Karlsberger‹ Lorrains,

Flucht des Herzogs Karl II. August von Carlsberg vor den einfallenden Franzosen, 9./10. Februar 1793
(Phantasiedarstellung)

Rembrandts ›Brustbild eines Mannes in türkischer Kleidung‹, Chardins ›Rübenputzerin‹ und – eine ›Karlslust‹ für sich – Bouchers ›Ruhendes Mädchen‹. (S. auch S. 309)

Im neuen Jahrhundert – der ›französische Wind‹ wehte hier nun einmal stärker – wurde das Landkommissariat Homburg (im bayerischen ›Rheinkreis‹) zu einer Stätte des deutschen Vormärz. Der neue Landkommissar Philipp Jakob Siebenpfeiffer las als liberaler Publizist ab 1830 seinem obersten Dienstherrn die Leviten: »Die Aufgab' ist Stoff zu bieten, nicht zum Lesen, sondern zum Denken.« Ende 1831 trat Johann Georg August Wirth an seine Seite. Der ›Deutsche Vaterlandsverein zur Unterstützung der freien Presse‹ wurde gegründet, im Mai 1832 brachten beide 30 000 ›Patrioten‹ auf das Hambacher Schloß am Rande des Pfälzer Waldes über Neustadt. Die Kundgebung, die proklamierte »Wir pflanzen die Freiheit, das Vaterland auf«, wurde zum Volksfest und machte demokratische Geschichte.

Eine Homburger Episode nach dem Fest verdient die Erinnerung. Nur wenige Tage nach Hambach waren die ›Haupthambacher‹ verhaftet. Siebenpfeiffer gelang die Flucht. Elf junge Homburger und Zweibrücker versuchten Wirth auf dem Transport nach Kaiserslautern am Schelmenkopf in Bruchhof zu befreien. Doch dieser weigerte sich zu fliehen. Er wollte als Märtyrer seiner Idee dienen. Vor Ort steht an der Kaiserstraße ein Obelisk. Aber er erinnert nicht an Wirth. Bürger hatten ihn gesetzt, als Napoleons Sohn geboren wurde, der ›König von Rom‹. Aus den Dörfern des Bruchs wanderte man nach Amerika aus. Nach dem Zweiten Weltkrieg kam Amerika in das Bruch zurück. Auch Nachfahren der ›Hambacher‹ waren darunter. Am **Karlsbergbrunnen** von 1953 auf dem Marktplatz kann man auf zwölf Reliefs die Geschichte noch einmal Revue passieren lassen und dann – vorbei am neuen ›Freiheits-

Überreste der Festung Homburg

brunnen‹ von 1992 Am Rondell – ihre Schauplätze aufsuchen. Im ›Kulturpark Homburg‹ sind sie mit über 38 Rundwanderwegen und drei Radstrecken alle erschlossen.

Am Markt erkennt man noch das barocke Konzept der Stadt, man muß allerdings genau hinschauen. Das **Alte Rathaus** (um 1680) ist jetzt Stadtbücherei, der ›Leser‹ sitzt auf der Treppe. Das **ehemalige Franziskanerkloster** am Rande des Marktplatzes (1697–99) wurde 1793 profaniert, war dann Lagerhaus, Brauerei und Armenwohnung; die Kirche, von 1860 an Synagoge, wurde 1938 im Innern verwüstet und verfiel vollends nach dem Krieg. Eine Rettungsaktion ist im Gange: Stadt und Kreis wollen hier ein stadtgeschichtliches und Vormärz-Museum einrichten. Zum Wahrzeichen der Altstadt ist die neoromanische katholische **Pfarrkirche St. Michael** mit ihrem wuchtigen Chorturm geworden. König Ludwig I. von Bayern hat, ein Versprechen seines Onkels Karl II. August einlösend, den Bau veranlaßt, 1839–41 errichtete ihn August von Voit. Von der **evangelischen Stadtkirche** blieb der barocke Turm (1779–85) des Zweibrücker Baumeisters Franz Georg Schaefer erhalten; 1874 kam das neogotische dreischiffige Langhaus mit Bündelpfeilern aus Gußeisen hinzu. Nahe den Universitätskliniken liegt an der Ringstraße Herbert Lücks **Fronleichnamskirche** (1963/64). Ein tief heruntergezogenes kugelförmiges Kuppeldach, dem eine Laterne mit 14 Fenstern aufsitzt, überspannt den kreisrunden Hauptraum. In Halbkreisen öffnen sich zu ebener Erde rundum die 12 farbigen Fenster.

Über dem Markt – bergauf – beginnt die grüne Zuflucht. Auf dem Schloßberg werden seit 1981 auf dem ›Großen Teller‹ die Überreste der **Hohenburg,** die fast ganz in der Festung aufging, und die weitläufigen Anlagen der *Festung* selbst, die immerhin 600 Meter lang und 90–100 Meter breit war, freigelegt und restauriert. Zu sehen gibt es noch einiges von den Fortifikationskünsten ›en ruine‹: Kurtinenmauer und Kanonenraum, Bastionen, Gräben und Zisternen und die Kellergewölbe des Nassauer ›Großen Zeughauses‹ (um 1560). Die Attraktion jedoch liegt im Berg: die **Schloßberghöhlen,** die größten Buntsandsteinhöhlen Europas. Schon vor Beginn des Festungsbaues waren sie vorhanden, wurden ›bergmännisch‹ erweitert und 1930 für die große Öffentlichkeit ›wiederentdeckt‹. Fünf Kilometer sind zur Besichtigung freigegeben: Gänge, Nischen und Hallen, in drei Stockwerken übereinandergelagert, und Stollen, die von Silbersanddünen fast zugeschüttet sind.

Zwischen Schloßberg und Karlsberg legt sich der ›**Stumpfe Gipfel**‹ quer und präsentiert Vorgeschichtliches, einen keltischen Opferstein. Auf dem **Karlsberg** hat die Natur die Kunst längst wieder eingeholt, die Idyllen sind vorprogrammiert. Am *Karlsbergweiher* steigt man zum Plateau hoch, wo frei das Hauptpalais stand und seine höfischen Annexe – 1500 Pferde allein halte sich der Herzog, notierte Knigge, und »eine Menagerie von Katzen aller Gattungen, deren Anzahl allen Glauben« übersteige. Im Waldboden lassen sich nur noch die Grundrisse der einstigen Gebäude ablesen. Von der *Orangerie* blieb etwas mehr: Mauerwerk des tonnengewölbten hohen Untergeschosses. Dahinter fanden sich die Fundamente eines erstaunlichen Theaterbaus: eine Rotunde in den Maßen des Pantheons in Rom (rund 43 Meter) mit vier Bühnen. In der *Karlslust* nahebei, wo »die Architektur in einzigartiger Weise ein Bündnis mit der freien Natur einging« (Wilhelm Weber), bei den Bärenzwingern und dem Tschiffliker Pavillon, hat’s vor allem ein Baum den Dichtern angetan, dessen Heimat nicht die »nordischen Wälder« sind und der deshalb von den heimischen Eichen und Buchen »so kalt, so fremdartig« angesehen wird; des Rätsels poetische Lösung: »Zu Carlsberg tief im Walde, / nicht weit von den

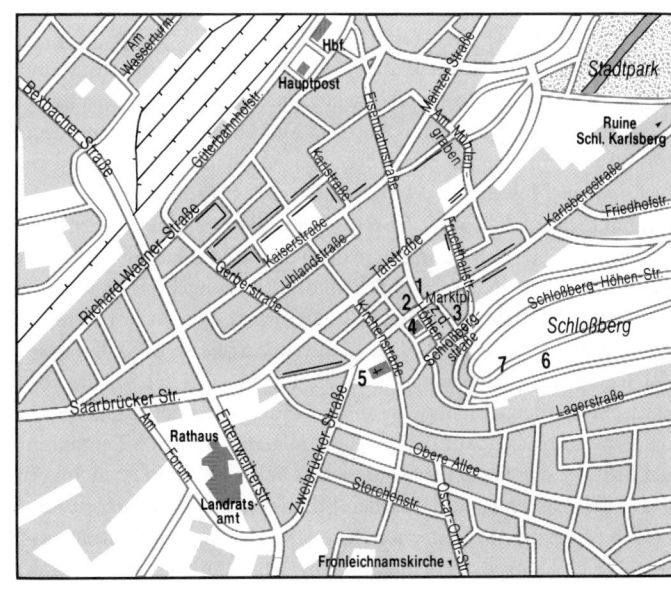

Homburg
1 *Karlsbergbrunnen*
2 *Altes Rathaus*
3 *Ehem. Franziskaner-*
 kloster (Synagoge)
4 *Pfarrkirche St. Michael*
5 *Ev. Stadtkirche*
6 *Ruine Hohenburg*
7 *Schloßberghöhlen*

Schwanenseen, / da ist mit blühenden Dolden / der Tulpenbaum zu sehen.« Er blüht nur alle vier Jahre, und schöner als Herrn Aulenbachs Reime (1842).

Die Kulturpark-Route führt nun wieder südwärts, nach **Kirrberg**. Der *Ruine Merburg* dort auf dem Malafels (ältester Teil der Anlage 11. Jh.) hat sich der Volksmund angenommen und ihr, vielleicht weil ihre Entstehungsgeschichte so dunkel wie ihr Name ist (›Mer‹ oder ›Mar‹ gleich ›dunkel‹ oder ›schwarz‹), den Raubritter Mala angedichtet.

Nun wieder Richtung Homburg City kommt man am ›Rabenhorst‹ vorbei zum **Landes- krankenhaus** – heute eine kleine Stadt. Am 8. März 1947 wurde hier die Universität des Saar- landes gegründet. Von dem Jugendstilensemble der ehemaligen ›Pfälzischen Heil- und Pflege- anstalt‹ (1906–09) hat sich, bis auf die Kirche, zwei Verwaltungshäuser und die Aula, unver- ändert nichts mehr erhalten. Das neue Universitätsklinikum brauchte neue Bauten, eindrucks- voll das ›**Trigonum Vesalii**‹ des Anatomischen Instituts (von Konny Schmitz und Walter Schrempf), und brachte Kunst im und am Bau dazu. (Die keineswegs immer goutiert wird, wie sollte sie auch, aber was mit Oswald Hierys Alu-Guß ›Adam und Eva‹ veran- oder genauer verunstaltet zu werden pflegte, konnte als ›Ulk‹ kaum noch passieren. Man quartierte das Paar deshalb aus. In die Landeshauptstadt. Beim Kultusministerium ist dort jetzt ihr ›Paradies‹.)

Die Mönche des Klosters Wörschweiler auf der Höhe, heute jenseits der A 8, nannten die Flur drunten ›Ungnad‹ und erzählten von der sagenhaften Stadt ›Volmaria‹, die größer als Worms gewesen sei. Schon im 18. Jh. grub man denn auch in der ›Ungnad‹, aber erst in unseren Tagen brachten die Ausgrabungen einen größeren Randbezirk eines *vicus* zutage – das eigentliche Zentrum war bereits überbaut, **Schwarzenacker** liegt hier –, der mit rund 25 Hektar zu den größten zwischen Rhein und Mosel zählt. Ein unter den römischen Mauern gefundenes Gräber- feld bezeugt darüber hinaus eine Besiedlung schon für die spätere Bronzezeit (1250–750 v. Chr.).

Alles in allem ein idealer Platz für ein **Freilichtmuseum** (Römermuseum), befand der Haupt- ausgräber Alfons Kolling und brachte mit der ›Stiftung Römerhaus‹ mit der Zeit mehr als nur ein Römerhaus auf den Platz (Abb. 54). Man entdeckt ein ganzes Gemeinwesen. Da gibt es zwei Ortsstraßen mit überdachten Bürgersteigen, an ihnen Wohn- und Gewerbehäuser nach mittel- meerischem Muster, mit Wasserleitung und Hypokaustenheizung. Töpfern und Schmieden kommt man auf die Spur, Webern, Tuchwalkern und Böttchern, Schreinern und Stellmachern und nicht zuletzt den Fuhrleuten; denn da waren Prellsteine gesetzt und ein Weihebild mit der Pferdegöttin Epona. Und eine Schenke hatten sie auch; sie ist als Durchgangslokal ein Unikum, nach bald 2000 Jahren ist sie wieder ›eröffnet‹ worden. Im Schutt eines Hauses fand sich ein Rezeptstempel für Augensalbe. Man rekonstruierte in Teilen das ›**Haus des Augenarztes**‹. Auch ein **Säulenkellerhaus** dahinter entstand neu. Hier war das kostbarste Stück der Grabung entdeckt worden, die Statuette eines Schutzgeistes des römischen Volkes. Rom wirkte bis in die fernste Provinz. Auf dem Areal fand man auch einen Kentaurenkopf (Abb. 58), das Origi- nal befindet sich heute im Historischen Museum der Pfalz in Speyer.

Als die größten rundplastischen Bildnisse aus römischer Zeit nördlich der Alpen gelten die beiden (unfertigen) ›*Breitfurter Reiter*‹, sie dürften ein Auftrag aus Schwarzenacker gewesen sein. Nachbildungen der Standbilder (nach Kolling die gallischen Kaiser des späten 3. Jh. n. Chr.,

Tetricus Vater und Sohn) stehen heute vor der Freitreppe des 1722 nach Plänen des schwedischen Architekten in Zweibrücker Diensten Jonas Erickson Sundahl (geb. 1678) umgebauten **Edelhofes.** Der Hof grenzt mit seinem weitläufigen **Barockgarten** unmittelbar an das Grabungsgelände. Haus und Garten führen so das Freilichtmuseum weiter, als Sammlungsbau und Freianlage für Rekonstruktionen zur Vor- und Frühgeschichte des Bliesgaus, wie für den Merkur gewidmeten gallorömischen *Umgangstempel,* den großen *Säulengang* oder das ›Atomium‹ eines *Pentagon-Dodekaeders,* eines Körpers aus zwölf gleichseitigen Fünfecken, der (nach Platon) das Universum abbildet.

Die Götter, denen sich die Stadt anvertraute, residierten auf dem Berg gegenüber. Der Sporn über dem Blieskessel war die ideale Kultstätte und blieb es auch im Mittelalter, der »heidnische Tempel machte (nur) einem christlichen Platz«. Graf Friedrich I. von Saarwerden gründete 1131 über dem heutigen **Wörschweiler** das Benediktinerpriorat »Gloria Romanorum«. Die Mönche kamen von Hornbach, »legten sich aber auf die lüderliche Seite«, so daß bereits nach vier Jahrzehnten die Enkel des Gründers Patres von der strengeren Observanz, Zisterzienser aus Weiler-Bettnach (nördlich von Metz), auf den Klosterberg beriefen. ›Wernerswilre‹ bildete damit auch eine Ausnahme von der zisterziensischen Regel: Man siedelte nicht in einem abgelegenen Waldtal, sondern blieb auf dem

Viktoria-Statuette aus Schwarzenacker

Berg. Bald riß man dort den benediktinischen Gründungsbau ab und baute bis gegen 1235 an einer neuen **Klosteranlage,** Vorbilder finden sich in den spätromanisch-frühgotischen Klöstern des Ordens in Burgund, Parallelen aber auch im pfälzischen Eußerthal. Eigentümlich für die Klosterkirche Wörschweiler »der in bewußt strenger Einfachheit viereckig angelegte Chorabschluß, wie überhaupt die ganze Anlage klar und zweckmäßig nach den Regeln für Ordensbauten der Zisterzienser gruppiert war« (J. A. Schmoll gen. Eisenwerth). 1558 löste Herzog Wolfgang von Pfalz-Zweibrücken, inzwischen evangelisch geworden, das Kloster auf; wie über-

311

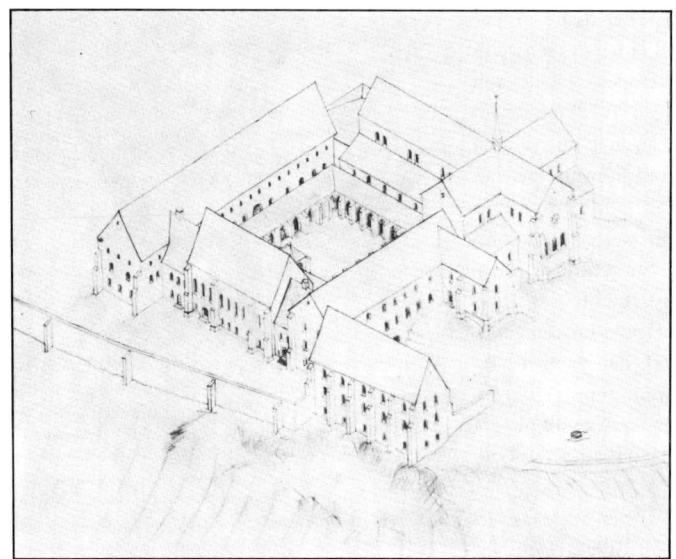

*Rekonstruktion der Abtei
Wörschweiler um 1450.
Ansicht von Südost*

liefert nicht ohne Gewalt, zwei Mönche waren noch bei ihrem Abt verblieben. Die Klostergebäude brannten 1612 nieder, als ein Verwalter die Hecken rundum anzündete, um die hier hausenden Schlangen zu vernichten. Was blieb und stückweise wiederverwendet wurde, eine Zeitlang als Meierhof, verfiel mit der Zeit doch. Das Land wurde um eine romantische Ruine reicher.

Von der turmlosen **Kirche** – lediglich einen Dachreiter bewilligte Cîteaux – stehen noch Teile der Westfassade mit dem dreifach gestuften Portal (Farbabb. 8), von der großen Fensterrose darüber ein Kreissegment sowie Mauerpartien der Seitenschiffe. Im dreischiffigen Langhaus, an das sich das Querhaus, der rechteckige Hauptchor und die ebenfalls rechteckigen Nebenapsiden anschließen, läßt sich an den Pfeilerbasen das gebundene System des Baus rekonstruieren. Dabei bildet das Vierungsquadrat die Maßeinheit; das Chorquadrat, die Quadrate der Querarme und die drei Mittelschiffjoche haben die gleiche Größe, zwei halb so große quadratische Joche in den Seitenschiffen begleiten diese. Eine Vorhalle, die im 14. Jh. verdoppelt wurde, erweitert den Bau nach Westen. Der **Konvent**, 1954–58 durch Ausgrabungen erschlossen, steht ebenfalls ganz in der zisterziensischen Tradition; mit einigen kleineren Abweichungen, die die Lage auf dem schmalen Bergrücken bedingte, wurde er um den Kreuzgang angelegt. Hier hat man an der Südwand des Langhauses wiederentdeckte Grabplatten aufgestellt, ein auch künstlerisch, mit den Reliefs und Ritzzeichnungen eindrucksvolles Memento für Stifter und Wohltäter, Äbte und Priester, die Inschriften lateinisch, auch mal deutsch: »god genad« und »anima pauset cum beatis«.

Am Fuße des Klosterberges liegt **Gutenbrunnen;** vom Ende des 17. bis ins 18. Jh. hinein war es eine frequentierte Bonnefontaine, richtig reüssiert als Bad hat es allerdings nie. Vom ›Plaisir d'amour‹ **Louisenthal** – Herzog Gustav Samuel von Zweibrücken ließ das Lustschloß (in der

Tat) 1725–30 für seine Gemahlin linker Hand Louise von Hoffmann, die Tochter seines Ober-hofmeisters, errichten – überstand die Revolution nur ein Seitenflügel mit zwei seitlichen Kopf-pavillons (Abb. 62), die Walpurgiskapelle, die ›Alte Brauerei‹ und der Park; er ist (auch für senti-mentale) Promenaden immer noch gut. – Wieder in Richtung Homburg, verdient in **Beeden** der Turm der ehemaligen *Remigiuskirche* (14. Jh.), die auch Pfarrkirche für Homburg war, Beachtung.

Nördlich der Stadt zu guter Letzt noch einmal Wald und Weiher im ›Kulturpark‹. **Jägersburg** liegt mittendrin. Von seinen ›Jägersburgen‹ steht nur die 1721 von J. E. Sundahl umgebaute mittelalterliche Wasserburg noch, die **Gustavsburg**. (Ein kleines Burg- und Schloßmuseum informiert über ihre Geschichte.) Beim Strandfest an den Jägersburger Weihern im Sommer wird sie üppig mit Feuerwerk bedacht, und dann leuchtet sie eine kleine Illusion lang wie einer der ›Feenpaläste‹ aus der weiland ›Wunderwelt des Karlsberges‹.

☐ 1100 Jahre St. Ingbert

Über der Stadt stehen ihre Wahrzeichen: überwaldet draußen, im Südwesten, der Stiefeler Fels auf dem Buntsandsteinrücken des *Großen Stiefels*, drinnen, im Nordosten, das moderne Sudhaus der Brauerei, der ›Beckerturm‹. Zwei Wege führten schon in vorgeschichtlicher Zeit an den Flanken des Stiefels das Grumbachtal herauf und den Scheidter Bach entlang. Wo die parallelen Schneisen am nächsten zusammenkamen, um dann endgültig auseinanderzutriften, ergab sich ein Schnittpunkt ersten Ranges für die Militärstraßen der Römer. Nahebei entstand im 6. Jh.

bei der Einsiedelei des »Deo militans in Vosago« Ingobertus der Ort. Als »Lantol-vinga« wird er 888 erwähnt, 300 Jahre später (1174) heißt es dann zum ersten Male »de Sancto Ingebrechto«.

›Sankt Ing(o)bert‹ setzte sich durch, wurde 1339 kurtrierisch und blieb es, kirchlich zu Metz gehörig, grosso modo bis 1661. Die neuen Herren waren nun die in Blieskastel residierenden Grafen von der Leyen, die das im Dreißigjährigen Krieg völlig zerstörte Dorf neu besiedelten. Bereits Anfang des Jahr-hunderts war mit dem Kohleabbau begonnen worden. 1733 ging das erste Eisenwerk, die ›Schmelz‹, in Betrieb, 1772 die erste Glas-hütte. Napoleons ›Kaiserstraße‹ schloß das Dorf und sein ›Gewerk‹, die Stadt (seit 1829) und ihre Industrie via Metz und Mainz nach Ost wie West an die große Welt an. August Becker 1858 in ›Die Pfalz und die Pfälzer‹: »St. Ingbert ist der wichtigste Fabrikort der

St. Ingberter Bergleute im Sonntagsstaat. Holzschnitt von Otto Körner, 19. Jh.

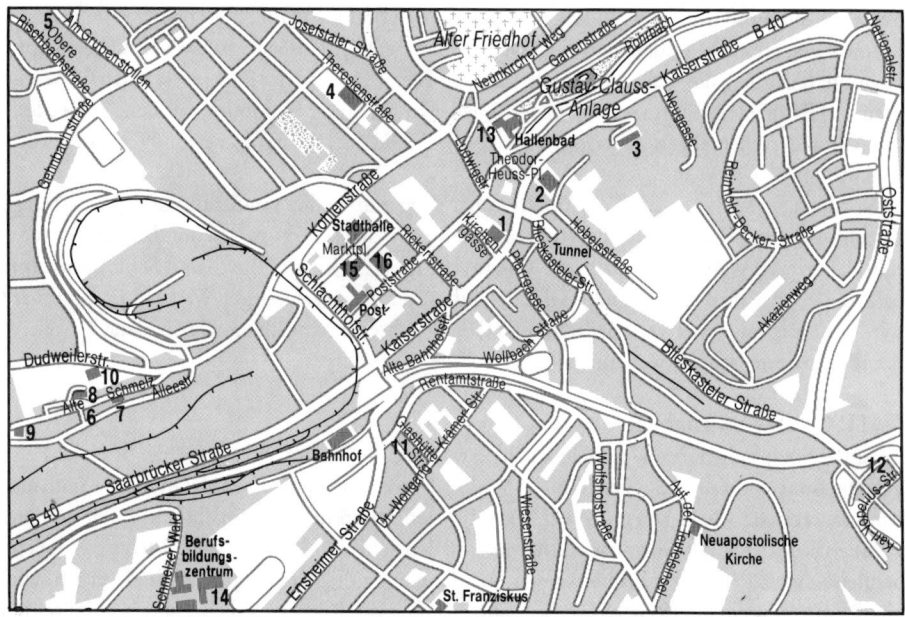

St. Ingbert 1 St. Engelbert 2 St. Joseph 3 Sudhochhaus (›Beckerturm‹) 4 St. Hildegard 5 Stollenmund Rischbachstollen 6 Möllerhalle 7 Herrenhaus 8 ›Alte Schmelz‹ 9 Hauptverwaltung 10 Schlafhaus 11 Glasmacherhäuser 12 Glasmachersiedlung 13 ›Saarbergmann‹ 14 ›Walzmeister‹ 15 Rathaus 16 Museum St. Ingbert

Pfalz geworden.« Hundert Jahre später (1959) schloß die letzte Grube, 1975 die ›Vereinigten Tafelglashütten‹. (Beckers »schwarzes Tal, das dort die bayerisch-preußische Grenze bildet, das schmutzigste und kotigste, das man treffen kann«, erscheint mit seinen farblichen Verschattungen noch in den Bildern von Fritz Zolnhofer, des ›Malers der Arbeiterlandschaft Saar‹, der in Schnappach, seinerzeit noch St. Ingberter Stadtteil, aufgewachsen ist.)

Wo 1792 der erste Freiheitsbaum stand, markiert heute ein zur Fußgängerzone umfunktioniertes Stück Kaiserstraße die Mitte der Stadt. Vom historischen Ensemble des 18. Jh. ist nur wenig geblieben. Zwei, drei bürgerlich schlichte Barockhäuser, modern angepaßt, gruppieren sich um die 1991 restaurierte **Engelbertskirche** (1755), einen flachgedeckten, weiträumigen Saalbau mit fünfseitigem Chorschluß, im Frontgiebel über dem Portal das Doppelwappen der von der Leyen und Hatzfeld. Kanzel, Beichtstühle und Bänke sowie das Altarkreuz im Innern stammen aus der Erbauungszeit. Den Prospekt der Kaiserstraße bestimmen nun drei Türme: der Dachreiter der Engelbertskirche mit seiner geschieferten Haube, der neogotische Glockenturm von **St. Joseph** (1890–93) und Hans Herkommers kubisch-kantiges **Sudhochhaus** (1927) auf dem ›Hobels‹. Talüber bekam dieses 1928/29 am Rande des Grubengeländes mit der **Hildegardskirche** ein Pendant. Der ebenfalls streng kubisch gegliederte Bau von Albert Boßlet, hier aus roten Klinkern, übernimmt im Innern im Langhaus als Raumgerüst das Strebewerk eines

Grubenstollens (»Deutscher Türstock«), der durch zwei vom Boden aufsteigende Spitzbögen in den Chor ›vor Ort‹ führt.

Was den ›Fabrikort‹ einmal geprägt hat, Objekte aus seiner Kohle- Eisen- und Glaszeit, ist rar geworden und hält sich wie Versatzteile eines abgesetzten Stückes in den Kulissen eines neuen, das zu dem alten nicht mehr so recht paßt. Dafür blühen in den andernorts aufgestellten Grubenloren Blumen und – verschlimmbessern nur das ›Denkmal‹. Seit 1993 erschließt wenigstens ein Historischer Grubenpfad rund um den Rischbachstollen (im Industriegelände in der ›Laabdell‹) in 14 Stationen die Relikte des heimischen Bergbaus. Etwas besser steht es mit dem *Ensemble der ›Schmelz‹* hinter der langgestreckten Ziegelsteinmauer an der Saarbrücker Straße. Die **Möllerhalle** von 1750 ist das älteste Industriegebäude im Saarland. 1807 entstand das spätbarocke **Herrenhaus,** um die gleiche Zeit die älteste saarländische Werkssiedlung: die ›**Alte**

St. Ingbert, Werkshalle der Alten Schmelz

Schmelz‹. Ende des 19., Anfang des 20. Jh. kamen zahlreiche Erweiterungen und Umbauten dazu. So die neoklassizistische **Hauptverwaltung** (um 1880), dann (zwischen 1907 und 14) Industriegebäude, wie die *Elektrische Zentrale,* die große *Drahtzieherei* und die *Mechanische Werkstatt,* die als erstes Objekt eines neuen Kulturparks ›Alte Schmelz‹ als ›Kulturhalle‹ eingerichtet wurde. Aus dem Jahr 1907 stammt das dreigeschossige **Schlafhaus.** Im Stadtteil Rentrisch ist vom einstigen ›Lottenhammer‹ (1759) nur ein ramponierter Rest des ehemaligen Verwaltungs- und Wirtschaftsgebäudes geblieben. Acht **Glasmacherhäuser,** zu erkennen an ihrer Verschieferung, stehen in der Glashütterstraße in der Nähe des Bahnhofs. Die repräsentativere Kolonie der ›Glasspatzen‹, die **Glasmachersiedlung** (Farbabb. 22), entstand nach dem Ersten Weltkrieg bei der Vopelius-Wentzelschen Hütte an der Blieskasteler Straße.

Künstlerisch ist die alte Gewerksdreiheit besser umgesetzt: ›**Saarbergmann**‹ und ›**Walzmeister**‹ von Fritz Koelle (beide aus den dreißiger Jahren) stehen am Stadtbad und vor dem Berufsbildungszentrum im Schmelzer Wald, Hans Schröders *›Bergarbeiter vor Ort‹* (1982) im Heimatmuseum (s. Gelber Teil, S. 379). Im Foyer des **Rathauses** gesellt sich ihnen der ›*Glasbläser‹* zu, in Lothar Meßners Eisenrelief von 1973 ... »zum Erinnern zum Gedenken«, wie es auf Leo Kornbrusts *Stele* (1972) neben dem Rathaus heißt, und, von Felicitas Frischmuth weitergeschrieben, »verwackelte Schrift kannst du das wieder lesen«. Ein besonderes ›Denkmal‹, das jüngste und schönste der Stadt, befindet sich im ehemaligen Landratsamt, heute **Museum:** die für den Maler *Albert Weisgerber,* Sohn eines Bäckers und Gastwirts aus der Kaiserstraße

(1878–1915), eingerichtete ständige Sammlung. Das ganze Lebenswerk ist hier, auch mit zahlreichen Dokumenten und Fotos, belegt, in lichten Raumfluchten, die Selbstbildnisse als Fluchtpunkte: Regionales zunächst (dessen Schauplätze, wie der ›Biergarten‹ von 1904, gleich um die Ecke liegen), Arbeiten für die Münchner ›Jugend‹ dann, Pariser Ateliers und Cafés, spätimpressionistische süddeutsche Landschaften, Alttestamentarisches (allein drei verschiedene Fassungen des Jeremias-Themas mit den dazugehörigen Skizzen) und immer wieder, den eigenen frühen Tod vorausahnend, Sebastian im Wald.

Waldgänge auch draußen. Ein 40 Kilometer langer Rundwanderweg führt um die Stadt. Die wichtigsten vor- und frühgeschichtlichen Denkmäler stehen an ihm. So steht in *Rentrisch* der **Spellenstein,** ein Menhir der ausgehenden Jüngeren Steinzeit (etwa 1800 v. Chr.). Seine Spitze, geht eine Vermutung, deute auf den **Stiefeler Fels** (Abb. 65). Dem Berg hat ein durch Erosion zu einem Riesenschuh formierter Tischfelsen den Namen gegeben. Nur wenige Meter entfernt steht der ›*Teufelsfels‹,* ein (vielleicht als Opferstätte) fünfkantig bearbeiteter Monolith. Der Höhenrücken selbst ist mit Wällen und Gräben früher Verteidigungsanlagen durchzogen, die ältesten Funde datieren aus der Mittleren Steinzeit; in den Trümmern einer frühmittelalterlichen Motte (er)fand der Volksmund das ›Stiefeler Schloß‹. Im **Sengscheider Wald** drunten findet sich am Ende eines kleinen Tals ein *gallo-römisches Figurenrelief,* Römergott und Keltengöttin: Merkur und Rosmerta (wie in Kirkel), Apollo und Sirona, oder nur die keltischen Gottheiten Sukellus und Nantosvelta, bleibt wegen der starken Verwitterung offen. Der Volksmund (abermals) hat poetisch votiert: für ›Hänsel und Gretel‹.

Jahrmarkt in St. Ingbert. Ölgemälde von Albert Weisgerber, 1906

In **Rohrbach,** heute Stadtteil von St. Ingbert, wird ›Am Franzosenkopf‹ an das ›Kampagne‹-Jahr 1793 erinnert. Ein im Mai 1938 enthüllter Gedenkstein verkündet lakonisch und zeitgemäß: »Hier siegte Blücher am 27. 9. 1793 über die Franzosen.« Der ›Blücherstein‹ besteht aus Findlingen, die zwei Jahre zuvor beim Bau der protestantischen *Christuskirche* zutage gefördert wurden. Die Kirche lizenzierte eine ›Genehmigungsurkunde‹ aus Berlin (vom 1. März 1937) als »Saardankkirche ... zur Erinnerung an die Rückkehr des Saarlandes zum Reich«.

☐ Die Geschichte und das Idyll: Blieskastel

Als ob sich die Geschichte wiederholen wollte: Das Gebiet der heutigen Stadt **Blieskastel** ist beinahe so groß wie die reichsgräfliche ›Landesportion‹ an der unteren Blies, deren Residenz die Stadt für 20 Jahre vor der Französischen Revolution einmal war. (Größer immerhin als das alte Paris, wie man augenzwinkernd gerne sagt: 108 gegen 105 qkm.)

Rentrisch, Spellenstein. Menhir aus der Jüngeren Steinzeit

»Auf dem Blieskasteler Berg« verweist der (laut Guinness ›Lexikon der Superlative‹) »größte Menhir des mitteleuropäischen Raumes«, der **Gollenstein** (Farbabb. 20), auf 4000 Jahre bewegter Geschichte. Eine Burg, das ›Castellum ad Blesam‹ der Bliesgaugrafen, zeigt sich urkundlich erstmals 1098. Im folgenden wechseln die Herrschaften: 1284 ist es der Bischof von Metz, 1337 Kurtrier. Bereits 1343 ist von »Burg, Stadt, Tal und Amt Castel« die Rede. Der dreieckige kleine Platz am Herkulesbrunnen bildet die dreieckige alte Stadtanlage – zwischen Han, Schloßfelsen und alter Hauptstraße – nach. 1522 brandschatzte sie Franz von Sickingen, 1635 zerstörten die Schweden das ganze Amt. Die von der Leyen, die 1456 schon einmal Fuß gefaßt und »von newen die Ritterburg uff das Vorgebürg uff der Bliessen« gesetzt hatten, kauften das verwüstete Land. Sie residierten zumeist in Koblenz, verlegten 1773 aber ihren Sitz nach Blieskastel. Man brauchte eine repräsentative Residenz, der ›Bauwurmb‹ grassierte wie überall in der Nachbarschaft. Nach dem frühen Tod ihres Gatten Franz Karl übernahm 1775 Reichsgräfin Maria Anna, genannt Marianne, die Regentschaft. Sie sei unter den drei Saar-Regenten ihrer Zeit »der einzige Mann« gewesen, behauptet der Historiker Ludwig Eid. Jedenfalls verstand sie sich par nature auf jene Kunst, auf die manche ihrer Zeit- und Standesgenossen erst durch Herrn von Knigges Buch aufmerksam wurden: auf den Umgang mit Menschen. Und so schuf sie in knapp 20 Jahren eine kleine barocke Residenz, die ihresgleichen im Saarland sucht und immer

Gräfin Marianne von der Leyen. Gemälde eines unbekannten Künstlers aus dem 18. Jh.

noch menschlich in ihren Maßen geblieben ist. Der Schloßberg war immer nur halbwegs Schloßberg. Am Ende war er Dorfstraße, am Anfang saßen die Handwerker. Und auch das Rathaus im Ensemble des Neuen Marktes war nicht nur Oberamt, sondern auch Waisenhaus, Markthalle, Kaserne und (später sogar) Spital ... und manchmal alles zusammen.

Die Revolution – im Winter 1792/93 setzten aus dem Lothringischen her die Wirren ein, Marianne von der Leyen mußte fliehen, das Schloß wurde geplündert, zerstört und von 1802 an abgebrochen – beendete abrupt den weiteren Ausbau. Die Stadt, 1815 in den Wiener Schlußakten mit der »Landesportion« dem Königreich Bayern zugeschlagen, brauchte ein bürgerliches Jahrhundert Zeit, um es wieder – Tableau um Tableau (die lebenden Bilder und die Nature morte im Krähwinkel) – zu städtischer Couleur zu bringen. Nach abermals einem Jahrhundert hat die Geschichte die Idylle eingeholt. Alt Blieskastel – das umschreiben an die 200 Einzeldenkmäler, zwei kleinere Ensembles und die Kernstadt als ›Gruppendenkmal‹ – steht unter Denkmalschutz.

Wir beginnen unseren Rundweg im Tal, auf dem Hauptplatz, dem ›Neuen Marck oder Paradi Platz‹ (wie er auf J.P. Beyers Prospekt von 1779 genannt wird). Der Plan der städtebaulich bemerkenswerten Anlage (1774) stammt wahrscheinlich von dem Zweibrücker Architekten Christian Ludwig Hautt. Der rechteckige Paradeplatz ist einheitlich gestaltet mit zweigeschossig breitgelagerten Gebäuden, seine Ostseite nimmt als Hauptbau das **Rathaus** (»Rads- und Waisen Haus«) ein, an dessen südlicher Hauptschauseite zwischen Balkon und Wappengiebel, über dem in figura Justitia steht, ein lateinisches Chronogramm den Bauherrn rühmt und auf das Jahr 1775 verweist (in der Übersetzung: »Siehe, so sorgt sich für den Gerechten und Guten und arbeitet Franz, der Regent, Ritter von Petra zu Hohengerolseck«). Das Pendant, in Maß und Bauart auf das Rathaus bezogen, das *Haus des Waisenvogts* Peter Schlemmer (heute Hotel **Blieskasteler Hof**) steht gegenüber.

Weitere beachtenswerte Häuser der Zeit in der Von-der-Leyen-Straße und der alten Hauptstraße, die heute nach dem hier 1901 geborenen Münchner Kardinal Joseph Wendel benannt ist. Zwei Brunnen stehen an ihr: vor dem Brunnengäßchen der **Herkulesbrunnen,** 1691 errichtet und seitdem fünfmal verändert, die Figur auf dem Stock nicht gerade nach den klassischen Maßen, der göttliche Held wirkt eher etwas bäuerisch. Auf dem Alten Markt der **Schlangenbrunnen** (1804), einem Helden der Neuzeit gewidmet, den seinerzeit ›Herkules‹ zu nennen allerdings selbst professionelle Schmeichler nicht gewagt hätten, dazu war ihr Held wirklich zu klein: »A Napoleon premier Empereur des Français« verheißt der Obelisk. Ein Stück Mittelalter ist in der malerisch verwinkelten *Alten Pfarrgasse* erhalten. Ein Gedenkstein erinnert an die alte Pfarrkirche St. Sebastian, 1934 fiel sie der Spitzhacke zum Opfer.

Der Schloßberg, die *Schloßbergstraße* hatte schon früh seine Bewunderer. Im September 1865 kam Victor Hugo und notierte in sein Schreibheft: »Quelques vieux hôtels dans une rue

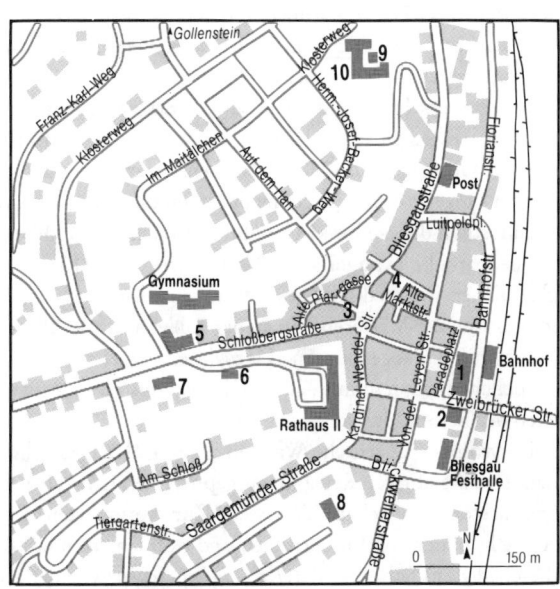

Blieskastel

1 *Rathaus*
2 *Hotel Blieskasteler Hof (Haus des Waisenvogts Peter Schlemmer)*
3 *Herkulesbrunnen*
4 *Schlangenbrunnen*
5 *Hofratshäuser und Kleines Schlößchen*
6 *›Orangerie‹ und ›Oberer Lustgarten‹*
7 *Kath. Stadtpfarrkirche (Schloßkirche)*
8 *Ev. Pfarrkirche*
9 *Wallfahrtskirche Hl. Kreuz*
10 *Kapuzinerkloster*

montante ... Au haut de la rue une église ... étrange et riche.« Er kam von Annweiler (aus der bizarren Felsenwelt der Südpfalz) und reiste weiter nach Trier (das ihm vor St. Matthias wie ein phantastisches Chaos vorkam). Blieskastel lag dazwischen und war ebenso »seltsam«. Am Schloßberg wurden die Übergänge sinnfällig. Die (architektonische) Grenze bildete **Haus Nr. 36**: ein Palazzo, toskanische Säulen, die den Balkon tragen; Bossenwerk auf die Geschoßteilungen und die Eckbänder gesetzt; die dritte Fensterreihe bereits den Fachwerkgiebel des alten Schulhauses darunter überragend. Ähnlich stuft sich auf der rechten Seite die Gruppe der **Hofratshäuser** (1776/77) bis zum **Kleinen Schlößchen** hoch, das von zwei monumentalen Toreinfahrten flankiert wird. Gegenüber führt eine Rampe zur Höhe über der Stadt, wo einmal weitläufig das Schloß stand. Erhalten hat sich außer Resten der mittelalterlichen Stadtmauer und der Subkonstruktionen des 17. und 18. Jh. (unter dem Schulgebäude von 1941) nur ein Teil der *Gartenbebauung*. (Bei der Planung der umfangreichen Landschaftsanlagen war Friedrich Ludwig von Sckell zur Beratung herangezogen worden.) Der ›Lange Bau‹ (1669), die ›**Orangerie**‹ (Farbabb. 17), die nie eine Orangerie war, eher ein Galerietrakt, sowie die südliche Stützmauer des ›**Oberen Lustgartens**‹ mit Brunnennische und Rampe wurden jetzt umfassend restauriert.

Wie eine Stadtkrone erhebt sich darüber die katholische Stadtpfarrkirche **St. Anna und Philipp** (Abb. 61), als Franziskaner- und *Schloßkirche* (wie sie heute genannt wird) 1776–81 wohl von Peter Reheis errichtet, einem Schüler von Friedrich Joachim Stengel. Die Fassade, aus der verkürzten Perspektive, in der Tat »étrange et riche«, widersprüchlich und vielgestaltig, mit der doppelten Blendarchitektur vor Portal und Giebel, mit Gebälk und Gehänge, Doppelsäulen, kantigen Schnecken und bauchigen Vasen, den Medaillons, Cäsar darauf und Vercingetorix (!), und Sebastian in der Nische darüber, und über Sebastian das Doppelwappen der von der Leyen, unter der Laubkrone, vor dem Mantel, den wie einen Vorhang die Genien halten. Die Ausstattung des Innenraums (Abb. 59), der bei einer Renovierung 1976/77 wieder seine ursprüngliche Farbfassung erhielt, stammt im wesentlichen aus der Erbauungszeit: vom vergoldeten Hochaltaraufsatz und den klassizistischen Seitenaltären, über Kanzel und Taufstein bis zum Orgelprospekt. In die weiträumige Gruft wurden 1982 aus Heusenstamm in Hessen die Gebeine Mariannes von der Leyen hierher umgebettet, »heimgebracht« sagen die alten ›Kaschtler‹.

Südöstlich der Schloßkirche und mit ihr korrespondierend steht auf der Anhöhe der ›Agd‹ die neobarocke **evangelische Pfarrkirche** (1911/12), als zweiter *point de vue* hätte sie nicht glücklicher ins Stadtbild gesetzt werden können. Gegenbeispiele gibt es leider auch, das schlimmste der Mälzereiturm an der Bliesgaustraße; alles erdrückend wuchtet er sich vor dem Berghang, den sogenannten ›Han‹ hoch. Dort hatte die **Wallfahrtskapelle Hl. Kreuz**, das ›Kapellchen‹ noch immer, einmal den schönsten »Schauet still ins Tal hinab«-Prospekt, bis ihr eben der Betonklotz vor-gesetzt wurde.

Das von der Leyensche Wappen im Portal der Kapelle fixiert ihre Anfänge: 30 Jahre nach dem Dreißigjährigen Krieg im ausgepowerten Land (1682/83), ein Stiftungsbuch von 1685 die (gegenreformatorischen) Anlässe: »Zur vermehrten Einpflanzung christlich katholischer Andacht in der von Lutherischen und Reformierten fast überall umgebenen Herrschaft.« Die (beschädigten) Schächer der *Kreuzigungsgruppe* vor der Kapelle stammen aus dieser Zeit, die lebensgroßen Figuren von Christus, Maria, Johannes und Maria Magdalena schuf Matthias Weyser (1804). Im Innern – die Decke dort mit bemerkenswerten figurativen Stukkaturen von 1720 – das ›Gräfinthaler Gnadenbild‹, die *Muttergottes mit den Pfeilen* (frühes 14. Jh.), ihre Geschichte ist in den Klosteranlagen dargestellt. Das Wallfahrtsbild kam 1785 nach Blieskastel und wurde 1829 auf den Han gebracht, dann vergessen, wiederentdeckt, der Berg ab 1913 von den Wallfahrern, so still wie stürmisch, ›wiedererobert‹. Von 1924–29 entstand nach Plänen von Hans Herkommer das **Kapuzinerkloster.**

Der Reiz der Übergänge, geographisch wie historisch, im weiteren Stadtgebiet, das sich vom Buntsandsteingürtel des St. Ingbert-Kirkeler Waldes im Norden bis zu den flachen Muschelkalkhöhen des Westrichs im Süden an der lothringischen Grenze hinzieht, erschließt sich am schönsten auf dem Stadtrundwanderweg (55 km). In **Niederwürzbach** hatten Mutter und Sohn, Marianne und Philipp von der Leyen, ihre Gartenlust. Roter Bau und Runder Bau, alles am Würzbacher Weiher war **Monplaisir.** Aber nur der Rote Bau (1785/86) behielt diese Bezeichnung und blieb neben dem Runden Bau und einem Rest der ausgedehnten **Philippsburg** (1782–88), der heute als Forsthaus dient, allein von den alten Anlagen übrig. Der **Annahof** (Abb. 60), nicht ohne landwirtschaftlichen Nebenzweck errichtet (um 1788), ist der Runde Bau. An den zweigeschossigen Wohntrakt schließen sich im Halbkreis eingeschossig die Wirtschaftsflügel an, im 19. Jh. besetzte man sie mit Türmen. Ob nun als modisches Zurück-zur-Natur-Szenario gedacht (wie Marie Antoinettes ›Operettendorf‹ beim Kleinen Trianon im Park

Blieskastel, Blick in die Schloßbergstraße

*Blieskastel, Giebelbekrö-
nung der Stadtpfarr-
kirche mit dem von der
Leyenschen Wappen*

von Versailles) oder als Mustergütchen (mit der Gräfin als Gutsherrin, mit Knecht und Magd,
Kühen, Pferden und Vogelhaus), der Hof Mariannes kam glimpflich beim Sansculottensturm
davon. Dem drüben überm Weiher das einstige englisch neogotische Kastell ihres Sohnes –
»Friede den Hütten, Krieg den Palästen!« – um so ärger anheimfiel. Das Prunkstück des
›schlimmen Lips‹ gab's fürderhin nur noch als Ruinenstück und diente dem biedermeierlichen
Pläsir. Heute breitet sich wieder neben dem Annahof des Volkes wahrer Himmel: zurück zur
Natur am Weiher, Friede den ›Hütten‹ der Camper, Monplaisir für alle.

Auf dem Sattel des *Hölschberges* reckt sich der Turm der neogotischen *katholischen Kirche*
(1904/05) von **Biesingen.** Eindrucksvoll im Innern die weitgehend erhaltene ursprüngliche
Ausstattung: eine *Anna selbdritt* (spätes 17. Jh.) stammt aus dem Trierer Raum. – Zur *evangelischen Kirche* von **Mimbach** fuhren die Junker von Eltz aus dem nahen Wecklingen durch die
Blickweiler Bliesfurt, der Sage nach zum Schluß »in Teufels statt in Gottes Namen«, weshalb
Junker Johann Adluff denn auch im Hochwasser der Blies ertrank (1574). Sein zwei Jahre später
entstandenes Grabmal (vom ›Meister HB‹ von Trier), ein Doppelgrab für ihn und seine Gemahlin Katharina (geb. Brandscheid), gehört zu den wertvollsten Bildwerken in dem ansonsten
calvinisch-nüchternen Mimbacher Gotteshaus, einem weiten Saalbau von 1769, der Chorturm aus dem 14. Jh. 1767 aufgestockt.

Drei Orte im Stadtgebiet an der Blies wurden als *römerzeitliche Fundstätten* schon früh
bekannt: **Bierbach** (Tempelbezirk und Villenanlage des 2. bis 4. Jh. n. Chr., Rekonstruktion
eines prächtigen Grabmonuments im Historischen Museum der Pfalz in Speyer), **Blickweiler**
(Terra-sigillata-Töpferei, zweites Jh. n. Chr., deren Ware wie die der Manufaktur im Eschweiler-
hof, Kreis Neunkirchen, bis nach Britannien und in den Donauraum vertrieben wurde), **Breitfurt** (zwei lebensgroße Reiterstandbilder aus dem 3. Jh., die Originale ebenfalls in Speyer, Nachbildungen im Freilichtmuseum von Schwarzenacker). Am Nordwestrand von **Altheim** kam

1974 das größte *merowingerzeitliche Gräberfeld* (mit 109 Bestattungen aus dem 6./7. Jh. n. Chr.) zutage. Im Ort bemerkenswert: der Chorturm (13.–15. Jh.) der katholischen *Pfarrkirche St. Andreas.*

Bei Grabungen nach schweren Zerstörungen im Zweiten Weltkrieg wurde unter und neben der **Böckweiler** evangelischen **Stephanskirche** (s. Umschlaginnenklappe) eine weitläufige *römische Hausanlage* freigelegt, eine Villa urbana, die vermutlich Poststation war. Denn über den **Kahlenberg** führt ein uralter Höhenweg, die heute zum Feldweg degradierte ›*Duser Straße‹;* man transportierte auf ihr noch im Mittelalter das Salz aus dem lothringischen Dieuze nach Norden. Über dem römischen Komplex erschienen bei der Grabungs-Kampagne die Fundamente eines *karolingischen Klosters,* als Steinmuster ist der Grundriß im Rasen ausgelegt. Auf neuen Fundamenten entstand im 11. Jh. dann eine wesentlich kleinere Kirche mit einfachem, halbrund geschlossenem Chor. Was heute (nach der Rekonstruktion von 1949/50) den Blick fixiert, ist ein Umbau, nach der Einrichtung des Priorats durch Hornbach, im 12. Jh.: das Kleeblatt der drei Konchen an dem mächtigen Chorturm (der im Innern die früheste Form eines Rippengewölbes, schwere kantige Diagonalbänder, aufweist). Als hätte man mit dieser Dreifaltigkeit das alte Patrozinium verewigen wollen, Zeichen für Cantius, Cantianus und Cantianilla, die diokletianischen Märtyrer.

Ackerplateaus und Auzonen auch weiterhin nach Süden auf die Grenze zu. Verstreut die stattlichen Einzelhöfe; mit der Einführung der Dreifelderwirtschaft im Herzogtum Zweibrücken ab 1770 waren die meisten an Mennoniten vergeben worden, die auf ihnen Musterwirt-

Schloß Philippsburg und Lustbauten am Würzbacher Weiher. Gemälde von 1790

schaften einrichteten. Vermehrt stehen **Lothringer Kreuze** an den Wegen, die Schäfte wie im Bitscher Land fromm mit Heiligenfiguren besetzt, ein besonders schönes mit hohem barockem Aufbau über großer Altarmensa (um 1750) auf dem **Kirchberg** bei Altheim, früher stand es mitten im Dorf. Im äußersten Winkel liegt Brenschelbach, es ist so etwas wie ›Finisvert‹. Die Grenze versinkt im Grünen.

☐ Gersheimer Spezialitäten

Der kleine Grenzverkehr in der »Parr« (mundartlich für ›Pfarre‹) ist wirklich nur ein kleiner Grenzverkehr. Und nachts hat er ganz seine Ruh', von Amts wegen jedenfalls. Am Tag fahren die Utweiler Bauern über die Grenze, ein Teil ihrer Felder liegt in Frankreich. Zahlreich auch hier die Kreuze, ein Kreuz-Wanderweg verbindet sie, manche Inschrift prägt sich ein: »Da trauern keine Müden / Wie hier am Erdenrand / Es hat nur Freud und Frieden / Wer recht in Gottes Hand.« Mittelpunkt der Parr ist **Medelsheim,** dessen Mittelpunkt unübersehbar die »Kärch«. Um diese, die katholische **Pfarrkirche St. Martin,** ist alles versammelt, was die 1100jährige Geschichte von Dorf, Kirchspiel und Herrschaft ausmacht (Abb. 63).

Gegründet ist die Kirche noch auf römischen Fundamenten und liegt im Geviert einer z. T. mittelalterlichen Ringmauer. In einer kleinen Anlage darunter erinnert neben einem bunt-gefaßten *Wegkreuz* (1830) ein Brunnen an den hl. Pirminius, und eine etwas umstrittene Inschrift verheißt: »Die Ahnen berichten: Hier stand einst die Burg Medelsheim, das alte Meltis, des heiligen Pirminius erster Wohnsitz in diesem Land, dessen Apostel er war.«

Von dem stattlichen Saalbau und dem Glockenturm der Kirche von 1774 blieben nach dem Zweiten Weltkrieg für den Wiederaufbau nur noch die Umfassungsmauern. Im ehemals gotischen Chor (heute Sakristei) waren jedoch *Wandmalereien* zum Vorschein gekommen. Der Pfarrer versuchte sie noch im Krieg notdürftig zu schützen, viel half es nicht, bis zur end-gültigen Sicherung 1954 bröckelten weitere Teile ab. Ein reiches ikonographisches Programm läßt sich selbst aus den Fragmenten noch ablesen: die Schöpfungsgeschichte, Verkündigung und Himmelfahrt Christi, das Jüngste Gericht. Relativ gut erhalten hier der Zug der Seligen, ständisch geordnet, von Petrus angeführt, der mit einem großen Schlüssel das Tor zum Himm-lischen Jerusalem öffnet. »Alles ist mit erstaunlicher und gewandter Sicherheit vorgetragen und frisch und keck auf den Putz gesetzt: ein biblisches Bilderbuch aus der zweiten Hälfte des 14. Jahrhunderts, mit dem das Maßwerkfenster und die Gewölberippen mit den Schlußsteinen eindrucksvoll und würdig harmonieren« (Martin Klewitz). Unter dem Jüngsten Gericht, auch beschädigt, eine gotische Sakramentsnische mit einem kleinen Gewölbe und Okulusfenster.

Auf dem Hochaltar im neuen Chor steht das bemerkenswerteste Kunstwerk der Kirche: ein 1956 in der Kreuzkapelle über dem Ort entdecktes *gotisches Retabel* (um 1430); Vermutungen richten sich auf eine einheimische Werkstatt mit Beziehungen zu Lothringen (Mörchingen, Vignory). Das derbe, in seiner ursprünglichen Farbigkeit vorzüglich erhaltene Steinrelief zeigt in fünf Feldern unter gedrückten Kielbögen in der Mitte eine Kreuzigungsgruppe, daneben Petrus und Paulus, außen St. Martin zu Pferd und einen Bischof mit einem Fisch, der gleich für vier Heilige stehen kann, für Ulrich, Arno, Pirminius oder Benno. Im Chor außerdem eine *Kreuzigungsgruppe:* der überlebensgroße Kruzifixus aus Holz aus dem 15. Jh., die Assistenz-

Medelsheim, Pfarrkirche St. Martin, gotisches Retabel

figuren jünger; vor dem Nordgiebel des Pfarrhauses das alte *Kirchhofskreuz* (Sandstein, von 1611).

Ein Kreuzweg führt zur *Kreuzkapelle zur Schmerzhaften Mutter* im (neuen) Friedhof auf dem **Husarenberg**, die lange Zeit eine vielbesuchte Wallfahrtsstätte war. 1767 entstand der schlichte barocke Neubau, die Pietà steht in einer Muschelnische (datiert 1554) des barock überbauten Altars (auf 1689 datiert). Ein verschieferter Dachreiter, mit welscher Haube und einem Lothringer Doppelkreuz, hockt über dem Eingangsgiebel. Der Blick geht weit ins Bitscher Land.

Was Medelsheim recht, war auch **Walsheim** billig. Die Arnulfsche Schenkung von 888 erfaßte beide. Vom gleichen Gründer, vom Kloster Hornbach, stammen auch die beiden Kirchen. Die evangelische von Walsheim hat noch den alten quadratischen Hornbacher Turm mit dem zweiseitigen Satteldach (12. Jh.). – Durch den Buchwald, vorbei am ›Totengang‹, geht es nach **Bliesdalheim.** Das Dorf gehörte im Mittelalter zur alten Pfarrei Kirchheim am Kahlenberg, die im Dreißigjährigen Krieg unterging. Übrig blieb dort nur der *Hof* und seine Odilienquelle, eine Heilquelle von alters her. Der französische Baron Jacomin de Malespine baute den Hof im 19. Jh. zum »schönsten zwischen Nahe und Vogesen«. Sein Sohn stiftete die neue Pfarrei von Bliesdalheim. Der Hauptaltar in der 1801 errichteten *Wendalinuskirche,* mit dem Patron im Rocailleornament, kommt aus Homburg, aus dem ehemaligen Franziskanerkloster.

Jenseits der Blies steht auf einer Anhöhe in **Herbitzheim** die katholische *Kirche St. Barbara:* ein moderner Betongußbau (1975), überraschend leicht und elegant und in schwungvollen Formen, als wäre sein Modell eine Trouvaille aus dem Muschelkalk. – *St. Mauritius* im benachbarten **Rubenheim,** eine Tholeyer Gründung des 9. Jh., immer wieder zerstört, immer wieder aufgebaut, lehnt sich an den alten romanischen Chorturm an (der untere Teil aus dem 11. Jh.). Von der Ausstattung wurden aus dem letzten Krieg nur eine Reihe von Statuen (aus dem 18. Jh.), Engel und Heilige, die merkwürdigste ein manieristischer Mauritius, sowie das Kirchengerät (18. Jh. ebenfalls) gerettet, eine kostbare ›Ährenmonstranz‹ darunter, ein Geschenk der Grafen von der Leyen.

Im **Schornwald** über dem Dorf befindet sich eine *Grabhügelgruppe* der Hallstatt-Zeit (750–450 v. Chr.), 29 von 33 Hügeln sind untersucht. Eine Art Lehrpfad erschließt sie. Bei der Öffnung von drei Gräbern im Sommer 1987 kam es zu einem (selbst für die ›archäologische Schatzkammer des Saarlandes‹, den Bliesgau) buchstäblich herausragenden Fund: In einem der Hügel aus dem 7. Jh. v. Chr., die jeweils durch einen Steinkreis als heiliger Bezirk abgegrenzt waren, lag das Skelett eines Mannes mit Gardemaß, 1,95 Meter, der größte, besser: längste, Kelte, dem man bis dato auf die Spur gekommen war. Was Wunder, daß man ihm sogar literarische Ehre erwies: »Sie knien in Kalk und Lehm, und unter ihren Zelten / enthüllt sich im Skelett das Ziel der Genesis: / ein festgefügtes Bein, ein prächtiges Gebiß, / das Knochenübermaß im Riesenleib des Kelten ...« (aus Ludwig Harigs »Der Riese von Rubenheim«).

Poetische Namen auch für eine andere Gersheimer ›Spezialität‹: ›Herrgottschühlein‹, ›Christushändchen‹, ›Kuckucksblume‹, ›Purpur-Knabenkraut‹: 29 Orchideenarten wachsen hier auf den Muschelkalktriften, sie stehen unter absolutem Naturschutz (s. S. 357ff.). – Bis hinunter in die Bliesmühle von Gersheim machte die Flucht der Blieskasteler Gräfin Marianne von der Leyen vor den französischen Revolutionstruppen Geschichte(n). »Lange Jahre hernach noch«, erzählt Karl Lohmeyer in seinen »Sagen der Saar«, »glaubte das Volk seine gütige Herrscherin unter sich im Verborgenen zu haben auf den kleinen Bliesinseln.« Nikolaus Lauer (1897–1980) verwob das Motiv vom ›heimlichen Schloß‹ auf der Marianneninsel in seinem Roman »Das Schloß an der Blies« (1951).

Reinheim, Pfarrkirche St. Markus, Samson-Kanzel

Wie alt das *Weinberghäuschen* über **Reinheim** ist, weiß niemand so recht. Immerhin ist es mit den z. T. noch terrassierten Hängen ein letzter Zeuge dafür, daß an der unteren Blies einmal Wein angebaut wurde. Bis um 1900 den Bauern der Anbau und das Produkt dann doch wohl zu sauer waren. Der romanische Rundturm der katholischen **Pfarrkirche St. Markus** ist der mächtigste der ›Bliesgau-Trias‹ (Reinheim, Bebelsheim, Erfweiler-Ehlingen). Er stammt aus dem 12. Jh., war zunächst wohl Wehrturm einer Burg zweier Ritter des Deutschen Ordens, eine Pechnase an einer Luke deutet noch darauf hin, und wurde im Untergeschoß (jetzt Taufkapelle) um 1300 gotisch umgestaltet, als Chor für ein (nicht mehr vorhandenes) nach Westen verlaufendes Schiff. Das heutige Schiff errichtete 1790/91 der Blieskasteler Baudirektor Peter Reheis als weiträumigen Saal, der mit kurzen Schrägwänden in den eingezogenen Chor übergeht, in Nordsüdrichtung.

Der Ruhm von St. Markus ist seine *barocke Ausstattung*. (Was sich als stilistisch geschlossenes Ensemble präsentiert, ist allerdings erst das Ergebnis einer umfassenden Restaurierung nach dem Zweiten Weltkrieg.) Jean Madersteck schuf sie 1733–36 für Kloster Gräfinthal, 1793 kam sie dort als Brennholz zum Verkauf, ein Reinheimer Bürger erwarb sie für ganze drei Louisdor (das sind noch nicht einmal 100 DM). Und so trägt heute in Reinheim Samson, bewehrt mit der Eselskinnbacke, die *Kanzel,* und verschränkt sich im ornamentalen Schmuck der Beichtstühle das symbolische Getier und Gerät der Heilsbotschaft. Auch die Kommunionbank und große Teile der Wandvertäfelung gehören zum Madersteckschen Schnitzwerk. Neu zusammengesetzt aus Stücken der Zeit um 1770 ist der Hochaltar, der alte (aus Sandstein, 1709) dient nun als Seitenaltar. Durch den Okulus der gotischen Sakramentsnische (1488) in der Taufkapelle leuchtete früher das ›Ewige Licht‹ für die ›Armen Seelen‹ auf dem Kirchhof. Noch immer stehen Kreuze und Grabsteine (bäuerliche Arbeiten z. T. aus dem 18. Jh.) draußen vor dem Turm.

Den ›Katzenbuckel‹ an der Blies gibt es nicht mehr. Er ist heute ein Fischteich. Der Bauunternehmer Johann Schiel hatte früher da eine Sand- und Kiesgrube und stieß beim Baggern auch schon einmal auf »römische Überreste«. Aber am 18. Februar 1954 passierte ihm in der Grube doch etwas Merkwürdiges: Er stieß auf eine »komische Figur«. Der sofort herbeigerufene Konservator machte, wie die Experten einhellig befanden, einen der »sensationellsten Grabfunde frühkeltischer Zeit in Mitteleuropa«. Unter Johann Schiels ›Block‹ war nämlich in einem künstlich aufgeschütteten Hügel in einer großen Eichenholzkammer eine keltische Fürstin beigesetzt (um 400 v. Chr.). Ihrem Rang entsprach das Grabinventar, über 200 auch kulturhistorisch höchst wertvolle Einzelstücke. Die teuersten Preziosen hatte man ihr mitgegeben, an Hals, Armen und Händen trug sie allein 350 Gramm reines Gold, das Prunkstück ein Torques, ein gedrehter Halsreif, mit phantastisch ausmodellierten Menschenköpfen und Löwenmasken. Nicht minder aufschlußreich die Grabbeigaben im östlichen Bereich der Kammer für das Totenmahl: zwei (vermutlich etruskische) Bronzeteller, zwei goldene Trinkhornbeschläge und eine ursprünglich vergoldete bronzene Röhrenkanne. Im Museum für Vor- und Frühgeschichte in Saarbrücken kann man die kostbare keltische ›Jenseitsmitgift‹ bewundern. Ein bronzezeitlicher Hortfund (um 800 v. Chr.) kam in den sechziger Jahren dazu. Als Briefmarke gibt es die ›Bronzekanne Reinheim‹ inzwischen auch, in zwei Werten sogar (Abb. 55–57).

Auf dem Ersttagsstempel der 1,40er Marke vom 12. Januar 1989 stand zu lesen: »Europäischer Kulturpark / Bliesbruck (F)-Reinheim (D) / 2000 Jahre Geschichte im dtsch.-franz. Grenzraum.« **Bliesbruck** liegt »driwwe«, wie man »jiwwe« in Reinheim sagt, und es kommt ebenfalls wegen einer Kiesgrube ins Spiel, einer französischen diesmal. Die machte schon lange Jean Schaub aus Saargemünd zu schaffen. »Im allerletzten Augenblick«, so seine Geschichte, »kauften wir mit Geld aus eigener Tasche den Landwirten Felder und Wiesen ab, um die antiken Funde dort vor den Baggerschaufeln zu retten.« Ab 1978 begann er mit freiwilligen Helfern, einmal »in einer zeitlich sehr befristeten Notgrabung (in nur zwei Tagen!)«, am Nordrand von

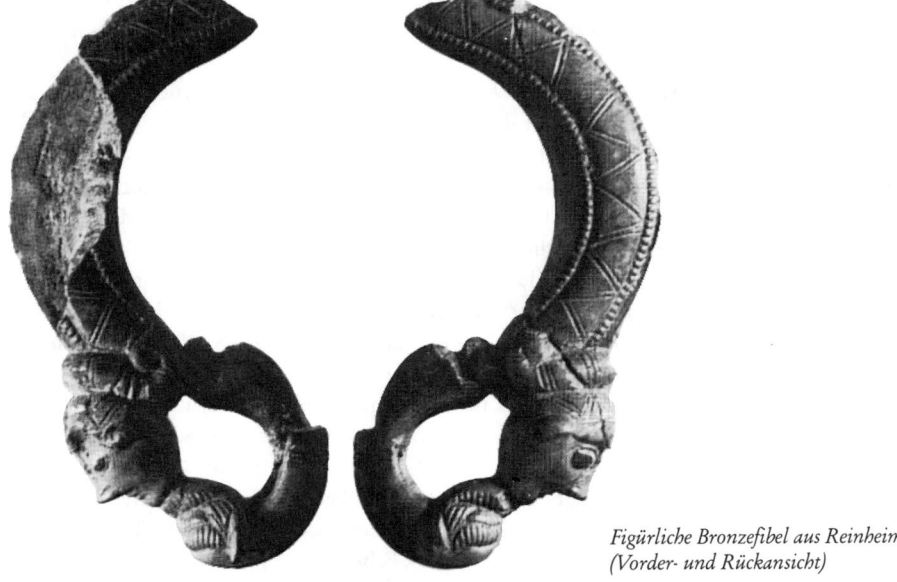

*Figürliche Bronzefibel aus Reinheim
(Vorder- und Rückansicht)*

Bliesbruck entlang der Landstraße nach Reinheim, zwischen dem französischen und dem deutschen Zollhaus, die Gemarkung ›**Steinfelder**‹ systematisch zu durchforschen. 1983 wurde das Gelände vom Département Moselle zur ›Sache öffentlichen Interesses‹ erklärt und zum großen Teil angekauft, seit 1984 steht es unter Denkmalschutz.

Von Anfang an arbeitete das französische Grabungsteam dabei mit befreundeten Kollegen aus dem Saarland zusammen, vollends international wird es in den Sommerferien mit den Schülern und Studenten. Dann ist Jean Schaub in seinem Element und koordiniert auf Französisch, Deutsch und in Lothringer Platt, das hier manchmal noch alemannisch eingefärbt ist, und – à la bonheur – die Ergebnisse können sich sehen lassen. Ein drei Hektar großer, städtisch organisierter gallo-römischer *vicus* (ähnlich wie der 15 km weiter nördlich gelegene von Schwarzenacker) ist nach und nach zu Tage gekommen. Zunächst einmal der dicht bebaute, durch ein rechtwinkliges Straßennetz erschlossene *Siedlungskern,* die Handwerker und Händler saßen da, Eisenschmiede und Bronzegießer, Töpfer und Bäcker, daneben dann in einer Senke zur Blies hin eine Kultstätte mit Hunderten von Gruben und Opferschächten, sowie, erst jüngst entdeckt, eine große *Thermalanlage,* alles aus dem 1.–3. Jh. n. Chr.

Das Areal durchschneidet die Grenze. Also gräbt man, und mit Erfolg, seit 1987 auch wieder auf deutscher Seite: Eine aufwendige *Villenanlage* von fast 6000 qm Grundfläche liegt inzwischen frei. Ein gemeinsamer ›Europäischer Kulturpark/Parc Archéologique Européen‹ entsteht, und in nicht allzuferner Zeit wird man auf einem archäologischen Lehrpfad, an dem man überdies den Ausgräbern über die Schulter schauen kann, grenzenlos durch ›6000 Jahre Siedlungsgeschichte im Bliesgau‹ wandern können.

☐ Und am Ende die ›Freundschaftsbrücke‹: im Mandelbachtal

Mandelbäume wachsen zwar nicht im Mandelbachtal, aber zuhauf Kopfweiden, die wegen ihrer Blätter auch ›Mandeln‹ (oder Mandelweiden) genannt wurden und dem Bach und einer 1239 erstmals erwähnten Siedlung an seiner Mündung in die Blies den Namen gaben. Ein Gedenkstein zur 750-Jahr-Feier, der weniger ein Stein an der – als einer über die – Grenze sein will, hält die Anlässe fest. Mandelbach ging in Habkirchen auf und feierte 1974 wieder Urständ bei der Schaffung der **Verbandsgemeinde Mandelbachtal,** von deren acht Orten nur die Hälfte am Bach selbst liegt.

Alt sind die Orte alle. Aufgrund seiner klimatisch und geographisch günstigen Lage gehörte das Tal, wie der ganze Bliesgau, zu den von den Römern bevorzugt aufgesiedelten Landstrichen. Allein in den Gemarkungen von Erfweiler-Ehlingen und Wittersheim wurden bis heute mehr als zehn römische Siedlungsstellen entdeckt. Die goldene Scheibenfibel aus einem Frauengrab des merowingischen Friedhofes von **Wittersheim** (aus dem frühen 7. Jh. n. Chr.) dokumentiert dann eindrucksvoll den hohen Standard des heimischen fränkischen Kunsthandwerks und veranschaulicht gleichzeitig, wie hier in den Grabbeigaben – wir sind noch immer an einer Nahtstelle – Heidnisches mit Christlichem verquickt ist.

St. Martin in **Habkirchen** ist die Kirche des Franken Appo, gegründet als Eigen- und Pfarrkirche für den Umkreis im 9. Jh. auf dem guten Boden im Winkel von Mandelbachtal und Blies, 819 kam sie an das Kloster Hornbach. Zur Gruppe der Hornbacher Türme gehört denn auch der (heute) älteste Teil der Kirche aus dem 12. Jh., der nach dem Zweiten Weltkrieg wiederhergestellte und um ein Geschoß erhöhte Chorturm mit dem charakteristischen Satteldach, im Untergeschoß ist eine spätgotische Sakramentsnische erhalten. Das (ebenfalls wiederaufgebaute) Langhaus stammt von 1785, fünf Barockstatuen der alten Einrichtung stehen im neuen Hochaltar (u. a. St. Petrus, St. Wendalinus und St. Adolph), frei im Chor außerdem Maria und Joseph. **St. Anna,** die (wie die Beruser Oranna, s. S. 184 ff.) die Jungfrauen an den Mann zu bringen half – »O heilischi Mudder Ann, bescher ma doch e Mann«, betete man einschlägig –, hat ihre eigene (neue alte) **Kapelle** seit 1949/50 wieder an der Reinheimer Straße. An der Zweibrücker Straße verweist in einem bäuerlichen *Bildstock* (1664) Christus als Schmerzensmann, Wanderern zu Nutz' wie Wallfahrern zu Frommen, auf den Weg nach Gräfinthal.

Talaufwärts liegt **Bebelsheim.** Von der alten **Pfarrkirche St. Margaretha** (12. Jh.) steht (wie in Erfweiler und Reinheim und im benachbarten lothringischen Zetting) nur noch der Rundturm aus verputztem Bruch-

Goldscheibenfibel aus Wittersheim

steinmauerwerk. Das romanische Langhaus wurde 1737 abgebrochen und durch einen Saalbau ersetzt, dieser 1831 nach Westen erweitert. Beachtung verdienen die Altäre des 18. Jh. im Innern, der Seitenaltar allerdings aus Resten zweier im Krieg zerstörter zusammengesetzt, die spätbarocke Kanzel (um 1800), mit dem lehrenden Christus auf der Rückwand, sowie einige farbig gefaßte Holzfiguren: St. Remigius und St. Margaretha (15. Jh.), Margaretha noch einmal im Hochaltar, St. Quintinus und St. Wendalinus (18. Jh.). Unweit der Kirche das **Pfarrhaus,** ein bäuerliches Einhaus (die Eingangstür bez. 1733) mit Wohnteil, Scheune und Stall; bis in unser Jahrhundert ging der Pfarrer noch hinter dem Pflug. Bäuerlich barocke Arbeiten auch die *Wegkreuze* außen am Kirchturm und verstreut im Dorf. In Wittersheim findet sich in der Dorfmitte und an der Mühle der gleiche Typ.

Erfweiler-Ehlingen: ein Jahrhundert lang (1223–1318) waren die Herren von Erfweiler die Burgmänner von Blieskastel (Ehlingen wird erst 1383 genannt). Von ihrer Erfweiler Burg stammt der Rundturm mit den vier Klangarkaden (12. Jh.) der katholischen **Pfarrkirche St. Mauritius,** daneben erhielt sich nur noch der rechteckige mittelalterliche Chor (14. Jh.). Das 1824 an die Südseite angebaute Langhaus wurde 1904 durch einen neogotischen Saalbau mit offenem Dachstuhl ersetzt, 1954 kam über der Portalvorhalle ein zweiter Turm hinzu. Bei der Neugestaltung des *Chorraums* 1977 entdeckte man eine alte Sakramentsnische mit einem Okulusfenster und legte die reiche ursprüngliche Fassung des Hauptaltars frei, ein dankbares Objekt für Stilgeschichte: neogotisch die Mensa, frühbarock das Steinretabel, etwa gleichzeitig die Reiterfigur des Kirchenpatrons in der Ädikula, das Altarblatt, mit einer Ortsansicht im Hintergrund, wieder modern (von 1928). Draußen steht am Turm das schönste barocke Memento, ein gleich zweimal in Anspruch genommener *Grabstein* (1789 und 1800), auf der Kartusche unterm Kreuz mahnt fromm der barocke Spruch: ›Hier in dieser kalten Erde liegt Rosina Kihm begraben, Das für sie gebethen werde, warnen uns die Todesraben.«

In **Ommersheim** führt eine hohe Treppenanlage zur spätklassizistischen katholischen **Pfarrkirche Mariä Heimsuchung** von 1829 (›Frauen-Ommersheim‹ hieß der Ort schon im Mittelalter zur Unterscheidung von Ormesheim). Ein Erweiterungsbau von 1967/68 funktionierte sie zum Chor um. Die Szenerie blieb gleich eindrucksvoll. Einige gute alte Stücke haben sich im Innern erhalten: im Chor, wie in den Nachbardörfern, eine Sakramentsnische (15. Jh.), Sonne und Mond stehen hier über ihr, eine Laurentiusstatue und ein Vortragekreuz (aus den fünfziger Jahren des 18. Jh.) des Holzschnitzers Jean Madersteck, der Stummsche Orgelprospekt von 1838 und eine Madonna (14. Jh.) aus Poitiers, eine Votivgabe aus unseren Tagen.

Eine (für das Saarland) ebenso merkwürdige Provenienz hat in **St. Mauritius** in **Ormesheim** ein Farbfenster: Es kommt aus der Mark Brandenburg, aus Kloster Lehnin (14. Jh.). Daß unser Holzschneider ein nicht minder meisterlicher Steinbildner war, kann man drunten an der alten Pferdeschwemme sehen: »J. Martersteck fecit 1753« ist das *Wegkreuz* dort signiert. – Der Weg führt nach Gräfinthal, vorbei an der 1717 erstmals erwähnten ›Strudelpeterkapelle‹, die mit einer Heimkehrergeschichte (aus den Türkenkriegen) verbunden ist, der Überlieferung nach einem der »Wunderwerke, so von Anfang zu Ehren der Mutter Maria erzeigt worden«. Die *alte Pfarrkirche* in **Bliesmengen-Bolchen** war Peter Strudels Namenspatron, St. Peter in Ketten, geweiht. Sie ist heute Friedhofskapelle. Die beiden Untergeschosse des Turmes stammen noch aus dem 14. Jh. In der neuen **Pfarrkirche St. Paulus,** einem Stahlbetonbau über einem Parabel-Grundriß (1963–65), steht, im Kontrast fast schon exotisch, Jean Maderstecks Gräfinthaler Hochaltar (erste Hälfte 18. Jh.). Interessant an der Hauptstraße zu beobachten: wie sich die *Arbeiterbauernhäuser* des 19. Jh. (mit ihrem kleineren Wirtschaftsteil) zwischen die stattlichen älteren Bliesgau-Bauernhäuser schieben. Zeichen eines wirtschaftlichen und sozialen Wandels, der nicht ohne Einfluß auch auf die bauliche Substanz der Dörfer blieb.

Der gelassene Wechsel und die schnellen Zerstörungen ... In **Gräfinthal** zeigt sich, wie die Zeit ihr Werk tut. Zünftig kommt man am besten über das **Brudermannsfeld**, über das ein alter Pilgerweg führt. Dort markiert – halb Mär' halb mehr – ein *Stationskreuz von 1695* den Zufluchtsort der »Gottseligen Einsidler«, Wilhelmiter-Eremiten, deren Andachtsbild,

Deutsch-lothringisches Paar vor den Resten des Klosters Gräfinthal. Holzschnitt von Otto Körner, 19. Jh.

der ›Muttergottes mit den Pfeilen‹ (ein Vesperbild des frühen 14. Jh.), die Gräfin Elisabeth von Blieskastel die Heilung von einem Augenleiden verdanken soll. »Dankbarkeit halben« jedenfalls stiftete sie am Fuße des Feldes ein *Kloster,* 1243 oder 53 den verschiedenen Überlieferungen nach, wohin sie »das miraculos Bild« übertragen ließ. Konvent und Wallfahrt überdauerten trotz aller Heimsuchungen die Jahrhunderte und kamen im 18. Jh. noch einmal zu Wohlstand und Ansehen. Vornehmster unter den Gönnern war der vertriebene Polenkönig Stanislaus Leszczynski, der in seinem Zweibrücker Exil (1714–18) durch ein Wunderbüchlein auf Gräfinthal aufmerksam wurde und es fortan mit seiner Familie besuchte. Der zweibrückisch-schwedische Architekt Jonas Erickson Sundahl baute 1714–19 die neue Kirche, Jean Madersteck aus Saarbockenheim (heute Sarre-Union) stattete sie kostbar aus. Stanislaus' 1717 verstorbene Tochter ist hier beigesetzt. Ende 1785 wurde das Kloster, inzwischen das letzte der Wilhelmiten in Deutschland, aufgelöst, in ein weltliches Chorherrenstift umgewandelt und dieses nach Blieskastel verlegt. Dorthin kam auch das Gnadenbild. Gräfinthal überließ man dem Verfall, 1787 begann der Ausverkauf, 1793 die Versteigerungen. Die Ausstattung ging nach Bliesmengen, Biesingen und Blieskastel, die schönsten Stücke nach Reinheim, die Glocken nach Glanmünchweiler. 1803 erwarb der Handelsmann und (spätere) Maire von Sarreguemines Jean Baptiste Mathieu das Kloster, richtete dort eine Seidenfabrik ein und baute in den Chorschluß der Kirchenruine eine **Kapelle** (1809). In ihr hat er auch sein Grab (der Sarkophag um 1845), er ruht wohl in der gleichen Gruft wie die polnische Prinzessin. Die Kapelle wurde im März 1945 erheblich zerstört und 1948 wiederhergestellt. Seit 1993 besiedeln wieder niederländische Benediktiner den Konvent.

Eine Mauer umgibt noch heute den Klosterbezirk. Die Umfassungsmauern der *Kirche* sind bis zur Höhe des Hauptgesimses erhalten. Ein rundbogiges Portal mit kräftiger Pilasterordnung, im Schlußstein datiert 1719, führt in das offene Langhaus, dessen Sommerlindenallee leider gefällt wurde. An der Südwand steht ein Altar mit einem Vesperbild aus Stein (Ende 17. Jh.), in der Nordwand ist ein spätromanisches Portal, mit einer Rosette im Tympanon, vermauert. In der Kapelle selbst verblieb von der alten Ausstattung nur das Grabmal der Stifterin, Elisabeth starb 1273: eine Liegefigur in faltenreichem Gewand, Hund und Affe, Sinnbilder von Treue (die sie bewahrte) und Laster (dem sie entsagte) zu Füßen (14. Jh.), der Kopf von einer anderen Statue, Haar und Hände, auch die Tiere in Gips ungeschlacht ergänzt. Der lebensgroße Kruzifixus, dessen Fußstütze als Untier ausgebildet ist (14. Jh.), mit der ursprünglichen, 1959 freigelegten Fassung wurde von Mathieu erworben, ebenso der spätbarocke (mit neobarocken Teilen komplettierte) Hauptaltar. Aus dem Kunsthandel kommt die Mondsichelmadonna (zweite Hälfte 15. Jh., mit niederrheinischen Anklängen) in der Altarnische.

Durch ein Seitenportal (1714), in dessen Dreiecksgiebel das Wappen der Wilhelmiten gesetzt ist: drei Halbmonde, zwölf Lilien unter der Grafenkrone (zwei ›Wilhelme‹ sind hier nur verwechselt, der berühmte Graf von Aquitanien mit dem Ordensgründer Wilhelm von Mallavalle), gelangt man in den Klostergarten. Alle Konventshäuser standen in seinem Bereich, erhalten sind nur Mauerreste und ein Kellergewölbe. Die Wirtschaftsgebäude lagen davor, das originellste Relikt ein *Taubenhaus* (Abb. 64) auf vier Säulen (1766). Aus dem alten Brauhaus und der Schmiede sind Gasthäuser geworden, was Wunder: Die Weltfrommen überwogen mit der Zeit die Wallfahrer. Wanderer kommen und gehen allemal.

Eine neue Route, der ›*Gräfinthaler Weg*‹, führt entlang der alten Pilgerpfade in die Runde. Er führt an der Naturbühne vorbei und geht über die Hügel, wo vor 100 Jahren noch die »beste Sorte des Bliesweins« wuchs, wie August Becker befand, der ›Muttergotteswein‹. Auch über die Grenze geht er, das gehört sich hier so; die Brücke, die das saarländische Habkirchen mit dem lothringischen Frauenberg verbindet, bekam im Sommer 1989 einen neuen Namen: ›**Europäische Freundschaftsbrücke**‹/›**Pont de l'amitié Européenne**‹.

Blick über die Freundschaftsbrücke

GRENZGANG VII

Nach **Hornbach** verschlägt's so leicht niemand. Und doch wollte hier im rauhen Westrich Pirminius, der»Vater der Klöster«, statt auf der paradiesischen Reichenau»das Ende seines Lebens erreichen, bis die Posaune des Herrn vom Himmel ertönt, und alle Toten auferstehen«. Er starb 753. Als man 1200 Jahre danach sein Grab wiederentdeckte, war es leer. Im alten Grenzwinkel mäandern Bickenalb und Schwalb durch die Wiesen. Baumgruppen entfalten sich, im silbrigen Licht blitzen die Blätter. Der Weg führt durchs Pans Land. Pan hockt nur manchmal hinter den Bunkern. Der *Simserhof* gehörte zu den wichtigsten Forts der Maginot-Linie. Auf dem ›Camp militaire de Bitche‹ spielt man noch immer den Krieg nach, allen Ernstes. Schroff ragt die Zitadelle – 40 Meter hohe Quadermauern auf gewachsenem Fels – über der Stadt **Bitche.** »Daß sie die Vogesen und Lothringen deren Feinden verschlösse«, wurde die Festung 1679 nach Plänen Vaubans ausgebaut, kurz darauf zerstört, 1714 wieder instandgesetzt. Nie ist sie im Sturm genommen worden. Im Lande honoriert man das mit dem Ehrentitel ›La Pucelle‹. Der Blick droben ins Waldland könnte friedlicher nicht sein.

Von den kühn auf die Buntsandsteinfelsen gesetzten 20 Burgen ringsum verdient der *Falkenstein* (12. Jh.) die Drei Sterne. Aus Nancy kam 1866 Emile Gallé nach *Meisenthal* und lernte bei Burgun Schwerer & Co. die Chemie des Glases. Die Art nouveau hat hier ihre Wurzeln. Als nach dem Siebziger Krieg Meisenthal deutsch wurde, lieferte die Hütte über zwei Jahrzehnte weiter das Gros der weltberühmten Gallé-Gläser. Auf Grund eines Geheimvertrages. Eines der früheren Fabrikgebäude dient jetzt als ›Maison du Verre et du Cristal‹. Ein christianisierter Menhir, der *Zwölf-Apostel-Stein,* markiert über Meisenthal die elsässische Grenze und weist der Deutsch-Französischen Touristik-Route den Weg, nach (deutsch) Lützelstein und (französisch) **La Petite-Pierre.** In der alten Bergfeste hat im Schloß über dem Dorf abermals die friedlichste Sache ihren Platz: das Zentrum des Naturparks der Nordvogesen. Im Chor der Mariä Himmelfahrts-Kirche im ›Städtel‹ wächst im Gewölbe der Stammbaum Christi, der Baum wächst aus der Brust von Anna und Joachim, in seiner Krone steht in Blättern und Blüten Maria, die zweite Eva, und über ihr Christus am Baum des Kreuzes, der der Baum des Sündenfalls war, ein zweiter Adam.

Die Wanderer kommen aus dem Wald, besichtigen deutsch und gründlich Lützelstein und essen gut und französisch in La Petite-Pierre. Und für einen kostbaren Augenblick ist La Petite-Pierre das Paradies.

Naturräumlicher Abriß

von Heinz Quasten

Wie kaum ein anderer Raum Mitteleuropas ist das Saarland auf einer Fläche von nur knapp 2600 km² in seiner Landesnatur differenziert ausgeprägt. Gesteine aus dem Erdaltertum bis in die geologische Neuzeit sind verbreitet und bilden mit ihren jeweils charakteristischen Reliefformen und Böden die Grundlage für ein kleingekammertes Mosaik von unterschiedlich gestalteten Kulturlandschaften.

Das Großraumklima ist in einem Raum mit einem größten Durchmesser von nur 85 km und Höhenlagen zwischen rund 200 m und 700 m nicht sehr differenziert. Es gehört zur atlantisch geprägten Variante des feuchtgemäßigten Klimas Mitteleuropas. Dies bedeutet, daß bei insgesamt höherer Luftfeuchtigkeit die Winter milder und die Sommer kühler sind als im Osten Deutschlands. Auch durch das Niederschlagsmaximum im Herbst und Winter mit dem Dezember als regenreichstem Monat und ein schwächeres, sekundäres Maximum im Juli unterscheidet sich das Klima des Saarlandes von der kontinentalen Variante Ostdeutschlands mit seinem Niederschlagsmaximum im Sommer. Die Jahresniederschläge liegen zwischen 750 mm im mittleren Saartal und 1100 mm im Bereich der höchsten Erhebungen des Saarlandes im Hunsrück. Die genannten Bereiche sind auch die wärmsten bzw. kühlsten. Die durchschnittlichen Juli-Temperaturen betragen dort über 18 °C bzw. 16 °C, die Januar-Temperaturen 1 °C bzw. -2 °C. Die vorherrschende Windrichtung im Saarland ist Südwest.

Zwei geologisch-naturräumliche Großeinheiten reichen in das Saarland von Norden, Westen, Süden und Südosten hinein.

Die eine Großeinheit ist das **Rheinische Schiefergebirge**. Mit seinem südlichsten Gebirgszug, dem **Hunsrück**, bildet es die nördliche Begrenzung des Landes.

Als zweite Großeinheit bestimmt das **Pariser Becken** mit seinen am weitesten nach Osten reichenden und ältesten geologischen Abteilungen, dem *Muschelkalk* und dem *Buntsandstein,* den westlichen, südlichen und südöstlichen Rahmen des Saarlandes. Unter dem Aspekt der typischen Reliefausprägung wird der größere Teil der in das Saarland hineinreichenden Randzone des Pariser Beckens dem **Lothringisch-pfälzischen Schichtstufenland** zugerechnet.

Den flächenmäßig größten Teil des Saarlandes nimmt das südwestliche **Saar-Nahe-Bergland** ein, eine naturräumliche Einheit geringeren Ausmaßes. Von Teilen der genannten Großeinheiten umrahmt, reicht es vom Saarland bis an den Rand des Oberrheingrabens. Geologisch umfaßt dieser Naturraum die Gesteine der beiden jüngsten Formationen des Erdaltertums, des *Karbons* und des *Perms,* und mit den Schichten des *Unteren und Mittleren Buntsandsteins* die ältesten Ablagerungen des Mesozoikums, des Erdmittelalters.

☐ Der Hunsrück

Der Hunsrück ist ein von Nordost nach Südwest streichender Gebirgszug, der vom Mittelrhein zwischen Koblenz und Bingen sich keilförmig verschmälernd bis kurz vor das Moseltal reicht.

Den größten Teil seiner Fläche nehmen Hunsrückschiefer ein. Es sind als Tiefseetone abgelagerte

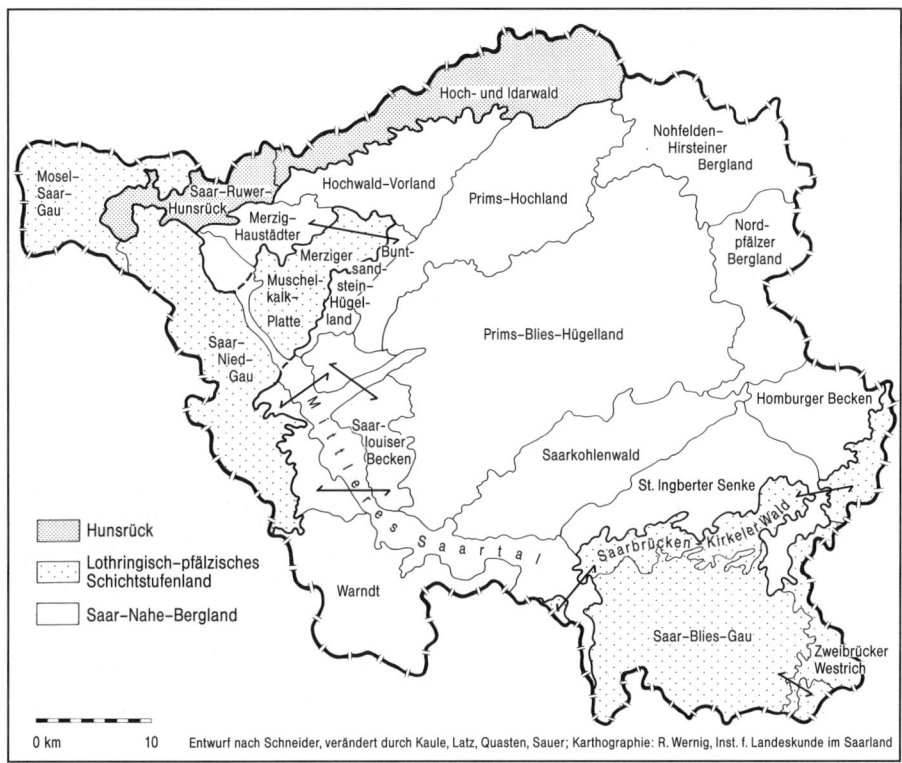

Plan der naturräumlichen Gliederung

Map labels:
Hoch- und Idarwald
Nohfelden-Hirsteiner Bergland
Mosel-Saar-Gau
Saar-Ruwer-Hunsrück
Hochwald-Vorland
Prims-Hochland
Nord-pfälzer Bergland
Merzig-Haustädter
Merziger
Muschel-kalk-Platte
Bunt-sand-stein-Hügel-land
Saar-Nied-Gau
Prims-Blies-Hügelland
Saar-louiser Becken
Homburger Becken
Saarkohlenwald
St. Ingberter Senke
Saarbrücken
Kirkeler Wald
Warndt
Saartal
Saar-Blies-Gau
Zweibrücker Westrich

Legend:
Hunsrück
Lothringisch–pfälzisches Schichtstufenland
Saar–Nahe–Bergland

0 km   10   Entwurf nach Schneider, verändert durch Kaule, Latz, Quasten, Sauer; Kartographie: R. Wernig, Inst. f. Landeskunde im Saarland

Gesteine, die durch Druck zu schwarzen bis grün-grauen Tonschiefern umgewandelt wurden. Sie sind gegen die Abtragung wenig widerstandsfähig. Ganz im Gegensatz dazu steht die zweite Gesteinsart, die den Hunsrück prägt. Es ist Taunusquarzit, ein weißlich-hellgraues, sehr hartes und widerständiges Gestein, das aus in Flachseebereiche eingeschütteten Quarzsanden durch kieselige Verfestigung entstanden ist.

Diese Gesteine sind in der *Devon*zeit vor 400 bis 350 Mio. Jahren abgelagert worden. Während des folgenden geologischen Zeitalters, des *Karbons*, wurden sie zu einem Gebirge aufgefaltet, dem ›variskischen Gebirge‹, von dem noch die Rede sein wird. Dieses Gebirge wurde anschließend wieder weit-

gehend abgetragen. Der Erosion hatten die Hunsrückschiefer wenig Widerstand zu bieten. Im Bereich ihrer Verbreitung wurde das Gebirge bis auf einen nur wenig über den Meeresspiegel aufragenden Gebirgsrumpf eingeebnet. Die Taunusquarzite widerstanden der Abtragung entschiedener, so daß ihre Vorkommen als ›Härtlinge‹ aus den Schiefern herauspräpariert wurden und die Rumpffläche überragten. Man nimmt an, daß der Einrumpfungsvorgang vor ca. 25 Mio. Jahren abgeschlossen war. Heute liegt die Rumpffläche nicht mehr knapp über dem Meeresspiegel, sondern in rund 500 m Höhe. Dies ist das Ergebnis einer Hebung des ganzen Gebirgsblocks, die nach der Einrumpfung begann und wahrscheinlich bis heute fortdauert.

Diese Hebung wurde von mindestens einer lang-
andauernden Stillstandsphase unterbrochen, während der sich an den Rändern der alten Rumpffläche ein neues Tieflandsniveau einstellte, das man
heute in rund 400 m Höhe antrifft. In dieses sind
die noch jüngeren Täler, wie zum Beispiel das der
Mosel, tief und steil eingeschnitten.

Diese Entwicklungsgeschichte ist der Grund
dafür, daß der größere Teil des Hunsrücks gar nicht
den Charakter eines Gebirges hat. Das flachwellige Relief des gehobenen alten Gebirgsrumpfes
bezeichnet man daher als ›Hunsrückhochfläche‹.
Gebirgigen Charakter bekommt der Hunsrück
dagegen im Bereich der Taunusquarzite, die als auf-
gesetzte, walfischartige Rücken immer noch das
alte Flachniveau überragen und aus ihm um 200
bis 300 m meist jäh aufsteigen.

Der größte dieser Quarzitrücken ist der ›Schwarzwälder Hoch- und Idarwald‹, der den Südrand des
westlichen Hunsrücks bildet und sich von wenig
östlich der Saar in nordöstlicher Richtung über
rund 50 km hinzieht. Nur in ihm hat das Saarland
Anteil am zentralen Hunsrück. Der Schwarzwälder
Hoch- und Idarwald bildet einen fast geschlossenen
Wall. Lediglich zwischen Wadrill und Otzenhausen, wo auf einer Länge von knapp 10 km der Taunusquarzit durch Schiefer und Sandsteine ersetzt
ist, wird der Wall von der Prims, dem Wadrill-
bach und einigen Nebenbächen von Norden her
durchbrochen. Westlich dieser Pforte erreicht der
Schwarzwälder Hochwald eine größte Höhe von
695 m, und genau über diese Höhe verläuft die
Grenze des Saarlandes. Östlich der Pforte ist er in
einen nördlichen und einen südlichen Flügel zweigeteilt. Der südwestliche Teil des Südflügels erreicht
wieder eine Höhe von 695 m, und wieder verläuft
die saarländische Grenze über diesen Punkt. Diese
beiden Höhen sind zugleich die höchsten Erhebungen des Saarlandes. Von Süden her gesehen bildet
der Quarzitrücken des Schwarzwälder Hoch- und
Idarwaldes einen Gebirgsriegel, der das Land nach
Norden abschließt.

Vom natürlichen Potential her sind die südlich
vorlagernden, sauren Sandsteine des *Oberrotliegen-*
den, von dem noch die Rede sein wird, dem Taunus-

Kalbenberg bei Blickweiler (Bliesgau), Schichtstufe im
Muschelkalk

quarzit verwandt. Auch sie sind geschlossen bewaldet. Diese und die Taunusquarzite sind daher zu der
naturräumlichen Einheit ›**Hoch- und Idarwald**‹
zusammengefaßt.

Die südwestliche Verlängerung des Schwarzwälder Hochwaldes, dort wo der Hunsrück keilförmig
ausläuft, wird als ›Orscholzer Riegel‹ bezeichnet.
Dieser wird ebenfalls aus Taunusquarzit gebildet,
erreicht aber nur Höhen von wenig mehr als 400 m.
In diesen Riegel hinein ist die Saarschleife 200 m eingetieft. Der Einschnitt der Saar in den Orscholzer
Riegel ist die einzige Stelle im Bereich des Hunsrücks, an der es einem Fluß gelungen ist, seinen
alten Lauf, den er schon vor der Hebung des Hunsrücks besaß, beizubehalten. Seine Erosionskraft
war so groß, daß die fortwährende Eintiefung des

Flußbettes mit der allmählichen Heraushebung des Gebirgsblockes Schritt halten konnte. Nach Westen zu tritt bis zum Dorf Oberleuken der Taunusquarzit an die Oberfläche. Dort ist auch die Begrenzung des Naturraumes ›**Saar-Ruwer-Hunsrück**‹ anzusetzen.

Der kleine saarländische Anteil am Hunsrück stellt fast geschlossenes Waldland dar. Der Taunusquarzit und die Rotliegendsande geben für die landwirtschaftliche Nutzung ungünstige Böden ab. Zum großen Teil ist das Gelände für eine Beackerung zu steil. Hier fallen mit ca. 1000 mm/Jahr die höchsten Niederschläge und herrschen mit –1°C bzw. 16°C die niedrigsten Januar- bzw. Julitemperaturen des Saarlandes, ebenfalls ungünstige Bedingungen für die Landwirtschaft. Die natürliche

Waldvegetation wäre hier ein fast reiner Buchenwald. Forstlich dominiert allerdings bis heute die Fichte, die allmählich durch naturnahe Gehölze ersetzt werden soll.

☐ Das Lothringisch-pfälzische Schichtstufenland

Das Pariser Becken ist eine geologische Raumeinheit europäischer Dimension. Man hat seinen Aufbau oft mit einem Satz verschieden großer Teller verglichen, die so gestapelt sind, daß von unten nach oben auf den größeren Teller der nächst kleinere folgt und die Tellerränder auf einer Höhe liegen. Jeder Teller steht dabei für ein Paket aus Sedimentgesteinen, das horizontal abgelagert, dann aber im Verlaufe der Erdgeschichte schalenartig verbogen worden ist. Der unterste größte Teller stellt das älteste und damit auch am tiefsten liegende Schichtpaket dar. Nach oben und zum Inneren des Stapels hin werden dann die Gesteine immer jünger. Das Zentrum dieses Stapels ist die Ile de France, in der Paris liegt. Wer von dort nach Osten fährt, durchquert bei den Gesteinen des *Tertiärs* beginnend immer ältere Gesteine, über die der *Kreide-* und der *Jura*zeit hinweg bis zu denen der *Trias*zeit. Die Trias ist in drei geologische Stockwerke gegliedert. Das jüngste, der *Keuper,* ist mit seinen Gesteinen östlich der Mosel in Lothringen weit verbreitet und reicht nur ganz kleinflächig in das Saarland hinein. Die mittlere und die ältere Trias, der *Muschelkalk* und der *Buntsandstein,* sind dagegen im Saarland in größeren Bereichen anzutreffen. Die beiden untersten ›Teller des Stapels‹ treten hier also mit ihren Rändern an die Oberfläche.

☐ Die Muschelkalk-Landschaften

Das Gesteinspaket des Muschelkalks, vor ca. 200 Mio. Jahren als Meeressediment entstanden, erreicht im Saarland eine Mächtigkeit von rund 150 m. Das namengebende Gestein ist vorwiegend Kalkstein. Aber auch Dolomit und Mergel, ein Gemenge aus Ton und feinverteiltem Kalk oder Dolomit, kommen vor. Besonders reliefprägend ist eine bis zu 50 m mächtige Bank aus harten Kalksteinen im *Oberen Muschelkalk.* Sie bildet, sieht man von einer wenig mächtigen Auflage aus Mergeln und dünnbankigen Kalken ab, das harte Dach des Muschelkalkpaketes. Wo Fließgewässer dieses Dach noch nicht durchschnitten haben, ist ein flachwelliges Relief ausgebildet. Sobald sich Bäche allerdings durch dieses harte Dach der sogenannten Trochitenkalke hindurchgeschnitten hatten, konnten sie sich in die darunter liegenden weichen Mergelschichten des *Mittleren Muschelkalks* leicht eintiefen und das Gestein großflächig ausräumen. In diesen Fällen entstanden charakteristische Formen der Talhänge, nämlich flachgeneigte Talflanken in den weicheren Gesteinen des Mittleren Muschelkalks, die nach oben in eine Steilstufe in den widerständigen Trochitenkalken übergehen. Da diese ausgeprägten Geländestufen an die Härte einer Gesteinsschicht gebunden sind, nennt man sie ›Schichtstufen‹. Schichtstufen mit einem steilen ›Trauf‹, über der sich eine flachwellige ›Landterrasse‹ und unterhalb der sich eine wenig steile ›Hangschleppe‹ entwickelt hat, sind daher das charakteristische Reliefmerkmal der Muschelkalkgebiete. Im *Unteren Muschelkalk* steht eine weitere Schicht gebankter Kalke an, die ihrerseits wieder zur Ausbildung von allerdings kleineren Schichtstufen führte. Zum Teil haben sich die Fließgewässer, zum Beispiel auf einem längeren Flußabschnitt die Blies, durch das ganze Schichtpaket des Muschelkalks hindurchgeschnitten und sind in das darunterliegende Gestein aus der Buntsandsteinzeit eingetieft.

Die Muschelkalklandschaften werden im ganzen südwestdeutschen Raum als ›Gaue‹ bezeichnet, so auch im Saarland. Das Muschelkalkgebiet des südlichen Saarlandes ist der ›Saar-Blies-Gau‹, der sich von der Saar bis an die östliche Landesgrenze erstreckt. Allgemein wird diese naturräumliche Einheit verkürzt Bliesgau genannt. Entlang der westlichen Landesgrenze ziehen sich der ›Saar-Nied-Gau‹, kürzer als Saargau bezeichnet, und nördlich anschließend und auf rheinland-pfälzisches Gebiet hinübergreifend der ›Mosel-Saar-Gau‹, kürzer Moselgau genannt, hin. Im Bereich der mittleren Saar greift nur zwischen Rehlingen und Merzig der Muschelkalk als 7 km breite und 15 km lange Zunge auf die rechte Flußseite hinüber. Dieses als ›Merziger Muschelkalkplatte‹ bezeichnete Gebiet hebt sich einerseits deutlich durch seine Höhenlage bis 418 m vom Umland ab, und andererseits weist das Saartal beim Durchschneiden dieses Riegels ein enges Tal auf, das sich von den südlich und nördlich anschließenden weiten Talräumen unterscheidet.

Die Böden der Gaue, außerhalb der Schichtstufentraufe, sind infolge ihrer hohen Tonanteile zwar schwer zu bearbeiten – deshalb werden sie als ›schwere Böden‹ bezeichnet –, aber sie sind fruchtbar. Die Gaue stellen daher altbesiedeltes Land dar. Spätestens seit der römischen Zeit sind sie weiträumig offen und in landwirtschaftlicher Kultur. Die Schichtstufentraufen sind steil und werden daher allenfalls als extensive Weiden und Wiesen genutzt. Der Wald ist in den Gauen auf die besonders steilen Hänge und auf staunasse Bereiche der Landterrassen beschränkt.

In den Gauen steigt das Relief auf knapp über 400 m Höhe an, während die Talböden der größeren Bäche, beispielsweise der Blies und der Nied, auf einem Niveau von ca. 200 m liegen. Die Niederschläge betragen um 800 mm/Jahr. Die durchschnittliche Januartemperatur fällt nur in den höchstgelegenen Geländebereichen unter den Gefrierpunkt, während die durchschnittliche Julitemperatur je nach Höhenlage zwischen 17 °C und 18 °C beträgt. Südlich exponierte Hänge weisen als lokalklimatische Besonderheiten deutlich höhere Temperaturen auf. Sie sind daher Standorte submediterraner Arten der Tier- und Pflanzenwelt. Hier sind auf extensiv genutzten Wiesen u. a. zahlreiche Orchideenarten zu finden (s. auch S. 354ff.).

Die natürliche Vegetation der Gaue ist ein Eichen-Hainbuchen-Wald, in dem vor allem in den unteren Lagen auch zahlreiche Edellaubholzarten, wie Kirsche und Ahorn, vertreten sind. Mit zunehmender Höhenlage tritt vermehrt die Buche hinzu. Auch die vorhandenen Forstbestände sind ganz überwiegend Laubwälder, in die nur vereinzelt Nadelholzbestände eingesprengt sind.

Sehr kleinflächig ragt östlich des Bliesgaus der ›Zweibrücker Westrich‹ in das Saarland hinein. Er ist ebenfalls durch den Muschelkalk geprägt.

Allerdings ist hier nur noch der Untere Muschelkalk verbreitet, der in Form flacher Riedel (= langgestreckte Erhebung zwischen benachbarten Tälern) und Höhenzüge auftritt, zwischen denen sich die Bäche in den darunterliegenden Buntsandstein eingetieft haben. Da hier der stufenbildende Obere Muschelkalk und die die fruchtbaren Böden abgebenden Schichten des Mittleren Muschelkalks fehlen, sind das Relief und die ökologischen Bedingungen ganz andere als in den Gauen.

☐ Die Buntsandstein-Landschaften

Der Buntsandstein, das älteste Gesteinspaket der Trias, ist als äußerer Rand des Pariser Beckens im Saarland überall dem Muschelkalk nach Norden bzw. Osten vorgelagert. Als älteres Gestein und ›äußerer Tellerrand‹ des Beckens schaut er sozusagen unter dem Muschelkalk hervor. Hier sind die Gesteine ganz anders als in den Gauen. Generell sind es sandige Gesteine, gelblich, grünlich, meist rötlich bis tiefrot gefärbt. Die Skala der petrographischen Beschaffenheit reicht von lockeren Sanden bis zu mächtigen Sandsteinbänken. Im Gegensatz zu den Meeressedimenten des Muschelkalks, die fossilführend sind, sind die Gesteine aus der Buntsandsteinzeit fast fossilfreie ›terrestrische‹ Sedimente, d. h. sie sind unter festländischen Bedingungen als Ablagerungen in flachen Flußtälern und -deltas und Einschüttungen in seichte Inlandseen entstanden. Das Klima jener Zeit vor ca. 220 Mio. Jahren ist mit dem heutigen trocken-subtropischen Klima vergleichbar.

Ähnlich wie im Muschelkalk wechseln in dem – im Saarland bis zu 350 m mächtigen – Buntsandsteinpaket im vertikalen Aufbau harte, widerständige Gesteinsschichten mit weichen, leicht ausräumbaren Schichten ab. Das ist im saarländischen Bereich vor allem im Oberen Buntsandstein der Fall, während im Mittleren Buntsandstein härtere Gesteinsschichten nur lokal markant hervortreten. Unterer Buntsandstein kommt im Saarland überhaupt nicht vor. Die härteren Gesteinsschichten, die als Felsenzonen, Sandsteinplatten o. ä. bezeichnet werden, bilden ebenfalls Schichtstufen oder wenigstens, wenn sie kurz aufeinander folgen,

deutlich im Relief hervortretende, steile Geländeanstiege. Manchmal sind sie als fast senkrechte Felswände ausgebildet, etwa im St. Arnualer Stadtwald, oder die Erosion hat nur noch Reste von ihnen übriggelassen, die als solitäre Felsen erhalten sind, wie zum Beispiel der ›Stiefel‹ bei St. Ingbert. Die zwischen den Sandsteinbänken eingelagerten weicheren Gesteine geben, wo sie flächenhaft zutage treten, ein leicht gewelltes Relief ab. Die geringe Bindung innerhalb dieser Gesteine gestattet eine freie Zirkulation des Grundwassers. Der Buntsandstein ist daher der wichtigste Grundwasserträger des Saarlandes, der wie ein riesiger Schwamm hohe Speicherkapazitäten für Wasser aufweist.

In der unterschiedlichen Reliefausprägung im Mittleren und Oberen Buntsandstein ist es begründet, daß letzterer dem Lothringisch-pfälzischen Schichtstufenland zugerechnet wird. Die Bereiche des Mittleren Buntsandsteins sind dagegen geomorphologisch Teile des Saar-Nahe-Berglandes. Trotzdem werden sie an dieser Stelle besprochen, weil sie geologisch der Großeinheit des Pariser Beckens zuzuordnen und von ihrer Bodenbeschaffenheit und damit vom ökologischen Potential her eng mit den Schichtstufenbereichen des Oberen Buntsandsteins verwandt sind. Der Obere Buntsandstein ist nördlich des Bliesgaus im Saarbrücken-Kirkeler Wald flächenhaft verbreitet und als eigenständiger Naturraum aufzufassen, der geomorphologisch eindeutig dem Schichtstufenland zuzuordnen ist. Im westlichen Saarland dagegen tritt der Obere Buntsandstein zwar als markante Geländestufe in Erscheinung; von der Fläche her stellt er aber nur ein schmales Band am Rande der Gaue dar, das den Naturräumen im Mittleren Buntsandstein und damit dem Saar-Nahe-Bergland zugeschlagen ist.

Das östliche Buntsandsteingebiet des Saarlandes wird als spitzwinkliges Dreieck von den beiden Schenkeln der Strecken Saarbrücken – Einöd und Saarbrücken – Jägersburg sowie von der östlichen Landesgrenze eingeschlossen. Den größten Teil dieses Raumes nehmen Gesteine des Mittleren Buntsandsteins mit einem wenig ausgeprägten Relief ein. Dieser Bereich ist der westliche Teil der sich weit nach Osten erstreckenden ›Kaiserslauterer Senke‹.

Der saarländische Anteil an dieser Senke ist in zwei naturräumliche Einheiten geteilt. Die westliche ist die ›St. Ingberter Senke‹. Sie bildet eine flache, weite Talmulde, an dessen östlicher Begrenzung sich die über Blieskastel hinaus weit nach Süden erstreckende Bliesaue anschließt. Im östlichen Naturraum, dem ›Homburger Becken‹, einer fast tischebenen Terrassenplatte, ist der Buntsandstein zu einem erheblichen Teil von jungen Schottern und Sanden überlagert. Feuchte Moorböden und sehr trockene Sande geben hier ein besonderes natürliches Potential ab.

Gegen den Muschelkalk des Bliesgaus zu liegt in einer schmalen Zone der Obere Buntsandstein an der Oberfläche, in der eine und stellenweise zwei deutliche Schichtstufen ausgebildet sind. Von der Landesgrenze bis zum Schwarzenberg oberhalb der Saarbrücker Universität bildet der Obere Buntsandstein, im Westen auch die hier stufenbildend entwickelte obere Schichtengruppe des Mittleren Buntsandsteins, mit steilhängigen Kuppen und Rücken eine eigene naturräumliche Einheit, den ›Saarbrücken-Kirkeler Wald‹, der sich gegen die nördlich vorgelagerte Kaiserlauterer Senke und gegen den südlich anschließenden Bliesgau absetzt. Die deutlich im Relief hervortretende, wandartige Sandsteinstufe ist durch die ›Wörschweiler Pforte‹, durch die die Blies in den Oberen Buntsandstein eintritt, aufgeschlitzt.

Westlich der Landeshauptstadt liegt der ›Warndt‹, der vom Saartal zwischen St. Arnual und Bous, der nördlichen Talflanke der Bist und der südwestlichen Landesgrenze eingeschlossen wird. Er liegt gänzlich im Bereich der Schichten des Mittleren Buntsandsteins und weist daher ein flachwelliges Relief mit weiten Sohlentälern auf. Lediglich bei St. Arnual reicht von Lothringen her die sogenannte ›Voltziensandsteinstufe‹ des Oberen Buntsandsteins in das Saarland hinein.

Nördlich anschließend, unterhalb des Muschelkalks des Saar-Nied-Gaus, ist der Buntsandstein beiderseits des Saartales zwischen Bous und Rehlingen verbreitet. Dieser vom Saartal und dem unteren Primstal dreigeteilte Naturraum wird als ›Saarlouiser Becken‹ bezeichnet. Überall an der Grenze des Verbreitungsgebietes des Muschelkalks, wo der Buntsandstein sozusagen als dessen Sockel zutage tritt, ist er als mächtige Schichtstufe ausgebildet. Besonders deutlich ist der Gegensatz zwischen dem stufenbildenden Oberen Buntsandstein und dem wenig ausgeprägten Relief des Mittleren Buntsandsteins im Bereich des Saartales bei Dillingen zu erkennen. Dort wird die linke Talflanke von der steilen Voltziensandsteinstufe gebildet, während eine rechte Talflanke ganz fehlt, das Saartal im Bereich der Stadt Dillingen und des Fordwerkes vielmehr in ein Flachrelief übergeht, das im Mittleren Buntsandstein, wenn auch mit auflagernden jüngeren Schotterdecken, ausgebildet ist. Die Dörfer St. Barbara und Berus verdanken ihre eindrucksvollen Siedlungslagen ebenfalls der Voltziensandsteinstufe, die an diesen Stellen spornartig gegen das Saartal hin ausgebildet ist.

Die südliche und nördliche Buntsandsteinumrahmung der Merziger Muschelkalkplatte bildet den Naturraum ›Merzig-Haustädter Buntsandstein-Hügelland‹. In seinem nördlichen Teil reicht der Buntsandstein bis auf die Hunsrückquarzite hinauf.

Der Buntsandstein verwittert zu nährstoffarmen, leichten Sandböden, die für eine landwirtschaftliche Nutzung ungünstig sind. Daher hat eine solche hier nie eine größere Rolle gespielt. Die Buntsandsteingebiete blieben weitgehend Waldland, wie dies auch in dem großen Buntsandsteinvorkommen des Pfälzer Waldes und der Nordvogesen der Fall ist. Die Grenze zwischen den offenen, waldarmen Gaulandschaften und den waldbedeckten Buntsandsteingebieten ist an vielen Stellen auch heute noch scharf gezogen.

Die Geschlossenheit des Waldes auf dem Buntsandstein ist seit langem dort aufgebrochen, wo dem Sandstein fleckenartig jüngere, nämlich tertiäre Sedimente aufgelagert sind, etwa beiderseits des unteren Talabschnittes der Prims, oder gar wo auf breiten Talböden bis in die geologische Gegenwart hinein Schwemmlehme akkumuliert wurden, wie zum Beispiel in der breiten Talaue der Blies zwischen Einöd und Blieskastel. Hier herrschen günstigere Bodenverhältnisse, die die Bauern seit jeher ausnutzten. Und natürlich ist der Wald seit Beginn der Industrialisierung für Siedlungserweiterungen, Verkehrswege usw. an vielen Stellen gerodet worden. Der landschaftliche Gegensatz zwischen den Muschelkalkgauen und den Buntsandsteingebieten ist aber trotz der nivellierenden Wirkung jahrtausendelanger Kulturlandschaftsentwicklung auch heute noch sehr deutlich ausgeprägt.

Die klimatischen Bedingungen der Buntsandsteingebiete entsprechen im wesentlichen denen der Gaue. Trotzdem unterscheidet sich die Zusammensetzung der natürlichen Wälder in beiden Bereichen. Im Gegensatz zu den Beständen auf den basischen Böden des Muschelkalks fehlen in den Wäldern auf den sauren Sandsteinen die Hainbuche und die Edellaubhölzer, statt dessen treten Birke und Kiefer auf. In den unteren Lagen ist ein Eichenmischwald mit Buchen charakteristisch, mit zunehmender Höhe gewinnt die Buche das Übergewicht. In den Forsten spielt neben Eiche und Buche vor allem Kiefer und Fichte eine erhebliche Rolle.

☐ Das Saar-Nahe-Bergland

Es wurde bereits davon gesprochen, daß die Sedimente des Devons im Bereich des heutigen Hunsrücks in der Karbonzeit zu einem Gebirge aufgefaltet wurden. Die sogenannte ›variskische‹ Gebirgsbildung umfaßte einen ca. 500 km breiten Bogen, der sich vom französischen Zentralmassiv nach Nordosten, in ›variskischer Richtung‹, bis in den Bereich des Harzes und des Thüringer Waldes hinzieht und schließlich nach Südosten abbiegend bis Schlesien reicht. In unserem Raum erstreckte sich das variskische Gebirge in Querrichtung vom Nordrand des heutigen Rheinischen Schiefergebirges bis zum südlichen Schwarzwaldrand.

Bei der Heraushebung dieser riesigen Erdscholle wurde der in Querrichtung mittlere Teil am stärksten angehoben, bis in diesem Bereich die Scholle zerbrach und der Scheitelbereich des Gewölbes nach unten abzusinken begann. Während die randlichen Teile noch weiter angehoben wurden, senkte sich dazwischen ein über 50 km breiter Trog ein. Er wird als ›Saône-Saar-Saale-Graben‹ bezeichnet, womit seine Längserstreckung beschrieben wird. Mit dem Absinken wurde dieser Trog sogleich mit Gesteinsmaterial aufgefüllt, das durch Erosion von den sich weiter hebenden Randschollen abgetragen wurde. Wie tief dieser Trog einsank, wird durch die Mächtigkeit der eingeschütteten Sedimente deutlich. Sie beträgt im Saarland 5000 m.

Im großen und ganzen hielt die Auffüllung des Troges mit der Absenkung Schritt. In Zeiten relativ stärkerer Absenkung breitete sich im Trog ein Binnensee aus, der in Zeiten relativ geringerer Absenkung durch Gesteinsmaterial aufgefüllt wurde und Wäldern und Mooren Platz machte. In dann folgenden Phasen verstärkter Absenkung gerieten diese unter den Seespiegel und wurden von eingeschüttetem Gestein bedeckt. Aus den in die Tiefe sinkenden Wäldern und Mooren sind unter dem Druck der darüber lagernden Gesteinsschichten die Steinkohlenflöze des Saarlandes entstanden. Über 500 solcher Flöze kann man unterscheiden. Die weitaus meisten von ihnen liegen in der 3000 m mächtigen älteren Abteilung des saarländischen Karbons, dem *Westfal*; das darüberliegende 2000 m mächtige *Stefan* ist flözarm.

Die geologische Karte zeigt (s. S. 348), daß die nacheinander entstandenen und übereinander abgelagerten Sedimente des Westfals und des Stefans heute im mittleren Saarland nebeneinander liegen. Die ältesten zutage tretenden Westfal-Schichten finden sich, nordöstlich streichend, im Bereich des Sulzbachtales zwischen Neunkirchen und Dudweiler unmittelbar neben dem Buntsandstein, während die jüngsten Stefan-Schichten etwa im Bereich der Linie Saarlouis – St. Wendel an die Erdoberfläche kommen und weiter nordwestlich von noch jüngeren Gesteinen überlagert werden. Da beide Schichtenfolgen in der heutigen Landschaft in vergleichbarer Höhenlage liegen, läßt sich ihr Nebeneinander nur aus einer Schräglage des gesamten Pakets des Karbons verstehen, bei der die Schichten generell nach Nordwesten absinken. Dieses schräggestellte Paket muß von einer horizontalen Fläche gekappt sein. Damit haben wir es hier mit einer Erscheinung zu tun, wie sie schon für die Schichtenfolge im Pariser Becken beschrieben worden ist.

Von der Tektonik, d. h. den Bewegungen in der Erdkruste, her liegen die Verhältnisse im saarländi-

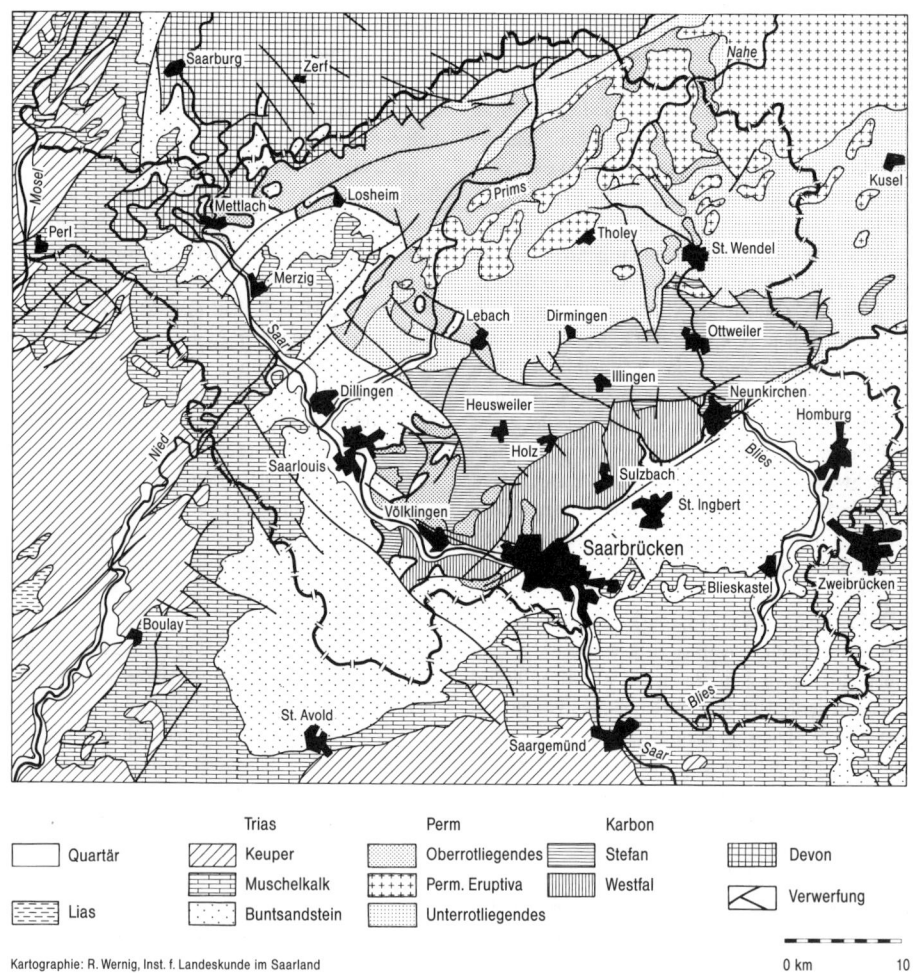

	Trias		Perm		Karbon		
Quartär	Keuper		Oberrotliegendes		Stefan		Devon
	Muschelkalk		Perm. Eruptiva		Westfal		Verwerfung
Lias	Buntsandstein		Unterrotliegendes				

Kartographie: R. Wernig, Inst. f. Landeskunde im Saarland

0 km   10

Geologischer Übersichtsplan

schen Karbon aber komplizierter: Während des Perms, des auf das Karbon folgenden geologischen Zeitalters, wurde die Trogfüllung mit den enthaltenen Kohleflözen im Bereich des Saarlandes von den beidseitig begrenzenden Randschollen des variskischen Gebirges zusammengestaucht und hochgequetscht. Es bildete sich eine Art langgestreckter Beule, die wie bei der variskischen Gebirgsbildung

im Scheitelbereich zerbrach. Da der seitliche Druck anhielt, kam es nun nicht zu einer erneuten Trogbildung. Vielmehr wurde der weiter ansteigende nordwestliche Flügel an der Bruchlinie über den absinkenden südöstlichen Flügel geschoben, wobei die Schichten z. T. überkippten und auf den Kopf gestellt wurden. Was heute an Karbongesteinen im Saarland zutage tritt, repräsentiert also nur den schräggestellten nordwestlichen Flügel, der als ›Saarbrücker Hauptsattel‹ bezeichnet wird. Der südöstliche Flügel ist versunken und von den jüngeren Gesteinen der Trias überdeckt. Der Sattel ist allerdings nicht auf den Bereich beschränkt, in dem die Karbongesteine zutage treten. In nordöstlicher Richtung setzt sich der ›Pfälzer Sattel‹ bis an den Oberrheingraben fort. Hier wie auch in seiner südwestlichen Fortsetzung ist das Karbon unter jüngeren Gesteinen untergetaucht. Im Warndt und im anschließenden Forbacher Raum auf lothringischer Seite mußte man den Buntsandstein mit Schächten durchteufen, um an die darunter liegenden Kohlenflöze im Karbon zu gelangen. Im zutage tretenden Bereich des Karbons war es dagegen zunächst überhaupt nicht notwendig, die Kohle über Schächte zu fördern. Vor allem an den Hängen des Sulzbach- und Fischbachtales streichen die Flöze zutage aus, so daß man sie zunächst im Tagebau und später durch schräg in den Berg gegrabene Stollen ausbeuten konnte.

Mit der Beschreibung der Tektonik des Saarbrücker Hauptsattels wurde geologisch etwas vorgegriffen. Die Quetschung der Sedimente des Karbons zwischen den beiden Randschollen des variskischen Gebirges fand nämlich während einer geologisch in unserem Raum besonders aktiven Zeitspanne, der sogenannten ›Saalischen Phase‹ statt, die in das Permzeitalter fällt, aber nur einen Teil von diesem ausmacht. Ihr gingen innerhalb der Permzeit lange geologische Zeiträume voraus und ihr folgten solche nach, die durch relativ ruhige Sedimentation gekennzeichnet sind.

Während der gesamten Permzeit war der Bereich des Saarlandes Festland. Das 2000 m mächtige Sedimentpaket aus dieser Epoche ist terrestrisch entstanden, bezüglich der Gesteine denen der folgenden Buntsandsteinzeit nicht unähnlich. Es sind Sandsteine und seltener Schiefer, Kalkbänke sind eingeschaltet, und in den unteren Schichten kommen auch noch gelegentlich schwache Kohlenflöze vor. Das Material stammt von den randlich höher herausgehobenen Teilen des variskischen Gebirges, die nun schon wieder der Abtragung unterlagen. Meeressedimente, wie sie in großen Teilen Mit-

teleuropas aus dem späten Perm vorhanden sind, fehlen im Saarland. Daher werden alle permischen Gesteine in diesem Raum der älteren Abteilung des Perms, dem *Rotliegenden*, zugeordnet. Sie lagern den karbonischen Gesteinen auf und sind räumlich vor allem zwischen diesen und dem Hunsrück verbreitet. Das Zeitalter des Rotliegenden und somit auch die Sedimente aus diesem Zeitalter sind in das *Unter-* und das *Oberrotliegende* zweigeteilt.

Die zeitliche Grenze zwischen beiden Epochen markiert die Saalische Phase. In ihr fand die variskische Gebirgsbildung mit einem turbulenten Ausklang ihr Ende. Während dieser Phase ist unser Raum nämlich nicht nur durch die Hochquetschung der karbonischen Ablagerungen geologisch besonders geprägt worden. Sie hat uns auch den vulkanischen Teil des Saarlandes beschert.

Mit den Bewegungen in der Erdkruste, die zur Heraushebung des Pfälzer Sattels führten, ging eine starke ›Bruchtektonik‹ einher; die bewegten Schichtpakete wurden entlang zahlreicher Verwerfungen zerbrochen. Dies bedeutete zugleich die Bildung von Schwächezonen in der Kruste, in die magmatisches Material aus der Tiefe nach oben dringen konnte. Zunächst gelangte das Magma nicht bis an die Erdoberfläche. Es drang in Schwächezonen nach oben, erstarrte aber, bevor es das Schichtpaket durchstoßen hatte. Es entstanden ›Introsivgesteine‹, die z. T. später infolge der Abtragung freigelegt wurden und heute meist als schmale Bänder harter Gesteine an der Erdoberfläche anstehen. Der ›Kuselit‹ ist beispielsweise ein solches Introsivgestein, aus dem der ›Spiemont‹ besteht, der südlich von St. Wendel quer zum Bliestal liegt und vom Fluß in der ›Linxweiler Pforte‹ durchschnitten ist. In einer späteren Phase drang das Magma bis zur Erdoberfläche durch. Man nimmt an, daß die Lava vor allem aus aufgebrochenen Spalten austrat, von denen aus sich die ›Eruptivgesteine‹ z. T. über große Flächen ergossen. Nach mineralogischer Zusammensetzung und kristalliner Ausprägung gibt es hier eine Vielzahl verschiedener Gesteine. Manche sind lokale Spezialitäten, zum Beispiel die Basaltvarietät ›Tholeyit‹, aus der

der ›Schaumberg‹ besteht. Die flächendeckenden Massen aus vulkanischen Gesteinen im Bereich Idar-Oberstein – Baumholder setzen sich im Saarland in der ›Freisener Andesit-Masse‹ fort. Dieser westlich vorgelagert befindet sich das ›Nohfelder Rhyolith-Massiv‹ als zweite großflächige Ablagerung magmatischer Gesteine. Kleinere Vorkommen, z. T. in Form langer, schmaler Bänder, treten bis Düppenweiler am Rande der Merziger Muschelkalkplatte an die Oberfläche.

Die Bereiche des Karbons und des Rotliegenden, im Süden auch randlich in den Buntsandstein übergreifend, machen den Naturraum Saar-Nahe-Bergland aus, das sich nach Osten bis an den Rand des Oberrheingrabens ausdehnt. Im folgenden sollen die naturräumlichen Untereinheiten kurz charakterisiert werden, die ganz oder in Teilen im Saarland anzutreffen sind.

☐ Der Saarkohlenwald

Das zwischen den Kohlenflözen liegende Gestein in der Schichtenfolge des Westfals ist vorwiegend ›graues Gestein‹, vor allem Schiefer, Konglomerate und Sandsteine. Die Saarländer kennen es von den Bergehalden her, die aus dem Material aufgeschüttet sind, das aus technischen Gründen zusammen mit der Kohle gefördert, anschließend von der Kohle getrennt und dann deponiert wird. Wo dieses Gestein an der Oberfläche liegt, gibt es einen unfruchtbaren, kalten Boden ab, der wenig für die Landwirtschaft geeignet ist. Wie die benachbarten Buntsandsteingebiete ist daher auch der Bereich des Westfals während der ganzen Siedlungsgeschichte des Saarlandes weitgehend geschlossenes Waldland geblieben. Der Bereich des Westfals stellt eine naturräumliche Einheit dar, die daher als ›Saarkohlenwald‹ bezeichnet wird. Seit Beginn des Kohleabbaus sind allerdings große Teile des Waldes gerodet und die Flächen für Siedlungen und Bergbau- und Industrieanlagen in Anspruch genommen worden.

Das Relief des Saarkohlenwaldes ist ziemlich bewegt. Härtere Konglomerat- und Sandsteinrippen bilden Höhenrücken; in die weicheren Schiefer, Tonsteine und Kohlenflöze haben sich Täler eingetieft. Die Reliefelemente sind generell, dem Streichen der Schichten entsprechend, nordöstlich ausgerichtet. Die beiden großen Täler des Sulzbaches und des Fischbaches verlaufen zum Beispiel ›variskisch‹. Das gilt auch für die auf 444 m ansteigende ›Göttelborner Höhe‹, die von der mächtigen Bank des ›Holzer Konglomerates‹ gebildet wird. Dieses stellt in der Schichtenfolge des Karbons die Grenze zwischen Westfal und Stefan dar und bildet daher zugleich die nordwestliche Begrenzung des Saarkohlenwaldes.

Die Temperaturen sind hier geringfügig niedriger, die Niederschläge etwas höher als in den südlich angrenzenden Gebieten. Die natürliche Waldgesellschaft ist ein Buchen-Eichenwald, der in tiefen und etwas trockeneren Lagen von einem Eichen-Hainbuchenwald ersetzt wird. Die Forste sind heute noch überwiegend Buchenreinbestände und Fichtenforste, deren Überführung in naturnahe Mischbestände erst begonnen hat.

☐ Das Prims-Blies-Hügelland mit den Randbereichen des Nordpfälzer Berglandes

Diese Naturräume fallen im wesentlichen mit dem Verbreitungsgebiet der Gesteine aus dem Stefan und dem Unterrotliegenden zusammen. Im Süden wird dieser Bereich daher vom Saarkohlenwald, im Westen von den Terrassenplatten des Saartales und im Nordwesten und Norden von der Merziger Muschelkalkplatte bzw. dem zum großen Teil aus Vulkaniten aufgebauten Blies-Nahe-Bergland begrenzt.

Die Sandsteine und Schiefertone des ›Prims-Blies-Hügellandes‹ geben Böden ab, die sich schon durch ihre Rotfärbung deutlich vom Boden im Bereich des Saarkohlenwaldes unterscheiden. Sie sind infolge ihres Feldspatgehaltes relativ nährstoffreich und daher seit langem in landwirtschaftlicher Nutzung. Der Wald ist nur noch fetzenartig auf Kuppen, Rücken und manchen Talhängen übriggeblieben. Der Gegensatz dieses Naturraumes zum Saarkohlenwald wird besonders deutlich, wenn man von der Göttelborner Höhe aus in südlichen

Richtungen eine geschlossen erscheinende Waldkulisse wahrnimmt, in nördlichen Richtungen jedoch in eine weitgehend offene, landwirtschaftlich geprägte Kulturlandschaft hineinschaut.

Die Gesteine neigen zu weichen, abgerundeten Formen; die Täler sind teils weit und zeichnen sich durch flache Hänge aus, teils auch kerbartig eingetieft. Die Höhen der Kuppen steigen von ca. 300 m in der Nähe des Saartales bis auf über 400 m kurz vor dem Bliestal an. Im Weinhausköpfchen bei Marpingen, das allerdings eine isolierte Kuselit-Kuppe darstellt, werden sogar 442 m erreicht. Zwischen Oberthal und Mainzweiler senkt sich dann das Relief an einer geradlinig nord-südlich verlaufenden Kante ziemlich steil um über 100 m zum Bliestal ab. Diese bewaldete Geländestufe ist eines der wenigen größeren, markanten Reliefelemente des Naturraumes. Sie folgt einer bedeutenden Verwerfung, an der die östliche Gesteinsscholle nach unten gesunken ist.

Die Temperaturen im Prims-Blies-Hügelland nehmen vom Saartal in nordöstlicher Richtung mit steigendem Gelände um ca. 1 °C ab, entsprechen im Durchschnitt aber denen des Saarkohlenwaldes. Die Niederschläge nehmen in derselben Richtung von 800 mm auf 950 mm zu. Jenseits der Geländestufe, im Bliestal, herrschen wieder Klimaverhältnisse wie im westlichen Bereich des Naturraumes. Die natürlichen Waldgesellschaften sind generell Eichen-Buchenwälder, in denen auf den besonders feldspatreichen Standorten vor allem die Hainbuche auftritt.

Östlich des Bliestales wird mit den ›Osterhöhen‹ und dem ›Höcherberg-Massiv‹ das ›**Nordpfälzer Bergland**‹ angeschnitten. In denselben Gesteinen des Stefans und des Unterrotliegenden erreicht das Relief hier größere Höhen, im Höcherberg 514 m, und ist schärfer modelliert. Die Täler sind bis zu 150 m tief steilwandig eingeschnitten. Der Ackerbau tritt deutlich zugunsten des Waldes zurück, in dem die Buche ihre optimalen Standortbedingungen findet. Hier sind wir augenfällig in einem beginnenden Bergland, das sich über die Landesgrenze nach Osten bis zum Rheinhessischen Berg- und Hügelland hinzieht.

☐ Das Prims-Nahe-Bergland

Das ›Prims-Nahe-Bergland‹ bildet den westlichen Teil des ›Oberen Naheberglandes‹. Es ist vor allem geprägt durch magmatische Gesteine, die von Sedimenten des Oberrotliegenden durchsetzt und überlagert sind. Es handelt sich um den Teil des Saarlandes, der am ehesten als gebirgig angesprochen werden kann. Die magmatischen Gesteine, vor allem die Introsivgesteine, sind in der Regel widerstandsfähiger gegen die Abtragung als die sonst überall im Saarland vorkommenden Sedimentgesteine. Vor allem wo sie kleinflächig innerhalb der Sedimente des Rotliegenden auftauchen, bilden sie im Relief deutlich hervortretende Kuppen, langgestreckte Höhenrücken und Berge. Die großräumigen Lavadecken sind dagegen als flachwellige Hochflächen ausgebildet, in die die wenigen größeren Bäche eng und schroff eingeschnitten sind. Auf ihnen sind relativ offene Agrarlandschaften entstanden. Flächenmäßig spielen sie im Saarland eine geringe Rolle. Lediglich die große ›Baumholderer Platte‹ reicht bei Freisen in das Saarland hinein und hat hier im Trautzberg genau auf der Grenze zu Rheinland-Pfalz mit 604 m ihren höchsten Punkt. Ein bemerkenswertes Reliefelement stellt ihr mauerartiger Südwestrand zwischen Wolfersweiler, Reitscheid und entlang dem Pfefferbach dar.

Dieser Bereich bildet mit den westlich und südlich vorgelagerten Vulkanitvorkommen zusammen den Naturraum ›**Nohfelden-Hirsteiner Bergland**‹. Innerhalb dieses Raumes ist das ›Nohfelder Bergland‹, das sich im Leißberg (512 m) mit einer markanten Steilstufe 200 m über dem Talboden der Blies erhebt, deutlicher reliefiert als die östliche Andesit-Platte um Freisen. Der Block aus Rhyolith wird von der Nahe in einem tief eingeschnittenen Kerbtal gequert. Ihre Seitenbäche haben die vulkanischen Decken in zahlreiche Kuppen, Rücken und Sporne zerlegt, so daß sehr unruhige Oberflächenformen entstanden sind. Die vulkanischen Gesteine sind fast völlig bewaldet. Für die Landwirtschaft sind die Hänge zu steil und die Böden wegen ihrer Wasserarmut infolge der Klüftigkeit des Gesteins wenig geeignet.

Das ›**Prims-Hochland**‹ umfaßt die bis zum Litermont reichenden übrigen Teile des magmatisch geprägten Saarlandes. Der Litermont stellt ein markantes Reliefelement in der Nähe des unteren Primstales dar. Vor allem mit seiner steilen, 160 m hohen Südflanke hebt er sich als fast geschlossen bewaldetes Rhyolith-Massiv vom Umland ab.

Ein weiteres markantes Vulkanitvorkommen im Prims-Hochland stellt das ›Schaumberg-Massiv‹ dar, ein kleines Bergland, das im Schaumberg (569 m), dem wohl bekanntesten Berg des Saarlandes, einer weithin sichtbaren Landmarke, gipfelt. Auffallend ist sein 180 m hoher südlicher Steilhang. Das kleine Bergland wird von schluchtartig eingeschnittenen Tälchen gegliedert und vom steilwandigen Engtal der Theel gequert. Wald, je nach Standort in seiner Zusammensetzung stark differenziert und zum Beispiel die Sonderform eines Ahorn-Eschenwaldes mit Sommerlinde und Ulme aufweisend, beherrscht die steileren Hänge; im flacheren Relief dominiert Grünland vor Ackerland.

Westlich an das Nohfelder Bergland und nördlich an das Schaumbergmassiv schließen sich die ›Primstaler Höhen‹ an. Dieser Bereich wurde in der Saalischen Phase von einer Basaltdecke übergossen, die ihrerseits anschließend von Sedimenten des Oberrotliegenden überlagert wurde. Später ist dieser Bereich schüsselförmig verbogen worden. Durch Erosion wurden nun randlich die Basalte, die besonders widerständig sind, herauspräpariert. Wie die Ränder einer ovalen, langgestreckten Anrichteschüssel schauen sie unter den Rotliegend-Sedimenten hervor. Morphologisch wirken sie wie eine harte Gesteinsbank im Sedimentgestein, nämlich stufenbildend. ›Schichtstufe‹ darf man sie aber nicht nennen, da dieser Begriff allein dem Formenschatz der Sedimente vorbehalten ist. Man hat die Basaltumrahmung der Primstaler Höhen daher als ›Pseudo-Schichtstufe‹ bezeichnet. Im Gegensatz zu den Basaltstufen ist das Innere des Naturraumes weitgehend waldfrei, wo auf sandig-lehmigen Verwitterungsböden in einem ziemlich unruhigen Relief Ackerbau getrieben wird.

Insgesamt stellt das Prims-Nahe-Bergland ein äußerst differenziertes, kleingekammertes Mosaik

in sich geschlossener, als Ganzheiten verständlicher, jeweils charakteristisch geprägter Landschaften dar. Kein anderer Naturraum des Saarlandes weist ein derartig mannigfaltiges Bild auf.

☐ Das Hochwald-Vorland

Es handelt sich hier um eine kleine dreieckig geformte naturräumliche Einheit, die im Norden vom Hunsrück, im Süden von der Merziger Muschelkalkplatte mit dem umgebenden Buntsandstein und im Osten vom Prims-Hochland begrenzt wird. Sie ist größtenteils aus Gesteinen des Oberrotliegenden aufgebaut. Schon von daher setzt sie sich von den benachbarten Räumen ab. Das Relief ist sanft modelliert und weist zwischen den Bachtälern breite lehm- und schotterbedeckte Platten auf, die kaum über 350 m ansteigen und zum großen Teil landwirtschaftlich genutzt werden.

☐ Das Mittlere Saartal

Die letzte Einheit im naturräumlichen Mosaik des Saarlandes stellt das ›Mittlere Saartal‹ dar, das von der südlichen Landesgrenze bis zum Eintritt der Saar in den Hunsrück reicht. In seiner natürlichen Ausstattung unterscheidet es sich von den Tälern sonstiger größerer Bäche im Saarland nicht entscheidend. Lediglich seine räumliche Dimension lassen es gerechtfertigt erscheinen, es als selbständigen Naturraum aufzufassen.

Die eigentliche Flußaue einschließlich des Hochwasserbettes wird randlich von höher liegenden, übereinander gestaffelten Terrassen begleitet. Sie sind im Prinzip so eben wie die Aue und in der Richtung des Flußgefälles leicht geneigt. Die Terrassen stellen Reste alter Talböden der Saar dar, was an den aufliegenden Schottern zu erkennen ist, die der Fluß hier abgelagert hat. Die Terrassen sind eiszeitliche Formen, jede von ihnen mit einer Kaltzeit zu parallelisieren. Das Gebiet des Saarlandes war während der Eiszeiten nicht vergletschert. Die Saar und ihre Nebenflüßchen konnten Abtragungsmaterial, das unter den klimatischen Bedingungen der Kaltzeiten in großen Mengen anfiel, nur begrenzt transportieren, so daß es auf breiten Talböden akkumulierte. Während der zwischengeschalteten Warmzeiten hat sich der Fluß jeweils wieder in seinen alten Talboden eingeschnitten und Reste von diesem an den Talflanken zurückgelassen.

Im Naturzustand war die jetzige Aue durch den mäandrierenden Fluß, Altwässer und Auewälder gekennzeichnet. Die abgelagerten feinen Auelehme gehören zu den besten Böden des Saarlandes und werden z. T., beispielsweise in der Lisdorfer Au, heute zum Gemüseanbau genutzt. Von natürlichen Landschaftselementen ist allerdings kaum noch etwas erhalten. Nur in kleinen Resten sind im Überschwemmungsbereich Grünland und auf den Terrassen Acker-Grünland-Mischflächen übriggeblieben. Der Fluß ist kanalisiert, die Aue und die Terrassen fast überall durch Siedlungen, Industrieanlagen und Verkehrstrassen in Anspruch genommen. Das Mittlere Saartal ist der am stärksten vom Menschen überformte Naturraum des Saarlandes.

Die Flora der saarländischen Kalkgebiete

von Detlev Arens

Unsere Aufmerksamkeit, die nicht nur den Arten selbst, sondern auch ihren Beziehungen zur Umgebung gelten soll, beschränkt sich in diesem Kapitel auf die botanisch interessantesten Naturräume der Region. Sie liegen im Südwesten (Zweibrücker Westrich, Saar-Blies-Gau) und im Nordwesten des Saarlands (Saar-Nied-Gau, Merziger Muschelkalk-Platte, Mosel-Saar-Gau; s. Karte S. 341). Die genannten Naturräume entsprechen dem Verbreitungsgebiet des Muschelkalks, einer Abteilung der Trias. Die Kalksteinschichten vom Beginn des Erdmittelalters sind die wesentliche Voraussetzung für eine ungewöhnliche Flora: Sehr viel extremere Temperaturen als über anderen Gesteinen kennzeichnen hier das Lokalklima; nicht selten zeigt die Quecksilbersäule sommers 60°Celsius am Boden an. Außerdem zeichnet sich der Untergrund in solchen Kalkgebieten durch hohe Wasserdurchlässigkeit und ph-Werte im neutralen oder basischen Bereich aus. Diese Faktoren begünstigen Arten, deren Verbreitungsschwerpunkte in der Mittelmeer- oder präalpinen Region liegen.

Die ursprüngliche Pflanzendecke unseres Gebietes beherrschte der Wald, in dem die **Rotbuche** (Fagus silvatica) weitaus am stärksten vertreten war. Der Mensch hat den Wald immer mehr zurückgedrängt, wobei übrigens seine mittel- oder unmittelbaren Eingriffe die Vielfalt und den Artenreichtum unserer Flora zunächst durchaus förderten. Heute machen die Wälder in den Kalkgebieten des Saarlands nur mehr einen geringen Teil der Gesamtfläche aus (ungefähr 20%), doch immerhin sind die Laubhölzer hier mit sehr hohen Prozentzahlen vertreten. Dieses Verhältnis erklärt sich aus den Vorgaben der Forstwirtschaft: Wo größere Baumbestände allein noch an Standorten zu finden sind, die eine ökonomische Holzproduktion kaum mehr erlauben, werden die ertragreicheren Nadelhölzer nur ausnahmsweise angepflanzt.

Als charakteristische Gesellschaft kann der wärmeliebende **Orchideen-Buchenwald** gelten, der sich an den sonnseitigen Talhängen halten konnte. Die Wälder verdanken den deutschen Namen den auffälligsten Pflanzen ihrer Krautschicht, den Orchideen. Relativ häufig finden wir das **Weiße Waldvöglein** (Cephalantera damasonium), die eigentliche Kennart dieser Gesellschaft. Seine weißen Blüten erscheinen bereits im Mai, sie öffnen sich allerdings nur selten ganz. Ungleich rarer ist ein naher Verwandter, das **Rote Waldvöglein** (C. rubra). Seine Schönheit läßt den Wunsch nicht unverständlich erscheinen, wenigstens ein Exemplar nach Hause zu tragen. Doch einmal abgesehen davon, daß diese Art – wie alle anderen Orchideen – unter Naturschutz steht und daß heute sehr viel genauer auf die Befolgung der einschlägigen Gebote geachtet wird als früher: Bei der Seltenheit des Roten Waldvögleins kann schon die Entnahme einer Pflanze den ganzen Bestand gefährden. – Eher unscheinbar wirkt dagegen die blaßbraune **Vogel-Nestwurz** (Neottia nidus-avis), eine Orchidee ohne Blattgrün. Sie ist dennoch kein Schmarotzer, sondern zehrt nur von den organischen Substanzen der Humusschicht, auf deren gute Ausprägung die Vogel-Nestwurz hinweist. Auch der **Seidelbast** (Daphne mezereum) wird leicht übersehen, obwohl der Strauch lange vor anderen Pflanzen blüht, nach milden Wintern schon Ende Februar. Meist sind die Zweigenden mit den kleinen, seidig-schimmernden Blüten dicht besetzt, und ihr nobles Altrosa stimmt zu dem feinen, aber durchaus markanten Duft, den zuweilen noch ein schneidend-scharfer Frostwind weiterträgt.

Eine auffällige, tiefblaue Blüte zeigt Mitte Mai die **Akelei** (Aquilegia vulgaris). Ihre kompliziert ineinandergefälteten Kronenblätter laufen in fünf nach oben gerichtete, am Ende hakenförmig gekrümmte Sporne aus – ein Erscheinungsbild, das die Phantasie der Menschen von alters her angeregt hat. Davon zeugen Namen wie ›Elfenhandschuh‹ und ›Gotteshut‹, die eingebürgerte Bezeichnung Akelei geht angeblich auf die indogermanische Wurzel yak (= spitz, scharf) zurück. Die Pflanze war schon der germanischen Göttin Freija geweiht und wohl deshalb auch ein Fruchtbarkeitssymbol.

Wo der Boden die Feuchtigkeit weniger gut halten kann, verliert die Buche an Konkurrenzkraft. An solchen süd- bis südwestexponierten Hängen behauptet ein – meist recht lockerer – **Eichen-Elsbeeren-Wald** das Terrain, dessen Pflanzenwelt noch deutlicher an die mediterrane Flora erinnert. Zwar erreicht die Flaum-Eiche mit ihrem südosteuropäischen Verbreitungsschwerpunkt das Saarland nicht mehr. Doch finden sich vereinzelt immerhin Bäume, die Mischlinge zwischen dieser sowie den beiden heimischen Eichenarten und deren dichtbehaarte Triebe zweifellos ein Erbteil der südlichen Spezies sind. Dominiert werden diese Bestände jedoch von der **Stiel-** bzw. **Traubeneiche,** zumal die gleichfalls namengebende **Elsbeere** (Sorbus torminalis) durchweg als Strauch auftritt. Die Elsbeere hat im Gegensatz zu den anderen Sorbusarten platanenartig gelappte Blätter, wie auch ihre Rinde entfernt an die der Platane erinnert.

Im Schutz solcher lichten Bestände gedeiht eine der prächtigsten saarländischen Orchideen, das **Purpur-Knabenkraut** (Orchis purpurea). Die Pflanze wird zuweilen stattliche 80 Zentimeter hoch, wovon der üppige Blütenstand ein ganzes Viertel beanspruchen kann. Sein dunkles Purpur steht Ende Mai/Anfang Juni in eigenartigem Gegensatz zu dem zarten, wächsernen Hellgrün der Blät-

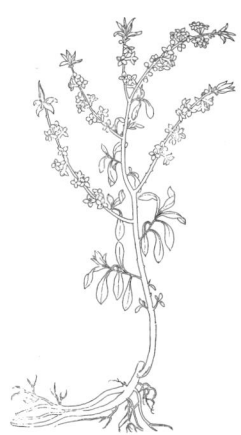

Seidelbast

ter. Eine außerordentliche Kostbarkeit dieser Waldgesellschaft stellt auch der **Violette Dingel** dar (Limodorum abortivum). Wie die Vogel-Nestwurz ein Saprophyt, lassen sich bei ihm doch Spuren von Blattgrün nachweisen. Um als solcher die Verwesungsprodukte des Humus aufzuschließen, braucht er offenbar die Hilfe von Pilzen – vollständig aber hat die Art das Geheimnis ihrer Lebensweise noch nicht preisgegeben. Sie blüht in manchen Jahren nur unterirdisch, und selbst über der Erde öffnen sich ihre Blüten keineswegs immer. Wenn sie es tun, faszinieren sie indessen sowohl durch ihre intensive Farbe als auch durch ihre ungewöhnliche Form. – Als weitere charakteristische Art kann die – recht seltene – **Stinkende Nieswurz** (Helleborus foetidus) gelten, die mit den Muschelkalkgebieten des Saarlands nahezu die Nordgrenze ihrer Verbreitung erreicht. Die giftige Pflanze ist eine nahe Verwandte der Christrose, und gleich ihr blüht sie ungewöhnlich früh. Bereits Mitte Februar künden ihre ziemlich kleinen, schwach violett gerandeten Glocken vom Frühling.

Die gleichen trocken-warmen Standorte wie der Eichen-Elsbeeren-Wald bevorzugt gleichfalls der **Blaurote Steinsame** (Lithospermum purpurocaeruleum), ja die Beziehungen sind derart eng, daß die Pflanzensoziologen den Steinsamen in den wissenschaftlichen Namen dieser Waldform mitaufnahmen. Die Art selbst heißt nach dem Farbwechsel ihrer Blüten, eine Erscheinung, die sich auch bei anderen Pflanzen findet. Sie geht auf den ph-Wert der Zellflüssigkeit zurück: Er liegt zur Zeit der Knospung noch deutlich im sauren Bereich und verursacht dann den dunklen Rotton, später wird er basisch und färbt die Blüten blau. Inmitten der Steinsamen-Bestände findet sich ab und an die **Schwalbenwurz** (Vincetoxieum hirundinaria) mit ihren unauffälligen weißen Blütchen. Die giftige Pflanze sorgt auf ziemlich gewalttätige Weise für ihren Fortbestand: Die Blüten besitzen einen Klemmechanismus, der den Rüssel des Insekts oft nur dann wieder freigibt, wenn an diesem Organ die Pollenklumpen haften. Für zartere Hautflügler kann die Nektarsuche auch tödlich enden.

Manche Wissenschaftler haben den Blauroten Steinsamen und die Schwalbenwurz zu Leitarten eigenständer Saumgesellschaften erklärt, die vom Wald zum offenen Gelände hin vermitteln. Überhaupt zeichnen sich die Waldränder und Gebüschzonen der saarländischen Kalkgebiete durch ihre botanische Vielfalt aus, das gilt namentlich für die Sträucher. Neben der weit verbreiteten *Haselnuß*, der *Schlehe*, den beiden *Weißdornarten*, der *Hecken-* und der *Wein-Rose* finden wir *Feld-* und *Filz-Rose*,

Schwalbenwurz

den *Kreuzdorn*, das *Pfaffenhütchen* sowie den *Feld-Ahorn*. Zu den insgesamt selteneren Arten zählen die *Heckenkirsche*, der *Rote Hartriegel, Wolliger Schneeball* und *Liguster*. Wesentlich rarer noch machen sich die *Berberitze* (Berberis vulgaris), die *Kornelkirsche* (Cornus mas) und die *Wild-Birne* (Pyrus pyraster). Während die Berberitze als Zwischenwirt des Getreiderostes weitgehend ausgerottet wurde, hat man die Standorte der Kornelkirsche hierzulande oft in Nutzflächen umgewandelt. Einen gewissen Ausgleich schufen die Anpflanzungen des baumartigen Strauchs, den vor allem die Imker als frühe Bienenweide schätzen. Eine große Rarität der saarländischen Flora ist die *Wild-Birne*, wenn auch viele Naturinteressierte glauben, ein Exemplar dieser Art schon einmal gefunden zu haben. In aller Regel sind sie jedoch lediglich auf eine verwilderte Garten-Birne gestoßen, von der sich die Wildform vor allem durch die mit Dornen bewehrten Kurztriebe unterscheidet.

Schließlich seien noch zwei wenig auffällige, aber dennoch sehr interessante Pflanzen der Krautschicht erwähnt, das **Weiße Veilchen** (Viola alba) und die **Schmerwurz** (Tamus communis). Das Weiße Veilchen stammt aus dem mediterran-/submediterranen Raum und geht nach Norden nicht über das Saarland hinaus; auf seine südliche Herkunft verweisen die immergrünen Blätter. Die Schmerwurz kommt ursprünglich von der Iberischen Halbinsel und hat ihren Weg bis ins Saarland über Frankreich genommen. Ihren deutschen Namen erhielt die rechtswindende Schlingpflanze wegen ihres (massiven) Wurzelstocks, dessen schleimige Substanz gegen Prellungen helfen soll. Bei unseren westlichen Nachbarn heißt diese Liane auch ›Sceau de Dame‹ (›Damensiegel‹) oder deutlicher ›Herbe aux femmes battues‹ (›Kraut für die geschlagenen Frauen‹).

Die unter Liebhabern bekanntesten Attraktionen der saarländischen Pflanzenwelt wachsen an den offenen Standorten, sofern diese nicht einer intensiven landwirtschaftlichen Nutzung unterliegen. Sie werden unter dem Begriff ›**Kalkmagerrasen**‹ zusammengefaßt, der auf den Untergrund wie auf die Nährstoffarmut solcher Lebensräume abhebt. Die Wissenschaftler unterscheiden noch einmal Volltrocken- und Halbtrockenrasen, wobei die Volltrockenrasen eher im südwestlichen Saarland zu finden sind. Mit wenigen Ausnahmen entstanden die betreffenden Flächen aufgrund menschlicher Eingriffe, der Wald mußte hier der Weidetrift weichen; als Ackerland eigneten sich diese Standorte wegen der geringen Ergiebigkeit und Flachgründigkeit des Bodens kaum. Darum blieben sie meist den Schafen überlassen, deren Appetit kaum einen Strauch- oder Baumschößling verschmähte und die so das Gelände frei hielten. Die Tiere mieden nur den **Wacholder** (Juniperus communis), das – allenfalls noch neben der Eibe – einzige bodenständige Nadelgewächs unserer Breiten. (Es hat sich in den hier vorgestellten Naturräumen nur an sehr wenigen Stellen halten können.) Nach dem Ausbleiben der Schafe drohen die wertvollen Biotope wieder zu verbuschen; eine Gefahr, der die Naturschützer mancherorts durch eine Mahd (= Mähen der Sträucher) Einhalt gebieten wollen.

Oft zeigen die Kalkmagerrasen noch die unansehnlichen Farben des Winters, wenn die **Küchenschellen** (Pulsatilla vulgaris) schon blühen. Durch eine dichte, beinahe filzige Behaarung gegen die Nachtfröste geschützt, zeigt die Blüte der Pflanze ein tiefes Violettblau, dessen Ton das intensive Gelb der Staubblätter auf's Effektvollste steigert. Der deutsche Name dieser Art müßte übrigens korrekt Küh-chenschelle lauten und leitet sich von der Glockenform der Blüte her. – Schon Mitte April läßt sich auf den saarländischen Kalkmagerrasen jenes Knabenkrautgewächs finden, das den Reigen der Orchideen in diesem Biotop eröffnet. Freilich ist die **Spinnen-Ragwurz** (Ophrys sphegodes) eine außerordentliche Seltenheit und kann manches Jahr völlig ausbleiben.

Gleiches läßt sich über das **Affen-Knabenkraut** (Orchis simia) sagen, eine der bizarrsten unter den wahrhaftig nicht formenarmen Orchideen. Ihre Blütenlippe teilt sich in vier schmale, schwungvolle nach oben aufgebogene Zipfel, die tatsächlich an die Extremitäten eines Affen erinnern können. Auch diese Art hat ihren Verbreitungsschwerpunkt im Mittelmeergebiet und erreicht mit dem Saarland ihre Nordgrenze. So rar sich nun das Affen-Knabenkraut macht, es geht doch Mesalliancen ein, etwa mit dem Purpur-Knabenkraut.

Küchenschelle

Kreuzungen sind ebenfalls zwischen Affen- und **Helm-Knabenkraut** (O. militaris) bekannt. Das Erscheinungsbild seiner stattlichen Blütentraube wird nicht so sehr von den Blütenlippen, sondern von den helmförmig zusammengeneigten Blütenblättern bestimmt. Gemessen an den nördlich benachbarten Kalkgebieten tritt das submediterrane Helm-Knabenkraut im Saarland recht häufig auf, meidet allerdings die allzu sonnigen Plätze. Außer mit dem Affen- kann es mit dem Purpur-Knabenkraut und sogar mit dem **Hängenden Mensch** (Aceras anthropophorum) bastardieren. Auch der Hängende Mensch ist eine Orchidee, die ihren sprechenden Namen völlig zu Recht trägt. Zwar prunkt der grünlich-gelbe Blütenstand nicht mit spektakulären Farben – allenfalls die Lippen sind schon einmal rotbraun überlaufen –, doch fasziniert die Form der einzelnen Blüte die Betrachter immer wieder. Die langausgezogenen Lappen ihrer dreiteiligen Lippe, deren mittlerer noch einmal tief gespalten ist, erinnern an die Gliedmaßen eines Menschen, die fast zur Halbkugel gegeneinander geneigten Perigonblätter an dessen – freilich unverhältnismäßig großen – Kopf.

Über den hier angeführten, insgesamt doch sehr seltenen Orchideen soll jene Art nicht vergessen werden, die noch in den meisten Kalkgebieten, aber durchaus auch auf anderen Böden anzutreffen ist. Ihr Name **Manns-Knabenkraut** (Orchis mascula) verdoppelt den einen Sachverhalt: die Hodenform der Sproßwurzelknolle. Diese Form besitzen mehr oder weniger alle Orchideen der Gattung Orchis, und sie hat dem Gerücht Nahrung gegeben, daß die betreffenden Pflanzenteile die Potenz steigern helfen; ein noch heute mancherorts verbreiteter Irrglaube. – Auch das **Kleine Knabenkraut** (O. morio) ist nicht unbedingt an Kalkstein gebunden, bevorzugt im allgemeinen aber frischere Standorte. Die Art unterscheidet sich vom Manns-Knabenkraut nur durch die grüngestreiften Blütenblätter, kann also recht leicht verwechselt werden. Die Florenlisten des 19. Jh. führen sie noch als ›gemein‹, aber diese Angabe trifft schon lange nicht mehr zu. Offenbar haben gerade die Bestände des Kleinen Knabenkrauts unter den Maßnahmen zur Bodenverbesserung besonders stark gelitten. Immer schon selten war das **Brand-Knabenkraut** (O. ustulata), das seinen Namen den rötlichbraunen Perigonblättern verdankt, die an der Spitze des schönen Blütenkegels tatsächlich wie verbrannt wirken.

Eine außerordentliche Attraktion der saarländischen Kalkmagerrasen stellen die *Ragwurz-Arten* dar. Sie werden von Bienen und Wespen bestäubt, die hier im wahrsten Sinne des Wortes einem Irrtum aufsitzen. Während die männlichen Insekten glauben, ihre (früher geschlüpften) weiblichen Artgenossinnen zu umwerben, sorgen sie für den Fortbestand der Ragwurze statt für den ihrer eigenen Spezies, denn die Blüten ahmen diverse Hautflügler nicht nur in Form und Farbe, sondern auch in Geruch und Oberflächenstruktur nach. Dennoch scheint ihre Ausstattung nicht ganz genau auf das jeweilige Insekt abgestimmt, jedenfalls kommen immer wieder Kreuzungen unter den Ragwurzen vor.

Später als die schon erwähnte Spinnen-Ragwurz blüht Ende Mai die **Hummel-Ragwurz** (Ophrys holosericea), unter den heimischen Ophrys-Arten gewiß die schönste. Das Erscheinungsbild der einzelnen Blüte gemahnt an exotische Orchideen, und bei ihrer Form- und Farbvielfalt ist noch jedes Detail eine Augenweide. Die eingehendere Betrachtung lohnt schon das kleine, intensiv gelbe und nach vorn gekrümmte Anhängsel der Lippe. Sie selbst hat eine pelzig-dichte, braune Behaarung, deren seidiger Schimmer das Licht auf der sanft modellierten Oberfläche immer anders spielen läßt. Die hellere, mannigfaltig variierte Zeichnung führt auf das Zentrum der Blüte zu, auf die Säule. In ihrer Tiefe liegt der Fruchtknoten, dessen Sitz auch die beiden Höcker zuseiten des Schlundes betonen. Hinter der Säule stehen wie zwei Hörnchen die inneren Blütenblätter ab; auch sie sind, wenngleich nur mehr flaumig, behaart. Über diesen Septalen erhebt sich die Triade der großen äußeren Blütenblätter, sie haben oft die gleiche leuchtende Farbe wie die inneren, doch den weniger intensiven Ton. Und stets neu fasziniert, daß sich die Vielfalt der Details zum Ebenmaß des Blütenbaus zusammenfindet – ganz so, als wäre hier das Ideal barocker Architektur schon erreicht.

Die etwas später blühende **Bienen-Ragwurz** (O. apifera) unterscheidet sich von der ›Hummel‹ durch die kleinere Lippe und die größeren äußeren Blütenblätter. Sie tritt bei einem insgesamt weiteren Verbreitungsspektrum doch eher vereinzelt auf. Gegen das Erscheinungsbild jener Arten wirkt das der **Fliegen-Ragwurz** (O. insectifera) geradezu streng. Dieser Eindruck rührt vor allem daher, daß ihre Blütenhüllblätter auch wie solche wirken, also unscheinbar grün und recht klein sind. Im Verhältnis dazu hat die Lippe eine markantere Form, die Seitenlappen haben ihre Eigenständigkeit stärker bewahrt und der mittlere ist lang ausgezogen, auch deutlicher geteilt. Verglichen mit den Kalkmulden der Eifel findet sich die Art in den saarländischen Kalkgebieten recht selten.

Unmittelbar ins Auge fallen dagegen zwei weitere Orchideen der Kalkmagerrasen, obwohl sie zu den ganz großen Raritäten dieser Biotope gehören. Die **Pyramiden-Hundswurz** (Anacamptis pyramidalis) kommt aus der submediterranen Region, doch reicht ihr Verbreitungsgebiet bis nach Nord- und Osteuropa. Die Art – sie ist übrigens die einzige ihrer Gattung – heißt nach dem pyramidenförmigen Aufbau ihres Blütenstands, der zuletzt allerdings mehr einem Kegel ähnelt. Doch so eindrucksvoll sich seine räumliche Erscheinung präsentieren mag, auffälliger ist seine Farbe. Solch schreiendes Rot hat in der Flora unserer Breiten kaum eine Parallele, und schon mancher Betrachter war einen Moment lang versucht, ihm die Natürlichkeit abzusprechen. – Wie die Pyramiden-Hundswurz hat auch die **Bocks-Riemenzunge** (Himantoglossum hircinium) einen sprechenden Namen. Tatsächlich erinnert der Geruch dieser – gleichfalls submediterranen – Orchidee an das unvergleichliche Odeur eines Ziegenbocks. Doch weiß die Pflanze nicht nur die Nase, sondern auch das Auge zu beeindrucken: Die kräftigsten Exemplare können über einen halben Meter hoch werden, wobei der Blütenstand einen ungewöhnlich großen Anteil dieser stattlichen Höhe beansprucht. Noch mehr Aufmerksamkeit zieht jedoch die einzelne Blüte auf sich. Die drei Lappen ihrer Lippe, besonders aber deren mittlerer, sind sehr lang ausgezogen und spiralenförmig gedreht. Und so leuchtet ohne weiteres ein, warum die Art Bocks-Riemenzunge heißt.

An dieser Stelle wollen wir die Beschreibung der Orchideenflora des Kalkmagerrasens abschließen. Wir könnten dem Leser noch etliche Knabenkrautgewächse mehr vorstellen, allein für den Bliesgau verzeichnen die Pflanzenlisten über dreißig Arten, doch müßten dann andere charakteristische Pflanzen dieser Lebensräume völlig vernachlässigt werden. Ohnehin kann ein knapper Überblick nur die wichtigsten nennen, die das Erscheinungsbild der Rasen durchgängig prägen. Allen voran verdienen da natürlich die Gräser Erwähnung, besonders die *Aufrechte Trespe* (Bromus erectus) und die *Fieder-Zwenke* (Brachypodium pinnatum), wobei die Fieder-Zwenke dichtere Bestände bildet und anderen Pflanzen das Aufkommen sehr erschweren kann. Regelmäßig stellen sich auch *Frühlings-Fingerkraut*, *Hufeisen-* sowie *Wundklee* ein, ebenfalls ist das *Schopfige Kreuzblümchen* in fast jedem Rasen anzutreffen. Extrem trockene Standorte besiedeln der *Echte Gamander* (Teucrium chamaedrys) und der

Zartblättrige Lein (Linum tenuifolium), obwohl sich der Echte Gamander auch auf frischeren Böden noch zu behaupten weiß. Sein naher Verwandter, der bedeutend seltenere *Berg-Gamander* (T. montanum), ist sehr viel enger an die Volltrockenrasen gebunden.

Blieben zuletzt noch die Wiesen und Weiden der Auen. Als meist intensiv genutzte Flächen weisen sie kaum mehr charakteristische Arten auf. Wo jedoch die Talwiesen noch nicht oder nicht mehr unter dem Diktat der Düngung stehen, wachsen sehr wohl noch Pflanzen, die sofort den basenreichen Untergrund verraten. Sehr schön lassen sich dann die Übergänge von den trockenen Standorten zu den Glatthaferwiesen der frischeren Aueböden verfolgen. Diesen Zwischenbereich zeigen etwa die **Skabiosen-Flockenblume** und der **Wiesen-Salbei** (Salvia pratensis) an. Der einheimische Verwandte des Echten Salbei hat sicher die leuchtenderen Blüten, aber nicht den Wohlgeruch und die Heilkraft der mediterranen Art. In den eigentlichen Fettwiesen behauptet vor allem der **Kümmelblättrige Haarstrang** (Peucedanum carvifolia) das Feld, wenngleich auch seine Bestände zurückgegangen sind. Das recht seltene Doldengewächs tritt im Saarland noch öfter auf, es zeigt übrigens ein unterschiedliches Aussehen vor und nach dem ersten Schnitt. Die prächtigere Blüte besitzt indessen eine weitere Kennart solcher Wiesen, die **Rapunzel-Glockenblume.**

Die nasseren Bereiche der Aue zeigt schon von fern die **Kohldistel** (Cirsium oleraceum) an. Die stattliche Pflanze kann anderthalb Meter hoch werden und unterscheidet sich von anderen Disteln durch die blaßgelbe Farbe ihrer Blüte. Sie hat einer Gesellschaft den Namen gegeben, die im Frühling und Frühsommer einen farbenprächtigen Anblick bietet. Dem strahlenden Gelb der **Sumpfdotterblume** und dem hellen Lila des **Wiesen-Schaumkrauts** folgt das Rosa des **Schlangen-Knöterichs** und der kräftigere Ton der **Kuckucks-Lichtnelke.** Die auffälligste Pflanze dieser Bereiche ist aber nun doch wieder eine Orchidee, nämlich das **Breitblättrige Knabenkraut.**

Erläuterung der Fachbegriffe (Glossar)

Abakus Obere Abschlußplatte über einem → Säulen- → Kapitell

Abteufen Niederbringen eines Schachts

Ädikula Rahmung eines Fensters, eines Portals oder einer Nische in Form von Säulchen (oder → Pilastern), die einen Giebel tragen

Amoretten → Eroten

Anna selbdritt Darstellung der hl. Anna mit ihrer Tochter Maria und dem Jesuskind

Apsis Meist halbrunder, mit einer Halbkuppel überdeckter Raum, der sich zu einem Hauptraum hin öffnet; in der christlichen Baukunst überwiegend der östliche Abschluß einer Kirche

Architrav der Der den Oberbau tragende Hauptbalken über → Säulen, → Pfeilern oder Arkaden

architraviert nennt man Türen und Fenster, wenn sie wie die ionischen und korinthischen Architrave mit Profilleisten umzogen sind

Archivolte Vom Mauerwerk abgesetzte Einfassung eines Bogens als Fortsetzung der Gewändegliederung (→ Gewände)

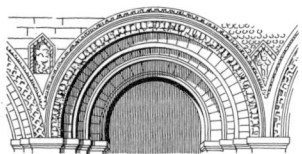

Archivolte

Arkaden Bogenstellung über → Pfeilern oder → Säulen

Atlant Gewölbe- oder Gebälkstütze in Form einer männlichen Steinfigur (→ Karyatide)

Attika Niedriger geschlossener oder balustradenförmiger Mauerstreifen über dem obersten Gesims eines Gebäudes (auch auf Stadttoren), der zusätzlich mit Statuen, Inschriften, Wappen usw. geschmückt sein kann. Die A. dient oftmals zur Kaschierung des Daches

Atrium 1. Im römischen Wohnhaus mittlerer Raum des Hauses, dessen (eigenes) Dach eine Öffnung hat und um den sich die Wohnräume gruppieren. 2. In der mittelalterlichen und frühchristlichen Baukunst ein der Kirche vorgelagerter, mit Säulen umstandener westlicher Vorhof, auch → Paradies genannt, mit Brunnen für kultische Waschungen

Ballei Verwaltungsbezirk eines geistlichen Ritterordens

Balustrade Ein aus kleinen, gedrungenen Stützen, *Balustern,* gebildetes Geländer an Treppen, Balkonen oder als Dachabschluß

Basilika Drei-, fünf- oder mehrschiffige Kirche, deren Mittelschiff höher (und oft breiter) ist als die Seitenschiffe, so daß der durchfensterte → Obergaden für die Beleuchtung des Raumes sorgt. Die → Apsis mit dem Altar kann direkt an

Basilika

das → Langhaus angefügt sein, seit dem 4. Jh. n. Chr. wird gewöhnlich zwischen Apsis und Langhaus ein Querschiff eingeschoben

Basilika minor Nach katholischem Kirchenrecht liturgisch privilegierte Kirche innerhalb und außerhalb Roms

Basis Ausladender Fuß einer → Säule oder eines → Pfeilers

Beffroi (Belfried) Hauptturm einer Burg, als Beobachtungsstand und letzte Zufluchtstätte bei Belagerung

Belvedere (ital.: »schöne Aussicht«) 1. Bezeichnung für (oft hochgelegene) Aussichtspunkte. 2. Bezeichnung für an solchen Aussichtspunkten gelegene Architekturen

Bering Ringmauer einer Burg

Cella Fensterloser Hauptraum eines Tempels zur Aufnahme des Kultbildes

Chor Hochaltarraum einer Kirche, der einige Stufen höher liegt als der Gemeinderaum, architektonisch besonders ausgestaltet und durch Schranken oder Gitter vom Mittelschiff abgegrenzt ist

Corps de logis Hauptgebäude eines Barockschlosses, das architektonisch gegenüber den Nebenflügeln besonders hervorgehoben wird

Cour d'honneur (franz.: ›Ehrenhof‹) Der von drei Flügeln umschlossene Hof eines barocken Schlosses oder einer privaten Stadtvilla

Dachformen Man unterscheidet grob Flach- und Steildächer. Sonderformen sind u. a. *Zeltdach* (Pyramidendach): zusammengesetzt aus vier gleichen Dreiecken; *Pultdach:* besitzt nur eine schräge Dachfläche; *Sattel-* oder *Giebeldach:*

besteht aus zwei schräg gegeneinander gestellten Dachflächen; *Walmdach:* die vertikalen Giebelflächen eines Satteldaches sind durch schräge Dachflächen ersetzt (→ Mansarddach)

Drolerie Drollige Darstellung mit Menschen, Tieren und Fabelwesen (u. a. in der Buchmalerei oder an Chorgestühl)

Echinus Wulstartiger, im Querschnitt kreisförmiger Teil des dorischen → Kapitells, der zwischen Säulenschaft und → Abakus vermittelt (→ Säulenordnung)

Einhäuser Häuser mit Wohn- und Wirtschaftsteil unter einem Dach

Emporen Galerie- oder tribünenartiger Einbau in einem Innenraum, meist in Kirchen

Entresol (frz.) → Mezzanin

Epitaph Erinnerungsmal (Inschrift, figürliche Darstellung) für einen Verstorbenen. Das Epitaph steht meist nicht in Zusammenhang mit einem Grab

Eroten (griech.) Kleine, geflügelte, männliche (manchmal auch weibliche) Liebesgötter. Ziermotiv in der antiken Kunst, zurückzuführen auf den griechischen Liebesgott Eros. In der römischen Kunst → Amoretten genannt (→ Putten)

Fries Waagerechter Mauerstreifen mit ornamentalen oder figürlichen Darstellungen als Schmuck, Gliederung oder Abschluß einer Wand

Gaube (Gaupe) Aufbau mit senkrechter Fensterfläche auf einer Dachschräge

Gebundenes System Der durch das Vierungsquadrat (→ Vierung) bestimmte Grundriß einer ge-

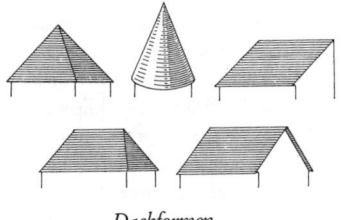

Dachformen

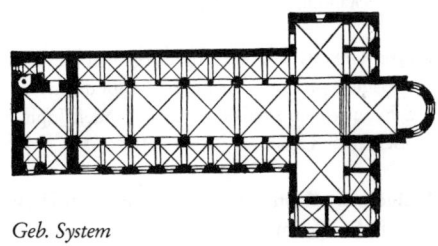

Geb. System

wölbten romanischen Basilika; je einem quadrat. Mittelschiffsjoch entsprechen je zwei quadrat. Joche von halber Seitenlänge in den Seitenschiffen

Gesims Vorspringendes, meist horizontal verlaufendes bauplastisches Element, das eine Außenwand in einzelne Abschnitte gliedert

Gewände Schräg geführte Mauerfläche (→ Laibung) um eine Fenster- oder Portalöffnung. Oft profiliert und mit eingestellten Säulen (→Gewändeportal), Figuren oder Ornamentstreifen geschmückt

Gewändeportal Schräg in die Mauer eingeschnittenes, mit Säulen und Figuren geschmücktes Portal

Giebel Jeweilige Begrenzung der beiden zusammenstoßenden Flächen eines Satteldachs (→Dachformen). Es gibt verschiedene Varianten: er kann dreieckig, segmentbogenförmig, abgetreppt (→ Staffelgiebel) oder in mehreren Winkeln gebrochen sein

Herme Pfeilerförmiger Schaft mit Aufsatz in Form einer männlichen Büste. Im Barock auch als figürliche Gebälkträger verwendet

Hypokaustum (griech.: »von unten geheizt«) Antike Raumheizung, bei der von einem zentralen Raum aus, die Wärme mittels Hohlräumen unter den Fußboden und mittels Tonröhren in die Wände geleitet wurde

Ikonostasis In byzantinischen Kirchen hohe Schranke zwischen → Langhaus und → Chor, die von drei Türen durchbrochen und mit Säulen und → Pilastern gegliedert wird. In den so gebildeten Nischen und Feldern befinden sich Ikonen (= geweihtes Tafelbild), daher der Name, wörtlich: »Standplatz des Bildes«

Jupiter-Giganten-Säule In Ostgallien übliches → Säulen- (mitunter auch) Pfeilermonument mit dem auf einem Pferd dahersprengenden Jupiter über einem Giganten

Kaffgesims Unterschnittene, schräge Abdeckfläche (→ Gesims)

Kämpfer Architekturelement zwischen Kapitell und aufliegendem Bauteil, meist würfelähnlich

Kapitell Oberer Abschluß einer → Säule, eines → Pfeilers oder eines → Pilasters mit ornamentaler, figürlicher oder pflanzlicher Dekoration

Kanneluren, kanneliert Senkrechte, konkave Rillen an → Säulen- → Pfeiler- oder → Pilasterschäften

Kartusche Zierrahmen für Wappen, Inschriften und dergleichen

Karyatide Steinerne oder hölzerne Gewölbe- oder Gebälkstütze in weiblicher Gestalt (→ Atlant)

Kaue Räumlichkeiten, wo Bergleute sich nach der Schicht umziehen und waschen können

Konche Halbrunde Nische mit Halbkuppel

Konsolen Aus der Mauer vorkragender Tragstein als Basis für Bögen, → Gesimse, Skulpturen usw.

Krypta Unterirdisch gelegener Raum unter dem Ostabschluß einer Kirche zur Aufbewahrung von Reliquien, Grabstätte von Heiligen und Märtyrern

Krypta

Kurtine Wall zwischen zwei Bastionen einer Festung

Laibung Oftmals schräg verlaufende Begrenzung (→ Gewände) bei Bogen oder Fenstern

Langhaus (Längsschiff) Bei einer Kirche der langgestreckte Gebäudeteil zwischen Fassade und → Chor. Es wird rechtwinklig vom → Querhaus (Querschiff, Transept) gekreuzt

Latène-Zeit Nach dem Fundort La Tène am Neuenburger See benannte Kultur (5.–1. Jh. v. Chr.)

Laterne Runder oder vieleckiger durchfensterter Aufbau über einer Decken-, Gewölbe- oder Kupelöffnung

Lisene Schwach profilierte, vertikale Mauerverstärkung ohne → Basis und → Kapitell

Lisenen

Lothringerhaus Im ehemals lothringischen Teil des Saarlandes vorkommende → Einhäuser, mit sehr flach geneigtem Dach und Luftluken über dem Obergeschoß im Wohnteil

Lukarne Dacherker mit verziertem Giebelfenster

Mäander Fortlaufendes Ornament mit rechtwinkeliger Richtungsänderung

Mansarddach Giebeldach von gebrochener Form, wobei der untere Teil steiler ist als der obere (→ Dachformen)

Mensa Altarplatte

Metope Glatte oder reliefierte Platte am → Fries eines dorischen Tempels (→ Säulenordnung). Wechselt mit den → Triglyphen ab

Mezzanin (ital.) Halb- oder Zwischengeschoß; → Entresol

Motte (lat. motta) Im Mittelalter wehrhafter, bewohnbarer Holzturm auf einer künstlichen, stumpfkegeligen Hügelanschüttung, die von einem Wassergraben umgeben war

Mundloch Eingang eines Stollens

Nymphäum Bei den Römern ein den Nymphen (= weibl. Wassergöttinnen) geweihtes Quellheiligtum. In der nachfolgenden Baukunst repräsentativer Prachtbrunnen am Ende einer Wasserleitung oder ein Pavillon mit Wasserspeiern

Obelisk Freistehender, im Grundriß quadratischer, sich nach oben verjüngender Steinpfeiler mit einem pyramidenförmigen Abschluß

Obergaden Wandabschnitt über den Mittelschiffarkaden einer → Basilika, in dem sich die Fenster befinden; auch Licht- oder Fenstergaden genannt

Oktogon Achteck

Okulus (lat.: »Auge«) Kleines, rundes Fenster bzw. Wandöffnung

Paradies 1. siehe → Atrium. 2. Manchmal auch Bezeichnung für den Garten oder Friedhof eines Klosters

Pfeiler Stützglied über rechteckigem → polygonalem oder rundem Grundriß

Piscina Taufbecken oder Becken im Altarraum zum Auswaschen des liturgischen Geräts

Pietà Plastische Darstellung Mariens mit dem toten Christus auf ihrem Schoß

Pilaster Der Wand oder einem anderen Bauglied vorgelegter vertikaler Mauerstreifen mit → Basis und → Kapitell

polygonal Mehreckig

Polyptychon Mehrflügeliges Altarbild; → Triptychon

Portikus Eine von Säulen getragene und meist von einem Dreiecksgiebel überfangene Vorhalle, die der Hauptfront eines Gebäudes vorgelagert ist

Putten (ital.: Putti = Kinder) In der Renaissance Fortführung der gotischen Kinderengel; → Eroten

Querhaus Zwischen → Langhaus und → Chor eingeschobener Querbau, durch den ein Kirchengrundriß Kreuzform erhält (→ Vierung)

Retabel Mit Gemälden oder Skulpturen geschmückter Altaraufsatz. Entwickelte sich schließlich zum → Polyptychon

Risalit Ein in ganzer Höhe eines Bauwerks vorkragender Mittelteil, das auch als Eck- und Seitenrisalit zur Auflockerung einer Fassade beiträgt

Rocaille Muschelförmiges, asymmetrisches Dekorationsmotiv des Rokoko (um 1730–1770)

Saalkirche Kirche ohne Seitenschiffe, also nicht durch Stützen unterteilt

Säule Aufrechtstehendes, sich nach oben verjüngendes Stützglied mit kreisförmigem Querschnitt, meist untergliedert in → Basis, → Schaft und → Kapitell

Säulenordnung Urspr. unterschiedliche antike Architektursysteme, bei denen → Säulen, → Kapitelle, → Architrave und → Gesimse aufeinander abgestimmt sind. 1. *Dorische Ordnung:* Säulen ohne Basis, → Kapitell bestehend aus → Abakus und → Echinus, Architrav bestehend aus einem glatten Balken sowie einem → Metopen- und Triglyphen-Fries. 2. *Ionische Ordnung:* Säule mit Basis und Kapitell, bestehend aus Voluten und → Abakus; Säulen meist höher und schlanker als die dorischen. Der Architrav besteht aus einem getreppten Balken, Zierbändern und einem Fries. 3. *Korinthische Ordnung:* wie die ionische, allerdings tragen die Säulen korinthische (Akanthus-) Kapitelle. 4. Varianten aus der Verbindung einzelner Elemente der oben beschriebenen Bauordnungen = *Kompositordnung*

Schaft Rumpf einer → Säule, Säulenkörper; aus einem Stück (monolith) oder aus einzelnen Säulentrommeln zusammengesetzt → Trommel

Schwibbogen (Schwebebogen) Dem → Strebebogen vergleichbar nimmt er, meist zwischen zwei Gebäuden oder über engen Gassen gespannt, den Horizontalschub auf und leitet ihn ab

Sepultur Begräbnisstätte der Domherren

Sirona Vorwiegend im Moseltal verehrte keltische Göttin, meist in Verbindung mit dem gallorömischen Apoll; beides Quellgottheiten

Söller Unterbauter, nicht überdachter Austritt an einem Obergeschoß

Spolien Wiederverwendete Bauteile, z. B. Säulen, Kapitelle usw. aus einem abgebrochenen älteren Gebäude

Staffelgiebel → Giebel mit abgetrepptem Profil

Stipes Träger der Altarplatte (→ Mensa)

Strebebogen Bogen, der den Strebepfeiler mit der zu stützenden Mauer verbindet und über den der Gewölbeschub in diesen Pfeiler geleitet wird

Sturz Oberer horizontaler Abschluß einer Tür- oder Fensteröffnung

Supraporte Bemaltes oder reliefiertes gerahmtes Feld über dem Türsturz → Sturz

Tambour Zylinderförmiger durchfensterter Unterbau einer Kuppel

Terra sigillata Hochrotes, glänzendes römisches Tongeschirr; mit Fabrikstempeln versehene Reliefkeramik

Tonne (Tonnengewölbe) Gewölbe mit halbkreisförmigem Querschnitt (einfachste Form des G.)

Torques der Metallener Halsring, der von der Bronzezeit an meist Kriegern als Auszeichnung verliehen wurde

Triforium Laufgang in der Kircheninnenwand zwischen → Arkaden oder → Emporen und der Fensterzone

Triforium

Triglyphe die Platte mit drei Rillen am → Fries des dorischen Tempels (→ Säulenordnung); im Wechsel mit den → Metopen verwendet

Triptychon Dreiteiliges Altarbild (auch Gemälde), bestehend aus einem Mittelbild und zwei Seitenflügeln

Trommel Zylindrisches Einzelelement eines Säulenschaftes

Tympanon 1. Bogenfeld über einem mittelalterlichen Portal, meist mit plastischem Schmuck. 2. Giebelfeld eines antiken Tempels

Umgangstempel Für den gallischen Norden eigentümliche (meist) Rundtempelform, die ein allseitig der → Cella angelehntes Pultdach besaß, das von → Säulen oder Holzstützen getragen wurde

Verlesesaal Raum, in dem vor Schichtbeginn die Namen der einfahrenden Bergleute aufgerufen wurden

Vicus Dorfähnliche Siedlungsform, oftmals mit sich rechtwinklig kreuzenden Wegen

Vierung Ort der Durchdringung von → Lang- und → Querhaus einer Kirche

Volute Spiral- oder schneckenförmiges Ornament an → Kapitellen der ionischen Ordnung (→ Säulenordnung); in Renaissance und Barock werden auch → Giebel und → Konsolen mit V. geschmückt

Wasserschlag →Kaffgesims

Welsche Haube Glocken- oder zwiebelförmig geschweiftes Turmdach. Besondere Verbreitung in der Renaissance-Baukunst

Westwerk Vorgeschobener, turmartiger Raumkörper im Westteil großer romanischer Kloster- oder Bischofskirchen. Meist gestaltet als quadratischer Raumschacht, der an drei Seiten von → Emporen umgeben ist. Die Funktion eines W. ist noch nicht vollständig geklärt

Wimperg Giebelförmiger Aufbau über gotischen Portalen und Fenstern

Wimperg

Zwerchhaus → Lukarne

Praktische Reiseinformationen

Anreise 362
Mit dem Auto 362
Mit der Bahn 362
Mit dem Flugzeug 362

Vorschläge für Kurzaufenthalte . . 362
Im Überblick 362
Etappen für zwei bis drei Tage 363
Besondere Angebote 363

Auskünfte 364
Fremdenverkehrsämter 364

Kurzinformationen von A–Z . . 364
Aussichtspunkte 364
Camping, Freizeitstätten,
Jugendherbergen 365

Festkalender 365
Vom Essen und Trinken 366
Heilbäder und Kurorte 369
Heimatstuben 369
Industrie und Technik 370
Kriegsgräber und Stätten des
Widerstandes und der Verfolgung . . 372
Kulturelle Veranstaltungen 374
Messen und Märkte 375
Museen 375
Naturschutzgebiete, Naturdenkmäler,
Lehrgärten 381
Personenschiffahrt 382
Sport 382
Theater und Kleinkunst 383
Tierparks und Wildgehege 383
Wandern zu Fuß und mit
dem Rad . . . . : . 384

Anreise

Mit dem Auto

Von Norden kommt von Koblenz via Trier die A 1/E 422, im Nonnweiler Dreieck zweigt die A 62 zur A 6/E 50 ab, die von Osten her von Mannheim nach Saarbrücken führt. Von Karlsruhe kommt die A 8, sie quert die A 6 im Neunkircher- und die A 1 im Saarbrücker Kreuz und führt über Saarlouis als E 29 (und demnächst ganz ausgebaut) weiter nach Luxemburg und Brüssel. Mit der französischen A 4, die nach Strasbourg und über Metz nach Paris führt, ist Saarbrücken über die A 32 verbunden. Von Metz aus geht es über die A 31 über Nancy und Dijon nach Beaune, dort mündet sie in die »Route du soleil« zum Mittelmeer.

Mit der Bahn

Eine Übersicht nach Kursbuchstrecken:
Mannheim – Saarbrücken: zweistündliche Direktverbindungen von Frankfurt (M) nach Saarbrücken mit dem Eurocity und Intercity. Sechs dieser Züge kommen aus Leipzig und Dresden.
Zweistündliche Verbindungen von Lindau/Vorarlberg über Ulm und Stuttgart nach Saarbrücken mit InterRegio.
Münster – Duisburg – Düsseldorf – Köln – Saarbrücken: fünf tägliche Direktverbindungen.
Zweistündliche Direktverbindungen von Koblenz nach Saarbrücken mit Eilzügen.
Mainz – Saarbrücken: zweistündliche Direktverbindungen mit Eilzügen.
Internationale Verbindungen: Paris – Metz – Saarbrücken: vier Direktverbindungen mit Eurocity, eine Nachtverbindung mit D-Zug.

Zusätzliche Schnellverbindungen von Metz nach Saarbrücken.
Luxemburg – Saarbrücken: fast stündliche Verbindungen, allerdings mit Umsteigen in Trier und Metz.

Mit dem Flugzeug

Linien-Flugverbindungen gibt es derzeit vom Flughafen Saarbrücken-Ensheim aus nach Berlin, Frankfurt (M), Hamburg, München und Nizza. Dreimal wöchentlich außerdem nach Wien.
Reservierungen über Deutsche Lufthansa, die ein Stadtbüro in Saarbrücken hat (✆ 06 81/3 15 15 oder 3 90 49 86). Für Nizza und Wien über Luxair (✆ 06 81/3 50 55).

Vorschläge für Kurzaufenthalte

Im Überblick

Das Beste noch immer: das Saarland, am Wochenende zum Beispiel, sich anhand des Reiseführers selbst zu erschließen. Naturräumlich oder historisch, kunsthistorisch oder mit Blick auf die Zeugnisse seiner Industriekultur.
Saarbrücken ist für das Entree immer gut. Die Museen allein schon sind für Besucher so etwas wie ›Pflichtstücke‹. Voran die Moderne Galerie am St. Johanner ›Kulturufer‹, mit der Alten Sammlung und der neuen Landesgalerie gegenüber. Stadteinwärts bietet die Stadtgalerie am St. Johanner Markt das Kontrastprogramm dazu und am Schloßplatz Heinz Rox-Schulz' Abenteuermuseum eine nicht alltägliche Variante. (Wo hat ein Globetrotter sonst schon sein eigenes Haus!?) Am Schloßplatz jetzt auch das Museum für Vor- und Frühgeschichte, die »goldene Jenseitsmitgift« aus

dem Fürstinnengrab in Reinheim gehört zu seinen Prunkstücken.

Wie sich wider alle Klischees im Lande Natur und Kultur und Kultur und Industrie vermählen können, erfährt man schnell – die Entfernungen halten sich in Grenzen –, wenn man sich saarabwärts via *Saarlouis* und mit einem Abstecher in den *Saargau* zu den ›Steinen an der Grenze‹ in das *Dreiländereck* zwischen Saar und Mosel aufmacht. Schließlich hat man – fast wie nach Rousseau – immer zurück zur Natur gefunden. Am Ende des Weges liegt in der »Apfelkiste« des Landes *Merzig* und dahinter die *Saarschleife.* Das *Moselufer* von Perl bis Nennig ist sein »Wingert«.

Von *Mettlach* aus quert die Eichenlaubstraße den ›*Naturpark Saar-Hunsrück*‹. Sie hält sich dicht am Schwarzwälder Hochwald mit seinen Luftkurorten. Die großen *Stauseen* sind nahe: der Losheimer, die Primstalsperre bei Nonnweiler und der Bostalsee. Als Drehpunkt gilt *Wadern* mit seinen Schlössern und Märkten.

Für St. Wendelins Stadt und Land sollte man sich Zeit lassen. Das Land ist zur Ferien- und Freizeitlandschaft geworden. Nonnweiler und Nohfelden, *Tholey* und *St. Wendel* bilden seine Eckpunkte. Der *Schaumberg,* der ›Hausberg‹ des Saarlandes, steht darüber. Der *Saarland-Rundwanderweg* führt quer hindurch, eine Strecke lang fungiert er sogar als ›Skulpturenstraße‹.

In der *Saarpfalz* verlockt der Reiz der Übergänge. Von der bewaldeten Kuppe des Höcherberges zu den Jägersburger Weihern und in die Heidelandschaft des Königsbruchs. Der Buntsandsteingürtel des St. Ingbert-Kirkeler Waldes darunter: der ›*Stiefel*‹ über St. Ingbert, die »Hollerlöcher« bei Kirkel und im Homburger Schloßberg die größten Buntsandsteinhöhlen Europas. Nach Süden zu dann Auzonen und Ackerplateaus, die Dörfer der »Parr« und des *Mandelbachtals* auf dem Muschelkalk. Nicht zu vergessen die *Städte:* Homburg, Bexbach, St. Ingbert, Blieskastel. »Unsere Geschichte – Basis für ein Projekt deutsch-französischer Zusammenarbeit« heißt die Devise des ›Europäischen Kulturparks Bliesbruck-Reinheim‹. Freundlich im Grünen begegnen sich Saarland und Lothringen.

Etappen für zwei bis drei Tage

Saarlouis – Saargau – Merzig – Mettlach – Moselgau – Perl

Merzig – Losheim – Weiskirchen – Wadern – Nonnweiler – ›Hunnenring‹

St. Wendel – Tholey – Bostalsee – Nohfelden – Weißelberg – Ostertal

Homburg – St. Ingbert-Kirkeler Wald – St. Ingbert – Blieskastel – Bliesgau – Gräfinthal

Besondere Angebote

Wer sich lieber an die offiziellen ›rendezvous saarland‹-Angebote hält, erfährt von der Saarland-Touristik (s. S. 364) alles, um das Land »zu Luft und zu Lande« kennenzulernen. Ein kleiner Querschnitt:
»Radeln ohne Grenzen«, Wandern durch den Naturpark Saar-Hunsrück
Malwoche in St. Ingbert, der Geburtsstadt Albert Weisgerbers, im Sommer
Französisch-Saarländisches Schlemmerwochenende, von Alt-Saarbrücken aus
Weinwochenende an der Obermosel, von Perl aus
Orchideenwanderungen im Bliesgau (Auskünfte Saarpfalz-Touristik, Landratsamt, Am Forum 3, 66424 Homburg)

»Ora et labora«, ein Ferienprogramm für Jungen ab 16 Jahren, Leben und Arbeiten mit den Mönchen in der Benediktinerabtei Tholey

Auskünfte

Saarland-Touristik
Landesfremdenverkehrsverband Saarland e.V.
Post: Postfach 101031
66010 Saarbrücken
Besucher: Dudweiler Str. 53
66111 Saarbrücken
☎ 06 81/3 53 76, 3 70 88
Fax 06 81/3 58 41

Stadtverband Saarbrücken
Referat für Öffentlichkeitsarbeit
Schloßplatz
66119 Saarbrücken
☎ 06 81/5 06–2 47
Fax 06 81/5 06–9 51

Kontour
Kongreß- und Touristik GmbH Saar
Großherzog-Friedrich-Str. 1
66104 Saarbrücken
☎ 06 81/3 69 01, 3 65 15
Fax 06 81/39 03 53

Landkreis Saarlouis
Amt für Wirtschaft und Verkehr
Kaiser-Wilhelm-Str. 3
66740 Saarlouis
☎ 0 68 31/44 44 88, 44 42 62
Fax 0 68 31/44 44 27

Kreisfremdenverkehrsverband
Merzig-Wadern e. V.
Schankstr. 1
66663 Merzig
☎ 0 68 61/7 38 74
Fax 0 68 61/7 38 75

Fremdenverkehrsamt
St. Wendeler Land
Am Seehafen
66625 Nohfelden
☎ 0 68 52/9 01 10
Fax 0 68 52/8 14 48

Landkreis Neunkirchen
Fremdenverkehr/Öffentlichkeitsarbeit
Wilhelm-Heinrich-Str. 36
66564 Ottweiler
☎ 0 68 24/3 05–2 46, –2 45
Fax 0 68 24/30 52 88

Saarpfalz-Touristik
Landratsamt
Am Forum 3
66424 Homburg
☎ 0 68 41/104–190, –191, –192
Fax 0 68 41/10 41 95

Kurzinformationen von A–Z

Aussichtspunkte

An guten Aussichten fehlt es in der »buckligen Welt« zwischen Saar und Blies nicht. Eine Auswahl entlang der Routen des Reiseführers:
Saarbrücken: Schwarzenbergturm im St. Johanner Stadtwald (377 m)
Stadtverband Saarbrücken: Wasserturm (444 m) auf der Göttelborner Höhe (Quierschied)
Kreis Saarlouis: Teufelsburg (354 m) über Überherrn-Felsberg im Saargau
Kreis Merzig-Wadern: Vogelfelsen über der Saar bei Mettlach-Saarhölzbach (300 m)

St. Wendeler Land: Schaumbergturm über Tholey (568 m)
Kreis Neunkirchen: Betzelhübel (427 m) zwischen Ottweiler und Steinbach
Saarpfalz-Kreis: Höcherbergturm (518 m) über Bexbach-Höchen.

Camping, Freizeitstätten, Jugendherbergen

Im **Stadtverband Saarbrücken:** Campingplatz für Kanu-Wanderer, Campingplatz am Spicherer Berg; Naturfreundehaus Kirschheck, Saarbrücken-Riegelsberg.

Landkreis Saarlouis: Plätze in Lebach, Rehlingen-Eimersdorf, -Hemmersdorf und -Siersburg, Saarlouis, Überherrn; Jugendfreizeitstätte Blauloch, Wallerfangen.

Landkreis Merzig-Wadern: Plätze in Losheim, Reiterhof Losheim-Britten, Kanuheim Merzig, Perl-Nennig und -Oberleuken, Weiskirchen und -Thailen, Jugendzeltplätze in Mettlach-Orscholz und -Saarhölzbach; Fischerberghaus des Saarwald-Vereins in Beckingen, Jugendherberge und Schullandheim an der Saarschleife in Mettlach-Dreisbach und Weiskirchen.

St. Wendeler Land: Campingplatz Bostalsee, Jugendzeltlagerplätze in Oberthal-Gronig, am Jugendgästehaus Tholey, im Jugend- und Freizeitzentrum Max Braun in Steinberg-Deckenhardt (Oberthal), dort auch Ferienhäuser für Urlaub mit der Familie; Schullandheim Oberthal.

Landkreis Neunkirchen: Zeltplatz Finkenrech bei Eppelborn-Dirmingen, Volkssonnengarten Neunkirchen.

Saarpfalz-Kreis: Camping- und Caravanplätze rund um Homburg, in Kirkel, Blieskastel-Niederwürzbach und Gersheim-Walsheim, Jugendzeltplatz in Homburg; Evangelisches Familienlandheim in Kirkel, Jugend- und Wanderheim des Pfälzerwald-Vereins in Kirkel-Neuhäusel.

Ein Wanderweg (rotes Dreieck) verbindet die saarländischen *Jugendherbergen* untereinander: 66424 Homburg-Sanddorf, Sickinger Straße 12; 66386 St. Ingbert, Neue Bahnhofstraße 33; 66123 Saarbrücken, Meerwiesertalweg 31; 66693 Mettlach, Dreisbach; 66709 Weiskirchen, Jugendherbergstraße 12; 66636 Tholey, Jugendherbergstraße 2.

Auskünfte: Saarland-Touristik; Landesjugendamt des Saarlandes, Malstatter Markt 11, 66115 Saarbrücken; Deutsches Jugendherbergswerk Landesverband Rheinland-Pfalz/Saarland e. V., In der Meielache 1, 55122 Mainz

---

Festkalender

Die Saarländer und ihre Feste ... Das heißt, mit dem Jahr gehen und feiern und zwischen den kanonischen Festen möglichst auch noch die gute Gelegenheit zum Feiern feiern. Rund 150 *Karnevalsvereine* gibt es im Land (in St. Ingbert bekommen sie ein neues Museum): vom ›M'r sin nit so‹ in Saarbrücken bis zum ›Mir bleiwe so‹ in Riegelsberg; die »kleinste Karnevalsgesellschaft Europas«, die ›Grünschnäbel‹ in Kleinblittersdorf, küren jedes Jahr einen Prominenten zum ›Dr. humoris causa‹; in Elm feiern die ›Bachwutze‹ und in Ommersheim die ›Sackschisser‹. 500 Kappensitzungen und Bälle finden pro Session

Vom Essen und Trinken

In der Saarpfalz gibt es Bohnen- und Bierstädter, und einen Ort (Rohrbach), der den »Schdambesschdeeser«, den Kartoffelstößer, im Panier hat. An der unteren Saar hält man sich in Besseringen eine eigene Linsenkönigin, zieht am »Kalten Mittwoch« (Buß- und Bettag) in Saarhölzbach in den Wald zum Kotelettbraten, und in Saarlouis gerät die »Emmes« (der Imbiß) auf dem Großen Markt allemal zum absoluten Höhepunkt der Festwoche (s. S. 368 f.). Das Merziger Becken ist die »Apfelkiste« des Landes. Das Moselufer von Perl bis Nennig sein Wingert. Beide kommen zusammen in einem Apfelwein, der hier ein ganz ›besonderer Saft‹ ist, dem Viez. Nimmt man den Viez über seine lateinische Herleitung beim Wort, also ›vice vinum‹ (Ersatzwein), ist er so etwas wie der Wein des kleinen Mannes.

»Haubdsach, mir hann gudd gess« gehört zu den wichtigsten heimischen Maximen. Die herkömmlichen Eß- und Trinkgewohnheiten hängen dabei vor allem mit der Lebensform der Berg- und Hüttenarbeiter zusammen. (Bürgerliche Traditionen spielen nur lokal eine Rolle, in Saarlouis etwa, Merzig oder St. Wendel.) Der Garten hinter dem (oft eigenen) Häuschen, an dem man allerdings lange abzuzahlen hatte, die »Wies« oder das »Schdigg« dabei und der Wald dazu, der meist nicht allzuweit entfernt lag, lieferten die Grundnahrungsmittel: Gemüse und Kartoffeln, Kräuter, Pilze, Beeren, dazu Milch und Fleisch vom Kleinvieh. Selten gab es Fleisch, statt dessen füllten dann Kartoffelgerichte die hungrigen Mägen. So gab es zum Beispiel ›Gedrickte‹ (etwa Pürree), ›Gellerriewemutsch‹ (etwa Eintopf mit gelben Rüben) und ›Kerschdscher‹ (roh gebratene Kartoffeln). Bei Suppen wurden Hülsenfrüchte bevorzugt, bezeichnet als: ›Quer-durch-de-Garde‹, oder ›Bibbelschesbohnesupp‹ (unter Verwendung von Schnittbohnen). Geradezu als Spezialitäten galten ›Grumbeer-Kieschelscher‹ (eine Art Reibekuchen) oder ›Dibbelabbes‹. Wenn es an Sonn- und Feiertagen nicht gerade ›Gefillde‹ (gefüllte Kartoffelklöße) mit Specksoße und Sauerkraut gab, freute man sich ebenso über Schweinebauch mit Soße. ›Schales‹ und ›Dibbelabbes‹, die Nationalgerichte, haben fast die gleichen Zutaten: Kartoffeln, Lauch/Zwiebeln, Salz, Pfeffer, ein Ei, Dürrfleisch (durchwachsener Speck), vier Eßlöffel Öl. Schales ist ein Kartoffelkuchen, der, im Backofen gebacken, am Boden eine braune Kruste ansetzt. Dibbelabbes wird im Topf auf dem Herd zubereitet, durch das häufige Umwenden und Zerpflücken der Masse entstehen im Topf viele Kartoffelkrüstchen.

Zu regelrechten »Wambefeschde« wurden die Bergfeste. Die Grubenverwaltung hatte für das ›Essensdeputat‹ zu sorgen, 1913 beim St. Ingberter Bergfest beispielsweise: eine Reissuppe, 1 Pfund Rind- oder Ochsenfleisch mit Preiselbeeren und Essiggurken, 1 Pfund Schweinerippchen, 1 Pfund Brot und Kranzkuchen, 5 Liter Bier, 12 Zigarren.

Bei den Vereins-, Dorf- und Stadtfesten heute läuft dazu ohne den »Indikator für saarländisches Wohlergehen« (L. Harig) »de Liooner«, die in Lyon kreierte Variante der deutschen Fleischwurst, nichts mehr. Ebenso undenkbar sind besagte Feste seit zwei Jahrzehnten ohne Schwenkbraten: »Der Mensch denkt, Gott lenkt, der Saarländer schwenkt.« Sprichwörtlich dazu: »De passende Wein zum Schwenkbroode is e gudd gezapptes Pils«.

Daß der einzige saarländische Wein ein Mosel ist, haben wir bereits gehört. Am ›Moseltor‹, zwischen dem Perler Hasenberg und dem Nenniger Römerberg, werden Ruländer, Auxerrois und Müller-Thurgau angebaut und die älteste deutsche Rebsorte, der Elbling. Der Elbling ist der Brotzeitwein par excellence, herzhaft, leicht und besonders als trocken oder halbtrocken der erfrischendste Durstlöscher. Wer andere Kreszenzen sucht, der sieht sich im Saarland in glücklich-zentraler Lage zwischen den Weinbaugebieten Mosel(abwärts)-Saar-Ruwer, Pfalz, Nahe, Rhein und Elsaß.

Die Zeichen weiterhin trügen auch nicht: ob nun pfälzisch-deftig, lothringisch-kräftig oder bien français, Gourmands wie Gourmets kommen hier gut und gerne auf ihre Kosten. Der ausgewiesene Vorkoster mag dazu das Wort haben, Wolfram Siebeck: »So viele gute Restaurants in einem so kleinen Land, das hatte ich nicht erwartet, als ich ins Saarland fuhr. Gewiß, die Nähe Frankreichs, die über zehn Jahre dauernde politische und wirtschaftliche Verbindung mit diesem Nachbarn nach dem letzten Krieg, das ließ hoffen, hier, ähnlich wie am Oberrhein, segensreiche Einflüsse der französischen Küche zu finden ... Doch dann sah ich, mit welcher Selbstverständlichkeit die Saarländer den guten vom besseren Wein zu unterscheiden wissen; ich aß in kleinen, bescheidenen Kneipen der Saarbrücker Altstadt und fand Qualität, wie ich sie in ähnlicher Umgebung, in Paris zum Beispiel, lange, lange suchen müßte; ich war verblüfft, auch in kleinen, abgelegenen Ortschaften Restaurants zu finden, in denen gekocht wird, als hätten sich die Inspekteure des Guide Michelin angemeldet.«

Seinen Ursprung hat dieses besondere ›Saarvoir-vivre‹ übrigens schon in der Völkerbundszeit. »Das Saargebiet als interessanter Finanzplatz lockte ein internationales Publikum an, die Schöpfungen der Pariser Mode, die hochwertigen Lebens- und Genußmittel, die aus dem französischen Mutterland und dem überseeischen Weltreich eingeführt wurden, begünstigten eine andere Lebensauffassung als die des preußischen Tugendsystems, das den Saarbewohnern ein Jahrhundert lang eingeimpft war«, schreibt K. A. Schleiden über das »Kulturelle Leben im autonomen Saarland«.

Fünfzig Jahre danach gibt es ein gutes Dutzend Spitzenadressen (mit Kochmütze und Eule) im Land, die Nr. 1 residiert in Neunkirchen, und noch einmal zwei Dutzend kulinarischer Geheimtips dazu.

In der Lisdorfer Au werde auf 200 Morgen auch ›taraxacum officinale‹ angebaut, verkündete im April 1987 auf der Landespressekonferenz der saarländische Wirtschaftsminister: vulgo der auch als »Kuhblume« oder »Wiesenlattich« bekannte Löwenzahn. Er sehe das durchaus, weil man hier auch für den Markt produziere, als Beweis für die saarländische Fähigkeit, »so gut zu leben wie die Franzosen und so engagiert zu arbeiten wie die Deutschen«. Denn der jenseits der Grenze – wegen seiner harntreibenden Wirkung – als »Pissenlit« bekannte und hierzulande analog benannte »Bettseicher« habe, reich an den Vitaminen C und A, nicht nur seine heilsamen, weil blutdruckregulierenden, Eigenschaften, er gebe auch, »eingebettet in einen Hauch Knoblauch, begleitet von Weinessig, Salz und Pfeffer und gekrönt von gebratenen Speckwürfelchen«, einen köstlichen Salat ab. Selbst den Blüten und den Wurzeln des Löwenzahns, so der Berichterstatter der FAZ, könne der Saarländer Geschmack abgewinnen. Was partout noch immer stimmt.

---

statt, rund 60 Ordensfeste und Rathauserstürmungen, 40 Umzüge (in Saarbrücken-Burbach beispielsweise, im Dorf im Warndt, in so ziemlich allen Saarlouiser Stadtteilen, in Weiskirchen, Neunkirchen oder Blieskastel). Am »Fetten Donnerstag« ist in Saarwellingen der Tag der ›Greesen‹. Ihr Fest, der schiere Altweiber-Mummenschanz, zählt zu den originellsten und ältesten im Land. Über die Region hinaus bekannt und frequentiert: der dreitägige Saarbrücker ›Premabüba‹ (Presse-Maler-Bühnen-Ball).

Kirmes (»Kerb«, »Kirf«, »Kirwe«) wird zwar noch immer gefeiert, in den ländlichen Gegenden vor allem, aber die Altstadt- und Dorffeste haben ihr doch etwas den Rang abgelaufen. Eine kunterbunte Auswahl:

Wadern-Wadrill: ›Erbsensonntag‹ (1. Fastensonntag)

Perl: Quirinusritt und Pferdesegnung (1. Mai)

Ostertal: »Pfingstquack« (Pfingstmontag)

Tholey-Bergweiler: Kapellenfest auf dem Blasiusberg (letzter Sonntag im Mai)

Saarlouis: Saarlouiser Woche – »Emmes« (Ende Mai/Anfang Juni)

Saarbrücken-St. Arnual: ›Daarler Dorffest‹ (Juni)

Tholey: Historische Tage (jeweils 1. Wochenende vor Ferienbeginn)

Blieskastel-Webenheim: Bauernfest (Juli)

Homburg-Jägersburg: Strandfest (Juli)

Illingen: Burg- und Weiherfest (Juli)

Saarbrücken: Kinderfest im Deutsch-Französischen Garten/DFG (Juli)

St. Ingbert: Ingobertusfest (Juli)

St. Wendel-Dörrenbach: Buchfest (Juli)

Überherrn: Grenzlandfest (Juli)

Bexbach: Blumengarten- und Stadtfest (August)

Dillingen: Schloßfest (August)

Großrosseln: Grenzüberschreitendes Dorffest (August)

Mandelbachtal-Habkirchen: Deutsch-Französisches Brückenfest auf der Europäischen Freundschaftsbrücke (August)

Perl-Nennig: Obermoselweinfest (August)

Saarbrücken: ›Licht und Blumen‹, Fest der Stadtkapelle im DFG (August)

Völklingen-Luisenthal: Bergfest (seit 1866) auf dem Grubengelände (August)

Weiskirchen: Kurparkfest (August)

Lebach: Grüne Woche (September)

Illingen: Zigeunerwallfahrt (Oktober)

Merzig: Viezfest (Oktober)

Mettlach-Orscholz: Erntedank- und Heimatfest (Oktober)

St. Wendel: Wendelsfestwoche mit Kirmes, Markt, Wallfahrt (Oktober)

Tholey: »Festival der Drachen« (jeweils am ersten Wochenende der Herbstferien)

Großrosseln-St. Nikolaus: Nikolausfest mit Sonderpostamt, Markt, Kinderbescherung und Spendenaktion (6. Dezember)

Mandelbachtal-Bliesmengen-Bolchen: Gräfinthaler Advent (Dezember)

Im Advent Nikolaus-, Weihnachts- und Christkindmärkte im ganzen Land.

Weitere Veranstaltungen, Feste, Märkte und Messen, Kultur und Sport sind im Veranstaltungskalender »rendezvous saarland« aufgeführt, der bei allen Fremdenverkehrsämtern erhältlich ist.

Heilbäder und Kurorte

Im Norden vor allem wurden aus der »Gottvergessenheit« im Wald heute dank des Waldes heilklimatische Kurorte: *Weiskirchen*

und *Nonnweiler.* In Weiskirchen: Möglichkeit der ›Ambulanten Rehabilitationskur‹, ehemals ›Offene Badekur‹. Am Südhang des Hochwaldvorlandes liegt *Losheim,* staatlich anerkannter Erholungsort, mit seinem Stausee. Im Schatten des Schaumbergs die Luftkurorte *Tholey* und *Theley,* nahe am Bostalsee *Neunkirchen/Nahe* (Nohfelden). Staatlich anerkannter Kneippkurort mit den Bliestalkliniken ist *Blieskastel-Mitte* im Saarpfalz-Kreis. Kureinrichtungen außerdem in *Kleinblittersdorf* (Bad Rilchingen), *St. Ingbert* und *St. Wendel.*

Heimatstuben

»Die erste Notiz über saarländische Heimatstuben im Juni-Heft 1973 der Zeitschrift ›Saarheimat‹ endete in der Überschrift noch mit einem Fragezeichen. Heute könnte man getrost ein Ausrufungszeichen setzen, die Idee hat sich gefestigt ...« (F.-J. Reichert, 1990), nämlich eine Initiative des Saarländischen Kulturkreises, sozusagen beim Essen und Trinken (in einer Ecke, einem Nebenzimmer eines Gasthauses) Einheimische wie Gäste an Land und Leute, Geschichte, Arbeitswelt und Brauch zu erinnern. Nicht als Museen gedacht, ohne Feierlichkeit, mehr geselliger Treff, besonders »für alle an der Heimatkunde interessierten Bürger« (wie es bei der Einweihung der ›Köllertaler Heimatstube‹ in Heusweiler im September 1990 hieß), alltägliche Begegnung also.

1973 wurde in Wadgassen die erste der mittlerweile fünf Heimatstuben dort, die ›Johannes-Kirschweng-Stube‹, eingerichtet. Rund 40 sind es inzwischen im ganzen Land: von der ›Keltenstube‹ in Gersheim-Reinheim, nahe den deutsch-französischen Ausgrabungsstätten an der Grenze, bis zum ›Hambacher Keller‹, zur Erinnerung an die Demokraten von 1832, in St. Wendel; vom ›Halfenhaus‹ in Merzig, der früheren ›Börse‹ der Saarschiffer und Treidler, bis zur ›Hüttenarbeiterstube‹ in Beckingen-Düppenweiler oder der ›Bergmannsstube‹ in Püttlingen-Köllerbach.

Eine Liste der zur Zeit existierenden Heimatstuben ist über folgende Adresse zu beziehen: Saarländischer Kulturkreis, Verlag Die Mitte, St. Johanner Markt 22, 66111 Saarbrücken.

Industrie und Technik

Saarbrücken: Bergwerksdirektion; Bergingenieurschule und Geologisches Museum/Nadelwehr und ›Alte Schleuse‹ beim Bürgerpark/ Eisenbahnausbesserungswerk und Arbeitersiedlung auf dem Pfaffenkopf Burbach/ ›Dammschloß‹ in Altenkessel/Kunstprojekt Heizkraftwerk Römerbrücke
Bischmisheim: Ölmühle (Gartenstraße)
Brebach-Fechingen: Halberger Hütte; Arbeitersiedlung ›Altes Werk‹, Villa Böcking, Schlafhaus, ›Villenviertel‹, Stummkapelle und Friedhof der Familie/Saarländischer Rundfunk auf dem Halberg (Führungen c/o Pressestelle ✆ 06 81/6 02–20 43)
Gersweiler: Wasserturm
Von der Heydt: Siedlung der ehem. Grube, Schlafhäuser, Stollenmundarchitektur

Fischbach-Camphausen: Stahlbetonförderturm der 1990 stillgelegten Grube; Villen an der Heinitzstraße, Arbeiterhäuser im Zentrum von Fischbach
Friedrichsthal: »Wege zur Industriegeschichte«: Bahnhof; Glasfabrikantenvillen und Glas-

macherhäuser; Berginspektion IX, Grühlingsstollenmund; Bildstocker Marktplatz (Mariensäule), Hoferkopf, Rechtsschutzsaal
Maybach: Fördermaschinenhäuser, Verwaltungsgebäude, Denkmal zur Erinnerung an die 1930 durch die Schlagwetterexplosion getöteten Bergleute; Kaffeeküche, Werkssiedlung
Püttlingen: »Route Bergbau«: Bergbauhistorische Ausstellung im Trimmtreff Viktoria, ehem. Werkshäuser des Preußischen Bergfiskus und der Mines Domaniales Françaises de la Sarre, Bergmanns- und Bergmannsbauernhäuser, Relikte von Schacht- und Bahnanlagen, Zechenhaus und Waschkaue der Grube Viktoria, Stollenmundloch des Viktoriastollens; Holzer Konglomerat; Kies- und Sandgrube; Aussichtspunkt Bergehalde
Quierschied-Göttelborn: Alter Wasserturm/ Tagesanlagen der Grube (u. a. Ensemble Schacht 3); Beamtensiedlung
Sulzbach: Salzbrunnen- und Salzherrenhaus/ Bergarbeiterhäuser (Fachwerk) in der oberen Mühlenstraße/Kirche im ehem. Pferdestall der Grube Brefeld

Völklingen: Alte Hütte, »eine Großmaschine, die im Grunde zwei Jahrhunderte Industriegeschichte symbolisiert« (J. P. Lüth); Werkssiedlungen (u. a. Eupener-, Beethoven-, Hofstatt-, Louis-Röchling-Straße, Saarstraße in Wehrden). »Hüttengeschichtlicher Rundweg«
Fenne: Glasmachersiedlung (vor allem Hausen-, Leo- und Kleinestraße)/Maschinen- und Kompressorenhalle des (1959 stillgelegten) Kraftwerksblocks Fenne I; Modellkraftwerk Fenne (1982 in Betrieb genommen) als Demonstrationsanlage zur umweltfreundlichen Vergasung von Kohle unter Druck
Ludweiler: Tagesanlagen der ehem. Grube Velsen

Luisenthal: Mundloch des Veltheim- und Albert-Stollens; Denkmal für die Toten der Schlagwetter- und Kohlestaubexplosion 1962

Dillingen: Ausstellung zur Geschichte der Dillinger Hütte (1685 gegründet) im Alten Schloß

Schwalbach-Ensdorf: Tagesanlagen des Bergwerks Ensdorf; Mundloch des Ensdorfer Stollens (1842)

Überherrn-Berus: Triptychon in der Orannakapelle von Fritz Zolnhofer, dem Andenken der Opfer des Luisenthaler Grubenunglücks gewidmet

Wadgassen: Cristallerie

Wallerfangen: Emilianus-Stollen, Kupfererzbergwerk aus der Römerzeit; Dokumente sowie Keramik der bis 1931 in Wallerfangen ansässigen Fayencerie im Heimatmuseum

Mettlach: Abteigebäude (seit 1809 Firmensitz der Keramischen Werke von V & B); »Keravision«, Multi-Media-Show über Firmengeschichte und Produktpalette; im Park Teile des Keramik-Symposions von 1974; das Keramikmuseum ist im Schloß Ziegelberg untergebracht

Losheim: Saar-Hochwald-Museumsbahn (Dampflokfest im August), s. S. 377

Nonnweiler-Braunshausen: Mariahütte: alte Fabrikhalle; Wohnbauten, Kapelle, Brunnen

Neunkirchen: »Hüttenweg«, 15 Stationen geben Einblick in die Lebenswelt von Hüttenherren und Arbeitern (s. dazu auch S. 298)

Heinitz: ehem. Gasmaschinenzentrale; Stollenmundarchitektur

Landsweiler-Reden: Bergwerk Reden, u. a.

Neunkircher ›Hüttenweg‹

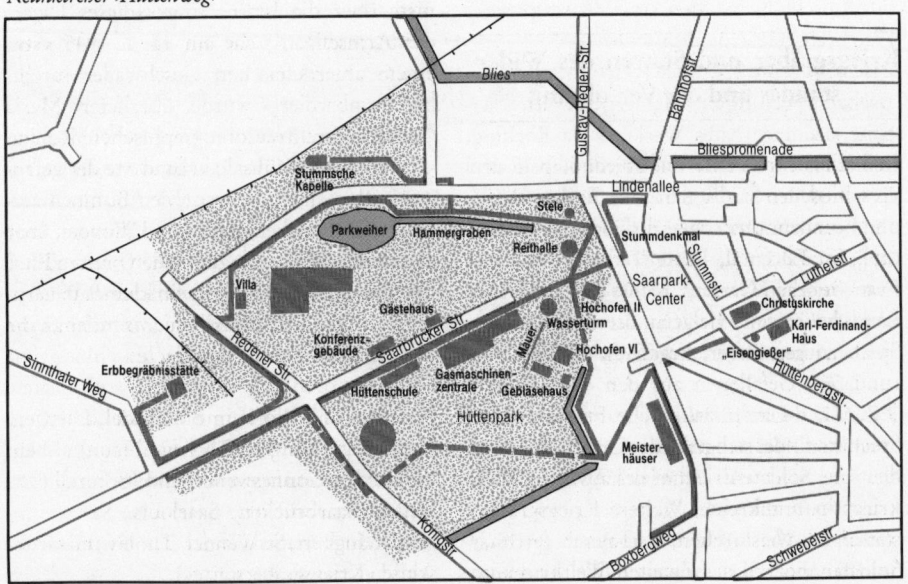

371

Kauen- und Zechenhaus (1935/36); alte Beamtenhäuser; Skulptur eines Bergmanns von F. Koelle, zwei Denkmäler zur Erinnerung an die Grubenunglücke von 1864 und 1907
Schiffweiler-Heiligenwald: Tagesanlagen der 1935 stillgelegten Grube Itzenplitz; Pumpenhaus auf dem Itzenplitzer Weiher; Betsaal
Illingen: Elektromuseum
Bexbach: Saarländisches Bergbaumuseum; »Historischer Grubenweg Nordfeld«
St. Ingbert: Besucherbergwerk Rischbachstollen/Drahtwerk (u. a. Möllerhalle von 1750) und Siedlung Alte Schmelz/Glasmacherhäuser in der Glashütter Straße, Glasmachersiedlung nahe der ehem. Vopelius-Wentzelschen Glashütte/Sudhochhaus der Brauerei Becker/Hildegardskirche/Skulpturen (›Walzwerker‹, ›Saarbergmann‹) von F. Koelle

Außenbesichtigung in der Regel jederzeit möglich, Werksbesichtigungen nur nach Voranmeldung.

Kriegsgräber und Stätten des Widerstandes und der Verfolgung

In Saarbrücken ruhen auf Friedhöfen in den verschiedenen Stadtteilen 3316 Soldaten, KZ- und Bombenopfer sowie ausländische Kriegstote. Im Ehrental, heute Teil des Deutsch-Französischen Gartens, rechts an der Metzer Landstraße, der »vielgenannten Höhe« von Spichern gegenüber, liegen die Gräber von rund 560 Gefallenen aus den Kriegsjahren 1870/71, darunter zahlreiche Franzosen. In Spichern findet sich nahe der Grenze der erste deutsche Soldatenfriedhof des Zweiten Weltkriegs in Frankreich. Weitere Kriegsgräberstätten in Weiskirchen, Perl-Besch (größter Soldatenfriedhof des Zweiten Weltkriegs im Bereich des Saarlandes: 2231 deutsche Kriegstote und Kriegstote fremder Nationalität, darunter viele sowjetische, polnische und jugoslawische Zwangsarbeiter), Beckingen-Reimsbach und Schwalbach-Elm.

Grabstätten von ausländischen Kriegsgefangenen und Zwangsarbeitern, z. T. im Verbund mit deutschen Soldaten- und Gemeindefriedhöfen: Bexbach-Höchen, Blieskastel, Dillingen, Diefflen, Heusweiler, Homburg (auf dem Gelände des Landeskrankenhauses), Lebach, Mandelbachtal, Merchweiler, Mettlach, Neunkirchen, Ottweiler, Quierschied, Reimsbach, Riegelsberg, Saarbrücken (Hauptfriedhof), Schiffweiler, Schwalbach, Elm, Ensdorf, St. Ingbert, St. Wendel, Tholey (75 Zwangsarbeiter auf dem »Judenfriedhof«), Theley, Völklingen, Weiskirchen.

An der Straße zwischen Hüttersdorf (Schmelz) und Körprich (Nalbach) befand sich auf der Höhe des ›Hubertushofes‹ ein Ostarbeiterlager. Eines der wenigen Zeugnisse über die letzten Tage »dieses Lagers der Armseligen«, das am 11. 1. 1945 »von einem amerikanischen Geschwader furchtbar bombardiert« wurde, überliefert Maria Croon in ihrem (autobiographischen) Roman ›Die köstliche Mühsal‹: »Hunderte der gefangenen Russen wurden von den Bomben zerfetzt, viele krochen in Blut und Wunden über Äcker und Wiesen, ja, durch den breiten Fluß und die Höhe hinan bis in ein kleines Bauerndorf …« Vor Ort erinnert nichts mehr an die einstige Bestimmung des Platzes.

Jüdische Friedhöfe: in Blieskastel, Diefflen, Homburg, Illingen, Merzig, Neunkirchen, Nohfelden-Gonnesweiler und -Sötern, Ottweiler, Saarbrücken, Saarlouis, Saarwellingen, St. Ingbert, St. Wendel, Tholey (Hinweisschild »Kriegsgräberstätte«).

Synagogen und Gebetshäuser, die vor 1938 veräußert oder, was meistens der Fall war, im November '38 niedergebrannt oder demoliert wurden, Gedenkstätten:

Dillingen: die Stadt plant (noch immer) die Aufstellung eines Gedenksteins am Platz der 1938 zerstörten Synagoge in der Schloßstraße

Homburg: Synagoge z. Zt. noch Ruine, wird von Stadt und Kreis als Museum für Stadtgeschichte und die Freiheitsbewegung in der Region aufgebaut

Illingen: Torbogen der 1949 abgebrochenen Synagoge auf dem Jüdischen Friedhof

Merzig: Mahnmale in der heutigen Synagogenstraße und in der Hausbacherstraße in Brotdorf

Nalbach: Synagoge 1938 zerstört, 1950/51 abgerissen

Neunkirchen: Gedenktafel am Platz der ehem. Synagoge am Oberen Markt

Nohfelden-Bosen: Jüdisches Frauenbad in der Ortsmitte

Ottweiler: Mahnmal im Hof des Alten Rathauses am Platz der 1938 demolierten und nach dem Zweiten Weltkrieg abgetragenen Synagoge

Saarbrücken: Gedenktafel in der Futterstraße, Neue Synagoge am Beethovenplatz

Saarlouis: Synagoge 1938 demoliert, in den achtziger Jahren im alten Stil im Postgäßchen wiedererrichtet, Gedenkraum

Saarwellingen: Gedenktafel an der ehem. jüdischen Schule in der Engelstraße; an das »Gotteshaus« wird auf dem Jüdischen Friedhof erinnert

St. Ingbert: Synagoge 1936 verkauft; heute evangelisches Jugendzentrum

St. Wendel: Gedenktafel am Platz der 1938 zerstörten Synagoge in der Kelsweilerstraße

Sötern: Synagoge in der Hauptstraße 1938 demoliert, nach dem Zweiten Weltkrieg umgebaut, heute Volksbankfiliale; jüdisches Frauenbad in der Friedhofstraße unter Denkmalschutz, z. Zt. als Pferdestall genutzt

Spiesen: Synagoge in der Heinitzstraße, 1936 verkauft, nach dem Zweiten Weltkrieg umgebaut

Tholey: Synagoge in der Trierer Straße, 1937 verkauft, mehrmals umgebaut und später abgerissen

Am *Bostalsee* steht – im Rahmen der Skulpturenstraße – Shelomo Selingers ›Requiem für die Juden‹ von 1980. Eingraviert in hebräischer Schrift sind die Anfangsworte des Totengebetes: El male rachamim (Vater des Erbarmens).

Eine Pyramide neben der Wendalinusbasilika in *St. Wendel* trägt die Inschrift: »Zur Erinnerung an den Bildhauer und Maler Otto Freundlich, geboren 1878 in Stolp, gestorben 1943 in Majdanek, dem die Straße der Skulpturen gewidmet ist / Voie de la fraternité et solidarité humaine«.

Alternative Stadtrundfahrt der VHS des Stadtverbandes Saarbrücken zu den Stätten der Emigration, der Naziherrschaft und des Widerstandes in Saarbrücken: 27 Stationen, u. a. Landgerichtsgebäude (1920–35 Sitz der Regierungskommission des Völkerbundes), Synagoge, Alter Friedhof St. Johann (Grab von Willi Graf u. a.), Schloß (dort auch der

Platz des Unsichtbaren Mahnmals: »2146 Steine-Mahnmal gegen den Rassismus« im Pflaster des Platzes von J. Gerz; Neue Bremm (Information: ✆ 06 81/5 06–4 85).

Alternativer Historischer (Lehr-)Pfad vom KZ ›Neue Bremm‹ bis zum Spicherer Kreuz: ›Erinnerungsarbeit an der Grenze‹/›Souvenir et avenir de la frontière‹. Seit 1994 Stele für Willi Graf an der Hohen Wacht.

Weitere Gedenkstätten: in Sulzbach (Gedenkstein zur Erinnerung an die große antifaschistische Kundgebung im August 1934 beim Waldheim oberhalb des Friedhofs), Völklingen (Mahnmal »Allen Opfern des Faschismus« im Schillerpark), Merzig (Mahnmal von E. Killguss vor dem Landeskrankenhaus »Zum Gedenken an die Menschen, die als seelisch Kranke oder Behinderte in der Zeit des Nationalsozialismus verfolgt, gequält und ermordet wurden«), Wadern-Lockweiler (Gedenkstein für den in Plötzensee 1943 ermordeten KP-Funktionär Josef Wagner).

St. Wendel: Adolf-Bender-Zentrum, Mia-Münster-Str. 4 (Nähe Brühlstr.), u. a. mit dem Bilderzyklus »Die Moorsoldaten« des St. Wendeler Malers Adolf Bender, der Häftling in den KZ Börgermoor und Esterwegen war; das Zentrum bietet auch Alternative Rundfahrten im St. Wendeler Land an.

Homburg: »Verdrängte Geschichte. Nazi-Herrschaft, Verfolgung, Widerstand«, Wegweiser durch den Saarpfalz-Kreis.

Kulturelle Veranstaltungen

Saarbrücken: Filmfestival ›Max-Ophüls-Preis‹ (Ende Januar)

Blieskastel: Bundesfilmfestival Tier- und Naturfilm (April)

St. Ingbert: Internationales Jazzfestival (April)

Saarbrücken: ›Perspectives‹-Festival des Französischen Theaters (Mai)

Saarbrücken: Musik im 20. Jahrhundert (Saarländischer Rundfunk) (Mai/Juni)

Im ganzen Land: Musikfestspiele Saar (Biennale/Präsentation eines Komponisten) (Mai/Juni)

Tholey: Internationale Orgelfeiertage in der Benediktinerabtei (Ostermontag, Christi Himmelfahrt, Pfingstmontag, Fronleichnam)

Saarbrücken: Internationale Tanzwoche (August)

St. Ingbert: Woche der Kleinkunst (September)

Saarbrücken: ›Intermarionett‹ – Internationales Marionettenfestival (im Herbst)

Saarbrücken und andernorts: Festival Chanson (Oktober)

Saarbrücken: LiSS-Literaturtage im Saarbrükker Schloß (Anfang November)

Kulturferienprogramm ›Saarländischer Sommer‹ (April–September einschl.) – besondere Akzente:

Saarbrücken: ›Sommer-Szene‹ (Straßentheatertage); Saar-Lor-Lux Film- und Videofestival; Kammermusiktage im Schloß und in der Schloßkirche

Wadgassen: Theater in der Cristallerie; Saarländische Sommerakademie

Mettlach: Kammermusiktage in der Alten Abtei

Illingen: Illinger Burgfest für Neue Musik

Nohfelden-Bosen: Kunstkurse in der Bosener Mühle

Völklingen: ›Schichtwechsel‹, Kulturprogramm in der Gasgebläsehalle der alten Völklinger Hütte

Ausgrabungskampagnen im Europ. Kultur-park Bliesbruck-Reinheim und in Perl-Borg 1991 wurde ›Der Rockzug‹/›Le Train Rock‹ gestartet: eine interregionale Kooperation mit Hilfe der Bundesbahn von vier Bands aus Metz, Saarbrücken, Trier und Luxemburg.
Freilichtspiele: Blieskastel (Park des Park-theaters), Homburg (Waldbühne Rabenhorst), Illingen (Burganlage), Mandelbachtal-Blies-mengen-Bolchen (Naturbühne Gräfinthal), Saarbrücken (Waldbühne Deutsch-Französi-scher Garten), Schwalbach-Hülzweiler.

Information: Ministerium für Wissenschaft und Kultur, Hohenzollernstraße 60, 66117 Saarbrücken, ✆ 06 81/50 34 62

Messen und Märkte

Im Saarbrücker Saarmessenprogramm: Frei-zeitmesse (März), Internationale Saarmesse (April), Welt der Familie (September).
Homburg: Floh- und Antiquitätenmarkt (Januar bis November, am 1. verkaufsoffe-nen Samstag im Monat)
Neunkirchen: Floh- und Antiquitätenmarkt (Januar bis Dezember, jeweils am 2. Montag eines Monats)
Saarbrücken: Flohmarkt auf dem St. Johan-ner Markt (Januar bis Dezember, jeden 2. Samstag im Monat).
Der Stephanusmarkt kurz vor Weihnachten ist der letzte der allmonatlich stattfindenden Märkte in Wadern.

Museen

Beckingen-Düppenweiler
(Kreis Merzig-Wadern)

Dorfmuseum
Dokumente zur Kirchengeschichte, Orts- und Vereinsgeschichte, mittelalterliche Töp-ferei, Kupferbergwerk (1725–1916)
Im ehemaligen Pfarrhaus bei der kath. Kirche; Kolpingstraße, 66701 Beckingen-Düppenwei-ler, ✆ 0 68 32/72 53 oder 73 59
So 16–18 Uhr und nach Vereinbarung

Bexbach (Saarpfalz-Kreis)
Saarländisches Bergbaumuseum
Unterirdische Schau-Stollenanlage. Minera-lien, Dokumente zur Stadtgeschichte; Wech-selausstellungen
Im Hindenburgturm im Blumengarten. Aus-kunft: Städt. Kulturamt, 66444 Bexbach, ✆ 0 68 26/5 29–1 77
1. April–30. Sept. tägl. 9–19 Uhr, ansonsten nach Vereinbarung

Bliesbruck-Reinheim (Saarpfalz-Kreis)
Europäischer Kulturpark
Ausgrabung einer gallo-römischen Siedlung, die Teil eines europäischen Kulturparks wer-den soll
Nähe Grenzübergang zwischen Reinheim und Bliesbruck (Lothringen). 66453 Gersheim-Rein-heim; Auskunft: ✆ 0 68 43/18 29 (deutsche Ausgrabungsleitung), ✆ 00 33/8 70–2 22 32 (franz. Ausgrabungsleitung)
1. April–1. Okt. 8.15–16.45 Uhr, ansonsten nach Vereinbarung

Dillingen (Kreis Saarlouis)
Altes Schloß
Bau- und Herrschaftsgeschichte des Herzog-tums Dillingen (Katharina Kest und Fürst Ludwig von Nassau-Saarbrücken; B. W. Sten-gel), Geschichte der Dillinger Hütte; Sonder-ausstellungen

Auskunft: Förderverein Altes Schloß Dillingen e.V., AG der Dillinger Hüttenwerke, Postfach, 66763 Dillingen, ✆ 0 68 31/7 09–2 12 (Stadtverwaltung)
Mi, Sa und So 15–17 Uhr und nach Vereinbarung
Museum
1. Darstellung der Vor- und Frühgeschichte des Landkreises, Schwerpunkt: Kastell und Gräberfeld Contiomagus (Pachten); Soziokulturelles Leben auch in Sonderausstellungen. 2. Heimatkundl. Abteilung: Geschichte Pachtens von der bäuerlichen Siedlung bis in die jüngste Vergangenheit
Fischerstr. 2, im Stadtteil Pachten. Auskunft: Stadtverwaltung, Merziger Str. 47, 66763 Dillingen, ✆ 7 09–2 12
Sa und So 15–18 Uhr und nach Vereinbarung

Eppelborn (Kreis Neunkirchen)
Heimatmuseum
Interieurs aus der Zeit um 1900, landwirtschaftl. Gerät, historische Werkzeuge (von Schustern, Wagnern usw.)
In der ehemaligen Mädchenberufsschule; 66571 Eppelborn, Auskunft: ✆ 0 68 81/8 80 10 (Stadtverwaltung)
Geöffnet nach telefonischer Voranmeldung

Gersheim-Rubenheim (Saarpfalz-Kreis)
Museum für dörfliche Alltagskultur
Hausrat, landwirtschaftl. Gerät, Gespinstverarbeitung, Geschichte der Toilette; Wechselausstellungen
Erfweiler Str. 3, 66453 Gersheim-Rubenheim, ✆ 0 68 43/16 13
Jeden 3. So im Monat 14–16 Uhr und nach Voranmeldung

Homburg (Saarpfalz-Kreis)
Burg- und Schloßmuseum

Geschichte der Gustavsburg und des ehem. Jagdschlosses Jägersburg (1752–1793)
In der Gustavsburg, Am Eichwald 18, 66424 Homburg-Jägersburg, ✆ 0 68 41/7 84 18
1. Mai–30. Sept. Sonn- und Feiertage 14–17 Uhr und nach Voranmeldung
Römermuseum
Freilichtmuseum: Ausgrabungen und Teilrekonstruktionen einer gallo-römischen Kleinstadt; im integrierten Museum ›Edelhof‹: Funde aus Schwarzenacker und dem übrigen Bliesgau
Im Zentrum des Stadtteils Schwarzenacker; Auskunft: Stadt Homburg, Kulturamt, Homburg, ✆ 0 68 41/10 10 (Stadtverwaltung), 0 68 48/8 75 (Museum)
1. April–30. Nov. tägl. außer Mo 9–12 Uhr und 13–17.30 Uhr; 1. Dez.–31. März Mi 9–16.30 Uhr, Sa sowie Sonn- und Feiertage 12–16.30 Uhr

Illingen (Kreis Neunkirchen)
Elektromuseum
Elektro-Haushaltsgeräte, Motoren, Schalt- und Rundfunkgeräte; Dokumentation zur Geschichte der Vereinigten-Elektrizitäts-AG (VSE)
Gymnasialstr. 72 a, 66557 Illingen, ✆ 0 68 25/4 40 11
Mo–Fr 7.30–16 Uhr

Kirkel (Saarpfalz-Kreis)
Heimat- und Burgmuseum
Römerzeitliche Funde vom Eschweiler Hof, Wohnraum einer Tagelöhnerfamilie aus dem 18. und 19. Jh., Dokumentation zur Geschichte der Burg
Schloßbergstr. 4, 66459 Kirkel-Neuhäusel, ✆ 0 68 49/12 88 (Gemeindeverwaltung)

Losheim (Kreis Merzig-Wadern)
Saar-Hochwald-Museumsbahn
Eisenbahnbetrieb auf der Strecke der Merzig-Büschfelder Eisenbahn mit restaurierten historischen Waggons; Modellbahnausstellung
Abfahrt: Bahnhof Losheim. In der Zeit von Ostermontag bis Okt. alle 3–4 Wochen ab 14 Uhr. Auskunft: G. Leistenschneider, Tulpenstr. 6, 66679 Losheim, ✆ 0 68 72/35 92

Ludweiler (Stadtverband Saarbrücken)
Warndt-Heimatmuseum
Zur Geschichte des Warndts: Vor- und Frühgeschichte, Glasherstellung, Hüttenwesen, landwirtschaftl. Gerät, Interieurs aus der Zeit um 1900; Sonderausstellungen
Im ehem. Rathaus Ludweiler, Am Bürgermeisteramt 5, 66333 Völklingen-Ludweiler, ✆ 0 68 98/4 19 84
Mo–Fr 9–18 Uhr, Sa 9–13 Uhr (Gruppen nach Voranmeldung)

Merzig
Kreisheimatmuseum
Mineralien und Pflanzen der Region; keltische, römische, fränkische und mittelalterliche Funde; Dokumente u. a. zur Geschichte der Deutschordenskommende Beckingen und der Abtei Mettlach
Fellenbergschlößchen, Torstraße, 66663 Merzig; Auskunft: Landratsamt Merzig, Bahnhofstr. 44, ✆ 0 68 61/8 02 90 oder 80–1 45
1. Feb.–30. Nov. Sonn- und Feiertage 14–18 Uhr und nach Vereinbarung

Mettlach (Kreis Merzig-Wadern)
Keramikmuseum
Keramische Erzeugnisse seit der frühen Neuzeit u. a. aus Belgien, England, Lothringen, insbesondere Produkte von V & B

Schloß Ziegelberg, 66693 Mettlach, ✆ 0 68 64/81 12 94
Di–Sa 9–12.30 und 14–17.30 Uhr, Sonn- und Feiertage 10.30–12.30 und 14–18 Uhr. 30. Nov.–1. März Sa–Mo geschl.
Keravision
»Videotheater«, Vorführungen einzelner Arbeitsgänge (Töpferei, Bildmosaiksetzerei usw.)
Alte Abtei, Saaruferstraße, ✆ 81 10 20 (Voranmeldung erforderlich)
Mo–Fr 8–12.30 und 14–17 Uhr, April–Okt. Sa 9–17 Uhr, Nov.–März Sa 9–13 Uhr; Sonn- und Feiertage geschl.

Neunkirchen
Museum im Bürgerhaus
Stadtgeschichtliche Ausstellung, Takenplatten und Öfen; Wechselausstellungen
Marienstr. 2, 66538 Neunkirchen; Auskunft: Verkehrsverein Neunkirchen, Museum im Bürgerhaus, ✆ 0 68 21/20 25 61
Di 10–17 Uhr, Mi 14–20 Uhr, Do 14–17 Uhr, 1. So im Monat 10–17 Uhr
Heimatmuseum
Gallo-römische und spätmittelalterliche Funde aus der Grabung am Kirchberg im Ort; Wechselausstellungen
Martin-Luther-Str. 23 (bei der ev. Kirche), 66540 Neunkirchen-Wiebelskirchen, ✆ 5 37 72
Geöffnet nach Voranmeldung, bei Sonderausstellung Sa und So 15–18 Uhr

Oberthal (Kreis St. Wendel)
Mineralogisches Museum
Mineralien vom Leistberg, versteinerter Baumstamm
Rathaus, Brühlstr. 4, 66564 Oberthal, ✆ 0 68 54/2 66
Mo–Fr 8.30–12 und 13.30–15 Uhr

Ottweiler (Kreis Neunkirchen)
Heimatmuseum
Geschichte der Region, dörfliche Wohnräume, Handwerksstuben, lokaler Bergbau
Im Krummfeld 16 (im Gebäude der Grundschule), 66564 Ottweiler-Steinbach. Auskunft:
✆ 0 68 58/8 16
Geöffnet nach telefonischer Voranmeldung
Saarländisches Schulmuseum Ottweiler
Geschichte der Schule anhand von Objekten und Bildern; 11 Räume, darunter 2 historische Klassenzimmer (um 1850 und 1920); Studienraum mit Schulbuchsammlung. Wechselausstellungen
Goethestraße 13, 66564 Ottweiler, ✆ 0 68 24/30 08-68
Di, Do und So 10–17 Uhr

Perl-Borg (Kreis Merzig-Wadern)
Römische Villa
Ausgrabung eines Wohn- und Badebereichs einer römischen Großvillenanlage (1. bis 4. Jh.) mit Deckenmalereien, Mosaikfußboden, Hypokaustum und Kleinfunden
Zwischen Borg und Oberleuken. Ausgrabung Borg, 66706 Perl-Borg, ✆ 0 68 65/10 08
Mo–Do 8.30–16 Uhr, Fr 8.30–14.30 Uhr, Sonn- u. Feiertage 14–18 Uhr (Gruppen nach Voranmeldung)

Perl-Nennig
Römische Villa
Bildmosaikfußboden einer röm. Villa aus dem 2./3. Jh. n. Chr. Mit 161 m² größtes erhaltenes römisches Mosaik nördl. der Alpen
Römerstraße, 66706 Perl-Nennig, ✆ 0 68 67/13 29
1. April–30. Sept. tägl. außer Mo 8.30–12 und 13–17.30 Uhr; 1. Okt.–31. März 9–12 und 13–16 Uhr

Püttlingen-Köllerbach (Stadtverband Saarbrücken)
Uhrmachers Haus
Heimat- und Uhrenmuseum; Künstlerateliers; Wechselausstellungen
Engelfanger Str. 3, 66346 Püttlingen, ✆ 0 68 98/6 91-72
Mi, Sa und So 10–12 und 15–18 Uhr

Quierschied
Förderverein Heimatmuseum Quierschied e. V.
Bäuerliche Lebens- und Arbeitswelt; handwerkliche Berufe; Frühindustrialisierung; Stromversorgung; Saarabstimmung
Am Hang 8, 66287 Quierschied. Auskunft:
✆ 0 68 97/6 23 12 (Herr Nauerz)
Geöffnet jeden 1. So im Monat 15–17 Uhr und nach telefonischer Vereinbarung

Rehlingen (Kreis Saarlouis)
Heimatmuseum
Drei stuckverzierte Zimmer; Wechselausstellungen
Schloß, 66780 Rehlingen, ✆ 0 68 35/73 20
Geöffnet nach telefonischer Voranmeldung

Reinheim (Saarpfalz-Kreis)
s. Bliesbruck-Reinheim

Saarbrücken
Abenteuermuseum
Dokumente der Einmann-Expeditionen von Heinz Rox-Schulz zu unerschlossenen Gebieten sowie nach Afrika, Asien, Neuguinea und Südamerika
Altes Rathaus. Am Schloßplatz 2, 66119 Saarbrücken, ✆ 06 81/5 17 47
Di und Mi 9–13 Uhr, Do und Fr 15–19 Uhr, 1. Sa im Monat 10–14 Uhr
Geologisches Museum Saarberg
Fundstücke aus der Erdgeschichte und der Geologie des Saarlandes
Trierer Str. 4, 66111 SB, ✆ 4 05–40 98

Mo–Fr 10–17 Uhr, am ersten So im Monat 9–13 Uhr, feiertags geschl.

Museum für Vor- und Frühgeschichte
Archäologische Funde aus dem gesamten Saarland von der Vorgeschichte bis zur Karolingerzeit
Schloßplatz 16, 66119 SB, ✆ 5 84 96 34
Di–Sa 9–17 Uhr, So 10–18 Uhr

Historisches Museum Saar
Dauerausstellungen: »Als der Krieg über uns gekommen war«; »Zehn statt tausend Jahre«; »Von der ›Stunde Null‹ bis zum ›Tag X‹«. Im Keller »Suchen. Graben. Entdecken«, Funde aus den Schloßplatzgrabungen
Schloßplatz 15, 66119 SB, ✆ 5 06–5 49
Do–So 10–18 Uhr

Saarland Museum
Alte Sammlung: Malerei, Plastik, Porzellan und Mobiliar des Spätmittelalters und der frühen Neuzeit aus Südwestdeutschland, dem Elsaß und Lothringen
Eingang Karlstr. gegenüber der Modernen Galerie (s. u.)
Landesgalerie: Kunst des 20. Jh. bis zur Gegenwart aus dem Saarland, darunter experimentelle und subjektive Photographie
Neben Alter Sammlung
Moderne Galerie: Internationale Kunst des 20. Jh. mit den Schwerpunkten französischer und deutscher Impressionismus sowie deutscher Expressionismus; Wechselausstellungen
Bismarckstr. 11–19
Graphisches Kabinett
Bismarckstr. 17
Postanschrift für alle Sektionen: Bismarckstr. 11–19, 66119 SB, ✆ 9 96 40
Di–So 10–18 Uhr

Saarländisches Künstlerhaus
Karlstr. 1, 66111 SB, ✆ 37 24 85
Galerie Di–So 10–18 Uhr
Studio/Büro Mo–Fr 10–18 Uhr

Stadtgalerie
Kunst der Gegenwart, Performances; Wechselausstellungen
St. Johanner Markt 24, 66111 SB, ✆ 9 05–17 51
Di–So 11–19 Uhr

Heimattreff
Produkte der örtlichen Steingutfabrik (1846–1901), Gläser und Glasmacherwerkzeuge; Wechselausstellungen
Im ehemaligen Rathaus Gersweiler, Rathausplatz 2, 66128 Saarbrücken-Gersweiler, ✆ 06 81/70 00 80
Sa 10–12.30 Uhr

Saarlouis

Museum ›Haus Ludwig für Kunstausstellungen‹
Internationale Kunst des 20. Jh.; Wechselausstellungen
Kaiser-Wilhelm-Str. 2, 66740 Saarlouis, ✆ 0 68 31/4 43–5 74 oder –2 65 (Kulturamt)
Mi–Sa 11–17 Uhr, So 14–17 Uhr

Laboratorium –
Institut für aktuelle Kunst im Saarland
Choisyring 10, 66740 Saarlouis, ✆ 46 05 30
Mo–Fr 10–12 Uhr und nach Vereinbarung

Städtisches Museum
Keltische und römische Funde, Dokumente zur Festungs- und Stadtgeschichte
Alte Brauerei-Str., Kaserne VI, 66740 Saarlouis, ✆ 4 43–5 73
Di und Do 9–12 und 15–18, So 15–18 Uhr

Schwalbach-Griesborn (Kreis Saarlouis)

Schule am Eisenbahnschacht
Vorführungen einzelner Arbeitsgänge zur Flachs-, Getreide- und Wollverarbeitung mit originalen und rekonstruierten Geräten (Mitarbeit möglich)

Am ehemaligen Eisenbahnschacht in Griesborn; Auskunft: Alleestr. 20, 66773 Schwalbach, ✆ 0 68 34/5 12 03
Geöffnet nach telefonischer Voranmeldung

St. Ingbert (Saarpfalz-Kreis)

Museum
Graphik, Gemälde und Dokumente zur Biographie des Malers Albert Weisgerber (1878–1915); Ausstellungen internationaler Kunst
Am Markt 7, 66386 St. Ingbert, ✆ 0 68 94/3 70 28
Di–Fr 9–12 und 13–17, Do 13–20, Sa 10–15, Sonn- und Feiertage 14–18 Uhr

Heimatmuseum
Historische Dokumente; Dauerausstellung »Kohlen-Glas-Eisen«
Im Museum, Am Markt, ✆ 3 70 28 und 1 32 04
Di–Fr 9–12 und 13–17, Do 13–20, Sa 10–15, Sonn- und Feiertage 14–18 Uhr

St. Wendel

Adolf-Bender-Zentrum
Aufarbeitung der nationalsozialistischen Vergangenheit, Dokumentationen u. a. zu den Themen ›Zwangsarbeiterlager‹ und ›Euthanasie‹; Wechselausstellungen zu demokratischen Traditionen
Mia-Münster-Str. 4, 66606 St. Wendel, ✆ 0 68 51/8 18 02 und 33 06
Di–Fr 10–16 Uhr (s. dazu S. 374)

Missions- und Völkerkundliches Museum
Neuguinea-Sammlung, Handarbeit aus Indonesien und von den Philippinen, Musikinstrumente aus Afrika, Porzellan aus China, Japan, Indien; Krippensammlung Karl Heindl
Missionshausstr. 50, ✆ 8 05–3 25
Mo–Fr 9–12 und 14–18, Sa 9–12, So 14–18 Uhr

Museum St. Wendel
Vor- und frühgeschichtl. Funde, Stadtgeschichte, Kultobjekte des Namenspatrons

St. Wendelin, Dokumentation zur ›Straße der Skulpturen‹ (s. Karte S. 269); Wechselausstellungen moderner Kunst
Mia-Münster-Haus, In der Mott, ✆ 8 09–1 83
Di–Fr 10–16.30 Uhr, Do 10–18.30 Uhr, Sonn- und Feiertage 14–18 Uhr

Dorfmuseum
Ortsgeschichte (Archivalien), Flachsverarbeitung, Münzen, historische Karten
Im Dachgeschoß der Grundschule, Hedestr. 13. Auskunft: Zur Heckwies 30, 66606 St. Wendel-Niederlinxweiler, ✆ 0 68 51/7 03 68 oder 45 36
Geöffnet nach telefonischer Voranmeldung

Heimatmuseum
Landwirtschaftl. Gerät, Reichsarbeitsdienst Dörrenbach, heimische Bräuche, Stollenbergbau u. v. m.
Im Dorfgemeinschaftshaus, 66606 St. Wendel-Dörrenbach. Auskunft: Brückenwiesstr. 18, ✆ 0 68 58/80 82
Am 1. So im Monat 10–12 Uhr und nach Vereinbarung

Tholey (Kreis St. Wendel)

Ausstellung im Schaumbergturm
Dokumentation wichtiger Daten der deutschfranzösischen Beziehungen anhand von Reproduktionen, Photos, Münzen
Auskunft: Gemeinde Tholey, Im Kloster 1, 66636 Tholey, ✆ 0 68 53/15 22
1. April–31. Okt. tägl. 10–18 Uhr und nach Vereinbarung (✆ 15 22)

Dauerausstellung in der Benediktinerabtei
Römische Funde; Dokumentation zur Geschichte der Vorgängerbauten der Abteikirche; Exponate aus Spätmittelalter, Renaissance und Barock
Benediktinerabtei Tholey, ✆ 9 10 40

Mo–Fr 9.30–11.30 und 14.30–17.30 Uhr, Sa
9.30–11.30 Uhr, So 14.30–17.30 Uhr

Tholey-Theley (Kreis St. Wendel)
Johann-Adams-Mühle
Restauriertes Mühlenanwesen aus dem 18. Jh.
mit Wasserrad, Mahlwerk und einem Stein-
backofen, wo Brot gebacken wird
Im Tal nördlich von Theley. Auskunft:
Gemeinde Tholey, Im Kloster 1, ☎ 17 23
Geöffnet nach telefonischer Vereinbarung

Überherrn-Felsberg (Kreis Saarlouis)
Burgmuseum
Funde aus den Grabungen in der Burg Neu-
felsberg (»Teufelsburg«)
In der Ruine, Metzer Str. 86, 66802 Über-
herrn-Felsberg, ☎ 0 68 37/5 21
Geöffnet nach telefonischer Voranmeldung

Wadern (Kreis Merzig-Wadern)
Heimatmuseum
Mineralien aus dem Hochwald, Gemälde
der Octavie de Lasalle von Louisenthal
(1811–1890), Hausrat u. v. m.
Im Öttinger Schlößchen, Am kleinen Markt 5,
66687 Wadern, ☎ 0 68 71/24 81
So 14.30–17.30 Uhr und nach Vereinbarung

Wadgassen (Kreis Saarlouis)
Cristallerie
Demonstrationsmanufaktur von V & B
In der ehem. Prämonstratenserabtei, Saar-
str. 14, 66787 Wadgassen; Auskunft und An-
meldung zu Führungen: ☎ 0 68 34/4 10 95
Mo–Fr 9–12 und 12.30–15 Uhr
Museum für historische Zweiräder
42 Motorräder aus der Zeit von 1912 bis 1965
In der Cristallerie (s. o.); Auskunft: Motor-
rad-Veteranen-Club, Bahnhofstr. 5, 66359
Bous, ☎ 0 68 34/16 82 oder 15 40

1. April–1. Okt. So 10–17 Uhr und nach Vereinbarung

Wallerfangen (Kreis Saarlouis)
Heimatmuseum
Steinzeitliche Objekte, keltischer Bronze-
schmuck und Keramik, Dokumente zum
Kupfererzbergbau u. v. m.; Wechselausstel-
lungen
In der ehem. Volksschule, Adolfshöhe, 66798
Wallerfangen, ☎ 0 68 31/6 08 27
So 15–18 Uhr und nach Vereinbarung

Naturschutzgebiete, Naturdenkmäler, Lehrgärten

Naturpark Saar-Hunsrück (saarländischer
Teil, Zentrum Weiskirchen): 90 000 Hektar,
ein Drittel davon Wald. Einbezogene Natur-
räume: Moseltal, Saar-Mosel-Gau, Saar-Nied-
Gau, Saartal, Schwarzwälder Hochwald mit
Vorland, Schaumbergland, Prims-Nahe-Blies-
Bergland.

Naturschutzgebiete
Z. Zt. sind beim Landesamt für Umwelt-
schutz – Naturschutz und Wasserwirtschaft –
61 Naturschutzgebiete registriert. Eine Aus-
wahl, zunächst aus den drei Landkreisen des
Naturparks Saarlouis, Merzig, St. Wendel:
Niedaltdorf: Niedschleife (Bachlauf mit Steil-
hang)
Siersburg: Gauberg (Kalkhalbtrockenrasen,
Orchideengebiet)
Haustadt u. a.: Wolferskopf (Biotopkomplex
auf Kalk)
Noswendel u. a.: Noswendeler Bruch (reprä-
sentatives Bruchgebiet)
Bosen u. a.: Bostalsee (Vögel)

Oberkirchen: Weißelberg (Waldsonderstandort / Felsplateau)

Landkreis Neunkirchen, Saarpfalz-Kreis, Stadtverband Saarbrücken:
Illingen u. a.: Oberes Merchtal (Biotopkomplex aus Auenbereich und angrenzendem Trockenhang)
Dirmingen: (offengelassene) Tongrube
Homburg u. a.: Closenbruch (Biotopkomplex mit Schwerpunkt Feuchtbereich)
Gersheim: Zwischen den Lachen, Am Weisrech, Hardt (Kalkhalbtrockenrasen, Orchideengebiet)
Fechingen: Beierwies (Niedermoor)
Großrosseln: Die Ruthenstücker (Vögel/Schilfröhricht)

Naturdenkmäler
Tropfsteinhöhle Niedaltdorf
Saarschleife (u. a. Steinbach- und Saarhölzbachtal, Eisen- und Leukerkopf)
Weiskirchen, Holzbachtal (u. a. Hoher Fels, Iltisfelsen, Steinrausche, Bärenfels)
Leitersweiler Buchen (Naturschutzgebiet mit Tiefenbachtal und Osterwiesen)
›Brennender Berg‹ bei Dudweiler
Kirkeler Wald (u. a. Felsenpfad und Geologischer Lehrpfad)
Stiefeler Fels über St. Ingbert
Felsenweg im Stiftswald St. Arnual

Lehrgärten
Eppelborn-Dirmingen: Zierpflanzen- und Obstbaulehrgarten am Finkenrech
Nohfelden-Bosen: Naturkundliches Informationszentrum am Bostalsee
Rehlingen-Siersburg: Mittelalterlicher Kräutergarten bei der Willibrordkapelle
Saarbrücken: Botanischer Garten der Universität im St. Johanner Stadtwald

Personenschiffahrt

Früher kam man zu Wasser nur schwer (oder wieder auch leicht) nach Saarbrücken: mit dem Lastkahn oder dem Faltboot. Die Kanalisierung der Saar zur Großschiffahrtsstraße hat auch das Personenschiffahrts-Programm erweitert. Saaraufwärts entwickelt sich der Saar-Kohlen-Kanal immer mehr zum Freizeitgewässer. Saarabwärts hat die kanalisierte Saar für Ruderer und Kanuten zwar an Reiz verloren, dafür ist sie für Sport-Motorboot-Fahrer attraktiver geworden, die zudem jetzt über den Saar-Kohlen- und den Rhein-Marne-Kanal zu Rundtouren zum Rhein oder in das große französische Kanalnetz starten können.

Zwei Fahrgastschiffe veranstalten ab Saarbrücken Rundfahrten ins Lothringische, nach Saargemünd und Wittringen, vier verkehren zwischen Dillingen und Saarburg. »Des Landes schönste Stelle«, die Saarschleife, ist auf dieser Strecke die Attraktion geblieben, auch wenn einige Felspartien weggesprengt und die Uferlinien begradigt werden mußten. Die Cloef im Scheitelpunkt (bei km 34,5) hält auch in der Froschperspektive, was sie aus der Vogelschau verspricht. Über Saarburg hinaus geht es auch nach Luxemburg.

Sport

Für Angeln und Badespaß, für Reiter und Tennisfans ist überall gesorgt.

Wanderreiter können seit neuestem auf dem Saarland-Rundreitweg (silbernes Hufeisen auf blauem Dreieck) über 23 Relaisstationen das Land im Sattel umwandern und Sport und Naturerlebnis miteinander verbinden.

Wer Spezielleres mag, kann auf der Kirkeler Burg Armbrust schießen oder am nahen Felsenpfad klettern, in St. Ingbert eine Ballonfahrerschule besuchen oder Fallschirm- und Tandemspringen auf dem Saargau in Wallerfangen-Düren und Drachenfliegen in Nonnweiler-Braunshausen, im Freizeitzentrum Peterberg, das mit Sommerbob, Skipiste und Langlaufloipe für Sommer und Winter gut ist.

Segelfliegen: in Bexbach, Dillingen, Düren, Marpingen und Illingen-Wustweiler

Golf: in Wallerfangen-Gisingen, Wadern-Nunkirchen, Homburg und Gersheim-Rubenheim

Rudern und Kanu: in Mettlach-Dreisbach (Wassersportheim an der Saarschleife), in Merzig, auf der Nied, in Saarlouis, Völklingen und Saarbrücken

Motorboot- und Wasserskifahren: auf der Mosel zwischen Perl und Nennig

Segeln und Surfen: am Bostalsee, in Losheim und Niederwürzbach

Tauchen: im Bostalsee

Ansprechpartner für alle sportlichen Aktivitäten: Fremdenverkehrsverband und Landessportverband (Haus des Sports, Saaruferstraße 16, 66117 Saarbrücken, ✆ 0681/586030)

Theater und Kleinkunst

Saarbrücken

Saarländisches Staatstheater
Großes Haus, Schillerplatz, St. Johann (Oper, Operette, Schauspiel, Konzert, Ballett)
Alte Feuerwache, Am Landwehrplatz, St. Johann (Schauspiel, Konzert)
Kleines Haus, Scharnhorststraße 10, St. Arnual (Schauspiel, Komödie)

Kultur für Kids, So –15 Uhr, im Sommer im Schloßgarten, im Winter im Schloßkeller (Stücke, Pantomime, Clownerien)
Le Garage (Fordhalle), Bleichstraße, St. Johann (Festivals, Marionettentheater)
Gießkanne, Hettlage-Passage, Am Steg 3, St. Johann (Jazz- u. a. Veranstaltungen)
Musentümpel, Hettlage-Passage, Am Steg 3, St. Johann (Kabarett, Kleinkunst)
Studio-Theater, Nauwieser Straße 13, St. Johann (Theater, Literatur, Kleinkunst)
Überzwerg Kinder- und Jugendtheater Scharnhorststraße 10, St. Arnual

Saarländisches Puppentheater, Jakobstraße 21, Brebach-Fechingen
Hanns Dieter Hüschs Gesellschaftsabende, Funkhaus Halberg (sechsmal im Jahr: Januar–Mai, September–Dezember)

Tierparks und Wildgehege

Großrosseln-Karlsbrunn
Heusweiler-Obersalbach-Kurhof (Naturpark)
Losheim-Waldhölzbach
Merzig (Wolfsfreigehege)
Neunkirchen (Zoo)
Nohfelden-Selbach
Saarbrücken (Zoo, Wildgehege im St. Johanner Stadtwald)
Dudweiler
Gersweiler
Saarwellingen (Wildpark)
Schwalbach-Griesborn
Völklingen (Wildpark)
Ludweiler
Wadgassen-Differten

Wandern zu Fuß und mit dem Rad

Daß man es mit einem durchgängig ›wanderbaren Land‹ zu tun hat, überrascht die meisten Besucher. Der Wald vor allem macht's möglich. Er nimmt – was beim ersten Hinschauen meistens gar nicht wahrgenommen wird – ein Drittel des Landes ein. Der »Reiz nicht großer Gesamtbilder, sondern kleiner Szenen und Gruppen« (so Wilhelm Heinrich Riehl über den Westrich) kommt hinzu. Und daß die ›Schwarze Mitgift‹ (der Industrie) das Land schon längst nicht mehr ausmacht, sich hier wider alle Klischees Natur und Kultur und Kultur und Industrie manchmal aufs schönste vermählen. Wer sich auf den **Saarland-Rundwanderweg** macht, wird es erleben.

Der Hauptweg des Rundweges (rot/weiß) führt über 270 Kilometer, die Bliesgauschleife über 60, die Moselgauschleife über 41. In Verbindung mit dem Saarland-Rundwanderweg hat der Saarwald-Verein e. V. (in 66111 Saarbrücken, Reichsstraße 4) einen Wanderpaß geschaffen. Man kann mit ihm zu einer Bronze-, Silber- oder Goldnadel kommen.

Weitere Hauptwanderwege, die die Region queren: **Europäischer Fernwanderweg 3** (blaues Andreaskreuz), Atlantik-Ardennen-Böhmerwald; **Saarwanderweg** (blaues Andreaskreuz), von der Quelle am Donon zur Mündung in Konz bei Trier; **Saar-Mosel-Weg** (roter Punkt), von Zweibrücken nach Trier-Feyen; **Naheweg** (blaues N), von Saarbrükken/Rastpfuhl bis zur saarländischen Grenze bei Nohfelden (Weiterführung in Rheinland-Pfalz nach Bingen); **Saar-Blies-Weg** (gelbes Kreuz), von Saarbrücken/Am Homburg bis Nohfelden; **Saar-Pfalz-Weg** (schwarzer Punkt), von Saarbrücken/Schafbrücke bis Landstuhl (von dort weiter nach Kaiserslautern-Frankenstein); **Saar-Rhein-Weg** (grüner Strich), von Saarbrücken-Fechingen/Heringsmühle bis Contwig (von dort weiter nach Eppenbrunn-Nothweiler-Wörth am Rhein); **Saar-Glan-Weg** (roter Punkt), von St. Ingbert-Rohrbach/Kahlenberg bis zur Burg Thallichtenberg bei Kusel und nach Niederalben/Glan; **Saar-Westrich-Weg** (grün/weiß), von Kirkel nach Rammelsbach/Glan.

1986 kreierten der Saarwald-Verein und der Saarländische Kulturkreis für das Saarland und seine Nachbarregionen die Saar-Lor-Lux-Kulturwanderwege, elf sind es nun:

Gräfinthaler Weg

Gräfinthal – Bebelsheim (Mandelbachtal) – Reinheim (Gersheim) – Ausgrabungsstätten an der Grenze – Bliesbruck – Grenze – Habkirchen (M.) – Grenze – Frauenberg – Grenze – Bliesmengen-Bolchen (M.) – Gräfinthal (22 km)

Gustav-Regler-Weg

Rundgang durch Merzig – Wanderweg entlang des Symposions »Steine an der Grenze« von Perl-Büschdorf zum Scheuerwald nach Merzig-Büdingen (8 km)

Wendalinus-Weg

Tholey (Abtei) – Marpingen-Alsweiler (Rheinstraße) – Bliesen – Baltersweiler (Grauer Dorn) – Skulpturenstraße und Steinbildhauersymposion – St. Wendel (Basilika) (18,5 km)

Johannes-Kirschweng-Weg

Schwalbach-Bous (Bahnhof) – Wadgassen –

Linslerhof – Überherrn-Berus (Burg Scharfeneck) – Orannakapelle (16 km)

Maria-Croon-Weg
Mettlach-Orscholz – Leukbachtal – Obere
und Untere Stegmühle – Trassem – Saarburg
(18 km)

Pfarrer-Rug-Weg
Püttlingen-Köllerbach – Heusweiler-Bietschied – Forsthaus Neuhaus – Von der Heydt
– Forsthaus Pfaffenkopf – Püttlingen (40 km)

Warken-Eckstein-Weg
Tholey-Hasborn – Bergweiler – Sotzweiler –
Finkenrech – Eppelborn-Dirmingen – Illingen – Merchweiler – Grube Itzenplitz – Friedrichsthal-Bildstock (Rechtsschutzsaal) (35 km)

Matthias-Enzweiler-Weg
Losheim-Bachem – Blumenkreuz – Wendelseiche – Vogelfelsen – Mettlach-Saarhölzbach

Gallo-römischer Weg
Tholey (Abtei) – Schaumbergplateau – Oberthaler Bruch – Bostalsee – Hunnenring –
Primstalsperre (Rund- und Streckenwanderungen kombiniert: 25,5 km, 21,5 km, 16 km)

Erzgräber-Weg
Schmelz – In den Erzgruben – Meilerplätze –
Bahnhof Limbach – Birg – Hoxfels – Goldbacher Kapelle – Schmelz (17 km)

Mariannen-Weg
Blieskastel (Paradeplatz) – Klosteranlagen –
Alschbach – Niederwürzbach – Annahof –
Gut Lindenfels – Gollenstein (19 km)

An neuen Wegen seit 1992 u. a.: Peter-Wust-Weg (Rundweg Rissenthal – Wahlen); Hugenottenweg/Sentier des Huguenots (Courcelles – Chaussy/Lothringen – Ludweiler/Saar); Saarlouiser Gauweg (Rundweg Haus Scheidberg – Teufelsburg – Donnerborn); Clemens-Holzmeister-Weg (Rundweg Merchingen – Brotdorf)

Faltblätter der einzelnen Saar-Lor-Lux-Kulturwanderwege sind bei der Pressestelle des Saarländischen Rundfunks, Schloß Halberg, 66111 Saarbrücken, und beim Saarwald-Verein, Reichsstraße 4, 66111 Saarbrücken, erhältlich. Weitere Wanderführer und Karten: *Saarland-Rundwanderweg*. Begangen und beschrieben von J. Gügel, Hrsg. Saarwald-Verein, Saarbrücken o. J.; *RV 11159 Saarland*, 1:75 000, Offizielle Karte des SWV; Erholung in den Wäldern des Saarlandes. Ein *Wanderführer* mit 122 Karten, Hrsg. Landesforstverwaltung des Saarlandes 1974; J. Vieh, *Auf den Höhen der Saar*. Von den Vogesen zur Mosel, Saarbrücken 1987; *Geographischer Wanderführer für den Saar-Mosel-Raum*. 30 Rundwanderungen zu Fuß, mit dem Rad und per Boot, Hrsg. Ch. Becker und P. Moll, Saarbrücken 1990; R. und F. Weber, *Saarland-Radtouren*, Saarbrücken 1991; K. Conrath, *Bootsfahrten auf der Saar*. Teil I: Saaraufwärts ab Saarbrücken und Saar-Kohlekanal, Teil II: Saarabwärts von Saarbrücken zur Mosel, Saarbrücken 1983/84.

Radwandern

Vom saarländischen Ministerium für Umwelt (in 66119 Saarbrücken, Hardenbergstraße 8), über das man auch eine Radwanderkarte beziehen kann, wurde 1984 für rund 1500 Kilometer Straßen und Feldwege ein (inzwischen verbessertes und ergänztes) Netzmodell entwickelt, nach dem sich das Saarland im schönsten Wortsinn ›erfahren‹ läßt.

Ein paar Routen, Rund- und Linienkurse, insgesamt sind es 30, zunächst von Saarbrücken aus: Saartallinie (rund 60 km bis Mettlach-Saarhölzbach), Schaumberglinie (63 km bis Nonnweiler), Ostertallinie (60 km bis Freisen-Oberkirchen), Würzbachtallinie (56 km bis Homburg-Jägersburg), Bliesgaulinie (47 km bis Blieskastel-Böckweiler), Obermosellinie (87 km bis Perl-Nennig). Alle Routen haben Anschluß an Radwege in Rheinland-Pfalz.

Weiterhin: Warndt-Rundkurs (48 km von Saarbrücken aus), Jungenwald-Rundkurs (54 km von Völklingen aus), Lachwald-Rundkurs (33 km von Schwalbach-Ensdorf nach Saarlouis), Litermont-Rundkurs (61 km von Dillingen aus), Cloef-Rundkurs (81 km von Merzig aus), Stauseelinie (75 km von Merzig bis Nohfelden-Wolfersweiler), Hochwaldlinie (54 km von Mettlach bis Nonnweiler), Pfaffenwald-Rundkurs (39 km von St. Wendel aus), Spiemont-Rundkurs (30 km von Ottweiler aus), Burg Kirkel-Rundkurs (29 km von Neunkirchen aus), Blumengarten-Rundkurs (29 km von Homburg aus).

Drei Länder in neun Tagen, Natur und Kultur dazu, verspricht die jüngste Route ›Radwandern rund ums Saarland ohne Grenzen‹. Sie führt über rund 450 Kilometer in die schönsten Winkel des Saarlandes, ins Elsaß, nach Lothringen und Luxemburg (Auskünfte: Verkehrsverein im Rathaus, 66450 Bexbach).

Literaturverzeichnis (Auswahl)

Gesamtdarstellungen

Das Saarland. Ein Heimatbuch, hrsg. v. F. Kloeve-korn, Leipzig 1924

Das Saarland. Ein Beitrag zur Entwicklung des jüngsten Bundeslandes in Politik, Kultur und Wirtschaft, hrsg. v. K. Altmeyer, J. Szliska, W. Veauthier, P. Weiant, Saarbrücken 1958

Das Saarland. Politische, wirtschaftliche und kulturelle Entwicklung, mit Beiträgen von H.-W. Herrmann, G. Paul, H. Horch, K. A. Schleiden, u. a. hrsg. von der Landeszentrale für politische Bildung, Saarbrücken 1989

Das Saarland. Bd. 1 »Beharrung und Wandel in einem peripheren Grenzraum«, Bd. 2 »Die Saar – Eine Flußlandschaft verändert ihr Gesicht«. Aus Anlaß des 47. Deutschen Geographentages in Saarbrücken 1989, hrsg. v. D. Soyez (federführend), Geographisches Institut der Universität des Saarlandes, Saarbrücken 1989

Saar-Lor-Lux Atlas. Schriftenreihe der Regionalkommission Saarland/Lothringen/Luxemburg/Rheinland-Pfalz. Pilotstudie, hrsg. v. W. Brücher, H. Quasten, F. Reitel, Saarbrücken/Metz/Luxembourg/Trier 1982

Petto, A.: An der Saar zu Haus, Saarbrücken 1956[2]

Schilling, H. (Hrsg.): Leben an der Grenze. Recherchen in der Region Saarland/Lothringen, Frankfurt a. M. 1986

Staerk, D.: Das Saarlandbuch, Saarbrücken 1990[5]

Geschichte und allgemeine Landeskunde

Amman, H./M. Born/H.-W. Herrmann/E. Meynen (Hrsg.): Geschichtlicher Atlas für das Land an der Saar, Saarbrücken 1965 ff.

Becker, H.-J.: Durch zwei Jahrtausende Saarländischer Verkehrsgeschichte, Saarbrücken 1933

Born, M.: Geographische Landeskunde des Saarlandes, aus dem Nachlaß hrsg. v. R. Born und H. Frühauf, Saarbrücken 1980

Latz, R. E.: Die saarländische Schwerindustrie und ihre Nachbarreviere (1878–1938), Saarbrücken 1985

Martin, W.: Land und Leute an der Saar, Saarlouis 1951[3]

Mathias, K.: Wirtschaftsgeographie des Saarlandes, Saarbrücken 1980

Herrmann, H.-W./G. W. Sante: Geschichte des Saarlandes, Würzburg 1972

Hoppstädter, K./H.-W. Herrmann: Geschichtliche Landeskunde des Saarlandes, Bd. 1 »Vom Faustkeil zum Förderturm«, Saarbrücken 1978[2], Bd. 2 »Von der fränkischen Landnahme bis zum Ausbruch der Französischen Revolution«, Saarbrücken 1977

Flesch, St./J. Conrad/Th. Bergholz: Mönche an der Saar. Die mittelalterlichen Ordensniederlassungen im saarländisch-lothringischen Grenzraum, Saarbrücken 1986

Mallmann, K.-M./G. Paul/R. Schock/R. Klimmt (Hrsg.): Richtig daheim waren wir nie. Entdeckungsreisen im Saarrevier 1815–1955, Bonn 1987

Neumann P. (Hrsg.): Saarländische Lebensbilder, Saarbrücken 1982 ff.

Parisse, M. (Hrsg.): Lothringen – Geschichte eines Grenzlandes, bearbeitet von einer Gruppe lothringischer Historiker, deutsche Ausgabe von H.-W. Herrmann, Saarbrücken 1984

Schmitt, J. (Hrsg.): Französische Revolution an der Saar, Saarbrücken 1989

Kloevekorn, F.: Das Saargebiet, seine Struktur, seine Probleme. Saarbrücken 1929

Seck, D.: Unternehmen Westwall, Saarbrücken 1980

Seck, D./P. Peters: Die Stunde Null. Das Kriegsende an der Saar, Saarbrücken 1986

Hannig, J.: Spurensuche: Nationalsozialistische Gewaltherrschaft an der Saar, hrsg. v. Landesinstitut für Pädagogik und Medien, Saarbrücken-Dudweiler o. J.

Heimatgeschichtlicher Wegweiser zu Stätten des Widerstandes und der Verfolgung 1933–1945, Bd. 4: Saarland, hrsg. u. a. vom »Studienkreis zur Erforschung und Vermittlung der Geschichte des deutschen Widerstands 1933–1945«, Autor: H. Volk, Köln 1990

Herrmann, H.-W.: Das Schicksal der Juden im Saarland 1920 bis 1945, in: Dokumentation zur Geschichte der jüdischen Bevölkerung in Rheinland-Pfalz und im Saarland von 1800 bis 1945, Bd. 6, Koblenz 1974

Hoffmann, J.: Das Ziel war Europa. Der Weg der Saar 1945–1955, München 1963

Schneider, H.: Das Wunder an der Saar. Ein Erfolg politischer Gemeinsamkeit, Stuttgart 1974

Zehn statt tausend Jahre. Die Zeit des Nationalsozialismus an der Saar (1935–1945), hrsg. v. Stadtverband Saarbrücken/Regionalgeschichtliches Museum (Katalog), Saarbrücken 1988

Von der »Stunde 0« zum »Tag X«. Das Saarland 1945–1959, hrsg. v. Stadtverband Saarbrücken/Regionalgeschichtliches Museum (Katalog), Saarbrücken 1990

Kunst- und Kulturgeschichte

Conrad J./St. Flesch (Hrsg.): Burgen und Schlösser an der Saar, Saarbrücken 1988

Dehio, G.: Handbuch der Deutschen Kunstdenkmäler: Rheinland-Pfalz/Saarland, überarbeitet und erweitert von H. Caspary, P. Karn, M. Klewitz, München und Berlin 1984[2]

Führer zu vor- und frühgeschichtlichen Denkmälern: Saarland, mit Beiträgen von K. Böhner u. a., Mainz 1966

Klewitz, M.: Das Saarland, München und Berlin 1982[3]

Lohmeyer, K.: Südwestdeutsche Gärten des Barock und der Romantik, Saarbrücken 1975[2]

Reclams Kunstführer: Rheinland-Pfalz/Saarland, von H. Brunner, H. Caspary, A. v. Reitzenstein, F. Stich, Stuttgart 1990[8]

Die Römer an Mosel und Saar. Schriftenreihe der Regionalkommission Lothringen/Luxemburg/Rheinland-Pfalz/Saarland. Ausstellungskatalog, Mainz 1983

Ruser, E.: Jugendstil-Architektur im Saarland, Saarbrücken 1981

Saarländischer Künstlerbund. Geschichte und Gegenwart 1922–1982, hrsg. v. Moderne Galerie des Saarlandmuseums in der Stiftung Saarländischer Kulturbesitz 1982

Volkelt, P.: Die Bauskulptur und Ausstattungsbildnerei des frühen und hohen Mittelalters im Saarland, Saarbrücken 1969

Bungert, G./Ch. Lehnert: Vereine im Saarland, Saarbrücken 1988

Diwersy, A./R. Silkenbeumer (Hrsg.): Kultur im Karree, Lebach 1989

Fox, N.: Saarländische Volkskunde, Bonn 1927

Haubrichs, W./H. Ramge: Zwischen den Sprachen. Siedlungs- und Flurnamen in germanisch-romanischen Grenzgebieten, Saarbrücken 1983

Heinz, A.: Heilige im Saarland, Saarbrücken 1991[2]

Lohmeyer, K.: Die Sagen der Saar von ihren Quellen bis zur Mündung, Saarbrücken 1952; Ergänzungsband Saarbrücken 1955

Oberhauser, G.: Wallfahrten und Kultstätten im Saarland, Saarbrücken 1992

Quasten, H./J. Güth: Saarländische Bauernhausfibel, Saarbrücken 1984

Thinnes, M.: Wegekreuze und Bildstöcke im Saarland, Saarbrücken 1985

Alles, M./ P. Backes: Werkswohnungen des Preußischen Bergfiskus und der Mines Domaniales Françaises, Saarbrücken 1985

van Dülmen, R.: Industriekultur an der Saar, München 1989

Kirsch, K./ R. Birtel: Saarländische Arbeiterhausfibel, Saarbrücken 1986

Mallmann, K.-M./H. Steffens: Lohn der Mühen. Geschichte der Bergarbeiter an der Saar, München 1989

Schmitt, A.: Denkmäler saarländischer Industriekultur, Saarbrücken 1989

Slotta, R.: Förderturm und Bergmannshaus, Saarbrücken 1979

Städte und Kreise

Grenze als Schicksal. 150 Jahre Landkreis Saarbrücken, hrsg. von der Kreisverwaltung 1966

Proföhr, J./U. Wolter/M. Römbell: Stadt und Land. Der Stadtverband Saarbrücken, Dillingen 1981

Ruppersberg, A.: Geschichte der ehemaligen Grafschaft Saarbrücken, 3 Teile, Saarbrücken 1908/10/13/14 (ND 1979)

Zimmermann, W.: Die Kunstdenkmäler der Stadt und des Landkreises Saarbrücken, Düsseldorf 1932 (ND Saarbrücken 1975)

Saarbrücken

Albers, J./U. Blaß/D. Bubel/H. Glaser (Hrsg.): Saarbrücken zu Fuß. 17 Stadtteilrundgänge durch Geschichte und Gegenwart, Hamburg 1989

Festschrift zur 650jährigen Verleihung des Freiheitsbriefes an Saarbrücken und St. Johann, hrsg. v. H.-W. Herrmann und H. Klein im Auftrag des Historischen Vereins für die Saargegend, Saarbrücken 1971

Kloevekorn, F.: Saarbrückens Vergangenheit im Bilde, Saarbrücken 1934 (ND 1976)

Heinz, D.: Aus der Stadtplanung Friedrich Joachim Stengels, in: Saarheimat 7/8 1959

ders.: Blickpunkte im barocken Saarbrücken, in: Saarbrücker Hefte 14/1961

Ludwigskirche 1982. Dokumente, Erinnerungen, Studien, hrsg. anläßlich der Wiederindienstnahme der Ludwigskirche 1982 von Pfr. H. Heydt (mit Beiträgen u. a. von D. Heinz, M. Klewitz, W. Götz, J. A. Schmoll gen. Eisenwerth), Saarbrücken 1982

Schubart, R. H.: Ludwigskirche und Ludwigsplatz zu Alt-Saarbrücken, Saarbrücken 1988[2]

Das Saarbrücker Schloß. Zur Geschichte und Gegenwart, hrsg. v. G. Bungert und Ch. Lehnert, Saarbrücken 1989

Schleiden, K. A.: Saarbrücken – so wie es war, Bde 1–3, Düsseldorf 1973/1980/1985

Völklingen, Warndt, Köllertal

Pauly, J.: Völklingen. Studien zur Wirtschafts-, Sozial- und Siedlungsstruktur einer saarländischen Industriestadt, Saarbrücken 1975

Industriekultur und Industriearchäologie. Die Völklinger Hütte, in: Saarbrücker Hefte 64 / November 1990

Rug, K.: Das Köllertal erzählt, Püttlingen o. J.

Overmeyer, G.: Die Martinskirche in Kölln, Saarbrücken 1989

Landkreis Saarlouis

Heimatkundliches Jahrbuch des Landkreises Saarlouis, hrsg. von der Vereinigung für die Heimatkunde im Landkreis Saarlouis e. V. und dem Landkreis Saarlouis 1960 ff.

Siehe auch S. 390: W. Zimmermann, Die Kunstdenkmäler der Kreise Ottweiler und Saarlouis

Hellwig, F.: Alte Pläne von Stadt und Festung Saarlouis, Saarbrücken 1980

Keller, P. C.: Bericht über Berus, Saarbrücken 1981

Reichert, F.-J.: Mein Dillingen, Dillingen 1988

Tritz, M.: Geschichte der Abtei Wadgassen, Wadgassen 1901 (ND 1978)

Liebertz, Th.: Wallerfangen und seine Geschichte, Wallerfangen 1953

Der Kreis Merzig-Wadern, Stuttgart und Aalen 1972

Kirsch, K.: Verzeichnis der geschützten historischen und kunsthistorischen Denkmäler des Kreises Merzig-Wadern, in: Bericht der Staatlichen Denkmalpflege im Saarland, Saarbrücken 1962

Enzweiler, M.: Das Merziger Land – Geschichtliches und Volkskundliches. Saarbrücken 1982

Kell, J. H.: Geschichte der Stadt Merzig und des Merziger Landes, Merzig 1958

Marschall, H.-G.: Die Pfarrkirche St. Peter in Merzig, Saarbrücken 1988

1300 Jahre Mettlach, hrsg. v. Gemeindeverwaltung Mettlach, 1976

Thomas, Th.: Die Rolle der beiden Familien Boch und Villeroy im 18. und 19. Jahrhundert. Die Entstehung des Unternehmens Villeroy & Boch, Saarbrücken 1974

Steine an der Grenze. Katalog zur gleichnamigen Fotoausstellung, hrsg. v. Landesinstitut für Pädagogik und Medien, Saarbrücken-Dudweiler 1989[2]

Heimatbuch des Landkreises St. Wendel, 1948 ff.

Kirsch, K.: Verzeichnis der geschützten und kunsthistorischen Denkmäler des Kreises St. Wendel, in: Bericht der Staatlichen Denkmalpflege im Saarland, Saarbrücken 1972

Müller, M.: Die Geschichte der Stadt St. Wendel von ihren Anfängen bis zum Weltkriege, St. Wendel 1927 (ND 1981)

Kretschmer, R.: Geschichte der Stadt St. Wendel 1914–1986, 3 Bde, St. Wendel 1986

Straße der Skulpturen St. Wendel 1971 bis 1988, hrsg. v. Verein Internationales Steinbildhauer-Symposion St. Wendel e. V., Saarbrücken 1989

Reichert, F.-J.: Die Baugeschichte der Benediktiner-Abtei Tholey, Saarbrücken 1961

Landkreis Neunkirchen – Landschaft und Leute im Wandel der Zeit, hrsg. vom Landkreis Neunkirchen, o. J.

Meiser, G.: Neunkirchen ... eine Stadt ändert ihr Gesicht, Neunkirchen 1978

Mörscher, F.: »Bilder« vom Eisenwerk, Neunkirchen 1988

Slotta, R.: Eine fast ideale Heimstätte, in: Deutsches Industriemuseum in Neunkirchen?, Neunkircher Hefte 6, Neunkirchen o. J.

Heimatbuch des Kreises Ottweiler, 4 Bde, 1949–1955, Ottweiler 1949 ff.

Zimmermann, W.: Die Kunstdenkmäler der Kreise Ottweiler und Saarlouis, Düsseldorf 1934 (ND Saarbrücken 1976)

Ottweiler gestern und heute, hrsg. von der Stadt Ottweiler, Ottweiler o. J.

Saar-Pfalz-Kreis

150 Jahre Landkreis Homburg-Saar 1818–1968, hrsg. v. Kreisverwaltung Homburg, 1968

Bonkhoff, B. H.: Die Kirchen im Saar-Pfalz-Kreis, Saarbrücken 1987

Eid, L.: Reichsgräfin Marianne von der Leyen, Saarbrücken 1937

Führer zu archäologischen Denkmälern in Deutschland, Bd. 18, Saar-Pfalz-Kreis, bearbeitet vom Staatlichen Konservatoramt des Saarlandes, Abteilung Bodendenkmalpflege, Stuttgart 1988

Von Homburg nach Hambach. 150 Jahre Hambacher Fest 1832–1982, hrsg. v. Stadt Homburg, Verkehrsverein und Historischer Verein, Homburg 1982

Kirsch, K.: Verzeichnis der geschützten historischen Denkmäler des Kreises Homburg, in: Bericht der Staatlichen Denkmalpflege im Saarland, Saarbrücken 1968

Klewitz, M.: Verzeichnis der geschützten historischen und kunsthistorischen Denkmäler des Kreises St. Ingbert, in: Bericht der Staatlichen Denkmalpflege im Saarland, Saarbrücken 1959

Spies, H.: Kunstgeschichtliche Wanderung im Landkreis St. Ingbert, St. Ingbert 1973 (ND 1979)

Zeitschriften und Jahrbücher

Berichte der Staatlichen Denkmalpflege. Beiträge zur saarländischen Archäologie und Kunstgeschichte, hrsg. vom Staatlichen Konservatoramt, Saarbrücken 1959 ff.

Saarbrücker Hefte, hrsg. vom Kulturamt der Stadt Saarbrücken 1955 ff.

Saarheimat. Zeitschrift für Kultur, Landschaft, Volkstum, Saarbrücken 1957 ff.

Saarpfalz. Blätter für Geschichte und Volkskunde, hrsg. vom Saarpfalz-Kreis, Homburg 1983 ff.

Zeitschrift für die Geschichte der Saargegend, hrsg. vom Historischen Verein für das Saarland, Saarbrücken 1951/56 ff.

Abbildungsnachweis

Farb- und Schwarzweiß-Abbildungen

Amt für Öffentlichkeitsarbeit, Saarbrücken
Abb. 12

Uwe Anhäuser, Herrstein   Farbabb. 13

Dietlind Castor, Lindau   Abb. 10, 11

Ev. Kirchengemeinde Bischmisheim   Abb. 1

Sylvester Dunsbach, Weiskirchen   Abb. 40

Hubertus J. Eder, Gräfelfing   Farbabb. 12

Gerhard Heisler, Saarbrücken   Abb. 7, 9, 16

Willi Hiegel, Neunkirchen   Abb. 51

Landesinstitut für Pädagogik und Medien (LPM),
Dudweiler   Abb. 55–58

Michael Jeiter, Morschenich   Abb. 35, 36, 46

Dieter Leistner, Mainz   Umschlagvorderseite;
Farbabb. 28

Hans Peter Merten, Saarburg   Umschlagklappe
vorne, Farbabb. 1, 5, 6, 8, 11; Abb. 2, 26, 37, 41,
43, 47–50, 54, 59, 61, 65

Kreisstadt Merzig   Abb. 32

Werner Otto, Oberhausen   Farbabb. 16

Erhard Pansegrau, Berlin   Umschlagrückseite,
Farbabb. 4, 10, 14, 15, 17, 20–23, 25; Abb. 3–6, 13,
15, 17–22, 24, 25, 27–31, 33, 34, 38, 39, 44, 45, 52,
53, 60, 62–64

Heinz Quasten, Saarbrücken   Abb. 42

Werner Richner, Saarlouis   Farbabb. 2, 3, 7, 9, 18,
19, 24, 26, 27

Saarbergwerke AG, Saarbrücken   Abb. 23

Kirchengemeinde St. Arnual, Saarbrücken   Abb. 8

Paul Weber, Homburg   Umschlagklappe hinten

Monika Zorn, Saarbrücken   Abb. 14

Textabbildungen

AV-Zentrum, Stadtverband Saarbrücken
S. 122, 248

Gabriele Beßler, Köln   S. 89

Stadt Blieskastel   S. 318

Herbert Boos, Merzig   S. 192

Hubertus J. Eder, Gräfelfing   S. 264

Thomas Gundelwein, Saarbrücken   S. 169

Gerhard Heisler, Saarbrücken   S. 81

Willi Hiegel, Neunkirchen   S. 299

Michael Jeiter, Morschenich   S. 258

Erwin Klampfer   S. 168

Martin Klewitz, St. Ingbert   S. 239, 329

LPM (s. o.), Dudweiler   S. 44, 46, 166, 188, 248, 332

Jutta Mai, Bous   S. 185, 242

Hans Peter Merten, Saarburg   S. 321, 360

Stadt Merzig (Archiv)   S. 196

Metropolitan Museum, New York   S. 204 (links)

Franz Mörscher, Neunkirchen   S. 66, 300

Museum für Vor- und Frühgeschichte, Saarbrücken
S. 31, 207, 311, 328

Landkreis Neunkirchen   S. 276

Martin Oberhauser, Saarbrücken   S. 252

Erhard Pansegrau, Berlin   Titelvignette, S. 38, 87,
93, 100, 171, 177, 202, 206, 277, 322

Gemeinde Perl   S. 210

Heinz Quasten, Saarbrücken   S. 342/43

Pfarrgemeinde Reinheim   S. 326

Rheinisches Landesmuseum, Trier   S. 18

Werner Richner, Saarlouis   S. 244, 317

Agentur Rolf Ruppenthal, Wadgassen   S. 163

Saarbergwerke AG, Saarbrücken   S. 180

Saarheimat, Zeitschrift für Kultur, Landschaft,
Volkstum, Saarbrücken seit 1957   S. 45

Saarland Museum, Saarbrücken   S. 19, 41, 74, 93,
102, 119, 158

Karl August Schleiden, Saarbrücken: Saarbrücken –
so wie es war, Bd. 1–3, Düsseldorf 1973–85   S. 43,
90, 105, 114, 115

Manfred Schmelzer, St. Ingbert   S. 315

ABBILDUNGSNACHWEIS

Josef A. Schmoll gen. Eisenwerth, München   S. 312
Kirchengemeinde St. Arnual, Saarbrücken   S. 106
Heinz Sikorski, Illingen   S. 254
Stadtarchiv Saarbrücken   S. 76
Verkehrsverein Homburg   S. 308
Albert-Weisgerber-Sammlung, St. Ingbert   S. 316
Werner Wunderlich, Saarbrücken   S. 94

Hans Zender, Tholey   S. 110

Alle nicht gesondert aufgeführten Abbildungen stammen aus den Archiven von Autor und Verlag. Karten und Pläne im Text (mit Ausnahme der Seiten 341, 348 und 371): DuMont Buchverlag, Köln

Quellennachweis

S. 12 – K.-M. Mallmann, G. Paul, R. Schock u. a.: Richtig daheim waren wir nie – Entdeckungsreisen im Saarrevier, © 1987 by Dietz Verlag Bonn

S. 26/27 – Peter Scholl-Latour, Leben mit Frankreich, © by DVA Stuttgart

S. 74 – Karl Lohmeyer, Friedrich Joachim Stengel, Düsseldorf 1911

S. 76 – Rheinland, Bauten und Landschaften 1981, 11. Folge, Rheinischer Verein für Denkmalpflege und Landschaftsschutz, Köln 1980

S. 82 und 280 – Adolf Freiherr von Knigge: Briefe, auf einer Reise aus Lothringen nach Niedersachsen geschrieben, Erstausgabe: Hannover 1793

S. 127/128 – Ludwig Harig, Weh dem, der aus der Reihe tanzt, © 1990 by Carl Hanser Verlag München/Wien

S. 179 – Alfred Gulden, Der Bunker, © by A. Gulden, Saarlouis

S. 196 – Gustav Regler, Das Ohr des Malchus, © 1958, 1985 by Kiepenheuer & Witsch Köln

S. 299 – Joseph Roth, Reisebilder in: Werke, Bd. 2, © 1990 by Kiepenheuer & Witsch und Verlag Allert de Lange Amsterdam

Register

Personen

Adalbert Ritter von Lautern 179
Adalgisel Grimo 249, 250, 256
Adenauer, Konrad 185
Akiyama, Hiromi 255
Albers, Jürgen 85, 100
Albert, Herzog von Sachsen-Coburg-Gotha 267
Albrecht, Graf von Nassau-Weilburg 273, 274
Alexander, Herzog von Pfalz-Zweibrücken 252
Allington, Edward 93
Alt, Ernst 91, 177
Andres, Stefan 238
Angelloz, Joseph François 45
Anna Maria, Herrin vom Hagen zur Motte 244
Appo 329
Archipenko, Alexander 93
Arnold II., Bischof von Metz 112
Arnold von Sierck, Erzbischof von Trier 201
Arnual (Arnulph/Arnualdus), Bischof von Metz 69, 104, 105, 112
Arnulf von Walecourt 201
Aubusson, Bischof von Metz 90
Aulenbach, Friedrich 310
Ausonius 189, 207, 208

Backes, Michael 255
Bager, Jost 89
Balduin von Luxemburg, Erzbischof von Trier 183, 201, 263
Balk, Theodor 88
Balke, Klaus 168
Barst de Bouillon, Franz Forget de 188
›Bauhütte‹, Architektengemeinschaft 43, 177
Baumgarten, Paul 92
Bech, Joseph 185
Becker, August 23, 114, 303, 313, 332
Becker, Ludwig 34, 161, 205
Becker, Nikolaus 25

Becker-Gundahl, Carl Johann 41
Beckmann, Max 93
Behrens, Peter 83
Belling, Rudolf 93
Bender, Adolph 374
Beulwitz, Familie von 236
Beunat, Joseph 173
Beyer, Joannes Pancratius 318
Bierbrauer, Peter 14, 67
Binck, Franziskus 80
Binz, Arthur Friedrich 41
Birtel, Rudolf 300
Bischof, Ignatius 88
Bismarck, Otto von 261
Blessmann, Manfred 119
Blieskastel, Grafen von
    s. Elisabeth, Gräfin von
Blücher, Gebhard Leberecht von 276, 277, 317
Boch, Familie (von) 48, 201, 203
Boch, Eugen von 203
Boch, Jean François von 202, 203
Böckelmann, Sontag 88
Böcking, Gebrüder 117
Böcking, Rudolph 95, 117
Böhm, Dominikus 76, 101, 168
Böhm, Gottfried 44, 76, 77f., 92, 101, 126, 168, 177
Bohr, Johann 211
Bonifatius, Erzbischof von Mainz 238
Bonnevie, Annemarie 198
Bornschein, Rudolf 45, 93
Boßlet, Albert 40, 314
Boucher, François 307
Braubach, Herren von 188
Brecht, Bertolt 25
Breuste, Hans-Jürgen 255
Brion, Friederike (Riekchen) 278
Bruch, Familie 88
Bürckel, Joseph 26, 41
Buschulte, Wilhelm 101

Cäsar (Gajus Julius Caesar), röm. Kaiser 16, 236
Callot, Jacques 19
Carstens, Karl 29
Chagall, Marc 124
Chardin, Jean Baptiste Siméon 307
Châteaubriand, François René de 302
Choisy, Thomas de 175, 177
Christiane, Gräfin von Öttingen-Baldern 233
Claus, Fritz 300
Cohausen, Carl August von 203
Condé, Daniel de 164
Conrad, Adam 236
Corail, Pierard de 72, 89, 108, 182
Cornelius, Peter 182
Croon, Maria 372

Dehmel, Richard 280f.
Demuth, Johannes 121
Demuth, Lenchen 267
Dietz, Albert 44, 84
Dietz, Ferdinand 188, 271
Dihm, Hugo 75
Dill, Lisbeth 126
Döblin, Alfred 123, 124
Dryander, Johann Friedrich 173
Dürer, Albrecht 48, 180

Eckardt, Heinrich 184
Eichner (Gemeindebaumeister) 160
Eisenhauer, Johann Nikolaus 166
Eisenhower, Dwight D. 166
Eleonore Clara von Hohenlohe 72
 (Gattin Gustav Adolphs v. Nassau-Saarbrücken)
Elisabeth, Gräfin von Blieskastel 331, 332
Elisabeth von Lothringen 32, 107, 108, 169
 (Gattin Philipp II. v. Nassau-Saarbrücken)
Elisabeth von Württemberg 108
 (2. Gattin Johann III. v. Nassau-Saarbrücken)
Erfweiler, Herren von 330
Ernst, Herzog von Sachsen-Coburg-Gotha 20, 267

Feylner, Simon 75
Fischart, Johann 30
Fischli, Peter 93
Fontane, Theodor 69

Fortuin (Zigeunerkaplan) 245
Franz, Wilhelm 97
Franz von Assisi, heiliger 83
Franz von Sickingen 263, 302, 317
Franz Karl von der Leyen 317
Freital, Catharina Magdalena de 82
Freundlich, Otto 266, 268
Friedrich III., Kaiser 264
Friedrich I., Graf von Saarwerden 311
Friedrich I. Barbarossa, Kaiser 73, 302
Friedrich Karl, Prinz von Preußen 127
Friedrich Ludwig, Graf von Nassau-Saarbrücken
 (-Ottweiler) 153, 275
Friedrich Wilhelm IV., König von Preußen 201,
 202f., 267
Frischmuth, Felicitas 268, 315
Fritsch, Katharina 93
Fuchs, Ernst 41
Führich, Joseph Ritter von 187
Fulrad (Abt) 121
Funk, Viktor 161

Galhau, Familie 188
Gallé, Emile 333
Ganal, Balthasar Ferdinand 178, 197
Garose, Dominique 89
Gasperi, Alcide de 185
Gérard, Michel 96
Gerbert von Aurillac (Papst Silvester II.) 31
Gerz, Jochen 77, 374
Gieseking, Walter 44
Glaser, Georg K. 88
Glaser, Hermann 47
Goethe, Johann Wolfgang von 33, 34, 69, 75, 78,
 124, 125, 277f., 280, 302
Graf, Willi 86, 100, 373, 374
Grandval, Gilbert 116
Grewenig, Fritz 40, 42, 46
Grewenig, Mainrad M. 252
Griesenbrock, Franz 167
Gropius, Martin Philipp 95
Grothe, Bernhard 44, 84
Grünewald, Matthias 167
Güth, Heinrich 34, 97, 127, 154, 155
Guetweniger, Johannes 233

Guilleminot, Graf Charles de   182
Guilleminot, Gräfin Marie de
   (›Schwarze Gräfin‹)   182
Guitienne, Johann   187
Gulden, Alfred   179, 186
Guldner, Adam   184
Guldner, Christian   184
Guldner, Familie   122, 185
Guldner, Georg   184
Guldner, Johannes   184
Guldner, Peter   184
Gustav Adolph, Graf von Nassau-Saarbrücken   72
Gustav Samuel, Herzog von (Pfalz-)Zweibrücken
   312

Hagelgans, Johann Georg   273
Hagen zur Motte, Herren vom   244
   s. Anna Maria
   s. Johann
   s. Niklas
Hahn, Willi   182
Hajek, Otto Herbert   104
Hallberg-Broich, Theodor Freiherr von   175
Hanus, Karl   92
Harig, Ludwig   14, 67, 70, 76, 127, 128, 326
Hauberrisser, Georg Joseph Ritter von   97
Haubrichs, Wolfgang   14
Hausen, Alexander von   188
Hautt, Christian Ludwig   319
Hector, Wilhelm   34, 122, 162
Heinrich III., deutscher König   104
Heinrich, Erbprinz von Nassau-Saarbrücken
   77, 114
Heinrich von Kerpen   245
Heinz, Dieter   74, 78, 280
Hensler, Arnold   92
Hentz, Peter   122
Herkommer, Hans   37, 40, 99, 314, 321
Herrmann, Hans-Walter   10
Heym, Stefan   65, 206
Hiery, Oswald   310
Hild (Kommunalbaumeister)   99
Hitler, Adolf   25
Hock, Theobald   305f.
Hoer, Jost   73

Hoffmann, Hans Ruprecht   185, 210, 233
Hoffmann, Johannes (›Joho‹)   25, 27
Hoffmann, Louise von   313
   (Gattin Gustav S. v. Pfalz-Zweibrücken)
Holzmeister, Clemens   40, 189f., 385
Honecker, Erich   210
Hugo, Abt von Tholey   256
Hugo, Victor   89, 197, 200, 319f.
Hurstel, Jean   13, 174

Iffland, August Wilhelm   33
Itten, Johannes   82

Jakob von Montclair   201
Jené, Edgar   41
Johann von Baden, Erzbischof von Trier   264
Johann von Böhmen, König   203
Johann Casimir, Pfalzgraf   302
Johann, Herr vom Hagen zur Motte   244
Johann I., Graf von Zweibrücken-Commercy
   98
Johann III., Graf von Nassau-Saarbrücken
   (gen. der ›Senf‹)   32, 73, 108
Johann IV., Graf von Nassau-Zweibrücken
   (= Johann I. v. Nassau-Ottweiler)
   73, 165, 273
Johann Adluff, Junker von Eltz   322
Johanna von Loen   108
   (1. Gattin Johann III. v. Nassau-Saarbrücken)
Johanna von Niedbrücken   259
Johannes Paul II., Papst   264
Josef Anton, Graf von Öttingen-Baldern   233
Jourdan/Müller, Architektenteam   93
Julian (der Abtrünnige), römischer Kaiser   238
Jutta Zandt von Merl   216

Karl der Große, Kaiser   31
Karl der Kahle, König   193
Karl V., Kaiser   71, 273, 274
Karl II. August, Herzog von Pfalz-Zweibrücken
   306, 308
Kaspar, Herzog von Pfalz-Zweibrücken   252
Katharina Brandscheid   322
   (Gattin Johann A. von Eltz)
Kemptner, Heinrich   73

Kest, Katharina Margaretha (›Gänsegretel von Fechingen‹) 103, 114, 119f., 242, 277, 375 (2. Gattin Ludwigs von Nassau-Saarbrücken)
Kesten, Hermann 297
Keuth, Hermann 40
Kiederich, Franz 277
Kieffer, Jean-Louis 187
Kirkel, Herren von 305
Kirschweng, Johannes 41, 183, 186
Kleinholt, Katharina Luise 108
Kleint, Boris 82, 84
Klewitz, Martin 10
Kloevekorn, Fritz 84
Knigge, Adolf Freiherr von 33, 75, 78, 87, 88, 103, 112, 113, 114,280, 309, 317
Knipper, Johann Adam 34, 75, 118
Köck, P. Bonifatius 259
Koelle, Fritz 301, 315, 372
Koellner, Johann Friedrich Christian 102, 113
Koellner, Ludwig 75, 102
Koeppen, Wolfgang 25
Kollwitz, Käthe 42
Kolmsperger, Waldemar 162
Konietzny, Heinrich 46
Korn, Salomon 43
Kornbrust, Leo 251, 255, 267, 268, 315
Kornelius, Wilhelm 185
Kretzschmar, Christian 32f., 48, 190, 198, 199, 200, 202, 203, 233, 259
Kreutzer, Helmut 109
Krüger, Rudolf 44, 99
Kubach, Wolfgang 90, 269
Kubach-Wilmsen, Anna Maria 90, 269
Kuhn, Franz 161
Kühn, Johannes 246, 260, 261
Kuno von Pfullingen, Erzbischof von Trier 256
Kutsche, Andreas J. 181

Lafontaine, Oskar 12, 29
Lapointe (Colonel) 256
Lasalle von Louisenthal, Freiherren 233
Lasalle von Louisenthal, Octavie de 234, 280
Lasch, Hermann 162
Latz, Peter 95, 96

Lauer, Nikolaus 326
Laurentius, Bischof von Metz 120
Lautemann, Johann Jakob 110, 119, 121, 123
Lechner, Alf 242
Le Corbusier, Charles-Edouard 43, 82
Lederer, Felix 40
Lehoczky, György 107, 167
Le Noir, Pierre 259
Lénoncourt, Marquis Charles Henry de 66
Leonhard (Kreisbaumeister) 277
Levy, Ludwig 304
Leyden, Lucas van 242
von der Leyen, Reichsgrafen 34, 66, 313, 314, 317, 320, 325
  s. Franz Karl
  s. Maria Anna (gen. Marianne)
  s. Philipp
Lioffin, Abt von Mettlach 202
Litermont, Margaretha von 243
Liutwin, Erzbischof von Trier und Reims 31, 202, 205
Lohmeyer, Karl 81, 83, 102, 186, 216, 326
Loire, Gabriel 126
Loretta, Gräfin von Sponheim 272
Lorrain (gen. Gellée), Claude 306
Ludwig I., König von Bayern 302, 308
Ludwig VII., König von Frankreich 104
Ludwig IX., der Heilige, König von Frankreich 90
Ludwig XIV. (›Sonnenkönig‹), König von Frankreich 19, 32, 66, 90, 170, 175, 179, 181, 211, 306
Ludwig XV., König von Frankreich 90
Ludwig XVI., König von Frankreich 242
Ludwig, Fürst von Nassau-Saarbrücken 19, 33, 77, 79, 102, 103, 114, 120, 164, 165, 240, 277, 280, 375
Ludwig Crato, Graf von Nassau-Saarbrücken 72, 113
Lück, Herbert 44, 308
Luft, Friedrich 99
Luise, Herzogin von Sachsen-Coburg-Gotha 267
Lux, Hanns Maria 25
Lux, Jakob 184

Mac Lean, Harry 99
Madersteck, Jean 327, 330, 331
Magnerich, Bischof von Trier 250

Malespine, Jacomin de 325
Mannlich, Johann Christian von 305, 306
Maria Anna (gen. Marianne) von der Leyen
    122, 128, 317, 318, 320, 321f., 326
Marie-Antoinette, Königin von Frankreich
    244, 321
Marschall, Hans-Günther 197f.
Marx, Jenny 267
Marx, Karl 267
Masereel, Frans 82
Mathieu, Jean Baptiste 331, 332
Maximin, hl. (Bischof von Trier) 240
de Maurice, Familie 199
Mayer, Christian 268
›Meister HB‹ (von Trier) 244, 322
Meister des Selbacher Kreuzweges 252
Meistermann, Georg 72, 259, 275
Menkès, Edouard 43
Meßner, Lothar 86, 242, 315
Mihm, Johann Philipp 72, 88, 91
van der Mijnsbrugge, Joris 203
Milo, Bischof von Trier 202
Miron, Andrei 11
Mönke, Günther 44, 205
Mörscher, Franz 97
Moreau, Jacques 250
Moscherosch, Johann Michael 73, 124, 167
Motte dit la Bonté, Joseph C. 73, 113
Münster, Mia 267
Münster, Sebastian 255
Musiel, Baron von 207

Napoleon I. 20, 176, 205, 256, 276, 306, 307
Napoleon III. 84
Nassau-Saarbrücken, Fürsten- bzw. Grafenhaus
    107
    s. Eleonore Clara
    s. Elisabeth von Lothringen
    s. Elisabeth von Württemberg
    s. Friedrich Ludwig
    s. Gustav Adolph
    s. Heinrich
    s. Johann III.
    s. Johann IV.
    s. Johanna

    s. Ludwig
    s. Ludwig Crato
    s. Philipp I.
    s. Philipp II.
    s. Philipp III.
    s. Philippine Henriette
    s. Sophie Christine
    s. Wilhelm Heinrich
    s. Wilhelmine Sophie
Nassau-Usingen
    s. Walrad
Nassau-Weilburg
    s. Albrecht
Nell, Familie von 209
Ney, Michel (franz. General) 176
Niklas, Herr vom Hagen zur Motte 244
Nikolaus von Kues (gen. Cusanus)
    264, 265
Nizzo II., Abt von Mettlach 202
Noll, Adolf 97
Nonninger, Johann 255

Obenauer, Gustav 83
Öhlenschläger, Sebastian 185
Ölzant, Franz-Xaver 255
Ophüls (Oppenheimer), Max 46, 99
Oppler, Edwin 115, 116
Overbeck, Friedrich 234
Overmeyer, Gudula 172

Paolozzi, Eduardo 242
Petto, Rainer 14, 30
Pfalz-Zweibrücken, Herzöge von 252
    s. Alexander
    s. Gustav Samuel
    s. Karl II. August
    s. Kaspar
    s. Wolfgang
Philipp I., Graf von Nassau-Saarbrücken 107
Philipp II., Graf von Nassau-Saarbrücken 168
Philipp III., Graf von Nassau-Saarbrücken 170
Philipp Arnold von Ahr, Komtur 189
Philipp von der Leyen 321
Philipp Christoph von Sötern
    (Erzbischof von Trier) 197

Philippine Henriette von Hohenlohe 72
   (Gattin Ludwig Cratos v. Nassau-Saarbrücken)
Pingusson, Georges Henri 43, 82, 95
Pingusson-Schule 86
Pirminius, hl. 333
Pius II., Papst 264
Pontius Pilatus 240
Poppo, Erzbischof von Trier 201
Pozzi, Carlo Luca 81
Prantl, Karl 212
Purrmann, Hans 38
Pustkuchen, Johann Friedrich Wilhelm 278

Rabelais, François 30
Raschdorff, Julius C. 77
Ravel, Maurice 46
Regler, Gustav 41, 46, 88, 194, 196, 211
Reheis, Peter 245, 320, 327
Reiner, Abt von Wadgassen 172
Rembrandt van Rijn, Harmensz. 307
Reuter, Fritz 187
Riehl, Wilhelm Heinrich 15, 254, 383
Rixius Varus 249
Röchling, Familie 67, 161, 162
   Carl 24, 128, 159, 162
   Hermann 159, 162
   Theodor 162
Röder, Franz Josef 29
Rohann-Chabot, Anne de 179
Römbell, Manfred 94
Roth, Joseph 94, 174, 278, 280 f., 299
Rug, Karl Ludwig 167, 168, 169, 171, 173
Ruppersberg, Albert 84

Saarbrücken, Grafen von 73
Saarbrücken-Commercy, Grafen von 183
   s. Johann I.
   s. Simon III.
Sachsen-Coburg-Gotha, Herzöge von
   s. Albert
   s. Ernst
   s. Luise
Schaefer, Franz Georg 308
Schaetzing, Wilhelm 154
Schaffmeister, Hubert 101
Schaper, Fritz 297

Schaub, Jean 328
Schaumann, Ruth 190
Scheidt, Kaspar 47
Schiel, Johann 327
Schiller, Charlotte 278
Schiller, Ernst 278
Schinkel, Karl Friedrich 34, 95, 118, 201 f., 203, 277
Schmieden, Heino 95
Schmitt, Arnim 11
Schmitz, Dietmar 13
Schmitz, Konny 310
Schmoll gen. Eisenwerth, Gustav 88
Schnell, Hugo 101
Schneider, Paul 191, 194, 212
Schönecker, Hanns 44, 92, 191, 215, 267
Schöpflin, Daniel 253
Scholl, Geschwister 100
Scholl-Latour, Peter 26
Schorbach, Ferdinand 300
Schrempf, Walter 85, 104, 310
Schröder, Hans 315
Schröter, Friedrich 249
Schu, Hans Jörg 178
Schubart, Robert H. 79
Schütte, Thomas 93
Schuller, Brigitte 86
Schuman, Robert 185
Schwarz, Rudolf 44, 109 f.
Sckell, Friedrich Ludwig 102, 123, 320
Selgrad, Ferdinand 95
Selinger, Shelomo 251
Sello, Leopold 95, 128
Serra, Richard 104
Siebenpfeiffer, Philipp Jakob 20, 21, 307
Sievers, Heinrich 43
Silvester II., Papst
   s. Gerbert von Aurillac
Simon III., Graf von Saarbrücken-Commercy
   83, 172
Slevogt, Max 45
Sötern, Herren von 252
   s. Philipp Christoph
Sophie Christine, Gräfin von Erbach 72, 277
   (Gattin Wilhelm Heinrichs v. Nassau-Saarbrücken)
Soubise, Prinzessin 179

Spaak, Paul-Henri 185
Springer, René 26
Staël, Anne Louise Germaine de (Madame de) 30
Stanislaus Leszczynski, Herzog von Lothringen
  19, 247, 331
Staudt, Matthias 198
Steinert, Otto 82
Stein, Michael (Abt von Wadgassen) 180
Stella, Tilmann 305
Stengel, Balthasar Wilhelm 78, 88, 102, 113, 165,
  166, 240, 268, 375
Stengel, Friedrich Joachim 32, 69, 74, 75, 77, 78,
  79, 83, 90, 91, 97, 102, 105, 113, 165, 167, 244, 245,
  275, 277, 280, 320
Stephani, Laurentius 274
Stephens, George W. 164
Straub, Karl Willy 40, 41
Striffler, Helmut 175
Stromeier, Christmann 73, 173, 273, 279
Strudel, Peter 330
Stumm, Familie (Fabrikanten) 116, 117, 300
Stumm, Familie (Orgelbauer) 252, 265, 330
Stumm, Gebrüder 117, 278
Stumm-Halberg, Carl Ferdinand (von) 24, 115,
  278, 297, 300
Sundahl, Jonas Erickson 311, 313, 331

Tetricus, Kaiser 311
Teodoricus 107
Theudebert II., König 104
Thoma, Ludwig 255
Thrasolt, Ernst 201
Tietjen, Heinz 40
Trepte, Oskar 40
Türckheim, Lili von 302

Vauban, Sébastien le Prestre de 175, 306, 333
Villeroy, Familie 48, 181
Voit, August von 308
Volf, Miroslav 110
Voll, Christoph 40

Wagner, Joseph 374
Wagner, Wunnibald 92, 180
Wahlster, Heinrich 173
Walahfried Strabo, Abt von Reichenau 187
Walo, Bischof von Metz 206
Walrad, Graf von Nassau-Usingen 275
Walther von der Vogelweide 194
Wandel, Hubertus 44, 242
Warken, Nikolaus (gen. ›Eckstein‹) 24, 155, 260 f.
Weber, August 82
Weil, Otto 40
Weinert, Erich 88
Weisgerber, Albert 37, 42, 45, 315, 363, 379
Weiss, David 93
Weizsäcker, Richard von 10
Welling, Johann Philipp von 165
Wendalinus, heiliger 250, 262, 277
Wendel, Joseph 319
Wenzel, Richard 40, 88
Weyser, Matthias 245, 321
Wilhelm II., deutscher Kaiser 34
Wilhelm Heinrich, Fürst von Nassau-Saarbrücken
  19, 66, 69, 77 ff., 90, 113, 116, 168, 173, 273 f.
Wilhelm von Aquitanien 332
Wilhelm von Mallavalle 332
Wilhelmine Sophie Prinzessin von Schwarzberg
  (1. Gattin Ludwigs von Nassau-Saarbrücken)
Wilmowsky, Johann Nikolaus von 207
Wilson, Thomas Woodrow 25
Windheim, Dorothee von 254 f.
Wirth, Johann Georg August 20, 21, 302, 307
Wojciechowicz, Thomas 212
Wolfgang, Herzog von Pfalz-Zweibrücken
  252, 311
Wrage, August Wilhelm 98
Wust, Peter 41, 216, 385

Zandt von Merl, Freiherren 216
  s. Jutta
Zolnhofer, Fritz 41, 46, 186, 314, 371
Züsch, Herren von 252

Orte

Aachen 31
Alsweiler 262
Altenkessel (SB) 110
Altenwald 23, 125, 128
Altheim 322f., 324
Annweiler 320
Auersmacher 121

Bad Kreuznach 249
Bad Mondorf 213
Ballern-Rech 191
Ballweiler 41
Baltersweiler 254, 255, 262, 268
Bamberg 306
Baumholder 272
Beaumarais (SLS) 178, **180**
Beaune 84
Bebelsheim 326, 329f.
Bech-Kleinmacher 213
Beckingen 189, 190, 375
Beeden (HOM) 313
Bergweiler 261
Bergwerk Warndt 166
Berlin 30, 34, 42, 69, 95, 98, 118, 119, 174, 317
Bernkastel 271
Berus 183, **184**
– Orannakapelle 185f. (Farbabb. 14)
– St. Martin 184f.
Besch 206
Besseringen **191**, 199, 200
Bexbach 22, 46, 125, **304f.**, 375
– Evangelische Pfarrkirche 304
– Frauenbrunnen 305
– Grubenmuseum 304
Bierbach 322
Biesingen 322, 331
Bietzen 190
Bildstock (Friedrichsthal) 23, 34, **155**, 260, 261
Bingerbrück 22
Birkenfeld 247, 272
Bischmisheim 34, 118f.
Bitche/Bitsch 306, 333
Blickweiler 322

Bliesbruck 327f., 375
Bliesdalheim 325
Bliesen 262, 268
Blieskastel 20, 34, 246, 303, 313, **317ff.**, 330, 331
(Farbabb. 17)
– Evangelische Pfarrkirche 320
– Gollenstein (Menhir) 15, 303, 317
(Farbabb. 20)
– Herkulesbrunnen 317, 319
– Hofratshäuser/Kleines Schlößchen 320
– Hotel Blieskasteler Hof 319
– Kapuzinerkloster 321
– ›Orangerie‹/›Oberer Lustgarten‹ 320
– Rathaus 319
– Schlangenbrunnen 319
– St. Anna und Philipp (Schloßkirche)
320 (Abb. 59 u. 61)
– Wallfahrtskapelle Hl. Kreuz 320
Bliesmengen-Bolchen 330f.
Bliesransbach 119, 123
Böckweiler 31, 303, 323
– Stephanskirche 323 (Umschlaginnenklappe)
Bonn 24, 28, 69
Boppard 164
Borg 16, 46, 206, **210f.**, 378
Bosen 215, 237, 247, **252**
Bostalsee 251 (Farbabb. 3)
Bous 167
Bouzonville 187
Brebach 22, 24, 47, 66, 115, **116f.**
– Altes Werk 117
– Auguste-Viktoria-Haus 116
– ›Böckings Schlößchen‹ 117
Brefeld 156f.
Breitfurt 322
Brenschelbach 324
Brotdorf 40, 191
Bubach-Calmesweiler 244
Bucherbach, Wasserburg 32, 168
Bübingen 121
Büdingen 192, 211
Büschdorf 211
Burbach (SB) 71, 73
Burbach-Malstatt (SB) 69, 70, 109f.
Burg Kerpen 245

Camphausen (Fischbach)   40, 47, 65, 124, **157,** 159
Cattenom   213
›Cloef‹   199 f. (Farbabb. 6)
Cottbus   98, 111

Diedenhofen   24
Dillingen   21, 22, 26, 44, 47, 65, 67, 115, 189, **240 ff.,**
375 f.
– Altes Schloß   240 f., 375 (Farbabb. 15)
– Evangelische Kirche   242
– Odilienbrunnen   242
– ›Saardom‹   242
– St. Maximin   240
Dirmingen   244 f.
Dörrenbach (St. Wendel)   171, 271, 380
Dreisbach   199
Dresden   40, 79
Dudweiler (SB)   21, 23, 34, 65, 70, 124, 125, **126**
Düren   186
Düsseldorf   40

Eft   206, 211
Ehnen   213
Einöd (HOM)   306
Eisweiler   254
Elsenfels   252
Elversberg (Spiesen)   23, **128**
Engelfangen (Püttlingen)   168
Ensdorf   179 (Farbabb. 5)
Ensheim   120 f.
– Flughafen   121
Eppelborn   376
Erbringen   189
Erfweiler-Ehlingen   326, 329, **330**
Eschringen   120 (Abb. 25)
Eußerthal   311

Faha   199
Fechingen   119 f.
Felsberg   186, 380
Fénétrange   124
Fenne   159, 165
Filstroff   187
Fischbach   157
Fitten   192

Folschviller   174
Forbach   22, 30, 125, 174
Forsthaus Pfaffenkopf   167
Frankfurt am Main   43, 69, 88, 302
Frauenberg   332
Fraulautern (SLS)   178, **179**
Freisen   247, 252
Fremersdorf   188
Freyming-Merlebach   68, 174
Friedrichsthal   23, 34, 47, 65, **153 f.,** 260
– Grühlingsstollen   65, 153, 154 (Abb. 24)
Furschweiler   254
Fürstenhausen (VK)   165
Fürth   271

Gehweiler   234
Geislautern (VK)   65, 164, 165
Genua   47
Gersheim   326
Gersweiler (SB)   110, 379
– Evangelische Pfarrkirche   110
– Wasserturm   111
Glanmünchweiler   331
Goa   186
Göttelborn   23, 124, 157
Gräfinthal   327, 329, 330, **331 f.**
– Kapelle   331
– Klosterruine   331 f.
– Taubenhaus   332 (Abb. 64)
Gronig   16, 255
Großblittersdorf (Grosbliederstroff)   122
Großhemmersdorf   187
Grube König (NK)   301
Güdesweiler   255
Güdingen   117, 121
Gutenberg/Pfalz   200

Habkirchen   329, 332
– Freundschaftsbrücke   332
Halberg (SB)   112 ff.
– ›Heidenkapelle‹   112 f.
– Saarländischer Rundfunk   99, 116
– Schloß Halberg   109, 115 f.
Hamburg   79
Harlingen   190 (Abb. 34)

Hasborn 155, 246, 260, 261
Haus Furpach (NK) 300
Heidelberg 84
Heiligenwald 23, 67, 301
– Grube Itzenplitz 65, 301 (Abb. 51)
Heinitz (NK) 22, 23, 48, 65, 301
Hellendorf (Eft) 206
Herbitzheim 325
Hermeskeil 238
Herrensohr 34
Herten 65
Heusenstamm/Hessen 320
Heusweiler 173
Hilbringen (MRZ) 199
– Schloß de Maurice 199 (Abb. 28)
Himmerod (Kloster) 198
Hof Limberg 182
Hofeld 254
Hombourg-Haut 174
Homburg 20, 25, 26, 30, 34, 43, 44, 73, **306 ff.**, 325, 376
– Altes Rathaus 308
– Ehem. Franziskanerkloster 44, 308
– Fronleichnamskirche 44, 308
– Karlsbergbrunnen 307
– Ruine Hohenburg 308
– Schloßberghöhlen 303, 309
– St. Michael 308
– Stadtkirche 308
Honzrath 189
Hoof 270
Hornbach 31, 311, 323, 333
Hostenbach 22
›Hunnenring‹ (Otzenhausen) 16, **235 f.**, 247 (Abb. 39)
Hüttersdorf 243

Idar-Oberstein 272
Idstein 89
Ihn 186
Illingen **245,** 376 (Abb. 44)
– Kreuzkapelle 245
– St. Stephan 245
   s. auch Burg Kerpen
Itzbach 187 f.

Jägersburg (HOM) 303, 306, 313
– Gustavsburg 313, 376
Jägersfreude 124, **125** (Abb. 22)

Kaiserslautern 302, 306
Karlsbrunn 164, 165
– Ehem. fürstliches Jagdschloß 165 f.
Karlsruhe 40
Kastel 203, 237
Kesslingen 206
Kirkel 32, 303, 305, 316, 376
– Burgruine 305 (Umschlagrückseite)
Kirrberg (HOM) 306, 310
Klausen 243
Kleinblittersdorf 121 f., 123
Knechtsteden 32
Koblenz 317
Köllerbach 167, 168 ff., 378
Köllertal 21, 164, 167
Kölln (Köllerbach) 32, 119, 169
– St. Martin 169 ff. (Abb. 18)
Köln 34, 101
Konz 86
Körprich 243
Kostenbach 234
Kronweiler 272
Kuchlinger Kapelle 121

La Petite-Pierre 124, 333
Landau 306
Landstuhl 302
Launstroff 211
Lauterbach 160
Lebach 243 f.
– ›Motte‹ (Ruine) 244
Leidingen 186
Limbach 243, 305 f.
Lindscheid 260
Lisdorf (SLS) 178, **179 f.**
Lockweiler 234
London 42
Lorenzen 186
Losheim 214, **215,** 216, 377
Lourdes 187
Ludweiler 15, 160, **164 f.,** 166, 377

Luisenthal (VK)   47, 65, 95, 159, 186
Luxemburg   22, 69

Mainz   20, 249, 313
Malstatt-Burbach   s. Burbach-Malstatt
Mannheim   69, 71, 81, 242, 306
Mariahütte   214, **236**, 243
Marpingen   247, 249, **261f.**
Marseille   256
Maybach (Friedrichsthal)   23, 65, 124, **155f.**
Mechern   191
Mecklenbeck/Westf.   216
Medelsheim   324 (Abb. 63)
– St. Martin   324f.
Mehring   238
Meisenthal   46, 333
Menningen   190
Merchingen   40, 189
– St. Agatha   189f.
Merzig   25, 32, 34, 40, 47, 190, 191, **193ff.**, 377
– Altes Rathaus (Stadthaus)   197f. (Abb. 32)
– Fellenbergschlößchen (Heimatmuseum)
   199, 377
– Halfenhaus   199
– Heilig-Kreuz-Kapelle   199
– Kretzschmar-Wohnhaus   199
– Kreuzbergkapelle   199
– Neues Rathaus   198
– Regler-Denkmal   194
– St. Josef   199
– St. Peter   194, 197 (Farbabb. 7; Abb. 31)
– Staadt-Marxsches Bürgerhaus   198f.
Mettlach   18, 31, 33, 44, 47, 48, 198, **201ff.**, 377
– Abtei   202ff., 377 (Abb. 33)
– Alter Turm   203 (Farbabb. 9; Abb. 35 u. 36)
– Evangelische Kirche   205
– Liutwinuskirche   204, 205
– Schloß Ziegelberg   204, 205, 377
Metz   17, 18, 20, 30, 31, 32, 46, 69, 71, 174, 249,
   250, 313
Mimbach   322
Mondorf   192
Montclair   191, 200
Montclair II   201
Mörchingen   324

München   34, 40, 41, 97, 100, 306
Münzingen   206

Nalbach   243
Nancy   79, 333
Nantes   98, 111
Neipel   260
Nennig   16, 31, 46, 192, 206, **207ff.**, 378
– Martinskirche   208
– Römische Villa   207f. (Farbabb. 11)
– Schloß Berg   209 (Farbabb. 1)
Neu-Montclair (Ruine)   201
Neumünster (Ottweiler)   18, 274, 277
Neunkirchen   21, 22, 24, 33, 34, 47, 65, 66, 67, 73,
   97, 115, 116, 273, 277, **278ff.**, 377
– Christuskirche   300
– ›Eisengießer‹   300
– ›Hüttenweg‹   297, 298, 371 (Plan)
– Karl-Ferdinand-Haus   300
– Marienkirche   300 (Abb. 52)
– Museum im Bürgerhaus   300, 377
– Stummdenkmal   297
Neunkirchen/Nahe   252
Neustadt/Pfalz   307
Niedaltdorf   187
– St. Rufus   187
– Tropfsteinhöhle   187
Niederkirchen   171, 270
Niederlinxweiler (St. Wendel)   267, 268, 380
Niederwürzbach (Blieskastel)   321f.
– Annahof   321 (Abb. 60)
– Monplaisir   321
– Philippsburg   321
Nohfelden   246, **252**, 272 (Abb. 48)
Nohn   211
Nonnweiler   65, 214, 215, **235**, 246
– ›Hochwalddom‹   235
– Primstalsperre   235
Nunkirchen   215, 216

Oberkirchen   253
Oberleuken   206
Oberlimberg   182
Oberthal   255, 256, 377
Ommersheim   330

Oppen 215
Ormesheim 330
Orscholz 199, 205, 206, 211
Ottweiler 18, 25, 32, 34, 36, **273 ff.**, 378
(Farbabb. 25)
– Alter Turm/evangelische Pfarrkirche 275
– Altes Rathaus 276, 378
– ›Hesse Haus‹ 276
– Leydorffsches Haus 277
– ›Pavillon‹ 277
– Pfarrkirche Mariä Geburt 277
– Witwenpalais/Kreishaus 277
Otzenhausen 214, 235
s. auch ›Hunnenring‹

Pachten (Dillingen) 16, 17, 31, **239 f.**, 249,
376
Paris 20, 22, 28, 30, 41, 69, 317
Perl 192, 205, 206, **209 ff.**, 212, 213
– Hofhaus 209
– St. Gervasius und Protasius 209
Perpignan 186
Petite-Rosselle 174
Prag 305
Prien 255
Püttlingen 34, 65, 101, **167 f.**, 173
– Jagdhaus 167
– Kreuzkapelle 167
– Pfarrkirche Liebfrauen 168
– St. Sebastian 167

Quierschied 156

Reden 23, 40, 301 (Abb. 53)
Rehlingen-Siersburg 187, 188, 189, 378
Reichenau 187, 333
Reims 17, 257
Reinheim 16, 30, **326 ff.**, 329, 331, 375
(Abb. 55–57)
– St. Markus 326 f.
Remich 213
Rentrisch (ING) 315
– Spellenstein 15, 246, **316**
Rilchingen 48, 122 f.
Rissenthal 41, 216

Roden (SLS) 178, 179
Rodenhof (SB) 101 f.
Rohrbach (ING) 317
Rom 16
Rotenberg (SB) 99
Rotenbühl (SB) 99 ff.
Rubenheim 325, 376

Saarbrücken 15, 16, 17, 22, 25, 26, 32, 33, 34, 36,
37, 38, 40, 41, 42, 43, 44, 47, 66, 68, **69 ff.**, 112,
121, 247, 274, 378 f.
– Alte Brücke 43, 71, 73 (Abb. 10 u. 17)
– Alte Feuerwache 99
– Alte Sammlung 40, 92, 280, 379
– Alter Friedhof 84
– Altes Rathaus 77 (Umschlag vorne)
– Bellevue 82 ff.
– Bergwerksdirektion 95 (Abb. 13)
– Bergschule (Geologisches Museum) 95, 378
– Burbacher Güterbahnhof 110
– Burbacher Hütte 109
– Bürgerpark Hafeninsel 70, 95 f. (Abb. 12)
– Christuskirche 99
– Daarler Brücke 71
– Deutsch-Französischer-Garten 85
– Deutschherrenhaus 84
– Deutschherrenkapelle 83 f.
– Echelmeyerpark/Ehem. Friedhofshalle 99
– ›Ehrental‹ 85
– Erbprinzpalais 77
– Evangelische Pfarrkirche 89
– Friedenskirche 78
– Gasthaus Horch 88
– Gasthof ›Stiefel‹ 88 (Abb. 11)
– Goldene Bremm 85
– Hauptbahnhof 94 f.
– Haus der Gesundheit 82
– Haus Doeben 82
– Haus von Madame de Freital 82
– Heizkraftwerk Römerbrücke 93, 96
– Hochschule der Bildenden Künste 82
– Jakobskirche 82
– Johanniskirche 97
– Kongreßhalle 97
– Kreiskulturhaus 71, 78

- Kreisständehaus 78
- Kultusministerium 43, 82, 310
- Landesgalerie 92, 379
- Landtag 71, 77
- Ludwigskirche **79 ff.**, 89, 91, 92, 161 (Farbabb. 26; Abb. 3, 4, 9, 16)
- ›Ludwigspark‹ (Stadion) 102
- Lulustein und Flakhelfer-Gedenkstätte 84 f.
- Malstatter Schleuse 96
- Markt und evangelische Kirche Malstatt 109
- Marktbrunnen 88 (Abb. 15)
- Michaelskirche 99
- Moderne Galerie 40, 92, 93, 379
- Museum für Vor- und Frühgeschichte 40, 78, 327, 378 (Abb. 55–57)
- Musikhochschule 92
- Nußberger Hof 83
- Palais Bode 78
- Pfählerstiftung 84
- Pfarrkirche St. Johann 90 ff. (Abb. 2)
- Postamt 97
- Rathaus 97 f.
- Saarkran 97
- Schloß 71, 74 ff. (Umschlag vorne, Farbabb. 28)
- Schloßkirche 71, **72** (Abb. 5, 6, 17)
- St. Albert 101
- St. Maria Königin 100
- St. Mauritius 84
- Staatskanzlei 82
- Staatstheater 92 (Farbabb. 27)
- Stadtgalerie 88, 379
- Stiftskirche St. Arnual **105 ff.**, 113, 174
- Universität 103 f.
- Villa Obernauer 83
- ›Wartburg‹ 99 f.
- Wilhelm-Heinrich-Brücke 71
Saargemünd (Sarreguemines) 22, 92, 123, **124**, 327, 331
Saarhölzbach 205 (Abb. 37)
Saarlouis 19, 25, 43, 73, **175 ff.**, 181, 242, 306, 379 (Abb. 26)
- ›Bastion de Vaudrevange‹ 176
- Denkmäler Lacroix/Marschall Ney 176
- Großer Markt 177

- ›Halber Mond‹/›Contregarde Vauban‹ 175
- Hauptpost 177
- Kasematten 177 (Farbabb. 16)
- Kaserne X, IV, VI (Museum) 177 f.
- Landeszentralbank 175
- Ludwigskirche 177
- Rathaus 177
Saarschleife 19, 199
Saarwellingen 243
Saint-Avold 18
St. Arnual (SB) 15, 18, 32, 71, 73, 104, 121
St. Barbara (Wallerfangen) 47
St. Gangolf 200
- ›Pagodenburg‹ 200 (Abb. 29)
St. Ingbert 21, 25, 34, 37, 40, 42, 47, 48, 66, 68, 159, 303, **313 ff.**, 379
- ›Alte Schmelz‹ 315
- Engelbertskirche 314
- Glasmacherhäuser 315
- Glasmachersiedlung 315 (Farbabb. 22)
- ›Großer Stiefel‹ 15, 313, 316 (Abb. 65)
- Hauptverwaltung 315
- Herrenhaus 315
- Hildegardskirche 67, 314
- Möllerhalle 315
- Museum St. Ingbert 316 f., 379
- Rathaus 315
- ›Saarbergmann‹ und ›Walzmeister‹ 315
- Schlafhaus 315
- St. Joseph 314
- Stollenmund des Rischbachstollens 315
- Sudhochhaus (›Beckerturm‹) 314
St. Johann (SB) 35, 36, 69, 71, 73, 87 ff.
St. Wendel 18, 21, 32, 246, 247, 249, 251, **262 ff.**, 379 f. (Abb. 49)
- Evangelische Pfarrkirche 267
- Kugelbrunnen 268
- Magdalenenkapelle 266
- Mia-Münster-Kulturhaus 267, 380
- Missionshaus 266, 380
- Pyramide für Otto Freundlich 266 f.
- Rathaus (Schloß) 267
- Wendalinusbrunnen 266
- Wendalinuskapelle 266
- ›Wendelsdom‹ 263 ff. (Farbabb. 12; Abb. 45)

Sarrebourg 124, 173
Sarre-Union 331
Schengen 213
Scheuern 260, 261
Schloß Berg s. Nennig
Schloß Bübingen 209
Schloß Dagstuhl (Wadern) 233 f. (Farbabb. 13)
Schloß Louisenthal s. Wörschweiler
Schloß Münchweiler (Wadern) 216 f. (Abb. 43)
Schmelz-Außen 243
Schnappach 41, 128, 314
Schwalbach 65, 67, 379
Schwarzenacker (HOM) 16, 249, 306, 310 f.
   (Abb. 54 u. 58)
– Edelhof 311
– Freilichtmuseum 310, 322, 376
Schwarzenbach 16, 236, 247
Schwarzenholz 168
Schwarzerden 248, 252 f.
Schweich 238
Schwemlingen 199
Sehndorf 206
Selbach 245, 251 f., 272
Septfontaines 202, 205
Sessenheim 278
Sierck-les-Bains 213
Siersburg 32, 187
Silwingen 192
Sinz 205, 206
Solingen 256
Sotzweiler 250
Speyer 247, 322
Spichern/Spicheren 25, 37, 68, 86
Spiesen (Elversberg) 128 f., 153
Steinbach (Ottweiler) 271, 378
›Steine an der Grenze‹ 211 f. (Abb. 38)
Stennweiler 277
Stiring-Wendel 174
Stolp 268
Straßburg 22, 69, 249, 302
›Straße der Skulpturen‹ 255, 267, 268 ff.
   (Farbabb. 18 u. 19)
Sulzbach 21, 23, 37, 124, 125, 126 ff.

Tbilissi (Tiflis) 98, 111

Tettingen-Butzdorf 205, 206, 210
Thalexweiler 243
Theley 16, 247, 255, 256, 380
Tholey 17, 18, 32, 246, 247, 249, 250, 251, 254,
   256, 260, 262, 325, 380
– Abteikirche St. Mauritius 106, 174, 250 f., 256 ff.,
   263, 264
Tonnerre 84
Trier 16, 17, 18, 19, 22, 30, 31, 69, 92, 104, 106, 198,
   204, 214, 238, 249, 250, 259, 261, 263, 265, 320
Tünsdorf 211

Überherrn 44
Überherrn-Felsberg s. Felsberg
Überroth-Niederhofen 260
Ückingen 115

Venedig 47
Verdun 250
Versailles 19, 179, 322
Vignory 324
Völklingen 24, 34, 36, 47, 67, 158, 159 ff.
– Altes Rathaus 160 f. (Abb. 19 u. 21)
– Arbeitersiedlung 162
– Hütte 162 ff. (Farbabb. 24; Abb. 20)
– Hüttenmeister-Häuser 162
– Kolonie III 162
– Mühlgewannschule 162
– Realgymnasium 162
– St. Eligius 161
– St. Josef 162
– Versöhnungskirche 161 f.
– Villenviertel 162
Von der Heydt 65, 125, 157 f. (Abb. 23)

Wadern 233 f.
– Öttinger Schlößchen (Heimatmuseum)
   233, 380
– Pfarrkirche Allerheiligen 233
   s. auch Schloß Dagstuhl
Wadgassen 165, 183 f., 185, 381
– Cristallerie 48, 183, 381
Wadrill 17, 214, 234, 250
Wahlen 216
Waldhölzbach 44, 215

Walhausen 246
- ›Obelix‹ (Menhir) 15, 246
Wallerfangen 15, 47, 48, **180ff.**, 186, 381
- Schloß Villeroy de Galhau 181f. (Abb. 27)
Walsheim 325
Wanborn/Forsthaus Neuhaus 173
Wasserbillig 213
Wehingen 211
Weiskirchen 215 (Abb. 40)
Wellesweiler (NK) 279
- Christuskirche 279
- Junkerhaus 279
Wellingen 192, 211
Wiebelskirchen (NK) 278
Wien 19
Wiesbaden 97

Winterbach 249
Wintringer Hof 122
Wittersheim 31, **329,** 330
Wochern 205, **210**
Wolfersweiler 252
Worms 69
Wörschweiler (HOM) 306, 311f.
- Gutenbrunnen 312
- Klosterruine 311f.
- Schloß Louisenthal 312f. (Abb. 62)
Würzburg 194, 259

Ypern 41

Zetting 124, 329
Zweibrücken 20, 25, 303, 331